Friedrich Nietzsche: Menschliches, Allzumenschliches

Klassiker Auslegen

Herausgegeben von
Otfried Höffe

Band 72

Friedrich Nietzsche: Menschliches, Allzumenschliches

Herausgegeben von
Eike Brock und Jutta Georg

DE GRUYTER

ISBN 978-3-11-064180-6
e-ISBN (PDF) 978-3-11-065240-6
e-ISBN (EPUB) 978-3-11-065211-6
ISSN 2192-4554

Library of Congress Control Number: 2020939839

Bibliografische Information der Deutschen Nationalbibliothek
Die Deutsche Nationalbibliothek verzeichnet diese Publikation in der Deutschen Nationalbibliografie; detaillierte bibliografische Daten sind im Internet über http://dnb.dnb.de abrufbar.

© 2020 Walter de Gruyter GmbH, Berlin/Boston
Umschlagabbildung: Friedrich Nietzsche, circa 1875 © Wikimedia Commons
Druck und Bindung: CPI books GmbH, Leck

www.degruyter.com

Inhalt

Siglenverzeichnis —— IX

Einleitung —— 1

Menschliches Allzumenschliches I

Jutta Georg
Das Monument einer Krise. Das Tragische
       Die Vorreden zu *Menschliches, Allzumenschliches* von 1886 —— **9**

Vivetta Vivarelli
Die historische Philosophie und das Abenteuer des versuchenden Denkens
       Erstes Hauptstück. Von den ersten und letzten Dingen —— **27**

Paul Bishop
Transforming ourselves from a moral into a wise humankind
       Zweites Hauptstück. Zur Geschichte der moralischen
       Empfindungen —— **45**

Dagmar Kiesel
Vernunftirrtum als Beseligung und Krankheit
       Drittes Hauptstück. Das religiöse Leben —— **65**

Renate Reschke
Von Schriftstellern und Künstlerseelen in der modernen Kultur oder Was von der Kunst bleibt
       Viertes Hauptstück. Aus der Seele der Künstler und
       Schriftsteller —— **89**

Richard Schacht
Nietzsche on Cultur: Menschlich, Allzumenschlich, and Höher
       Fünftes Hauptstück. Anzeichen höherer und niederer Cultur —— **111**

Martin Liebscher
Wohlwollende Verstellung von Bayreuth bis Sorrent
    Sechstes Hauptstück. Der Mensch im Verkehr —— 127

Michael Skowron
Nietzsche, Weib und Kind, eine „disharmonia praestabilita"?
    Siebtes Hauptstück. Weib und Kind. —— 141

Werner Stegmaier
Politik für Europa
    Achtes Hauptstück. Ein Blick auf den Staat —— 157

Günter Gödde
Nietzsches Hoffnungen auf ein „höheres Selbst" und eine „höhere Cultur"
    Neuntes Hauptstück. Der Mensch mit sich allein Unter Freunden. Ein Nachspiel. —— 185

Menschliches Allzumenschliches II
    Erste Abtheilung: Vermischte Meinungen und Sprüche

Jean-Claude Wolf
„Kurze Rede, langer Sinn –"
    Vermischte Meinungen und Sprüche: Aphorismen 1–169 —— 207

Andrea Orsucci
Nietzsches ‚Kosmopolitismus des Geistes': die Philosophie vor den Herausforderungen eines Übergangszeitalters
    Vermischte Meinungen und Sprüche: Aphorismen 170–408 —— 223

Menschliches Allzumenschliches II
    Zweite Abtheilung: Der Wanderer und sein Schatten

Volker Gerhardt
Ein Gespräch Nietzsches mit sich selbst
    Der Wanderer und sein Schatten: Aphorismen 1–169 —— 241

Eike Brock
Eingespannt zwischen Lust und Leid. Nietzsches Suche nach dem Glück
　　Der Wanderer und sein Schatten: Aphorismen 170 – 350 —— **261**

Auswahlbibliographie —— **289**

Sachregister —— **291**

Autorinnen und Autoren —— **299**

Siglenverzeichnis

Nietzsches Schriften werden unter Verwendung der Kritischen Studienausgabe (KSA) zitiert. Hierbei werden zunächst Sigle und Seitenzahl in der KSA angegeben oder das Zitat wird mit KSA Bandnummer und Seitenzahl belegt. Bei Zitaten aus dem Nachlass folgen auf die Angabe von Jahreszahl und Nummer des Notats Band- und Seitenzahl oder – bei Verwendung der diplomatischen Transkription des späten Nachlasses (KGW IX) – die Angabe der Bandnummer sowie die Sigle des verwendeten Heftes und Seitenangabe. Nietzsches Briefe werden unter Verwendung der Kritischen Studienausgabe (KSB) mit Bandnummer und Seitenzahl zitiert. Für ein detaillierteres Siglenverzeichnis siehe www.degruyter.com/staticfiles/content/dbsup/Nietzsche_05_Siglen.pdf.

AC	Der Antichrist
EH	Ecce homo
FW	Die fröhliche Wissenschaft
GD	Götzen-Dämmerung
GM	Zur Genealogie der Moral
GT	Die Geburt der Tragödie
JGB	Jenseits von Gut und Böse
M	Morgenröthe
MA I	Menschliches, Allzumenschliches (erster Band)
MA II	Menschliches, Allzumenschliches (zweiter Band)
NL	Nachlass: Aufzeichnungen und Notate
NW	Nietzsche contra Wagner
PHG	Die Philosophie im tragischen Zeitalter der Griechen
UB	Unzeitgemässe Betrachtungen
VM	Vermischte Meinungen und Sprüche (1. Teil von MA II)
WA	Der Fall Wagner
WL	Ueber Wahrheit und Lüge im aussermoralischen Sinne
WS	Der Wanderer und sein Schatten (2. Teil von MA II)
Z	Also sprach Zarathustra

Einleitung

Nietzsche ist ein herausragender Denker, ein Philosoph des Aufbruchs und Umbruchs, das ist nicht allein an seinen philosophischen Thesen, sondern auch an seiner Stilistik, seiner Sprachkritik, die mit der Kritik am Bewusstsein und der Vernunft zusammenhängt, abzulesen. Nietzsche ist ein fulminanter Kritiker des Christentums und der Moral – als Genealoge und Archäologe – und er ist ein Unzeitgemäßer. Einer, der seiner Zeit nicht nur den Spiegel vorhält, sondern auch über sie hinauszudenken vermag. Nietzsches Thesen provozieren, sie wollen ein Umdenken, ein Umschaffen und Umwerten, um dem Nihilismus entgegenzuarbeiten. Sein Platz in der Geschichte des Denkens und in der Philosophie kann nicht mit anderen gleichgesetzt werden.

Mitte der 1870er Jahre vollzieht er in seinem Denken eine folgenreiche Wende, die auch sein Verhältnis zu Wagner betrifft, dem Verbündeten der ehedem angestrebten Artistengemeinschaft. Anlass und Ziel dieser Wende ist es, den von ihm diagnostizierten Niedergangs-Tendenzen in der Philosophie und Kunst seiner Zeit eine künstlerische und zugleich aufklärerische Philosophie der Affirmation entgegenzusetzen, um den ‚herdentierhaften' Glauben an Moral, Metaphysik und Religion aufzusprengen.

Nietzsches mittlere Werke: *Menschliches, Allzumenschliches, Morgenröthe* und *Die Fröhliche Wissenschaft* dokumentieren eben sowohl eine Krise wie einen theoretischen Neubeginn. Insbesondere *Menschliches, Allzumenschliches*, das er in der Retraktion aus *Ecce homo* als „Denkmal einer Krisis" (EH MA 1; KSA 6, 322) klassifiziert, verkörpert dabei einen Scheitelpunkt, insofern hier der Beginn dieses Neuanfangs zutage tritt.

Nietzsche glaubte, die Leitfiguren der frühen Jahre – Schopenhauer und Wagner – überwunden zu haben. In philosophiegeschichtlicher Perspektive war für ihn Schopenhauers Willensmetaphysik für die Entwicklung seiner eigenen Willenssemantik die entscheidende theoretische Weichenstellung, weil mit dessen Willensbegriff eine Konzeption in den philosophischen Diskurs eindringt, die den Willen als grundlegenden Motor des Organischen, des Physiologischen und damit auch des menschlichen Daseins begreift. Die zunehmend differierende Entwicklung von Wagners und Nietzsches ästhetischen und kulturellen Überzeugungen wird nicht zuletzt durch die Einstellung zu Schopenhauers Willensmetaphysik geprägt. Seine Schopenhauerkritik behauptet, der Wille sei kein Wille zum Leben, sondern ein Wille zur Macht. Dann freilich ist die Welt nichts als der Vollzug der Willen-zur-Machtkonstellationen. Über Nietzsches fortschreitende Entfernung von Wagners „romantischer" Musik und von Schopenhauers Willensbegriff formiere sich in *Menschliches, Allzumenschliches* „dies

Denkmal einer rigorösen Selbstzucht" gegen „‚höheren Schwindel', ‚Idealismus', ‚schöne[s] Gefühl'" (EH MA 5; KSA 6, 327).

Vor dem Hintergrund dieser theoretischen Grundierung ist *Menschliches, Allzumenschliches* – zuerst 1878 am 100. Todestag von Voltaire erschienen und diesem gewidmet – nicht zuletzt zu verstehen. In der Vorrede charakterisiert er seine Schrift als eine „*grosse*[] *Loslösung*" (MA I Vorrede 3, 15), die zu einer „*grossen* Gesundheit" (ebd. 4, 18) führen soll.

In *Menschliches, Allzumenschliches* zeigt sich Nietzsche auch als Fürsprecher neuer Perspektiven. Er unterstellt einen Perspektivismus in jeder Wertschätzung, aus dem der „freie Geist" zu schöpfen vermag: „Ein Schritt weiter in der Genesung: und der freie *Geist* nähert sich wieder dem Leben, langsam freilich, fast widerspänstig, fast misstrauisch. Es wird wieder wärmer um ihn, gelber gleichsam; Gefühl und Mitgefühl bekommen Tiefe, Thauwinde aller Art gehen über ihn weg" (MA I Vorrede 5, 19).

Neben den veränderten Relationen zu Wagner und Schopenhauer sind – insbesondere für die Entstehung des erstens Teils der Schrift – Paul Rées Abhandlungen: *Psychologische Betrachtungen* und *Der Ursprung der moralischen Empfindungen* maßgeblich. Durch Rée wird Nietzsche zudem mit den französischen Moralisten bekannt, womit seine Perspektive zu einer gesamteuropäischen wird.

Vor allem als Stilist steht er mit diesem Buch, welches zweifellos zu den philosophischen Klassikern zu zählen ist, in einer Filiation zu den französischen Moralisten: Pascal, La Rochefoucauld, Vauvernargues, Chamfort, aber auch zu dem Italiener Galini und dem Deutschen Lichtenberg.

Giorgio Colli, der sich freilich nicht auf diese Herkunftslinie bezieht, sondern Heraklit erwähnt, betont die Bedeutung der Schrift: „Das konkrete Urteil, das in *Menschliches, Allzumenschliches* zutage tritt, ist eine Entscheidung, vielleicht eine Eroberung, typisch philosophischer Art und verdient die gleiche Einschätzung wie eine neue heuristische Methode" (MA Nachwort, 710). Schon allein damit sei Nietzsches Platz in der Philosophiegeschichte gesichert.

Im September 1877 begann Nietzsche das Buchmanuskript – bestehend aus neun „Hauptstücke[n]" und „Unter Freunden. Ein Nachspiel" – zu verfassen. Die Hauptstücke des ersten Teils widmen sich diversen Thematiken: einer Kritik an der Metaphysik, einem geschichtlichen Überblick der moralischen Empfindungen, dem religiösen Leben, der Seelenverfasstheit von Künstlern und Schriftstellern, den Indikatoren höherer und niederer Kulturformationen, dem Menschen in seinen sozialen Bezügen, dem Staat, dem Menschen „mit sich allein", womit der erste Teil abgeschlossen wird. Hinzukommt, dass Nietzsche in diesem ersten Teil kritische Thesen über die Moral, etwa in: „*Doppelte Vorgeschichte von Gut und*

Böse" (Aph. 45), „*Moral als Selbstzertheilung des Menschen*" (Aph. 57) und über die Askese (MA I 137 entwickelt.

Eine um einen zweiten Band erweiterte Ausgabe mit zwei „Abtheilung[en]"; zunächst „Vermischte Meinungen und Sprüche" (1879) sowie „Der Wanderer und sein Schatten" (1880) wird 1886 im Verlag E.W. Fritzsch Leipzig mit Vorreden zu beiden Bänden neu herausgegeben. In „*Der Ursprung der Rechte*" (WS 39) und „*Die weltliche Gerechtigkeit*" (WS 81) diskutiert er Themen und Thesen, die er in der *Genealogie* aufgreifen und vertiefen wird.

Menschliches, Allzumenschliches ist somit nicht nur ein Buch aus der mittleren Schaffensperiode, sondern es verkörpert auch einen maßgeblichen Teil von Nietzsches philosophischem Programm, etwa über den Topoi der freie Geist, das Tragische, die Rangordnung und über seine Metaphysik- und Moralkritik etc.

Wer Neues schaffen will, müsse Altes zerstören – entsprechend unterzieht diese Schrift Geglaubtes, Gehofftes und Gefürchtetes der Kritik: Moral, Religion, Philosophie, Staat und Gesellschaft; sie rücken allesamt in den Brennspiegel des unerbittlichen Entlarvungspsychologen. Das Buch besteht aus einer großen Zahl kraftvoller, literarisch geschliffener Aphorismen, die thematische Verbindungen zeigen. Dezidiert weist er die Unterstellung der „*Kurzsichtigen*" zurück; seine Philosophie „müsse Stückwerk sein, weil man es euch in Stücken giebt (und geben muss)?" (VM 128, 432). Die Aphoristik bzw. der Stil[1] trennt diese Schrift auch von seinen vorhergehenden Publikationen ab.

Neu an *Menschliches, Allzumenschliches* ist auch Nietzsches Begeisterung für die Wissenschaften. Hatte er in *Die Geburt der Tragödie* noch heftige Kritik am wissenschaftlichen Optimismus geübt und ihm den „Pessimismus der *Stärke*" (GT Selbstkritik 1; KSA 1, 12) der griechischen Tragödie entgegensetzt, kommt es in *Menschliches, Allzumenschliches* zu einer Neubewertung von Wissenschaft und Kunst. Sie gipfelt in dem Satz: „Der wissenschaftliche Mensch ist die Weiterentwicklung des künstlerischen." (MA I 222, 186) Das klingt, als wollte Nietzsche mit sich selbst, d.h. mit seiner teils schwärmerischen, eng an Wagner und Schopenhauer angelehnten Kunstmetaphysik *Der Geburt der Tragödie* abrechnen und zugleich anzeigen, dass er sich seitdem weiterentwickelt hat. Freilich ist Nietzsche viel zu sehr Künstler, als dass dies sein letztes Wort in dieser Angelegenheit hätte sein können. Noch im zweiten Teil von *Menschliches, Allzumenschliches* beklagt

---

[1] Um ganz genau zu sein: Nietzsche glänzt in *Menschliches, Allzumernschliches* als ein philosophischer Schriftsteller, der über „viele Möglichkeiten des Stils verfügt", EH Bücher 4; KSA 6, 304. So finden sich in MA nicht bloß Aphorismen, sondern außerdem auch Sentenzen, kurze Essays und, in WS sogar ein Rahmendialog. Es hat sich freilich in der Nietzscheforschung eingebürgert, ab *Menschliches, Allzumernschliches* von Nietzsches Aphoristik zu sprechen. Wir folgen der Einfachheit halber diesem Pfad.

er, dass den Menschen eines „*arbeitssamen* Zeitalters" zu wenig Zeit für die „grosse Kunst" bleibe (vgl. WS 170).

Nietzsches partielle Wertschätzung der Wissenschaft irritiert allerdings weniger, wenn man sich vor Augen führt, dass er *Menschliches, Allzumenschliches* nicht zuletzt als philosophisches Aufklärungsprogramm begreift, um das von Religion, Metaphysik, Moral und eben auch von der Kunst erhitzte menschliche Gemüt abzukühlen. Nüchternheit ist geboten und die – der Grundüberzeugung der klassischen Metaphysik von der Höherwertigkeit des Ursprünglichen ins Gesicht schlagende – Erkenntnis sowohl zu erlangen als auch zu verdauen, dass die „herrlichsten Farben, aus niedrigen, ja verachteten Stoffen gewonnen sind" (MA I 1, 24). Zu einer Höherentwicklung der Kultur – ein wesentlicher Aspekt des Aufklärungsprogramms – komme es nur, wenn man von der Wissenschaft bzw. den Wissenschaften lernt; die „kleinen unscheinbaren Wahrheiten, welche mit strenger Methode gefunden wurden, höher zu schätzen, als die beglückenden und blendenden Irrthümer, welche metaphysischen und künstlerischen Zeitaltern und Menschen entstammen" (MA I 3, 25).

In *Menschliches, Allzumenschliches* will Nietzsche verdeutlichen, wie von der Wissenschaft so zu lernen ist, dass sie gleichsam als Gegenmittel gegen die Metaphysik dienen kann – keineswegs will er sie aber in den Stand eines neuen Götzen heben.

Mit diesem Buch betritt ein Philosoph im Aufbruch die Szene. Er fordert: Werde der, der du bist und bejahe dein Schicksal in allen Dimensionen, denn darin bestehe die Autonomie des Schaffenden: im Bejahen seines Fatums. Auf der Bühne steht er als Aufklärer, Freigeist, Genealoge, Kritiker, Zerstörer des Tradierten und der Tradition, der Analytiker der Verwobenheit von Menschlichem und *Allzumenschlichem,* der Spötter, der Aphoristiker, der Stilist.

Hierzu dienen zweifellos auch seine sprachkritische Aphoristik und Metaphorik, die stets ihre eigene Genese mitreflektieren und die seit *Menschliches, Allzumenschliches* neue Erkenntnisse, auch durch eine vom Poetischen affizierte Sprache vermitteln und dabei Botschaften so kommunizieren wollen, als seien sie gleichsam eine Komposition.

Die Schrift propagiert eine Philosophie der Befreiung. Sie adressiert sich an freie Geister, die „unter dem Einfluss der reinigenden Erkentniss" erkannt haben, wie „tief" ihr bisheriges Leben „in die Unwahrheit eingesenkt" war (MA I 34, 54). Das zu verarbeiten, setzt aber Stärke voraus bzw. „ein gutes Temperament, eine gefestete, milde und im Grunde frohsinnige Seele" (ebd., 55).

Summa summarum gilt es anzuerkennen, dass die Philosophie von *Menschliches, Allzumenschliches* genauso verheißungsvoll wie anspruchsvoll ist. Denn es muss ein Mensch, von dem in solchem Maasse die gewöhnlichen Fesseln des Lebens abgefallen sind, dass er nur deshalb weiter lebt, um immer besser zu erkennen, auf Vieles, ja fast auf Alles, was bei den anderen Menschen Werth hat, ohne Neid und Verdruss verzichten können, ihm muss als der wünschenswertheste Zustand jenes freie, furchtlose Schweben über Menschen, Sitten, Gesetzen und den herkömmlichen Schätzungen der Dinge *genügen* (ebd.).

Jutta Georg und Eike Brock

Menschliches Allzumenschliches I

Jutta Georg
Das Monument einer Krise. Das Tragische
Die Vorreden zu *Menschliches, Allzumenschliches* von 1886

1 Die Vorreden zu Band I

Die Vorreden zum ersten Band der Schrift benennen – als Ergebnis einer/seiner Krise – die Hinwendung zu Themen, die dann das Buch durchziehen werden; etwa den Perspektivismus, eine Umwertung der gewohnten Werte, eine Neubewertung der Gewohnheiten etc. Daneben aber auch den Topos „freier Geist" und seine „grosse Loslösung". Wenn sich Nietzsche als ein Freigeist verstanden hat, dann wird dieser auch zu einem wichtigen Bestandteil für die Kreation dieses Buchs. Entsprechend schreibt er: „Zwischen den ‚unzeitgemäßen Betrachtungen' und ‚Menschliches, Allzumenschliches' liegt eine Krisis und Häutung. Auch leiblich: ich lebte Jahre lang in der nächsten Nachbarschaft des Todes. Dies war mein größtes Glück: ich vergaß mich, ich überlebte mich..." (KSB 8, 260).

Die Vorreden zum zweiten Teil berichten von einer „*antiromantischen* Selbstbehandlung" und einer „*Gesundheitslehre* [für] geistigere[] Naturen", (MA II Vorrede, 371) als Gegengewicht zum tradierten, „*romantischen*" Pessimismus. Diesem setzt er einen „Willen zum Tragischen" entgegen und bezieht sich auf einen Topos, der für sein Denken von entscheidender Bedeutung ist (ebd., 376).

Die Erstausgabe von *Menschliches, Allzumenschliches*. „Ein Buch für freie Geister"[1] erschien Ende April 1878 bei Ernst Schmeitzner Chemnitz mit der Widmung: „Dem Andenken Voltaire's geweiht zur Gedächtniss-Feier seines Todestages, den 30. Mai 1778" (KSA 14, 115). Gewidmet „einem der grössten Befreier des Geistes" (ebd.). In EH schreibt er: „Denn Voltaire ist, im Gegensatz zu allem, was nach ihm schrieb, vor allem ein grandseigneur des Geistes: genau das, was ich auch bin. –" (EH, KSA 6, 322).

Eine einführende Notiz klassifiziert MA als ein „monologische[s] Buch", entstanden „während eines Winterhaufenthaltes (1876 auf 1877)" (ohne Seitenzahl),[2] den er zusammen mit Paul Rée in Sorrent verbrachte. Über ihn wurde

---

[1] Abgesehen von MA, finden sich in Nietzsches Werk die Topoi der freie Geist, freien Geistes und freie Geister über 80 Mal. Hinzukommen Erwähnungen in seiner Korrespondenz.
[2] „Die Anfänge dieses Buchs gehören mitten in den Wochen der ersten Bayreuther Festspiele". (ebd. Vgl. auch: „Die **Pflugschar**. Eine Anleitung zur geistigen Befreiung" (NL 1876, 17[105]; KSA 8, 313 ebd.). Am 15. Juli 1878 hatte er an Mathilde Maier geschrieben, das Produkt seiner Flucht von

Nietzsche nicht nur mit den französischen Moralisten vertrauter, sondern dessen Abhandlungen: *Psychologische Beobachtungen* und *Der Ursprung der moralischen Empfindungen* haben auf den ersten Teil des Buchs großen Einfluss gehabt. In *Ecce homo* erwähnt er ein „Taschenbuch", in das er unter der Überschrift „,die Pflugschar' [...] lauter *harte* Psychologica, die sich vielleicht in ‚Menschliches, Allzumenschliches' noch wiederfinden lassen", geschrieben habe (EH, KSA 6, 324).

Nach der Niederschrift des Manuskripts im September 1877 erfolgte eine um einen zweiten Band erweiterte Ausgabe mit zwei „Abtheilung[en]", zunächst 1879 „Vermischte Meinungen und Sprüche" und 1880 „Der Wanderer und sein Schatten." 1886 erscheinen Vorreden zu beiden Bänden in Leipzig. Im Vorwort zur *Genealogie* führt Nietzsche 1887 aus, seine Gedanken über die „Herkunft unserer moralischen Vorurtheile [...] haben ihren ersten, sparsamen und vorläufigen Ausdruck in jener Aphorismen Sammlung erhalten [...] die Gedanken selbst sind älter" (GM Vorrede, KSA 5, 248).

1886 verfasste Nietzsche auch zu den Neuausgaben von *Jenseits von Gut und Böse, Morgenröte, Die fröhliche Wissenschaft, Zur Genealogie der Moral* und zu *Die Geburt der Tragödie* neue Vorreden. An seinen neuen Verleger Fritzsch schreibt er im August 1886: „Sie werden bemerken, daß Mensch[liches] Allzum[enschliches] [...] einer Vorrede *ermangel*[t]: es hatte gute Gründe, daß ich damals als diese Werke entstanden, mir ein Stillschweigen auferlegte – ich stand noch zu nahe, noch zu sehr ‚drin' und wußte kaum, was mit mir geschehen war" (KSB 7, 225). Das soll freilich 1886 anders gewesen sein, womöglich nach der ‚Geburt' des *Zarathustra*. Naheliegend ist auch, dass sich Nietzsche durch die neuen Vorreden eine veränderte, für ihn womöglich angemessenere Rezeption und eine bessere Nachfrage erhoffte.

Die Wahl des Titels *Menschliches, Allzumenschliches* für sein erstes Aphorismen-Buch, in dem er eine Vielzahl von Themen, u. a.: Moral/moralische Vorurteile, Religion, Kunst, Kultur, Wissenschaft, Willensfreiheit – konkret seine Auseinandersetzung mit Schopenhauers Freiheitskonzeption, staatliche Organisation, gesellschaftliches Leben, der freie Geist, das Perspektivische, das Problem der Rangordnung und das Tragische –, nicht zuletzt vor dem Hintergrund seiner Metaphysikkritik – behandelt, kann womöglich durch eine Sentenz aus „Zur Geschichte der moralischen Empfindungen [...] vor Allem aber fehlt die Kunst der psychologischen Zergliederung und Zusammenrechnung in der Gesellschaft aller Stände, in der man wohl viel über Menschen, aber gar nicht *über*

---

den ersten Bayreuther Festspielen ins „Gebirge" sei „die erste Skizze, ungefähr ein Drittel meines Buches, damals unter dem Titel ‚die Pflugschaar', gewesen (KSB 5, 338).

den Menschen spricht", verdeutlicht werden (MA I 35, 57). Diese Lücke will er schließen, und zwar nicht mehr allein mit philosophischer Reflexion, sondern auch über psychologische Beobachtung, womit er sich zu ihr befähigt sieht. Noch in EH wird er sich als einen Psychologen bezeichnen. „– Dass aus meinen Schriften ein *Psychologe* redet, der nicht seines Gleichen hat, das ist vielleicht die erste Einsicht, zu der ein guter Leser gelangt –" (EH, KSA 6, 305). Aus der Zeit der Entstehung der Vorreden datiert ein Nachlassfragment mit der Überschrift: „*Selbstgespräche* eines Psychologen. Von Friedrich Nietzsche" (NL 1885/86, 2[11]; KSA 12, 86).

In MA zeigt Nietzsche, anders als in der Tragödienschrift und den *Unzeitgemässen Betrachtungen*, eine Hinwendung zur Wissenschaft: „Der wissenschaftliche Mensch ist die Weiterentwicklung des künstlerischen" (MA I 222, 186), könnte um die These erweitert werden; meine Weltdeutung geht über die künstlerische Wagners, die er zudem für falsch hielt, hinaus. Anzumerken ist, dass Nietzsches weder ein antikes noch ein modernes Wissenschaftsverständnis vertritt. Schon die Aphoristik in MA belegt sein sich später noch steigerndes Misstrauen, um das Mindeste zu sagen, gegenüber der Logik und dem deduktiven Denken. „Die aphoristische oder jedenfalls fragmentarische Form, in der sich *Menschliches, Allzumenschliches* darbietet, ist ein Novum, das dieses Werk Nietzsches eindeutig von den vorhergegangenen abhebt" (Colli im Nachwort, ebd., 707). Wenn sich Nietzsche hier also positiv auf die Vernunft bezieht, dann zur Konkretion eines intuitiv-sinnlichen, auch spielerischen Erfassens von Verbindungen in den Subjekt-Objekt-Relationen.

Nietzsches meisterliche Stilistik, die sich gleichermaßen in den Passagen wissenschaftlicher Prosa und in der Epigrammatik zeigt, entbirgt in den Vorreden in nuce ein philosophisches Ankommen; gleich einem grandiosen tänzerischen Aplomb, dessen subtiles Nachfedern noch in den sprachlichen Verästelungen spürbar ist. All dies dient nicht zuletzt zur Verdeutlichung und Selbstvergewisserung des Philosophen Nietzsche.

Im Rückblick aus *Ecce homo* charakterisiert er MA als „das Denkmal einer Krisis [...] von da an habe ich in der That nichts getrieben als Physiologie, Medizin und Naturwissenschaften" (EH, KSA 6, 322 und 325). Die Metaphysik handle demgegenüber „von den Grundirrthümern des Menschen [...] doch so, als wären es Grundwahrheiten" (MA I 18, 40). Nietzsches Metaphysikkritik ist in MA zentral, wie nicht zuletzt deren Exemplifikation im „Erste[n] Hauptstück. Von den ersten und letzten Dingen" zeigt (MA I, 23–55).

In der Erstausgabe findet sich kein eigenes Vorwort, aber unter „An Stelle eines Vorwortes" ein Zitat aus dem 3. Teil des 5. Abschnitts von Descartes *Discours de la méthode*: Die wichtigste Lebensaufgabe sei die Ausbildung der Vernunft, mit der: „in diesem Leben nichts Angenehmeres, nichts Unschuldigeres gefunden werden" und zudem stets „Neues" zu entdecken sei. Dies führe zur Souveränität, werde doch seine „Seele so voll von Freudigkeit, dass alle übrigen Dinge ihr Nichts mehr anthun konnten" (ohne Seitenzahl). In der Neuausgabe von 1886 veröffentlicht er dann die Vorreden, das Descartes-Zitat, aber nicht mehr die Widmung.

Wie auch in den anderen Vorreden seiner Schriften ist der narrative, zuweilen dialogische Gestus – Nietzsche spricht mitunter die Leserin, den Leser etwa durch „aber nicht wahr" oder „du sollst", „du solltest" etc., direkt an –, stilistisch prominent. Bei MA treffen wir auf eine Kompilation aus Biografischem, intellektueller Genese, Kritik und philosophischer Positionierung, zuweilen argumentativ auseinandergehalten und dann wieder ineinander verwoben.

Zu Beginn der acht Vorreden für *Menschliches, Allzumenschliches* I diskutiert er die kritische Resonanz seiner Schriften; sie enthielten „Schlingen und Netze für unvorsichtige Vögel und beinahe eine beständige unvermerkte Aufforderung zur Umkehrung gewohnter Werthschätzungen und geschätzter Gewohnheiten". Sie würden als ein „Schule des Verdachts" denunziert. So what, könnte er sagen, schreibt aber in einem mehrfach gebrochenen Gestus aus Unterstellung, Verwunderung und Selbstgewissheit: „ich selbst glaube nicht, dass jemals Jemand mit einem gleich tiefen Verdacht in die Welt gesehn hat [...] als Feind und Vorforderer Gottes". Somit sind wir mitten im Sujet: „Wie? Alles nur – menschlich-allzumenschlich?" (MA I Vorrede, 13). Er beansprucht, „in" die Welt sehen zu können und nicht nur auf sie. Womöglich aber – und liegt das nicht nahe –, ist auch das gebrochen; ist Psychologie und Spiel, ist Analyse, Verführung und Provokation.

Gleich zu Beginn kommt er auf eines der Hauptthemen von *Menschliches, Allzumenschliches* zu sprechen; die „unbedingte *Verschiedenheit des Blicks*" (ebd.), die in der sechsten Vorrede als dezidierte Forderung, „das Perspektivische in jeder Werthschätzung begreifen lernen", ausführlich behandelt wird.

> – die Verschiebung, Verzerrung und scheinbare Teleologie der Horizonte und was Alles zum Perspektivischen gehört; auch das Stück Dummheit in Bezug auf entgegengesetzte Werthe und die ganze intellektuelle Einbusse, mit der sich jedes Für, jedes Wider bezahlt macht. Du solltest die *nothwendige* Ungerechtigkeit in jedem Für und Wider begreifen lernen, die Ungerechtigkeit als unablösbar vom Leben, das Leben selbst als *bedingt* durch das Perspektivische und seine Ungerechtigkeit (ebd., 20).

Damit müsste freilich auch seine Perspektive der Wertschätzung, dem Anspruch nach, eine neue, eine postmetaphysische, von diesem Diktum – imperativisch formuliert und mit normativem Anspruch versehen –, tangiert sein. Auch er wäre mit seiner Perspektive ein ‚Eckensteher' mit eingeschränktem Blickfeld. „Es giebt *nur* ein perspektivisches Sehen, *nur* ein perspektivisches ‚Erkennen'; und *je mehr*

Affekte wir über eine Sache zu Worte kommen lassen, [...] um so vollständiger wird unser ‚Begriff' dieser Sache, unsre ‚Objektivität' sein" (GM III, KSA 5, 365).

Nietzsche beklagt, die Rezeption sehe bei ihm eine „Kunst" der „Falschmünzerei" gegenüber Schopenhauer und Wagner; „blindem Willen zur Moral" und „unheilbare Romantik". Seine Replik ist kein Ja oder Nein, vielmehr verweist er auf die Beschränktheit seiner Kritiker. „Was wisst *ihr* davon, [...] wie viel List der Selbst-Erhaltung, wie viel Vernunft und höhere Obhut in solchem Selbst-Betruge enthalten ist, – und wie viel Falschheit mir noch *noth thut*, damit ich mir immer wieder den Luxus *meiner* Wahrhaftigkeit gestatten darf? ... Genug, ich lebe noch", im Wissen, dass das Leben nicht auf „Moral" beruhe, sondern „es *lebt* von der Täuschung". So sehe er es, als ein „alter Immoralist und Vogelsteller und rede unmoralisch, aussermoralisch, jenseits von Gut und Böse'?" (MA I Vorrede, 14 f.). Also legt er doch „Schlingen und Netze" aus! Das Fragezeichen hinter „Böse" verweist sowohl auf die vorliegende Thematik und womöglich auch auf *Jenseits*. So gesehen, wäre es ein Beispiel für seinen Usus, Verweise auf andere Schriften einzufügen, es hat aber hier wohl die Funktion Nietzsches Selbstgespräch, ist er das alles oder nicht, als Frage zu formulieren. Die Frage bleibt und sie wird von einer Vielzahl anderer in bekannter Nietzscheschischer Manier begleitet. Spätestens jetzt wissen wir, wie schwer die Kommentierung, nicht allein durch das Perspektivische, die Ironie, die Metaphorik, die Verschlungenheit der Argumentation, den ständigen Wechsel in der Narration; Selbstgespräch, Adressierung an den Leser, die Leserin, die anspielungsreiche Stilistik etc., sondern auch durch die essentielle Bedeutung von Täuschung und Schein sein wird.

In der Retraktion zu *Menschliches, Allzumenschliches* aus *Ecco homo* betont er, „ich habe mich mit demselben vom *Unzugehörigen* in meiner Natur freigemacht" (EH, KSA 6, 322). Ohne jeden Zweifel eine starke These, reklamiert er doch zu wissen, was ihm nicht geziemt und zudem fähig zu sein, sich davon zu befreien. Wir wollen konzedieren, dass dies keine Selbsttäuschung oder eine Täuschung der Rezipienten ist, dann zeigt das zum einen wohl seine zunehmende persönliche und intellektuelle Distanz zu Wagner – *befreit* hat er sich von ihm bekanntlich nicht. Ausgelöst wurde sie durch Enttäuschungen und Wagners *Verrat* am vermeintlich gemeinsamen Ideal der Restitution eines an der Antike orientierten tragischen Ja zu einer – wie Nietzsche es sieht – parsifalesken Form der Entsagung, des Verzichts und des Mitleidens, die Wagner in seinem kunstreligiösen Spätwerk *Parsifal* entfaltet habe. „‚Menschl<iches>, *Allzumenschliches*' (2 Bände) enthalten Wesentliches über meine Beziehung zu Wagner" (KSB 8, 118). Hinzukommt seine Überwindung der Schopenhauerschen Willensmetaphysik.

Zur Zeit der Entstehung von MA I hatte Nietzsche im Dezember 1876 aus Sorrent Cosima und nicht Richard Wagner über seine Abkehr von Schopenhauer geschrieben: „Ich stehe fast in allen allgemeinen Sätzen nicht auf seiner Seite;

schon als ich über Sch. schrieb, merkte ich, daß ich über alles Dogmatische daran hinweg sei; mir lag alles am *Menschen*"; womit der Bezug zu *Menschliches, Allzumenschliches* gegeben sein könnte (KSB 5, 210).[3] Beide Loslösungen dienen auch der „grossen Gesundheit", denn „Wagner's Kunst ist krank. [...] *Wagner est une névrose*" (WA, KSA 6, 22), und Schopenhauers Pessimismus ist lebensfeindlich und damit krankmachend.

Für Loslösungen und Überwindungen steht in MA zentral der „freie Geist", der zwar noch nicht existiere, auf dessen Kommen er aber vertraue. Der Antipode dieses Geistes ist der „gebundene Geist" – der mehrfach in MA erwähnt wird – und der „Geist der Schwere", den Zarathustra „meinen allerhöchsten, grossmächtigsten Teufel" nennt (Z II, KSA 4 140). Nietzsche will die Bedingungen für dessen Verwirklichung transparent machen; denn „Morgen und Uebermorgen [...] langsam, langsam" könne er kommen, vielleicht gar ankommen. „*Erfunden*" habe er sich den freien Geist „zur Gesellschaft [...] um guter Dinge zu bleiben inmitten schlimmer Dinge (Krankheit, Vereinsamung, Fremde Acedia, Unthätigkeit): als tapfere Gesellen und Gespenster, mit denen man schwätzt lacht [...] als ein Schadensersatz für mangelnde Freunde". Die spielerischen Täuschungen gehen weiter. Jedoch lässt das Wort „Schadensersatz" aufhorchen, das scheint keine Ironie, sondern bitterer Ernst zu sein, wie auch die mangelnden Freunde. Ob das stimmt, steht hier nicht zur Debatte, er wird es so empfunden haben. Relevanter ist, wie er ein Szenario choreografiert, das überzeugen soll. Der freie Geist wäre somit quasi ein Lückenbüßer. Das ist jedoch kaum überzeugend, wenn man sich seine Bedeutung für Nietzsches Philosophie vergegenwärtig. Elementare Voraussetzung des freien Geistes sei das eruptive Ereignis/Erlebnis der „*grossen Loslösung*" (MA I Vorrede, 15) von allen Bindungen. Ein Akt, der sowohl physische als auch psychisch-mentale Segmente umfasst. Danach ist nichts mehr wie es war, vielmehr zeige sich eine Entfesselung von: „Liebe und Hass, ohne Ja und Nein, freiwillig nahe, freiwillig ferne, am liebsten entschlüpfend [...] den freien Geist gehen nunmehr lauter Dinge an – und wie viel Dinge! – welche ihn nicht mehr *bekümmern* ..." (ebd.,18). Wiewohl die Loslösung, transkribiere die „grosse", die umfassend-ultimative, unverzichtbar ist, entbirgt sie sich auch als „eine Krankheit, die den Menschen zerstören kann". Somit wird sie nur eine Elite vollziehen und mit all ihren Folgen leben können, die erkannt habe: „‚Lieber sterben als *hier* leben!'" Die Loslösung komme „plötzlich, wie ein Erdstoss [...] ein

---

[3] In einem Brief an von Salomé vom 16. Juli 1882 behauptet Nietzsche, Wagners Zusendung des *Parsifal* und seine von *Menschliches, Allzumenschliches* hätten sich postalisch gekreuzt: „und damit war Alles *klar*, aber auch Alles zu Ende" (KSB 6, 229).

Wille und Wunsch erwacht, fortzugehn, irgend wohin [...] nach einer unentdeckten Welt [...] ziellos unterwegs wie in einer Wüste" (ebd., 16 f.).

> Ein plötzlicher Schrecken und Argwohn gegen Das, was sie liebte, ein Blitz von Verachtung gegen Das, was ihr ‚Pflicht' hiess, ein aufrührerisches, willkürliches, vulkanisch stossendes Verlangen nach Wanderschaft, Fremde, Entfremdung, Erkältung, Ernüchterung, Vereisung, ein Hass auf die Liebe, vielleicht ein tempelschänderischer Griff und Blick *rückwärts*, dorthin, wo sie bis dahin anbetete und liebte, vielleicht eine Gluth der Scham über Das, was sie eben that, und ein Frohlocken zugleich, *dass* sie es that, ein trunkenes inneres frohlockendes Schaudern, in dem sich ein Sieg verräth – ein Sieg? über was? über wen? ein räthselhafter fragenreicher fragwürdiger Sieg, aber der *erste* Sieg immerhin: – dergleichen Schlimmes und Schmerzliches gehört zur Geschichte der grossen Loslösung (ebd., 16).

Der freie Geist, den man auch einen Experimentalphilosophen nennen könnte, ist bereit, irgendwohin zu gehen und scheint damit die erste Prüfung für die geistige Freiheit bestanden zu habe: „dass dem freien, immer freieren Geiste sich das Räthsel jener grossen Loslösung zu entschleiern beginnt, welches bis dahin dunkel, fragwürdig, fast unberührbar in seinem Gedächtniss gewartet hatte" (ebd., 20). Als ein losgelöst-umherschweifender Herrscher „über die Dinge" verfüge er über eine „unbefriedigte[] Lüsternheit", die ihn geradezu tollkühn sein und schlechthin grundstürzende Fragen stellen lasse: „‚Kann man nicht *alle* Werthe umdrehn? und ist Gut vielleicht Böse? und Gott nur eine Erfindung und Feinheit des Teufels? Ist Alles vielleicht im letzten Grunde falsch? Und wenn wir Betrogene sind, [...] *müssen* wir nicht auch Betrüger sein?'" Nun zeigt sich, dass sich in diesem „Wir", zu dem auch Nietzsche gehören muss, von daher ist es wiederum auch ein Selbstgespräch, nicht nur Betrogene, sondern auch Betrüger auf der Szene tummeln.

Für die Loslösung ist Einsamkeit essentiell und durch nichts zu ersetzen. Somit verstehen wir die tatsächliche Relevanz der *„grossen Loslösung"* im Zusammenhang mit der Einsamkeit. Durch sie sei zu lernen, was „jene furchtbare Göttin [...] was *Einsamkeit* ist" (ebd., 15 ff.). Deren Bedeutung weitet Nietzsche später auch als Grundbedingung für die Entstehung seines Werks aus: „– Wer die Luft meiner Schriften zu athmen weiss, weiss, dass es eine Luft der Höhe ist, eine *starke* Luft. Man muss für sie geschaffen sein [...] Das Eis ist nahe, die Einsamkeit ist ungeheuer „ (EH, KSA 6, 258). Sollen wir schaudern, wenn wir hier von der eisigen Einsamkeit erfahren, die von seinen Schriften ausgeht. Das war wohl die Intention und damit auch ein sich Abtrennen von all denen, der Mehrheit, die diese eisige Höhe nicht aushalten kann. Die freien Geister freilich sind dazu prädestiniert, losgelöst sehen sie ihrer Aufgabe aus der Höhe entgegen und zwar mit einer „heimliche[n] Gewalt und Nothwendigkeit [wird sie – J.G.] unter und in seinen einzelnen Schicksalen walten [...] Unsre Bestimmung verfügt über uns, auch wenn wir sie noch nicht kennen; es ist die Zukunft, die unserm Heute die Regel giebt" (MA I Vorrede, 21). Neben der Grundvoraussetzung der „grossen Loslösung" werden noch weitere Elemente in den Zeiten der „Versuchs-Jahre [...] bis zu jener überströmenden Sicherheit und Gesundheit" benannt:

> Selbstbeherrschung und Zucht des Herzens [...] entgegengesetzte[n] Denkweisen [...] Umfänglichkeit und Verwöhnung des Ueberreichthums, [...] bis zu jenem Ueberschuss an plastischen, ausheilenden, nachbildenden und wiederherstellenden Kräften, welcher eben das Zeichen der *grossen* Gesundheit ist, jener Ueberschuss, der dem freien Geiste das gefährliche Vorrecht giebt, *auf den Versuch* hin leben und sich dem Abenteuer anbieten zu dürfen: das Meisterschafts-Vorrecht des freien Geistes! (ebd., 17f.).

Um dieses „Meisterschafts-Vorrecht" und den mit ihm alliierten „zähen Willen zur Gesundheit" zu gewinnen, wiewohl man ihn aus „Lebens-Weisheit" nur in „kleinen Dosen" anwenden dürfe, müsse man auf dem Weg „dankbar seiner Wanderschaft, seiner Härte und Selbstentfremdung, seinen Fernblicken und Vogelflügen in kalte Höhen [...] eine gründliche *Kur* gegen allen Pessimismus (den Krebsschaden aller Idealisten und Lügenbolde)" zu einem freien Geist, verschiedene strebensethische Selbsttechniken anwenden. Nietzsches Selbsttechnik „grosse Gesundheit", man muss sie sich erkämpfen, indem man sich gegen Idealismus, Metaphysik und Romantik immunisiert, kann als eine redlich-verantwortungsvolle Haltung einer starken Natur rezipiert werden; „Ein Schritt weiter in der Genesung: und der freie Geist nähert sich wieder dem Leben, langsam freilich, fast widerspänstig, fast misstrauisch. Es wird wieder wärmer um ihn, gelber gleichsam; Gefühl und Mitgefühl bekommen Tiefe, Thauwinde aller Art gehen über ihn weg." Diese Gesundheit ist die Voraussetzung seines gnothi seauton: „Jetzt erst sieht er sich selbst –, und welche Ueberraschungen findet er dabei" (ebd., 19). In Perioden voll „grosser Gesundheit" habe der freie Geist die Kraft, seinen „Hass auf die eigenen Tugenden" zu hinterfragen, und sich zum Herrn über sie und über sein „Für und Wider" zu machen. Nietzsche kleidet das in den imperativischen Auftrag eines „du sollst", „du solltest" und behält dies bis zum Ende der sechsten Vorrede bei (ebd., 20). Nur dann – mit dieser superioren physiologisch-mentalen Ausstattung – könne die Perspektivität jeder „Werthschätzung" erkannt werden. Sie seien – und damit formuliert Nietzsche einen geradezu fundamentalen Einspruch gegen jeden Anspruch auf eine theoretische/philosophische/wissenschaftliche Objektivität – durch das Perspektivische bedingt.

Die Subtilität in Nietzsches Metaphorik des Perspektivischen weiß den Blick, ob der Unendlichkeit der Perspektiven, zu erweitern, jedoch im Bewusstsein, dass jede einzelne Perspektive beschränkt und ungerecht, gleichsam falsch ist. Ein Einspruch, gar Widerspruch zu allen anderen; nicht zuletzt eine Relativierung der

Ansprüche der anderen. Ein Dilemma, auf das er uns aufmerksam machen wollte, und das zu seinem Verständnis einer Tugend der Redlichkeit: „die letzte Tugend, *unsere* Tugend heißt: Redlichkeit" (NL 1885/86, 1[145]; KSA 12, 44), zu zählen ist. Daraus folgt für ihn: „du solltest das Problem der *Rangordnung* mit Augen sehn und wie Macht und Recht und Umfänglichkeit der Perspektive mit einander in die Höhe wachsen". Erst dann und damit „jetzt" wisse der freie Geist, dass er zu gehorchen habe, weil er „jetzt *kann*, was er jetzt erst – *darf…*" (MA I Vorrede, 20 f.).[4]

Zweifellos befinden wir uns hier an einem zentralen Punkt der nietzscheanischen Argumentation in den Vorreden und auch von MA: Das „Perspektivische in jeder Werthschätzung": Relativität und Scheinbarkeit – und damit verbunden, das „*Problem der Rangordnung*", das er zum Problem des freien Geistes erklärt:

> in dem Mittage unsres Lebens, verstehn wir es erst, was für Vorbereitungen, Umwege, Proben, Versuchungen, Verkleidungen das Problem nöthig hatte, ehe es vor uns aufsteigen *durfte*, und wie wir erst die vielfachsten und widersprechendsten Noth- und Glücksstände an Seele und Leib erfahren mussten, als Abenteurer und Weltumsegler jener inneren Welt, die 'Mensch' heisst, als Ausmesser jedes ‚Höher' und ‚Uebereinander', das gleichfalls ‚Mensch' heisst – überallhin dringend, fast ohne Furcht, nichts verschmähend, nichts verlierend, alles auskostend, alles vom Zufälligen reinigend und gleichsam aussiebend – bis wir endlich sagen durften, wir freien Geister: ‚Hier – ein *neues* Problem! […] Hier ein Höher, ein Tiefer, ein Unter-uns, eine ungeheure lange Ordnung: eine Rangordnung die wir *sehen*: hier – *unser* Problem! (ebd., 20 ff.).

Unser Problem sei die Rangordnung, das selbstverständlich auch der Perspektivität unterworfen ist. Wenn der freie Geist seine Entwicklung im Wissen um die Rangordnung vollzieht und dabei jegliche Wertschätzung als eine perspektivische erkennt, dann muss das auch für die Umfänglichkeit der Perspektiven gelten. Die Rangordnung in der Perspektivität ist demnach auch eine perspektivische. In den „Reden Zarathustra's" werden die „drei Verwandlungen" zur Freiheit, die einer Wanderschaft des Geistes entsprechen, über eine Parabel bebildert: Das Kamel als Symbol der Décadence wird durch den Löwen, Allegorie des freien Geistes, abgelöst, der gegen den Drachen als Vertreter der alten Werte kämpft. Der siegreiche

---

4 In MA verwendet er insgesamt sieben Mal das Wort Rangordnung. Vgl.: MA I 42, (drei Mal), 107, 132, VM 362 und WS 30. Zu Rangordnung und Moral findet sich folgendes Notat: „Jede Moral ist {welche irgendwo geherrscht hat war immer} die Zucht u Züchtung eines bestimmten Typus von Menschen, voraussetzend {unter der Voraussetzung}, daß es auf diesen Typus besonders {vornehmlich, ja ausschließlich} ankomme: kurz, eine Rang= {immer unter der Voraussetzung eines} ordnung der Seelen {Typen} voraus setzend" (KGW IX 2, N VII 2.8).

freie Geist hat die höchste Stufe des Kindes erklommen und kann von hier aus neue Werte schaffen.

Erst im „Mittage", wenn auch nicht im „grossen Mittag" stehend, können die freien Geister ihre Aufgabe vollständig und vollkommen ermessen. Er verkörpert gleichsam die Kulmination von authentischem Verstehen und Erkenntnis, gerade weil hier die tradierten Zugangsweisen eingeschmolzen sind. Er ist Ausblick und dabei ein kondensierter Prozess, Verheißung, auch Erlösung, Ruhe und Eruption, dabei vielfältig anspielungsreich und verweist zudem auf zahlreiche, mit starken Bedeutungen aufgeladene Verwendungen dieser Metapher in Nietzsches Werk. Nicht nur hier, sondern insbesondere im *Zarathustra* wird der Mittag in einer emphatisch ausgeleuchteten Szenerie bilderreich instrumentiert.

Die „Aufgabe" der Rangordnung kann sich erst stellen, wenn die Ungerechtigkeiten der Wertschätzungen in ihrer notwendigen Perspektivität erkannt wurden, womit auch die Rangordnung als eine perspektivische, addiere ungerechte, begriffen werden muss.

2 Vorreden zu *Menschliches, Allzumenschliches* II

Hatten wir in den Vorreden zu MA I erfahren, dass Nietzsche mit einem einzigartigen, „tiefen Verdacht *in* [Kursivierung – J.G.] die Welt" gesehen und gleichsam ihr Innerstes erblickt haben will und von einer anderen Perspektive – der des freien Geistes: „Fernblicken und Vogelflügen in kalte Höhen" und damit den Blick von oben *auf* die Welt – gehört, so eröffnen die sieben Vorreden des zweiten Bandes mit einer perspektivischen Selbstreflexion auf die „‚Litteratur'" des Autors Nietzsche. Ermöglicht durch „Genesung, der Ferne, der Distanz [...] als Fatum, nachträglich für die Erkenntniss [...] auszubeuten [...] Meine Schriften reden *nur* von meinen Ueberwindungen: ‚ich' bin darin, mit Allem, was mir feind war, ego ipsissimus, ja sogar [...] ego ipsissi *mum*" (MA II Vorrede, 369). Er will „darin" sein, wieder eine neue Perspektive. Sind aber die Schriften Zeugnisse der Überwindungen des Autors, des Philosophen, der *Privat*person, von allen dreien? Ist da überhaupt zu differenzieren?

Jedoch wir werden unvermittelt über eine entscheidende Distinktion aufgeklärt; seine Schriften seien „mit einer einzigen, allerdings wesentlichen Ausnahme, *zurück zu datieren* – sie reden immer von einem ‚Hinter-mir'" (ebd.). Auch wenn er hier nicht benannt wird, so ist es der *Zarathustra*, der nicht zurückdatiert werden muss. „Insofern sind alle meine Schriften, mit einer einzigen, allerdings sehr wesentlichen Ausnahme *zurückdatirt*" (NL 1886/1887, 6 [4]; KSA 12, 232). Am 7. April 1884 schreibt er an Overbeck: „Beim Durchlesen von 'Morgenröthe' und ‚fröhlicher Wissenschaft' fand ich übrigens, daß darin fast keine Zeile steht, die nicht als Einleitung, Vorbereitung und Commentar zu genanntem Zarathustra dienen kann. Es ist eine *Thatsache*, daß ich den Commentar *vor* dem Text gemacht habe – –" (KSB 6, 496).

„In" seinen Schriften sei er, bedeutet: *„ebenso sehr in der Kritik als der Vertiefung alles bisherigen Pessimismus"*, etwa auch Schopenhauers. So habe er sich nach „Loslösung" und „Abschiednehmen" auf der „gefährlichste[n] Meeresstille meiner Fahrt" befunden. „Die Gelassenheit, um über lange Zwischenjahre innerlichsten Alleinseins und Entbehrens reden zu *können*, kam mir erst mit dem Buche ‚Menschliches, Allzumenschliches'." Fortan spreche er mit der „neugierigen Kälte des Psychologen, welche eine Menge schmerzhafter Dinge, die er *unter* sich hat, *hinter* sich hat [...] auch etwas Blut fliesst, wenn der Psychologe Blut dabei an den Fingern und nicht immer nur – an den Fingern hat?..." (MA II Vorrede, 370 f.).[5] Mit einem Fragezeichen wird das hier abgeschlossen, ob der schockierenden Mitteilung, dass es sich um eine blutige Arbeit handelt, also gleichsam eine leichte Abschwächung? Ich sehe hier Ironie, zurückverweisend auf den „tiefen Verdacht", mit dem er „in" die Welt geblickt haben will und wohl auch einen Hinweis auf die Gefährlichkeit seiner Arbeit und Aufgabe, z. B. einer Umwertung aller Werte, dem Problem der Rangordnung, einer Einbeziehung vielfältigster Perspektiven, einem Abschiednehmen von der Fiktion Objektivität etc. Als Psychologe verfügt er wiederum über andere Perspektiven. Die Bedeutung von MA, eine gewichtige, wenn er hierüber Gelassenheit gewonnen hat, wird von ihm in der Rückschau aus dem Jahr 1886 – nicht zuletzt über die Selbstbeschreibung: Psychologe – transparent gemacht. MA jedoch, verdanke er nicht nur „Gelassenheit", vielmehr sei ihm hierüber sogar „die Dankbarkeit gegen das Leben" (ebd., 374) geschenkt worden.

Aus den zwei „Abtheilungen" von *Menschliches, Allzumenschliches* II, geschrieben nach „sechs Jahren der Genesung [...] redet ein Pessimist [...] mit einem guten Willen *zum* Pessimismus – somit jedenfalls kein Romantiker mehr" (ebd., 371). Dann war er zur Zeit der Entstehung der *Geburt der Tragödie* und der *Unzeitgemässen Betrachtungen* wohl ein Romantiker. Vielleicht ist es so zu verstehen, dass er – wie alle anderen auch –, romantische Elemente in sich trug. Neben dem Psychologen treffen wir auf einen Pessimisten und einen Exromantiker in Nietzsches menschlich allzu menschlichem Kammerspiel. „Vermischte Meinungen und Sprüche" sowie „Der Wanderer und sein Schatten" seien „Fortsetzung und Verdoppelung einer geistigen Kur, nämlich einer *antiromantischen* Selbstbe-

---

5 Vergl. NL 1886, 6[4]; KSA 12, 233. In „Vom Lesen und Schreiben" notiert er: „Wer in Blut und Sprüchen schreibt, der wird nicht gelesen, sondern auswendig gelernt werden" (Z I, KSA 4, 48). Womöglich könnte man Sprüche hier mit Aphorismen übersetzen.

handlung". Ergo: er kann sich selbst therapieren und damit auch die Folgen seiner Erkenntnisse umsetzen. Diese Kur sei eine „*Gesundheitslehre*", welche er den „geistigeren Naturen [...] zur disciplina voluntatis" empfehle (ebd.). Mit gutem Gewissen, könnte man hinzufügen, da er sie getestet habe. Eine „disciplina" gegen Richard Wagner, ein „verzweifelnder Romantiker", von dem „*Abschied*" zu nehmen war, aus „Ekel vor dem Femininischen und Schwärmerisch-Zuchtlosen dieser Romantik, vor der ganzen idealistischen Lügnerei und Gewissens-Verweichlichung" (ebd., 372). Das ist namentlich gegen den Wagner des *Parsifal* gerichtet: ein „morsch gewordener, verzweifelnder Romantiker, sank plötzlich, hülflos und zerbrochen, vor dem christlichen Kreuze nieder".[6] Verboten habe er sich fortan „alle romantische Musik [...], diese zweideutige grossthuerische schwüle Kunst, welche den Geist um seine Strenge und Lustigkeit bringt" (ebd., 372f.).

> ich suche die Ursache für die *extreme Erschöpfung*, welche Wagners Kunst mit sich bringt. [...] Wagner hat an die Liebe geglaubt, wie alle Romantiker dieses tollen und zuchtlosen Jahrzehnds. [...] Wir sind strenger geworden, härter, ungeduldiger gegen solche Vulgär-Psychologie, welche sich gar noch damit ‚idealistisch' glaubte, – wir sind cynisch selbst gegen diese Verlogenheit und Romantik des ‚schönen Gefühls' – (NL 1888, 15[12]; KSA 13, 411 und 15[14]; ebd., 414).[7]

Wenn er überhaupt „noch etwas von der Musik" erhoffe, vertraue er auf einen „Musiker", der so „kühn, fein, boshaft südlich" sei, um an der romantischen Musik „auf eine unsterbliche Weise *Rache zu nehmen*" (ebd., 373). Man darf vermuten, dass dieser Musiker George Bizet ist, dessen Oper *Carmen* Nietzsche sehr oft hörte. Er könnte gleichsam das Therapeutikum gegen Wagners Musik sein.

„Einsam nunmehr und schlimm, misstrauisch gegen mich", habe er sich, auf dem „Weg zu ‚mir' selbst, zu *meiner* Aufgabe [...] jenen tapferen Pessimismus [...] der Gegensatz aller romantischen Verlogenheit" angeeignet. Ein „verborgene[s]

---

6 Unverständlich bleibt Collis Behauptung im Nachwort, Wagner werde in MA „überhaupt nicht genannt" (708), wo er doch an einer Stelle der Vorrede zu MA I, vgl. 14 sowie sechs Stellen in MA II, vgl. VM 434, 451 (2x), MA II Vorrede 370 (2), und 372 explizit erwähnt wird.

7 Das steht im Widerspruch zu Nietzsches poetischer Würdigung des *Parsifal* Vorspiels in einem Brief an Köselitz vom 21. Januar 1887: „Die allerhöchste psychologische Bewußtheit und Bestimmtheit in Bezug auf das, was hier gesagt, ausgedrückt, *mitgetheilt* werden soll [...] jede Nuance des Gefühls, bis aufs Epigrammatische gebracht; eine Deutlichkeit der Musik als descriptiver Kunst [...] ein sublimes und außerordentliches Gefühl, Erlebniß, Ereigniß der Seele im Grunde der Musik, das Wagnern die höchste Ehre macht, eine Synthesis von Zuständen, die vielen Menschen, auch 'höheren Menschen', als unvereinbar gelten werden, von richtender Strenge, von ‚Höhe' im erschreckenden Sinne des Worts [...] Ob je ein Maler einen so schwermüthigen Blick der Liebe gemalt hat als W(agner) mit den letzten Accenten seines Vorspiels? –" (KSB 8, 12f.).

und herrische[s] Etwas" sei „dieser Tyrann", der eine „schreckliche Wiedervergeltung" für alle Versuche, sich zu entziehen, fordere. Durch diese Adjektive und Substantive sollen wir die Härte und Grausamkeit des Weges und seiner Situation förmlich spüren und das scheint gelungen. Hinzukommt: „Krankheit ist jedes Mal die Antwort, wenn wir an unsrem Rechte auf *unsre* Aufgabe zweifeln wollen". Eindringlich ausgeleuchtet werden wir hier sowohl auf den Tyrannen (Aufgabe) und die gravierenden Folgen aufmerksam gemacht, wolle man ihnen „entschlüpfen" (ebd., 373). „Unsre *Erleichterungen* sind es, die wir am härtesten büssen müssen! Und wollen wir hinterher zur Gesundheit zurück", so müssten wir „uns *schwerer* belasten, als wir je vorher belastet waren..." (ebd., 374). Über das Menetekel „büssen" verweist Nietzsche – quasi als Richter mit einer christlich konnotierten Semantik der Bestrafung –, erneut auf die gefährlichen Folgen, die Erleichterungen nach sich ziehen. Damals habe er mit der „Kunst [...] gesund und boshaft" zu sein, gelernt, sie zu überwinden. Gesund zu sein – „grosse Gesundheit" – ist jetzt eine Kunst, mutmaßlich eine Lebenskunst; „ein Leidender hat auf Pessimismus *noch kein Recht!*" (ebd., 374).[8]

Aus der retrograden Perspektive eines „Damals" schaut der Nietzsche der Vorreden nun zurück auf die Zeit der Entstehung von MA und findet in der Selbstbeschreibung einen einsiedlerisch „Schweigensten und Leidensten." Man beachte die Verwendung des Superlativs. Dieses Stilmittel schien ihm unverzichtbar, um die vollständig desolate Ausgangssituation, für das Erlernen dieser Kunst zu bebildern; sie gleichsam fühlbar zu machen. Der Reiz seiner Schriften bestehe darin „das Leben *wider* den Schmerz zu vertheidigen" (MA II Vorrede, 374).

Kontrastierend hierzu eine Sentenz aus einem Brief an Köselitz vom 31. Oktober 1886 aus Nizza: Für die Erarbeitung der Vorreden, sei es „ein Glück" gewesen, dass er *Menschliches, Allzumenschliches* und *Die Geburt der Tragödie* nicht „zu Händen" hatte: „ich halte alles dies Zeug nicht mehr aus. Hoffentlich wachse ich mit meinem Geschmacke noch über den ‚Schriftsteller und Denker' Nietzsche hinweg; und vielleicht bin ich dann ein Bißchen würdiger zu dem anmaaßlichen Vorsatz, der im Wort ‚freier Geist' steckt" (KSB 7, 274).

Diese Aussage steht in einem Netz von Widersprüchen, die Nietzsches Ambivalenz zeigen: Wenn die Bücher „Zeug" sind, warum schreibt er dann Jahre nach ihrem Erscheinen noch neue Vorreden und wäre es dann noch redlich, sie in ihrer Bedeutung; „Verdacht in die Welt", „Gesundheitslehre", das „Tragische" etc., –

---

8 „Wir Neuen, Namenlosen, Schlechtverständlichen, wir Frühgeburten einer noch unbewiesenen Zukunft – wir bedürfen zu einem neuen Zwecke [...] einer stärkeren gewitzteren zäheren verwegneren lustigeren, als alle Gesundheiten bisher waren" (FW 382, KSA 3, 635 f.).

über die retrograde Perspektive zu würdigen. Jedoch, dass hier Koketterie diktiert, eine zum Widerspruch gleichsam zwingende Provokation, die vom Adressaten entkräftet werden soll – Köselitz geht erstaunlicherweise in seinem Antwortbrief vom 6. November (KGB III 4, 234 ff.) nicht darauf ein –, kann ich nicht erkennen. War es also eine stimmungsbedingte Aussage? Das steht jedoch konträr zu den Würdigungen seiner Schriften in EH. Noch verwirrender wird es, wenn man seinen Brief an Overbeck vom 14. November 1886, ca. 14 Tage nach dem an Köselitz, hinzuzieht: Seine Schriften seien jetzt „in neuen hübschen Kleidchen, von mir mit mächtig-langen Vorreden bedacht [...] Diese 5 Vorreden sind vielleicht meine beste Prosa, die ich bisher geschrieben habe" (KSB 7, 282). Das passt schon eher zu Nietzsches Würdigung der „Wanderbücher", wie sie jetzt genannt werden, die er nach Jahren „wachsender Zuversicht" nicht nur für sich geschrieben habe (MA II Vorrede, 376).

Nach diesen Einschüben komme ich zurück zu „unsern Pessimismus", den er durch eine Perspektivenumkehr gewonnen haben will, um so zum „Optimismus, zum Zweck der Wiederherstellung, um irgendwann einmal wieder Pessimist sein *zu dürfen*", zurückzukehren. Er sei als „Arzt und Kranker in Einer Person, zu einem umgekehrten unerprobten *Klima der Seele*" unterwegs gewesen, über vielfältige Entbehrungen; „das Leben selbst *belohnt* uns für unsern zähen Willen zum Leben [mit –J.G.] *grossen* Geschenke[n]", die sich als eine „grosse geistige Erstarkung, eine wachsende Lust und Fülle der Gesundheit" zeigten. Das größte Geschenk an den Gesunden ist jedoch: „– wir bekommen *unsre Aufgabe* wieder zurück" (ebd., 375).

Wiederholt verweist Nietzsche auf seinen Befindlichkeiten: Krankheit, Leiden, Gesundheit, Genesung. Je nachdem welche von ihnen gerade vorherrscht, ermögliche oder verhindere sie seine persönlichen und philosophischen Überwindungen; sein Schreiben, seine Schriften reflektierten das. Scheinbar demaskiert sich hier der Autor, indem er intime Informationen preisgibt, aber er verbleibt gleichwohl hinter seinen Maskeraden und spielt mit uns; zieht uns in das Netz seiner Deutungen und Selbstdeutungen.[9] Gleichwohl betont Colli: „Die Entschiedenheit von *Menschliches, Allzumenschliches* in Form und Inhalt setzt die Gegensätzlichkeit selbst gelebter Erfahrungen voraus" (Colli Nachwort, 711).

---

9 An von Meysenbug am 12, Mai 1887: „Auf meinem Tische liegt die neue Auflage (die zweibändige) von Menschliches, Allzumenschliches [...] In den langen 'Vorreden' [...] stehen kuriose Dinge von einer *rücksichtslosen* Aufrichtigkeit in Bezug auf mich selbst: damit halte ich mir 'die Vielen' ein für alle Mal vom Leibe, denn nichts agacirt die Menschen so sehr als etwas von der Strenge und Härte merken zu lassen, mit der man sich selbst, unter der Zucht seines eigensten Ideals, behandelt und behandelt hat" (KSB 8, 70).

In einem provokativen Ton fragt Nietzsche, ob die Geschichte seiner „Krankheit und Genesung [...] nur mein persönliches Erlebniss gewesen sei? Und gerade nur *mein* ‚Menschlich-Allzumenschliches'?" So gestellt, verwundert es nicht, dass die Antwort ein Nein ist. Er glaube das „Umgekehrte". Entsprechend adressiert er die „Wanderbücher" an ein „Euch"; die „Seltenen, Gefährdesten, Geistigsten, Muthigsten, die ihr das *Gewissen* der modernen Seele sein müsst", auf dem Weg zu einer „*neuen* Gesundheit [...] ihr Vorherbestimmten, ihr Siegreichen, ihr Zeit- Ueberwinder, ihr Gesündesten, ihr Stärksten, ihr *guten Europäer!* – –" (MA II Vorrede, 376). (Erneut Superlative). Ergänze, ihr freien Geister. Hier wird nicht mehr von einer „grossen", sondern einer „neuen" Gesundheit gesprochen, sollte das mit dem Auftauchen der guten Europäer zu erklären sein, den europäischen „Söhnen von Morgen und Uebermorgen" (MA I Vorrede, 15).

Was aber ist seine/unsere Aufgabe? Das wird zwar an einigen Stellen tatsächlich konkretisiert, aber zuweilen von den ausschweifenden Schilderungen seiner Stimmungen und Befindlichkeiten, über immer wieder neue Metaphern bebildert, partiell überlagert. Sie besteht darin, über Loslösungen und Selbsttechniken, den romantischen Pessimismus zu überwinden, als ein nicht endender Prozess, denn die Aufgabe wird nicht von der Tagesordnung verschwinden: sie bleibt. Man müsse gesund sein, für einen „solchen langen Krieg, wie ich ihn damals mit mir gegen den Pessimismus der Lebensmüdigkeit führte". Die Überwindungen werden jetzt zu solchen des Philosophen Nietzsche, der einen Krieg gegen sich führen musste, um sich gegen „den *romantischen Pessimismus*, das heisst zum Pessimismus der Entbehrenden, Missglückten, Ueberwundenen" in Stellung zu bringen (MA II Vorrede, 375 f.). Diesen Krieg konnte er führen, denn „es giebt einen Willen zum Tragischen und zum Pessimismus [...] in der Brust". Sein Gegensatz zum romantischen Pessimismus sei ein Zeichen der „Strenge" und „Stärke des Intellekts (Geschmacks, Gefühls, Gewissens)", wobei der Wille zum Tragischen das „Furchtbare und Fragwürdige, das allem Dasein eignet", aufsuche. Geradezu mit einem „Verlangen nach einem *grossen* Feinde. – Dies war *meine* pessimistische Perspektive von Anbeginn, – eine neue Perspektive, wie mich dünkt?" (ebd., 376 f.).

Nietzsche sieht einen *Willen* zum Tragischen. Das weist eine Distinktion zur späteren Semantik des Tragischen auf, die nicht mehr vorrangig an einen Willen gebunden wird, sondern vielmehr prominent in der Figur des „tragisch-dionysischen Künstlers" und dem Dispositiv der „tragischen Bejahung" als „Amor fati", dem Dionysischen etc. auftritt. Die Existenz dieses Willens kann wohl bei der Bejahung des Tragischen als Lebensthema und -ziel helfen. Es ist jedoch, und darauf muss man achten, nicht in einen wissenschaftlichen Diskurs, auch nicht in der in MA präsentierten Weise, zu integrieren. Ich vermute, dieses Finale ist gleichsam ein Ausblick, ein erster Schritt in Nietzsches späteres Werk, wo die tragische Bejahung einen wichtigen Stellenwert hat, insbesondere bei der des Übermenschen und der ewigen Wiederkunft. Entsprechend verspricht er ein Festhalten am Tragischen: „ebensowohl für mich, als, gelegentlich wenigstens, *gegen* mich [...] Aber was sonst wäre mit dieser langen Vorrede – bewiesen" (ebd., 377.), fragt er abschließend. Ein im September 1886 aus Sils-Maria fragender Nietzsche verlässt uns – mit Fragen befrachtet...

Es werden also noch andere Schriften als Zeugnisse seiner (Selbst-) „Ueberwindungen" folgen, wie auch geschehen. Der Topos, die Metapher des Tragischen wird uns hier am Ende resümierend – quasi unvorbereitet – dargeboten. Es ist kein langsam ausklingendes Decrescendo, kein Piano, gar Pianissimo, kein zögernd sich senkender Vorhang vor seinen Sujets: Ueberwindungen, freier Geist, Loslösung, grosse Gesundheit, Perspektivisches, Einsamkeit, Wandern, Krankheit, Genesung, romantischer Pessimismus, tapferer Pessimismus = unser Pessimismus, Rangordnung etc. Nein, hier wird ein nietzscheanisches Fortissimo intoniert: Voila, dans l'instant et dans aucun autre: Das Tragische! Es muss exakt an dieser Stelle, am Ende der beiden Vorreden zu MA auftauchen, dort, wo der in den Vorreden exemplifizierte tour d'horizon zum Abschluss kommt. Dieser Topos zieht sich durch sein Werk auch in den Metaphern der tragischen Bejahung und des Amor fati – erhält er sich bis in die Spätschriften und den späten Nachlass: „Ich verspreche ein *tragisches* Zeitalter: die höchste Kunst im Jasagen zum Leben [...] wenn die Menschheit das Bewusstsein der härtesten, aber nothwendigsten Kriege hinter sich hat, *ohne daran zu leiden...*" (EH, KSA 6, 313). 1888 notiert er: „Der tragische Mensch bejaht noch das herbste Leiden: er ist stark, voll, vergöttlichend genug dazu" (NL 1888, 14[89]; KSA 13, 266).

Hier freilich – im Finale der Vorreden von *Menschliches, Allzumenschliches* – erhält das Tragische nachgerade die Funktion eines Leitmotivs. Ein Finale, zu dem uns Nietzsches Dramaturgie dirigiert. Jetzt verstehen (und verzeihen) wir, warum die Vorreden zu MA II *scheinbar* weniger dicht, weniger aufschlussreich und auch weniger erkenntnisträchtig sind, als die zu MA I. Wir verstehen, dass diese ganzen Wendungen, Umwege, Bekenntnisse, Irreführungen, Verführungen, Täuschungen, Selbstgespräche, Ansprachen, Forderungen, Aufrufe etc., notwendig sind, um das gelüftete Geheimnis so spannungsvoll wie möglich zu entbergen: Das Tragische als Fluchtpunkt all dieser Anstrengungen. Für die Aufgabe, das Tragische ins Zentrum zu stellen, zweifelsfrei *die* Aufgabe, muss alles ertragen werden: Einsamkeit, Außenseitertum, gefährliche Wanderungen, ungewisse Wege, Wüste, Eis, Krankheit, Schmerz, Experimente, Loslösungen und Überwindungen mit grundstürzenden Folgen; Umwertungen in jedweder Dimension, um sich ihrer nicht nur gewachsen, sondern auch würdig zu erweisen. Das Selbst steckt mit seiner Existenz mitten in all diesen Prozeduren. Sie machen es aus, wenn es sich ihnen überlässt, wird es als eines, dass man nicht wiedererkennen kann, hervorgehen, weil es sich durch sie bis zur Unkenntlichkeit verändert hat. Die „Gesundheitslehre" ist dann internalisiert und mit der Erfüllung der Aufgabe kann begonnen werden.

> Als **Mittel** *dieser* Freigeisterei erkannte ich die *Selbstsucht* als nothwendig, um nicht in die Dinge hinein verschlungen zu werden [...] Die Freigeisterei ist also im Verhältniß zum Selbst und zur Selbstsucht ein Werden, ein Kampf zweier Gegensätze, nichts Fertiges, Vollkommenes, kein Zustand: es ist *die Einsicht der Moralität, nur vermöge ihres Gegentheils sich in der Existenz und Entwicklung zu erhalten* (NL 1882, 1[42]; KSA 10, 20 f.).

Der Freigeist, der freie Geist, kann sich dem Tragischen stellen, es annehmen, es seinem Kosmos hinzufügen, nach der Loslösung, mittels seiner „grossen Gesundheit", das Problem der Rangordnung erkennend, wenn er mit all dem seine Aufgabe angenommen hat. Mit dem Tragischen ist sofort der mit ihm verbundene Topos, auch metaphorisch vielschichtig, wenn auch hier nur subkutan, angestimmt: Das Dionysische.[10] Jetzt wird die Aufgabe der freien Geister und des Freigeistes Nietzsche zu einer umfassenden: Tragisch zum Dasein stehen und alles „Furchtbare und Fragwürdige" des Lebens als ein, so wollte ich es und so will ich es, ad infinitum – zu bejahen.

Mit diesem Finale der Vorreden wird *Menschliches, Allzumenschliches* zur Brücke, zurückweisend auf die Tragödienschrift und den Nachlass der frühen 1870er Jahre, und vorausweisend auf das späte Werk und den späten Nachlass. Der letzte Satz seiner intellektuellen Autobiografie *Ecce homo* lautet: „*Dionysos gegen den Gekreuzigten...*" (EH, KSA 6, 374).

– – – die Aufgabe!

Literatur

Descartes, René (1990): Von der Methode des richtigen Vernunftgebrauchs und der wissenschaftlichen Forschung (Discours de la méthode pour bien conduire sa raison et chercher la verité dans les sciences). (Hg.): Lüder Gäbe, Hamburg.
Wagner, Cosima (1982): Die Tagebücher, ediert und kommentiert von Martin Gregor-Dellin und Dietrich Mack, München.

---

10 „Mit dem Wort 'dionysisch' ist ausgedrückt: ein Drang zur Einheit, ein Hinausgreifen über Person, Alltag, Gesellschaft, Realität, als Abgrund des Vergessens, das leidenschaftlich-schmerzliche Überschwellen in dunklere vollere schwebendere Zustände; ein verzücktes Jasagen zum Gesammt-Charakter des Lebens" (NL 1888, 14[4]; KSA 13, 224).

Vivetta Vivarelli
Die historische Philosophie und das Abenteuer des versuchenden Denkens

Erstes Hauptstück. Von den ersten und letzten Dingen

Im ersten Hauptstück findet sich eine radikale Kritik an der Metaphysik; Voraussetzung einer ‚historischen' Philosophie, die sich auf die Wissenschaften stützt und eine eigene philosophische Sprache schafft. Die an die Freiheit des Geistes mahnende Form des Aphorismus als Seitenblick und Ausdruck eines versuchenden Denkens – zieht aus mehreren Perspektiven – nicht direkt das Licht, sondern das „Beleuchtete" in Betracht, um es von Grund auf umzudeuten.

1 Thematische Gliederung und Struktur

Schon der Titel dieses Hauptstücks: „*Von den ersten und letzten Dingen*" verrät Nietzsches Absicht, eine Analyse und eine Kritik der falschen Voraussetzungen, auf denen die Metaphysik als das Wissen über den „Anfang und das Ende" beruht. „[L]*etzte Erkenntnisse*" zu besitzen, war nach Nietzsche das Bedürfnis der Vorsokratiker, die sich des Mythos beraubten (NL 1875, 6[7]; KSA 8, 99). Aristoteles hatte die Metaphysik die „erste Philosophie" (πρώτη φιλοσοφία, prima Philosophia) genannt.

Der Titel des Hauptstücks weist aber auch auf die entgegengesetzte Geisteshaltung hin –und auf die „wundervolle Einsicht von Epikur", dass „zur Beruhigung des Gemüths die Lösung der letzten und äussersten theoretischen Fragen gar nicht nötig sei" (WS 7, 543). Man sollte wieder ein guter Nachbar der nächsten Dinge werden, die die traditionelle Philosophie immer übersehen oder vernachlässigt hat, ein Thema das erst in der „Wanderer und sein Schatten" in den Vordergrund tritt.

Die erste Aphorismenreihe soll den Weg der Befreiung des Geistes und des philosophischen Denkens bahnen und diesen Prozess gleichsam ab imis fundamentis einleiten. Damit fängt das Abenteuer des versuchenden Denkens an, das Nietzsches mittlere Phase charakterisiert, und das er mit den „Reisen der grössten Weltumsegler" vergleicht, die – wie schon die älteren griechischen Philosophen – „sich ins Ungewisse wagen" (NL 1875, 6[48]; KSA 8, 115f.), während z.B. Kant nie den sicheren Boden der Erfahrung und die Grenzen der Insel des reinen Verstandes verlassen hat.

Die 34 Aphorismen entwerfen die Umrisse einer neuen Art zu philosophieren: Die Kritik an den Grundirrtümern der Philosophie und an deren Herausbildung ist die Hauptaufgabe der „allerjünste[n] aller philosophischen Methoden", d. h. der nunmehr „historisch[]" gewordenen Philosophie – wie Nietzsche im ersten Aphorismus erklärt –, „welche gar nicht mehr getrennt von der Naturwissenschaft zu denken ist" (MA I 1, 23). Schon im ersten Abschnitt des ersten Aphorismus wird die „historische Philosophie" der „metaphysische[n] Philosophie" (ebd.) entgegengesetzt, und diese Entgegensetzung wird durch ein „dagegen" unterstrichen. Ungenannte Zielscheibe ist hier vor allem Schopenhauer, der das „historische Philosophieren" im Namen der „echte[n] philosophische[n] Betrachtungsweise der Welt" verwarf: diese sei laut Schopenhauer eine, welche „nicht nach dem Woher und Wohin und Warum, sondern immer und überall nur nach dem Was der Welt fragt, d.h. welche die Dinge nicht als werdend und vergehend betrachtet".[1]

Nietzsches neue Forschungsmethode verdankt ihr historisch-genetisches Verfahren der Philologie. Im achten Aphorismus dieses Hauptstücks plädiert er für die „strengere [...] Erklärungskunst" der Philologen, eine Methode, die jede pneumatische, d. h. allegorische und mystische Erklärung der Natur entlarvt. Man sollte also – so die implizite Schlussfolgerung – „in Betreff der Natur" tun, was die Philologie uns gelehrt hat, „in Betreff der Bücher" zu machen, d. h. jede willkürliche Deutung der Texte als irreführend abzuweisen (MA I 8, 29). Nicht nur alte Texte, sondern auch die innere Geschichte des Menschen und seiner Vorstellungen sollten historisch-kritisch gelesen werden. Auf eine wissenschaftliche Haltung und Methode sowie auf die Nüchternheit eines Historikers wie Jacob Burckhardt, bezieht sich die „Tugend der Bescheidung" des historischen Philosophierens (ebd. 2, 25) und im dritten Aphorismus die *Schätzung der unscheinbaren Wahrheiten*", der „Reiz der *schlichtesten* Form" und der Hinweis auf ein „strenges Denken" (ebd. 3, 25f.).

Eine späte Umarbeitung aus dem Januar 1888 beschreibt die „antimetaphysische Philosophie" als „eine umgekehrte Philosophie", welche an ein „An-sich" überhaupt nicht glaubt und folglich eben sowohl dem Begriff „Sein" wie dem Begriff „'Erscheinung' das Bürgerrecht verweigert"; „die Methodik der Forschung" wird prägnant zusammengefasst: man sollte einfach der „Historie der Begriffe und der Begriffs-Verwandlung unter der Tyrannei der Werthgefühle" nachgehen (KGW IV 4, 165). Die Fragen über die Entstehung eines metaphysischen Weltbildes werden nunmehr der Wissenschaft, „der Physiologie und der Entwickelungsgeschichte der Organismen und Begriffe" überlassen (MA I 10, 30).

---

1 Schopenhauer 1873/74, W § 53, 322–323.

Die literarische Form des Aphorismus, wird hier zum ersten Mal verwendet, um Nietzsches neuen, nüchternen Denkstil, seine offenen Perspektiven und seinen Willen zum Umdenken auszudrücken, den er in der Spätphase seine ‚Experimental–Philosophie' nennen wird. Die 34 Aphorismen, häufig durch Gedanken-Ketten oder -Netze verbunden, verdeutlichen was im Falle Lichtenbergs als ‚kotextuelle Isolation' bezeichnet wird, d. h., eine Isolation oder Selbständigkeit der einzelnen Aphorismen, die jedoch im mehrfachen Zusammenhang mit den anderen Texten jedes Hauptstucks zu lesen sind. Die vereinzelten „Glied[er]" setzen ein ständiges Gespräch mit dem Leser woraus, der imstande sein sollte „diese Kette aus eigenen Mittel wiederherzustelle[n]" (NL 1876/77, 20[3]; KSA 8, 361).

Schon der erste Aphorismus zeigt jene literarische Strategie, die Peter Heller in seiner grundlegenden Studie über dieses Hauptstück als Umkehrstruktur, dynamische Antithetik oder Strategie der Umkehrung bezeichnet hat: dadurch wird das „Wesen der Dinge" als die Oberfläche entlarvt, das „Ding an sich" als Erscheinung und Vorstellung (MA I 10, 30 und MA I 16, 36). Als Architekt der Disposition der Texte zeichnet Nietzsche in der ersten Hälfte des ersten Hauptstück eine Folge von Perspektiven-Fehlern, willkürlichen Übertragungen und daraus folgenden Irr- und Fehlschlüssen, am Beispiel verschiedener Bereiche auf, die die Geschichte des Denkens charakterisiert haben: an erster Stelle sind die willkürlichen Begriffen von Oben und Unten oder von Innen und Außen in der Welt zu nennen (ebd. 15). Weitere parallele Beispiele dieser Fehlschlüsse und Irrtumsbildungen kann man in der Logik der Träume entdecken, in der Astrologie, die den Menschen als Mittelpunkt des Weltalls ansieht, oder in der Sprache, die verführt, an aeternae veritaten zu glauben; aber auch in den Schemen der Logik (ebd. 18) oder der Arithmetik (ebd. 19), die später als „Filtrir-Apparat" und „regulative Fiktionen" charakterisiert werden (NL 1885, 38[2]; KSA 11, 597).

In den Aphorismen 5, 11 und 16 bezieht sich Nietzsche auf eine zweite Welt, die der Traum, die Sprache oder die Philosophie seit Plato neben der uns bekannten und durch die Sinne wahrnehmbaren Welt aufgestellt haben: es ist die idealistische Welt derjenigen, die Nietzsche in „Vermischte Meinungen und Sprüche" (VM 17, 386) und in *Also sprach Zarathustra* „Hinterweltler" nennen wird, d. h. diejenigen, die „ihren Wahn jenseits des Menschen" geworfen haben (Z I, KSA 4, 35).

Um den Abbau archaischer Erkenntnis- und Erschließungsmethoden zu begleiten, tritt nun neben dem philologischen Blick die ethnographisch-anthropologische Perspektive als Frucht von mehreren vergleichend-ethnologischen, kultur-historischen und naturwissenschaftlichen Studien dieser Jahre in den Vordergrund. In dieser Hinsicht haben Wörter und Bilder wie „Ueberreste" (MA I 8, 29), „unreines Denken", „Stufe" („Stufe der Bildung"), „Stufe der Befreiung",

„Sprosse der Leiter", welche man „rückwärts steigen" sollte, ein besonderes Gewicht (ebd. 20, 41 f.).

Heller hat die thematische Gliederung und die Struktur dieser Reihe deutlich herausgestellt: über die Hälfte behandelt „die Geburt des Freigeists aus der Überwindung der Metaphysik"; die Aphorismen 16–19 skizzieren nun die Erfüllung des im Aphorismus 10 aufgestellten Programms dieser Überwindung durch die Kaltstellung der Metaphysik. Im 20. Aphorismus findet jedoch eine Umkehr statt: es wird eine rückläufige Besinnung auf die Kulturleistungen der vergangenen Epochen gefordert, die nunmehr in einer neuen unmetaphysisch-wissenschaftlichen Kultur umfunktioniert werden sollten. Die letzten Aphorismen dieser Reihe entwerfen Aufgaben und Richtlinien für die Zukunft aus der Perspektive des Freigeistes. Es wird unterdessen das Drama des Erkennenden skizziert, der sich mit dem Irrtum und der dem Leben notwendigen Unlogik auseinandersetzen muss. Um der mit dieser Feststellung verbundenen Verzweiflung zu entgehen, sei ein bestimmtes Temperament nötig. Das Wort „Temperament", das etymologisch auf eine „gehörige Mischung" verweist, setzt die Auflösung der Gegensätze und die Überwindung jeder Einseitigkeit voraus. Der überraschende Schluss dieser Reihe porträtiert sehr genau, ohne ihn direkt zu nennen, das Subjekt dieser neuen Philosophie und dessen Charakter: „den freien Geist".

Der „Freigeist" taucht explizit erst im dreißigsten Aphorismus auf, aber schon im Aphorismus 20 ist von einer „Stufe der Befreiung" die Rede (ebd. 20, 41) und im Aphorismus 26 wird auf „Regungen der Freiheit des Geistes" hingewiesen (ebd. 26, 47). Im Aphorismus 21 wird ein *„Muthmaasslicher Sieg der Skepsis"* (so der Titel des Aphorismus, ebd. 21, 43) als ein wesentliches Merkmal der Freigeister angesehen: die Haltung des skeptischen Misstrauens (gegen jede Metaphysik) ist in dieser Perspektive noch wichtiger als die Widerlegung.

Wir befinden uns also vor einer gründlichen Beweisführung anhand wechselseitiger Blickpunkte und einer Reihe von parallelen Prozessen der Irrtumsbildung, deren Ergebnisse jedoch in den letzten Aphorismen dieses Hauptstücks umgewertet werden, indem sie aus einer anderen Perspektive – dem Nutzen für das Leben – angesehen werden. Um diese Wende zu markieren, enthalten die Titel der drei vorletzten Aphorismen das Wort „nothwendig": *„Das Unlogische nothwendig"* (ebd. 31, 51), *„Ungerechtsein notwendig"* (ebd. 32, 51), *„Der Irrthum über das Leben zum Leben nothwendig"* (ebd. 33, 52), die „Unreinheit des Urtheils" (ebd.); sie alle seien notwendig. Ein weiteres Schlüsselwort der letzten Aphorismen dieser Reihenfolge ist das Wort „Fortschritt" im Gegensatz zur Reaktion: da jedoch jeder Glaube an Gegensätze als ein Überbleibsel der Metaphysik angebaut wurde, ist nunmehr nur noch eine paradoxe Denkweise möglich. Darauf spielen bedeutende Aphorismen-Titel wie *„Die Reaction als Fortschritt"* (ebd. 26, 46) oder *„Logik des Traumes"* an (ebd. 13, 32). Die dialektische Spannung und die *con-*

iunctio oppositorum der Paradoxien hebt Gegengensätze und Antithesen auf: Nietzsche frönt diesem Stilmittel, vor allem, weil durch ein solches Umkehrspiel die Wirklichkeit als etwas Dynamisches und nicht Erstarrtes dargestellt wird. Eine neue Bewertung erhält das Wort Fortschritt, der jedoch nicht mehr im positivistischen Sinne zu verstehen ist, deswegen wird er nur als möglich, und nicht als „nothwendig" dargestellt (ebd. 24, 45). Auch das Paar Bewusstsein/Unbewusstes, deren Entgegensetzung in der *Geburt der Tragödie* so wichtig ist, wird umgewertet: „Aber die Menschen können mit *Bewusstsein* beschliessen, sich zu einer neuen Cultur fortzuentwickeln, während sie sich früher unbewusst und zufällig entwickelten" (ebd.). Im Aphorismus 30 wird dagegen auf die Gefahr der Freigeister hingewiesen, Fehlschlüsse zu entdecken und infolgedessen „die entgegengesetzten Schlüsse zu machen": was wiederum ein Irrschluss sei (ebd. 30, 50). Schon Pascal hatte vor der Vorliebe für die vereinfachenden Symmetrien der rhetorischen Antithesen gewarnt.

Ein für die Geschichte der Philosophie grundlegender Gegensatz, der unter anderem das Tragödienbuch wesentlich prägt, ist der zwischen Pessimismus und Optimismus. Dieser Glaube wird gleichsam mit einem voltairianischen Lächeln in Frage gestellt und widerlegt: im Aphorismus 28 scheint Nietzsche auf Panglos im *Candide* anzuspielen, indem er die Gründe entgegengesetzter Haltungen anführt; entweder wie die Advokaten Gottes Panglos und Leibnitz, einen Gott zu verteidigen, welcher die beste aller Welten geschaffen haben *muss*, oder aber das genaue Gegenteil, durch Tatsachen zu beweisen, wie es in der Satire von Voltaire immer wieder geschieht. Beide als „Glaubensbekenntniss" (ebd. 28, 49) entlarvte Haltungen, seien jedoch naiv: Die Welt ist weder gut noch böse. Die im ersten Aphorismus angekündigte Widerlegung des Glaubens an Gegensätze wird in diesem Hauptstück konsequent beleuchtet. Das zieht eine wiederholte Umkehrung der Perspektiven, auch der eigenen, früheren, nach sich.

2 Chemie der Begriffe und Empfindungen

Im ersten Aphorismus dieser Reihe (ebd.1, 23) kehrt Nietzsche zu den Anfängen der abendländischen Philosophie zurück. Die Antwort auf die Grundfrage „wie kann Etwas aus seinem Gegensatz entstehen", (ebd.) ist schon im Titel zu finden, dem ein wissenschaftlicher Vergleich zugrunde liegt. Als die Wissenschaft von den Grundstoffen, deren Verbindungen und Verwandlungen ist die Chemie ein lehrreiches Beispiel für die Entstehung der als höher gewerteten Dingen aus ihrem Gegensatz. Darüber hinaus dient die wissenschaftliche Methode der Chemie dem Philosophen als Vorbild, um andere Bereiche durch ein experimentelles Verfahren zu analysieren. Es wird nämlich eine „*Chemie* der moralischen, religiösen, ästhetischen Vorstellungen und Empfindungen gefordert, ebenso aller jener Regungen, welche wir im Groß- und Kleinverkehr der Kultur und Gesellschaft, ja in der Einsamkeit an uns erleben" (ebd., 24). Nietzsche listet die Themen Moral, Religion und Kunst – der ersten drei Hauptstücke von *Menschliches, Allzumenschliches* nacheinander auf, und fasst im vierten Punkt die letzten zusammen. Insbesondere das Wort Einsamkeit, als die wichtigste Eigenschaft und Bedingung des freien Geistes, spielt auf das neunte Hauptstück „Der Mensch mit sich allein" an. Die ersten drei Themen: Moral, Religion und Kunst werden zu Beginn des zehnten Aphorismus genannt, in der Überzeugung, dass die Beschreibung ihrer Entstehung das „Problem vom 'Ding an sich' und der 'Erscheinung'" aufheben werde (ebd. 10, 30).

Eine aus der Chemie entnommene Metapher ist das Wort „Sublimirungen", das im Mittelpunkt des 1. Aphorismus steht, und auf einen Läuterungs- und Verfeinerungsprozess hinweist. Sowohl „ein unegoistisches Handeln" als ein Schwerpunkt der Ethik, als auch „ein völlig interesseloses Anschauen" der Ästhetik seien „nur Sublimirungen, bei denen das Grundelement fast verflüchtigt erscheint". Die „herrlichsten Farben, die aus niedrigen, ja verachteten Stoffen" gewonnen werden, sind ein anschauliches Beispiel für die Herkunft höher gewerteter Dinge (ebd.1, 23 f.). Die Metapher der Farben verbindet diesen Aphorismus mit dem sechzehnten: gerade durch unsere moralischen, ästhetischen und religiösen Ansprüche sei „die Welt allmählich so wundersam bunt […] *geworden*, sie hat Farbe bekommen, – aber wir sind die Coloristen gewesen" (ebd.16, 36 f.). Die Schönheit der Welt beruhe also großenteils auf unseren schöpferischen Irrtümern und Fehleinschätzungen.

Das Wort Sublimierung wurde von dem wissenschaftlich gebildeten Schopenhauer als Modell für den Abstrahierungsprozess verwendet, der zur Bildung und Fixierung der Wörter führt: „die zu abstracten Begriffen sublimirten und dabei zersetzten Vorstellungen", die „alle Anschaulichkeit eingebusst haben" werden „durch willkürliche Zeichen sinnlich fixiert und festgehalten".[2] Das war auch das Thema von Nietzsches Frühschrift *Über Wahrheit und Lüge*. Die drei Mal verwendete chemische Metapher taucht jedoch in der Bearbeitung dieses Aphorismus in *Jenseits von Gut und Böse* nicht mehr auf.

---

[2] Schopenhauer 1873/74, SW Bd. 1, 99.

3 Logik der Träume

Neben den Aphorismen, die die Sprache, die Logik und die Mathematik als willkürliche und schemenhafte Vereinfachungen der Wirklichkeit beschreiben, bieten drei Aphorismen über den Traum Musterbeispiele für unser schlechtes Schließen und falsches Kausaldenken. Nietzsches Hauptanliegen scheint nicht so sehr die Erklärung der physiologischen Prozesse der Träume, die er jedoch genau schildert, zu sein, sondern eher die Ergründung ihrer bizarren Logik aus einer ethnologischen Perspektive heraus. Der fünfte Aphorismus fängt mit einer These an: im Traum sei „der Ursprung aller Metaphysik". Die „Zerlegung in Seele und Leib" so wie „alles Geisterglauben" sei auf die älteste Auffassung des Traumes zurückzuführen. Beide Überzeugungen seien aus einem naiven Schluss entstanden: „Der Tote lebt fort […] so schloß man ehedem" (ebd. 5, 27). Im zwölften Aphorismus wird auf die „vollkommne Deutlichkeit aller Traum-Vorstellungen" (so auch im Auftakt der *Geburt der Tragödie*), die uns mit den Wilden und den Urzeiten der Menschheit verbindet, verwiesen. „Aber wir Alle gleichen im Traume diesem Wilden"; man kann also durch den Traum „das Pensum früheren Menschentums" noch einmal durchleben (ebd. 12, 32). Im dreizehnten, dem umfangreichsten der drei Aphorismen, geht es um den Traum als das „Suchen und Vorstellen der Ursachen" für erregte Empfindungen und um unsere freie Deutung derselben. Leib- und Nervenreize, die das Nervensystem „bis in die Gehirnfunktion hinein erregen", böten „hundert Anlässe […] nach *Gründen* dieser Erregung zu suchen". Die eigentlichen Ursachen und „veranlassenden Umstände" (z.B. äußere oder innere Anlässe und Nervenreize, Empfindungen von einem Druck oder von Geräuschen), würden aber als Wirkungen gedeutet: Man glaubt einen stärkeren Laut im Traum zu hören, aber dieses, als Wirkung eines Traums wahrgenommene Geräusch, hat in der Tat der Traum und die damit verbundenen Bilder hervorgerufen. Und das geschieht „mit außerordentlicher Schnelligkeit", so dass hier, wie beim Taschenspieler, „ein Nacheinander sich wie etwas Gleichzeitiges, selbst wie ein umgedrehtes Nacheinander ausnehmen kann". Als Beispiele werden „Glockenläuten" und „Kanonenschüsse" angeführt, die im Traum verwoben werden (ebd. 13, 32f.). Ein im Traum wahrgenommener Kanonenschuss wird auch im vierten Aphorismus der *Götzen-Dämmerung* in einem beinahe gleichen Zusammenhang analysiert: „Vom Traume auszugehn: einer bestimmten Empfindung, zum Beispiel in Folge eines fernen Kanonenschusses, wird *nachträglich* eine Ursache untergeschoben." Dies geschieht, wie Nietzsche erklärt, „in einer anscheinenden Umkehrung der Zeit" (GD 4, KSA 6, 92; vgl. NL 1884, 26[35], KSA 11, 156f.).

Diese, der „Logik" des Traums zugrundeliegende Verwechslung oder Suche nach imaginären Ursachen, ist ein von Nietzsche mehrfach verwendetes, stichhaltiges Argument, um die primitive Logik oder die affektierte Wissenschaftlichkeit zahlreicher philosophischer Beweisführungen aufzuzeigen: „*Ursache und Wirkung verwechselt*" ist der Titel des Aphorismus 608 aus MA I. Die Gewohnheit, „das, was instinktiv geschieht, dir und mir wie einen Vernunftschluss vorzuführen" (M 358, KSA 3, 241), ist auch Thema einer interessanten Betrachtung Pascals. Der „einzige logische Christ" hatte nämlich vor später angeführten Gründen oder falschen rationalen Erklärungen gewarnt, um instinktive Abneigungen zu rechtfertigen: „Aber ich glaube nicht, daß dieses verstimmte um der Gründe willen, die man später dafür findet, sondern daß man diese Gründe nur findet, weil die Sache uns verstimmt".[3] Im Aphorismus 5 aus *Jenseits* wird Nietzsche ebenfalls „von hinterher gesuchten Gründe" sprechen, mit denen die Philosophen ihre Meinungen verteidigen (JGB 5, KSA 5, 19).

Die von der Traumphantasie geschaffenen Bilder und Vorstellungen sind also „causae post effectum" (KSA 14, 122), die – so in einer Aufzeichnung – „a posteriori *hineingedichtet*" werden [Hervorhebung – V.V.] NL 1876, 21[38]; KSA 8, 372). Am Schluss des Aphorismus 13 werden der Dichter und der Künstler genannt, denn die Traumtätigkeit zeige eine gewisse Analogie mit jedem Kunstprozess. Es ist deswegen kein Zufall, dass Nietzsche die befreiende Wirkung dieser Erdichtungen des Gehirns unterstreicht: Der Traum sei „eine Erholung für das Gehirn, welches am Tage den strengeren Anforderungen an das Denken zu genügen hat". (MA I 13, 34). Das ist eine Antizipation, der an Freud erinnernden Vorstellung des Traums als Kompensation und Wunscherfüllung, die aber erst in der *Morgenröthe* deutlich formuliert wird (M 34). „Unsere Träume sind" – so im „Wanderer und sein Schatten" Aph. 194 – „symbolische Szenen- und Bilder-Ketten an Stelle einer erzählenden Dichtersprache" (WS 194, 639). Die erregte Phantasie bildet im Traum gleichsam eine Geschichte wie einen Kommentar zu einem Text. Dasselbe geschieht aber auch im wachen Leben. In der *Morgenröthe* wird Nietzsche fragen ob, „all unser sogenanntes Bewusstsein ein mehr oder weniger phantastischer Commentar über einen ungewussten, vielleicht unwissbaren, aber gefühlten Text" sei (M 119, 113).

In *Ueber Wahrheit und Lüge im aussermoralischen Sinne* hatte Nietzsche einen analogen Prozess in der Sprache, hinsichtlich der Beziehung zwischen Nervenreizen und Bildern, unterstellt (WL, KSA 1, 878f.). Schon damals hatte er eine genaue physiologische Beschreibung eines „gleichsam auf dem Rücken eines Tigers in Träumen" hängenden Menschen vorgelegt: „Verschweigt die Natur ihm

---

3 Pascal 1865, I, I, 172.

nicht das Allermeiste, selbst über seinen Körper, um ihn, abseits von den Windungen der Gedärme, dem raschen Fluss der Blutströme, den verwickelten Fasererzitterungen, in ein stolzes gauklerisches Bewusstsein zu bannen und einzuschliessen" (ebd., 877).

4 Die zweite Welt

Im dreizehnten Aphorismus von *Menschliches, Allzumenschliches* I ist die Analogie zwischen der „Logik" des Träumens und den Anfängen der Kultur offensichtlich: „wie jetzt noch der Mensch im Traume schliesst, so schloss die Menschheit *auch im Wachen* viele Jahrtausende hindurch" (MA I 13, 33). Man sollte also die verschiedenen Kulturstufen der Menschheit rückwärts nachgehen, um die Überbleibsel älterer Zeiten in der Gegenwart aufzudecken. Mit dem im fünften Aphorismus analysierten Glauben an den Wahrheitsgehalt des Traums und an „eine *zweite, reale Welt*", kann man leicht den Ursprung der Metaphysik zurückverfolgen (ebd. 5, 27). Der Satz „im Traume glaubte der Mensch in den Zeitaltern roher uranfänglicher Cultur eine zweite reale Welt kennenzulernen", verrät den Bezug auf Taylor, der „die objektive Wirklichkeit der in Träumen und Visionen erscheinende Seelen oder Geister" ans Licht gerückt hatte. Nietzsche hatte die 1873 auf Deutsch mit dem Titel *Die Anfänge der Cultur* erschienenen ethnologischen Forschungen von Edward Taylor gelesen.[4] Um die Weite der Umkehrstrategie Nietzsches zu messen, sollte man den Aphorismus 13 mit der wesentlichen Rolle vergleichen, die er in der Zeit der *Geburt der Tragödie* – unter dem Einfluss von Schopenhauer und Wagner – dem Traum zuschrieb. In einer Passage aus Wagners Festschrift *Beethoven* (1870) kommt eine von Schopenhauer entliehene Stelle vor: „Wie der Traum es jeder Erfahrung bestätigt, steht der, vermöge der Funktionen des wachen Gehirns angeschauten Welt, eine zweite, dieser an Deutlichkeit ganz gleichkommende, nicht minder als anschaulich sich kundgebende Welt zur Seite."[5] Diese, von dem inneren Auge oder second sight erschlossene zweite Welt, war in der romantischen Perspektive von Schopenhauer, Wagner und damals auch von Nietzsche, die eigentliche Welt des Hellsehers (Schopenhauer) oder des Musikers (Wagner). In *Menschliches, Allzumenschliches* wird dagegen diese Welt als ein Archaismus entlarvt. Vieles wird nunmehr auf den Kopf gestellt.

---

4 Vgl. Treiber 1994.
5 Wagner 1970, 15 f.

Aus diesem Beispiel kann man leicht die nicht geheim gehaltene Bestürzung des Ehepaars Wagner verstehen, als sie das ihnen zugesandte Werk lasen und das Netz von Umkehrungen entdeckten, die sie vor allem Paul Rée zuschrieben. Aber seinen Perspektivenwechsel verdankt Nietzsche keinem besonderen Einfluss von außen. Er ist der zu sich selbst zurückgekommene Nietzsche – nach Montinari. Die neue Anschauungsweise des „Verräters" an dem ehemaligen, eigenen Ideal ist auch die Frucht mehrere Abschiede, im biographischen, aber auch im philosophischen Sinn. Nietzsches Kritik an der abendländischen Philosophie, der bisherigen Form des Denkens, und der durch willkürliche Analogien entstandenen, philosophischen Irrwege, zielt nicht nur auf Plato oder Kant, sondern vor allem Schopenhauer, wie das im Aphorismus 17 auftauchende Wort „Welträthsel" nachdrücklich belegt (MA I 17, 38). Hier wird eine psychologische Deutung für die Anziehungskraft der metaphysischen Erklärungen geboten, die sich auf einen Gedankengang Schopenhauers stützt: der Geschlechtstrieb sei eine Äußerung des metaphysischen Willens und entspräche dem inneren Wesen der Welt.

Bereits im Jahr 1868 hatte der junge Nietzsche diesen Punkt in seinem Schopenhauerfragment aus dem Jahre 1868, unter dem Einfluss von Albert Langes *Geschichte des Materialismus*, hervorgehoben: „der dunkle Trieb unter ein[en] Vorstellungsapparat gebracht offenbart sich als Welt". Und weiter: „Alles, was über den Willen als Ding an sich sagbar und denkbar sei, sei „der Erscheinungwelt entnommen". Schopenhauers Versuch, „das x einer Gleichung zu finden", sei deshalb „mißlungen" (KGW I/4, 421 und 423 ff.). Zur Zeit der *Geburt der Tragödie* hatte er dagegen mühevoll versucht, mit dem Apollinischen und dem Dionysischen mindestens das Schema der schopenhauerischen Philosophie zu retten, deren metaphysischen Voraussetzungen er im Grunde schon damals skeptisch betrachtete.

Nietzsche lobt und kritisiert zugleich „strengere" (MA I, 16, 36) bzw. einen „ausgezeichnete[n] Logiker[]" (MA I, 18, 38) wie Afrikan Spir, welcher einerseits jeden Zusammenhang zwischen der metaphysischen und der uns bekannten Welt bestreitet und vor falschen Analogieschlüssen warnt, andererseits aber das Beharrende, Gleichbleibende, Unwandelbare, kurz die Identität als Voraussetzung des Erkennens sieht. Die Entstehungsgeschichte des Denkens zeigt dagegen, dass selbst ein solches „allgemeine Gesetz" nicht ursprünglich, sondern „geworden" ist. Das Sehen des Gleichen oder das Gleichsetzten ist ein Schematismus, also ein Irrtum, der den strengen Logiker mit dem träumenden Wilden verbindet (MA I, 12, 32).

5 Freiheit des Geistes im Zeitalter der Vergleichung

Die Aphorismen 22, 23, 24, 25 beschreiben den Zustand des Menschen nach dem Verlust seiner metaphysischen Ansichten und Sicherheiten: der „langatmige[n] metaphysischen Ruhe" wird „unseres aufgeregte Ephemeren-Dasein" entgegengesetzt (MA I 22, 43). Das Gefühl der Dauer wird durch dasjenige der Weite ersetzt: man könnte anstreben, „die Erde als Ganzes ökonomisch" zu verwalten (ebd. 24, 45); oder „sich ökumenische[n], die ganze Erde umspannende Ziele stellen" (ebd. 25, 46). Das nunmehr säkularisierte Adjektiv „ökumenisch", das dreimal wiederholt wird, weist auf allgemein-menschliche Ziele hin, die jede ältere Privatmoral im Namen einer Weltmoral ersetzen sollten.

Im Aphorismus 23, der eine, an ethnologischen Lektüren geschulte Betrachtungsweise Nietzsches deutlich zeigt, werden die „abgeschlossenen originalen Volks-Culturen" und „ihre lokalisierte Herrschaft" (die Vorstufe ist in KGW IV/4, 172 zu finden) dem „Zeitalter der Vergleichung" entgegengesetzt (MA I 23, 44). „Der Vorzug unserer Cultur ist die *Vergleichung*" schreibt er in einem nachgelassenen Fragment (NL 1877, 23[85]; KSA 8, 433; vs. zum Aph. 23). Im „Zeitalter der Vergleichung" sind die Menschen weniger durch „das Herkommen verbunden", weil das Durcheinanderfluten der Menschen und „die Polyphonie der Bestrebungen" (MA I 23, 44) immer größer werden. „Ungebundene, viel unsicherere und *schwächere* Individuen", – schreibt er in einem Fragment – „die neues versuchen und vielerlei versuchen, sind es, an denen der Fortschritt hängt (NL 1875, 12[22]; KSA 8, 258). Im Unterschied zum Frühwerk, scheint er sich der Vorteile der Jetztzeit bewusst zu sein: Der Fortschritt, das Chaos der neuen, offenen Kulturen sind ihm nicht mehr so bedrohlich wie in seinem Tragödienbuch. Inzwischen hat er Werke wie *Die Anfänge der Cultur* von Taylor und Die *Entstehung der Zivilisation* von Lubbock sowie *Der Ursprung der Nationen* von Bagehot gelesen.

Nach Bagehot wurde das ‚plötzliche Auftreten neuer Gedanken und neuer Vorbilder' in den ursprünglichen Gemeinwesen durch Handel und Seefahrt verursacht, die ein Zusammenbrechen der alten Glaubensbekenntnisse bewirkten und einen allgemeinen Skeptizismus verbreiteten. Deswegen betrachteten Philosophen wie Plato und Aristoteles den Handel als Quelle allen Verderbens. In der modernen Zeit sind dagegen, laut Bagehot, der fremde Verkehr und die Mischung verschiedener Rassen und Völker deshalb höchst wünschenswert, weil sie „die Vorstellungen bereichern" und „die Geister erweitern". Die positive Bewertung der Rassen- und Völkermischung, die Nietzsche bei Bagehot oder in weiteren die Völkerkunde betreffenden Lektüren fand, unterstützt seine neue Geisteshaltung: die „Mission" der „betrachtenden Freigeister" sei, alle die „Schranken" hinwegzuheben, welche einer Verschmelzung der Menschen und Kulturen im Wege stehen (NL 1876, 17[55]; KSA 8, 306). Dieses Thema zeigt sich mehrfach im Hintergrund vieler Aphorismen des fünften Hauptstücks über die Entstehung der Freigeister. Im Aphorismus 23 von *Menschliches, Allzumenschliches* I ist es aber mit einem weiteren Thema verbunden, das die kulturkritischen Ausführungen der ersten „Unzeitgemässen Betrachtung" fokussiert und jetzt aus einer entgegengesetzten Perspektive betrachtet wird: „Wie alle Stilarten der Künste neben einander nachgebildet werden, so auch alle Stufen und Arten der Moralität, der Sitten, der Culturen. [...] Eine Vermehrung des ästhetischen Gefühls", wird jetzt für möglich gehalten, der historische Sinn wird nunmehr als ein Reichtum und ein Privileg der Jetztzeit angesehen (MA I 23, 44). Im Aphorismus 221 spricht Nietzsche mit Goethe von „'barbarischen Avantagen' unserer Zeit", die uns erlauben „die Poesien aller Stile aller Völker" so wie „die Freuden der Localfarbe und des Zeitcostüms" zu genießen (ebd. 221, 182). In *Jenseits* wird der historische Sinn, Nietzsches „sechster Sinn", als „plebeijsch" aufgrund dessen nicht vornehmer Neugier auf alles Fremde und Toleranz des Geschmacks bezeichnet (JGB 224, KSA 5, 159).

6 Reaktion als Fortschritt

Einer der wichtigsten Aphorismen dieser Reihe, die Nummer 26: „*Die Reaction als Fortschritt*" stellt Luthers Reformation (die dann die Gegenreformation auslöste) und Schopenhauers Metaphysik als „*rückläufige Bewegung*" (MA I 20, 41) und großartige Reaktionen gegen „neue[n] Richtungen" und aufklärerischen Tendenzen dar. Das Luthertum als eine regressive Tendenz zu deuten, ist schon wieder eine Umkehrung und eine Provokation, da die Lutherische Reformation meistens mit dem Anfang der Neuzeit verbunden und Luther als Begründer des modernen Deutschlands betrachtet wird. Diese paradoxe Perspektive wird durch die Bezeichnungen „fortreissende, aber trotzdem zurückgebliebene Geister" unterstrichen (ebd. 26, 46 f.).

Mit der Erwähnung von „Petrarca, Erasmus und Voltaire" (ebd. 47) entwirft der Aphorismus ein historisch-politisches und literarhistorisches Zeitschema von Keimen eines Kultur- und Geistesfortschrittes und Gegenbewegungen. In seinem Aufsatz „Aufklärung und Revolution: Nietzsche und der späte Goethe" deckte Mazzino Montinari hinter diesem historischen Modell ein Distichon Goethes aus den *Vier Jahreszeiten* auf: „Franztum drängt in diesen verworrenen Tagen, wie ehmals / Luthertum es getan, ruhige Bildung zurück." Die Reformation (Luthertum) und die französische Revolution wurden von Goethe als ‚bildungsfeindliche Mächte' angesehen, die die ‚ruhige Bildung' der italienischen Renaissance und der französischen Aufklärung zurückdrängten. Die drei Namen, die auf der Fahne der Aufklärung verzeichnet sind, stellen drei Perioden dar, in denen die neuen „Regungen der Freiheit des Geistes" (ebd.), von den darauffolgenden, gegenläufigen Bewegungen aufgehalten wurden. Auf den ersten Namen, Francesco Petrarca, hatte Nietzsche sich schon in seinen philologischen Vorlesungen aus dem Jahre 1870/71, im Zusammenhang mit dem italienischen Humanismus, bezogen: „Der erste der mit Bewusstsein das Alterthum reproduziert ist Franc. Petrarca 1304–1374. In Virgil u. Cicero wie Keiner bewandert, Bewunderer der Form. Gegner der Scholastik, Verkünder des Humanismus [...] Er fand Ciceros Briefe 1345" (KGW II/3, 347). Diese Hinweise sind einer Passage aus der *Kultur der Renaissance in Italien* von Jacob Burckhardt entnommen. In einer Aufzeichnung aus dem Sommer 1875 wird dagegen ein von Schopenhauer entliehener Vers des Dichters angeführt: „„altro diletto, che 'mparar, non provo'" (NL 1875, 6[31]; KSA 8, 110).

Nietzsche umreißt drei Phasen dieser dialektischen Bewegung von Fortschritt und Reaktion; mit Petrarca wird der italienische und mit Erasmus der europäische Humanismus begründet. Voltaire ist das Sinnbild der französischen Aufklärung, die jetzt weiterzuführen ist. Nietzsche betrachtet von nun an die dritte Phase der Aufklärung, die er später die ‚neue' Aufklärung nennen wird, als die Aufgabe der freien Geister.

Die gesamte Renaissance wird als „ein erster Frühling [...] der Freiheit des Geistes", der durch die Reform „fast wieder weggeschneit" wird, gesehen (MA I 26, 47). Der Gegensatz Frühling/Schnee findet sich auch in einem nachgelassenen Fragment mit Bezug auf das Schicksal der Griechen (vgl. NL 1875, 6[34]; KSA 8, 111). In MA II wird der edle Sanftmut des Cardinal Contarini, der bäuerischen Halsstarrigkeit Luthers entgegengesetzt und „als Morgenröthe der geistigen Freiheit" und der Aufklärung angesehen (VM 226, 481). Dass der italienische Humanismus ein Vorspiel der Renaissance im Sinne Burckhardts war, zeigt uns der Aphorismus 237, dem dasselbe Schema zugrunde liegt:

> Die italiänische Renaissance barg in sich alle die positiven Gewalten, welchen man die moderne Kultur verdankt: also Befreiung des Gedankens [...] Begeisterung für die Wissenschaft und die wissenschaftliche Vergangenheit der Menschen [...]. Es war das goldene Zeitalter dieses Jahrtausends, trotz aller Flecken und Laster. Dagegen hebt sich nun die deutsche Reformation ab als ein energischer Protest zurückgebliebener Geister [...]. Sie warfen mit ihrer nordischen Kraft und Halsstarrigkeit die Menschen wieder zurück, erzwangen die Gegenreformation, das heißt ein katholisches Christentum der Notwehr, mit den Gewaltsamkeiten eines Belagerungszustandes, und verzögerten um zwei bis drei Jahrhunderte ebenso das völlige Erwachen und Herrschender Wissenschaften (MA I 237, 199 f.).

Das Stichwort Aufklärung bezieht Nietzsche auf keine spezifische und begrenzte Epoche, sondern es tritt als Kultur- und Geistesbewegung wiederholt auf. Dieser Gedankengang wird dann im Aphorismus 197 der *Morgenröthe* mit dem Titel „*Die Feindschaft der Deutschen gegen die Aufklärung*" erweitert und im Zusammenhang mit den historischen Verdiensten der deutschen Romantik noch deutlicher umrissen. Aber schon im Aphorismus 26 aus MA I wird der Weg gezeigt, um durch „die historische Betrachtungsart" von Religion und Kunst diese Aufgabe durchzuführen. Nun geht es also darum, „aus der Reaktion einen Fortschritt" zu machen (ebd. 26, 47), d. h. die Gegensätze aufzuheben, und das kann nur ein echtes historisches Verständnis der nunmehr untergegangenen Epochen des Christentums und der Metaphysik, dass man eben durch die Reform und die Lehre Schopenhauers gewinnen kann. Insofern kann man durch den historischen Sinn unserer Vergangenheit Gerechtigkeit widerfahren lassen. Der Aufklärung wurde dagegen vorgeworfen, schon durch den Gegensatz Licht/Dunkel und das Überlegenheitsgefühl der Modernen den Alten gegenüber, ungerecht gegen die Vergangenheit und die vergangenen Kulturen zu sein. Das Gefühl der Gerechtigkeit, das in Nietzsches mittlerer Schaffensperiode immer wichtiger wird, erweist sich als warme Zuneigung, die jede Feindschaft, Einseitigkeit und starre Entgegensetzung überwinden lässt. Darum spricht Nietzsche von dem „großen Erfolge der Gerechtigkeit" (ebd.). Man sollte also durch den historischen Sinn das Gefühl der Dankbarkeit lernen, um „gerecht, gnädig und sonnenhaft gegen alle Dinge" zu werden (NL 1881, 12[82]; KSA 9, 591).

7 Das „unreine Denken" und die Kunst

Wie erwähnt, findet sich in den Aphorismen 32 und 33 das Schlüsselwort „unreines Denken", zusammen mit Wendungen wie „Unreinheit des Urteils", „unreines Erkennen" (32), „Unreinheit des Denkens" (33). Nietzsche verwendete diesen Ausdruck auch in seinem Kolleg *Der Gottesdienst der Griechen* (Gottesdienst-Vorlesungen, GDG, KGW II, 5), um die Verwandtschaft unseres Denkens und Schließens mit der Logik, der auf niederen Kulturstufen lebenden Völkerschaften zu zeigen. Interessant ist in dieser Hinsicht vor allem der an Vico erinnernde Bezug auf die Bereiche der Poesie und der Kunst, die an die „Logik des Traumes" denken lassen: „diese Art Logik ist der wissenschaftlichen feindlich und antagonistisch, sie ist verwandt mit der Logik des Aberglaubens, aber auch mit der Poesie [...] Auf diesem Boden des unreinen Denkens erwuchs der griechische Cultus" (KGW II/5, 364/365). Im Sommer 1876 notiert Nietzsche: „Der große Wert des *unreinen Denkens* für die Kunst" (NL 1876, 17[1]; KSA 8, 296).

Heller hebt in den drei vorletzten Aphorismen dieses Hauptstücks, die im Titel das Wort „notwendig" enthalten, eine Steigerung und eine Dramatisierung hervor. Im Aphorismus 31 wird das Unlogische mit einer tiefen Wurzel verglichen, der so fest „in Allem, was dem Leben Werth verleiht" stecke, „dass man es nicht herausziehen kann, ohne damit diese schönen Dinge heillos zu beschädigen" (MA I 31, 51); „das ganze menschliche Leben ist tief in die Unwahrheit eingesenkt" (ebd. 34, 54). Die Metaphern der Wurzel und der Blüte veranschaulichen die wechselseitige Abhängigkeit von Wissenschaft und Kunst. Die pathetische Gedankenentwicklung gipfelt nach Heller im Aphorismus 33: die Feststellung der durch die historische Philosophie bewiesenen Sinnlosigkeit des Daseins oder genauer, der „letzte[n] Ziellosigkeit der Menschen" und gleichsam deren „Vergeudung" könnte den Denker zur „Verzweiflung" bringen (ebd. 33, 53). Der Fluch gegen das Dasein erinnert an Goethes *Faust*. Hinter dem Begriff der Vergeudung steckt dagegen das großartige schopenhauerische Bild der „Verschwendung" und der Natur, die sowohl Keimen als auch Individuen der Vernichtung preisgibt. Die schopenhauerischen Bilder werden verwendet, um Schopenhauers teleologische Auffassung der Natur zu widerlegen. Der negative Begriff der Vergeudung kann auch ein „Gefühl über alle Gefühle" erwecken, „sich [...] ebenso vergeudet zu fühlen, wie wir die einzelne Blüthe von der Natur vergeudet sehen"; ein Gefühl, das zwar „nur ein Dichter" empfinden kann (ebd.). „*Vom Dufte der Blüthen berauscht*" ist der Titel des Aphorismus 29, der „Religion und Künste" als „Blüthe der Welt" der Wissenschaft als „*Wurzel der Welt*" entgegensetzt (ebd. 29, 49). Nietzsche knüpft hier an die Schlussbetrachtung der Ausgabe von 1866 der *Geschichte des Materialismus* von Friedrich Albert Lange, der die „unvergängliche Natur aller Dichtung in Kunst, Religion und Philosophie" hervorhebt, um den „Widerstreit zwischen Forschung und Dichtung" zu versöhnen. Wie Nietzsche im fünften Hauptstück erklären wird, könnte eine „hohe Cultur" die Strenge des wissenschaftlichen Denkens mit dem Genuss der Poesie, Religion und Metaphysik verbinden, genau wie der Tanz verschiedene Antriebe vereinigt (ebd. 278, 229). Die Verklärung durch die Kunst ist also ein möglicher Ausweg von der Trostlosigkeit. Die eigentliche Lösung wird jedoch das Thema des letzten Aphorismus sein, der gleichsam eine Brücke zum Finale von „Der Wanderer und sein Schatten" schlägt.

8 Das Temperament und die Ketten des Hundes

Der Aphorismus 34 fasst zu Beginn die Folgen der Befreiung des Geistes zusammen: Nachdem der Freigeist die Notwendigkeit des Irrtums für das Leben erkannt hat, fragte er: „Aber wird so unsere Philosophie nicht zur Tragödie?" (ebd. 34, 53). Wie kann also der nunmehr entzauberte Blick des freien Geistes, nach dem mühsam zurückgelegten Weg, die Ausweglosigkeit seiner Befreiung ertragen? Der Titel „*Zur Beruhigung*" scheint diese aufgeworfenen Fragen beantworten zu wollen.

Das Schlüsselwort ist in dieser Hinsicht das Wort „Temperament". Das ist die erstaunliche Wende, auf die sich Heller bezieht: i.e. der Versuch, eine philosophische Frage, eine mögliche „Philosophie der Zerstörung" auf eine Frage des Temperaments zurückzuführen (ebd., 54f.). „Temperare" („Temperamentum") heißt auf Lateinisch „die gehörige Mischung" finden, „in ein richtiges Verhältnis bringen". Nietzsche liefert uns gerade am Ende dieses Hauptstücks ein Porträt des *eigentlichen* freien Geistes, der jeder Einseitigkeit und jeder Einfalt abhold ist, denn er ist gewöhnt, jede Seite und jede Falte in Betracht zu ziehen und abzuwägen. Schwebt Nietzsche irgendein Modell dieses Porträts, also ein wirkliches Vorbild vor? Ein Wort aus *Ecce homo*, wie auch ein verstecktes Zitat aus den Montaignes Essais, verrät, dass Nietzsche hier wohl an Montaigne denkt: „Von Französen erquickte mich von jeher, vielleicht aus Temperaments-Verwandtschaft, Montaigne" (EH, KSA 14, 476). Jetzt wird die Bonhomie und das milde Temperament eines freien Geistes durch ein Bild versinnbildlicht, das Nietzsche von Montaigne entliehen hat; ihm fehlen alle Kennzeichen der Hunde und Menschen „die lange an der Kette gelegen haben" (MA I 34, 55), er kennt also kein „Ressentiment". Dieses Bild kommt bei Montaigne als lateinisches Zitat vor: die gebrochenen Ketten, die man wie die Hunde nach sich zieht, sind nach Montaigne die ‚pöbelhaften Eigenschaften' und die Fesseln des Lebens, die man loswerden muss. Die Metapher Ketten kommt auch im letzten Aphorismus von „Der Wanderer und sein Schatten" – im Zusammenhang mit der Freiheit des Geistes – vor (WS 702). Und der „‚Hund'" taucht auf der letzten Seite ebenfalls auf (ebd., 704). Wenn Nietzsche die „frohsinnige Seele" des freien Geistes beschreibt, der keine Verbissenheit kennt, „ohne Emphasis" unter den Menschen und in der Natur lebt und doch stets bei sich selbst bleibt, scheint er mehrere Charakterzüge eines Montaignes wiederzugeben, der nur weiterlebt, „um immer besser zu erkennen". Nietzsche entwirft die Möglichkeit eines „von Affecten reineres Lebens", das „ein freies, furchtloses Schweben" über Menschen und Sitten erlaubt. Sogar die ironische und paradoxe Anspielung auf „die freie[n] Menschen der That" (MA I 34, 54f.) scheint an Montaigne anzuknüpfen, der sie einprägsam als rollende Steine beschrieb: „Sie [...] können nicht leben, wenn sie nicht in einer unruhigen Bewegung sind. [...] Sie wollen nicht gehen; sondern können nur nicht stille sitzen; eben so wie ein fallender Stein nicht eher ruht, bis er auf den Boden kömmt."[6]

---

6 Montaigne 1753/54, 215.

Im Aphorismus 283 mit dem Titel „*Hauptmangel der thätigen Menschen*" „rollen" die „Thätigen [...] wie der Stein rollt, gemäss der Dummheit der Mechanik" (ebd. 283, 231).

Zum Ende des Aphorismus 34 scheint Nietzsche ironisch beteuern zu wollen, dass nur der einsame Denker mit seiner beschaulichen Haltung und nicht der Mensch der Tat, den Weg zur *eigentlichen* Freiheit des Geistes zurücklegen kann. Genau wie der alte Montaigne, der in seinem Turm mit seinen Büchern und lateinischen Inschriften seine Einsamkeit und seine Erkenntnisse nährte und genoss. Montaigne kann also den Weg zeigen, durch den ein frei gewordener Geist zum Weisen wird. Er gehört zu den Denkern/Wanderern, mit deren Darstellung MA I schließt: „es muss in ihm selber etwas Wanderndes sein, dass seine Freude an dem Wechsel und der Vergänglichkeit habe". Eben der Philosoph/Wanderer, der sich von den alten Ketten, also von dem Dunst und der Nacht der Metaphysik befreit hat, kann „die *Philosophie des Vormittages*" (ebd. 638, 363) begrüßen, die erst erlaubt, „in nüchterner Morgenfrische alle Dinge zu sehen" (NL 1877, 23[107]; KSA 8, 441).

Literatur

Bagehot, Walter (1874): Der Ursprung der Nationen. Betrachtungen über den Einfluss der natürlichen Zuchtwahl und der Vererbung auf die Bildung politischer Gemeinwesen. Autorisierte Ausgabe, Leipzig (NPB 129 f.).

Benne, Christian (2005): Nietzsche und die historisch-kritische Philologie, Berlin/New York.

Heller, Peter (1972): „Von den ersten und letzten Dingen". Studien und Kommentar zu einer Aphorismenreihe von Friedrich Nietzsche, Berlin/New York.

Hödl, Hans Gerald (2009): Der letzte Jünger des Philosophen Dionysos. Studien zur systematischen Bedeutung von Nietzsches Selbstthematisierungen im Kontext seiner Religionskritik, Berlin/New York.

Montaigne, Michel de [auf dem Titelblatt: Michaels Herrn von Montagne] (1753–1754): Versuche, nebst des Verfassers Leben, nach der neuesten Ausgabe des Herrn Peter Coste ins Deutsche übersetzt, 3 Theile, Leipzig (NPB 393 f.).

Montinari, Mazzino (1982): „Aufklärung und Revolution: Nietzsche und der späte Goethe", in: Nietzsche lesen, Berlin/New York, 56–63.

Pascal, Blaise (1865): Gedanken, Fragmente und Briefe. Aus dem Französischen nach der mit vielen unedirten Abschnitten vermehrten Ausgabe P. Faugère's. Deutsch von C. F. Schwartz, 2 Theile. Zweite Auflage, Leipzig (NPB 430 f.).

Schopenhauer, Arthur (1873–1874): Sämmtliche Werke, (Hg.): Julius Frauenstädt, 6 Bde., Leipzig.

Treiber, Hubert (1994): Zur „Logik des Traumes" bei Nietzsche. Anmerkungen zu den Traum-Aphorismen aus *Menschliches, Allzumenschliches*, in: Nietzsche-Studien 23, 1–41.

Ungeheuer, Gerold (1983): Nietzsche über Sprache und Sprechen, über Wahrheit und Traum, in: Nietzsche-Studien 12, 134–213.

Wagner, Richard (1870): Beethoven, Leipzig.

Paul Bishop
Transforming ourselves from a moral into a wise humankind

Zweites Hauptstück. Zur Geschichte der moralischen Empfindungen

1 Key methodological principle

Although the works of Nietzsche's middle period in general and *Menschliches, Allzumenschliches* in particular belong to the least cited of his works, they reward anyone who reads them carefully with rich insights. And this is not least the case because of their simultaneous engagement with contemporary writings and ancient works alike. (Those classical references are, these days, particularly easy to overlook and yet they are nevertheless essential to understanding Nietzsche's argumentational purpose.) The title of MA section 2, "Zur Geschichte der moralischen Empfindungen", picks up directly from the very first aphorisms of section 1, which had promised to replace "die metaphysische Philosophie" with "die historische Philosophie" – "demnach ist das *historische Philosophiren* von jetzt ab nöthig und mit ihm die Tugend der Bescheidung" (MA I 1 and 2) – and by "eine *Chemie* der moralischen, religiösen, ästhetischen Vorstellungen und Empfindungen" (MA I 1, 24). The key word here, reflected in the title of the section, is "sensation" or *Empfindung* – is a key term in the tradition of Weimar Classicism. For instance, in his treatise *Übers Erkennen und Empfinden in der menschlichen Seele* (1774), Herder had declared:

> *Erkennen* und *Empfinden* scheinet für uns vermischte, zusammengesetzte Wesen in der Entfernung zweierlei; forschen wir aber näher, so läßt sich in unserm Zustande die Natur des einen ohne die Natur des andern nicht völlig begreifen. Sie müssen also Vieles gemein haben oder am Ende gar Einerlei sein.[1]

In *Menschliches, Allzumenschliches*, Nietzsche radicalizes this position, not simply prioritizing sensation over cognition, but arguing that cognition has lost sight of its origin in sensation and hence fallen into error.

---

[1] Herder 1967, 236.

At the same time, there is a more immediate echo of a more recent work, Paul Rée's study of 1877 entitled *Der Ursprung der moralischen Empfindungen*. And there is another echo of Rée's work, this time his *Psychologische Beobachtungen* of 1875, when Nietzsche aligns his own "Nachdenken über Menschliches, Allzumenschliches" with the technique of "psychologische Beobachtung", defining it as belonging to "den Mitteln [...], vermöge deren man sich die Last des Lebens erleichtern könne" (MA I 35, 57). Despite such predecessors as Herder and Rée, Nietzsche laments the lack of such "psychologische Beobachtung" in German culture (although he does acknowledge its presence in novels, novellas, and philosophical writings, the work of "Ausnahmemenschen"). Instead, Nietzsche turns – just as he had when he had dedicated the first edition of the first volume to Voltaire on the occasion of the hundredth anniversary of his death and, instead of a preface, had quoted a passage from Descartes's *Discourse on Method* (MA I, 11) – to the French. Here Nietzsche invokes the figure of François, Duc de La Rochefoucauld (1613–1680), the seventeenth-century French nobleman celebrated for his *Maxims*, and from the remark that "selbst der feinste Kopf ist nicht vermögend, die Kunst der Sentenzen-Schleiferei gebührend zu würdigen, wenn er nicht selber zu ihr erzogen ist, in ihr gewetteifert hat" (ebd. 35, 58), it is clear that Nietzsche has taken La Rochefoucauld as his model.

Indeed, in the very next section entitled "Einwand" in which he examines whether there is "eine Gegenrechnung" to the proposition that "die psychologische Beobachtung [gehöre] zu den Reiz-, Heil- und Erleichterungs-Mitteln des Daseins", Nietzsche cites a maxim by La Rochefoucauld, "what the world calls virtue is usually nothing but a phantom formed by our passions to which we give an honest name as as to do what we wish with impunity" (ebd. 36, 58f.). At the same time, Nietzsche points to the contemporary parallel of Paul Rée, whom he does not actually name but to the title of whose *Psychologische Beobachtungen* he refers, and back to the figure of Plutarch, the Greek biographer and essayist (and a Middle Platonist), famous for his *Parallel Lives* and his *Moralia*. Nietzsche wonders whether, "wenn man die Helden Plutarchs mit Begeisterung nachahmt und einen Abscheu davor empfindet, den Motiven ihres Handelns anzweifelnd nachzuspüren, so hat zwar nicht die Wahrheit, aber die Wohlfahrt der menschlichen Gesellschaft ihren Nutzen dabei" (ebd. 59). Here we see the tension between "truth" and "wellbeing" that runs throughout Nietzsche's thinking, and lends his philosophy its tragic note.

For in the tension between truth and wellbeing, Nietzsche decides to side with the truth, as becomes clear in 37 entitled "Trotzdem". In its evocation of "der grausame Anblick des psychologischen Secirtisches und seiner Messer und Zangen" which humankind can no longer be spared (ebd. 37, 59), we find the imagery of vivisection that Nietzsche uses elsewhere; for instance, when in

Jenseits von Gut und Böse he writes that, "indem sie gerade den *Tugenden der Zeit* das Messer vivisektorisch auf die Brust setzten", philosophers have revealed "was ihr eignes Geheimniss war: um eine *neue* Grösse des Menschen zu wissen, um einen neuen ungegangenen Weg zu seiner Vergrösserung" (JGB 212, KSA 5, 150), or when in the *Genealogie* he declares "wir modernen Menschen" to be "die Erben der Gewissens-Vivisektion und Selbst-Thierquälerei von Jahrtausenden" (GM II 24, KSA 5, 351). In this section, Nietzsche states his fundamental thesis that "die Irrtümer der größten Philosophen [haben] gewöhnlich ihren Ausgangspunkt in einer falschen Erklärung bestimmter menschlicher Handlungen und Empfindungen"; and that

> auf Grund einer irrtümlichen Analysis, zum Beispiel der sogenannten unegoistischen Handlungen, eine falsche Ethik sich aufbaut, dieser zu Gefallen dann wiederum Religion und mythologisches Unwesen zu Hilfe genommen werden, und endlich die Schatten dieser trüben Geister auch in die Physik und die gesammte Weltbetrachtung hineinfallen (ebd. 37, 60).

Here the ambition of Nietzsche's entire philosophical project becomes clear: how have we got everything about the world so terribly wrong? Or as Nietzsche puts it elsewhere, is error perhaps one of the conditions of life? (FW 121, KSA 3).

Toward the end of this aphorism, Nietzsche quotes from Rée's *Der Ursprung der moralischen Empfindungen* (again without actually mentioning its author by name) to the effect that "der moralische Mensch [...] steht der intelligiblen (metaphysischen) Welt nicht näher, als der physische Mensch" (MA I 37, 61). The context, unmentioned here by Nietzsche, of Rée's remark is significant: Rée refers to the work of Lamarck and Darwin, whose conclusions about biology and evolution he sees as supporting the view that "die moralischen Phänomene [können] eben so gut auf natürliche Ursachen zurückgeführt werden, wie die physischen", a view based on the principle that "die höheren Thiere haben sich durch natürliche Zuchtwahl aus den niederen, die Menschen sich aus den Affen entwickelt".[2]

In aphorism 38 Nietzsche considers the extent to which psychological observation is "nützlich", and while he leaves this question "unentschieden", he argues that it is "nothwendig" for *die Wissenschaft* – a term which is usually translated as *science* but, in the context of Nietzsche's background in the humanities, also means *scholarship*. In the conclusion to this section, Nietzsche embarks on a metaphorical passage using the imagery of ice: "Wem es aber bei dem Anhauche einer solchen Betrachtungsart gar zu winterlich zu Muthe wird, der hat vielleicht

---

[2] Rée 1877, vii-viii.

nur zu wenig Feuer in sich: er möge sich indes umsehen und er wird Krankheiten wahrnehmen, in denen Eisumschläge noth thun, und Menschen, welche so aus Gluth und Geist "zusammengeknetet" sind, dass sie kaum irgendwo die Luft kalt und schneidend genug für sich finden können" (ebd. 38, 61 f.). When discussing *Menschlichhes, Allzumenschliches* in his review of his publications in *Ecce Homo*, Nietzsche will return to this imagery when he writes: "Hier zum Beispiel erfriert ‚das Genie'; eine *Ecke* weiter erfriert ‚der Heilige'; unter einem dicken Eiszapfen erfriert ‚der Held'; am Schluss erfriert ‚der Glaube', die sogenannte ‚Überzeugung', auch das ‚Mitleiden' kühlt sich bedeutend ab – fast überall erfriert ‚das Ding an sich' ..." (EH, KSA 6, 322 f.).

2 Towards a "Genealogy of Morals"

One of the ideas that plays a central role in Nietzsche's critique of morality and that recurs in various ways throughout his writings is his denial of freedom of the will. In part, this forms part of Nietzsche's ongoing dialogue, in MA section 2 as elsewhere, with the thought of Arthur Schopenhauer (1788–1860). In the title of aphorism 39, Nietzsche refers to the "Fabel von der intelligibelen Freiheit" and offers an account of the principal stages of "die Geschichte der Empfindungen, vermöge deren wir Jemanden verantwortlich machen, also der sogenannten moralischen Empfindungen" or, in other words, a first draft of what he would later call the *genealogy of morals* (MA I 39, 62). In summary, human beings are made successively accountable for their effects, then their actions, then their motives, and finally their nature: let us consider, as Nietzsche does, each of these stages in turn.

In the first stage of the development of moral sensations, individual actions are described as good or bad on account of their *consequences*, irrespective of their *motives*. In the second stage, the origin of these designations is forgotten and *good* and *evil* are seen as intrinsic qualities, mistaking effect for cause. In the third stage, good or evil are assigned to the motives, and the deeds themselves are seen as morally ambiguous. In the fourth stage, good and evil are attributed not to individual motives, but to the whole nature of the human being. Yet there is one more fifth and final stage: eventually one discovers that "auch dieses Wesen nicht verantwortlich sein kann", because it is "ganz und gar nothwendige Folge […] und aus den Elementen und Einflüssen vergangener und gegenwärtiger Dinge concrescirt" (ebd., 63). So it turns out that the individual human being cannot be made accountable for anything – "weder für sein Wesen, noch seine Motive, noch seine Handlungen, noch seine Wirkungen" –, and thus the history of the moral sensations turns out to be "die Geschichte eines Irrthums, des Irrthums von der Verantwortlichkeit", because it rests on the erroneous belief in the freedom of the will (ebd.). In *Götzen-Dämmerung* Nietzsche will solemnly pronounce *free will* as belonging to the *four great errors* (the other three of which are the errors of confusing cause and consequence, false causality, and imaginary causes). In that same work, Nietzsche will present as a sequence of stages the history of an even more fundamental error; as he puts it, he will demonstrate "Wie die 'wahre Welt' endlich zur Fabel wurde" (GD, KSA 6, 80 f.).

As Nietzsche recognizes in *Menschliches, Allzumenschliches* however, Schopenhauer saw things differently. Alluding to Schopenhauer's essay *Über die Grundlage der Moral* (1840), where Schopenhauer sought to critique Kant's *Grundlegung zur Metaphysik der Sitten* (1785) while defending the concept of *intelligible freedom* (and, above all, his distinction between egoism and unselfishness), Nietzsche set out the grounds for his disagreement with Schopenhauer. On Nietzsche's account, Schopenhauer committed the error of mixing up *operari* and *esse*, i.e., action and being. By arguing that, because a feeling of displeasure (or a "consciousness of guilt") accompanied certain actions, there must be a sense of accountability, and that the ground for this feeling of displeasure is human nature, Schopenhauer sought – on Nietzsche's account – to demonstrate freedom in relation not just to human actions but in relation to hum nature. Thus "die Sphäre der strengen Causalität, Nothwendigkeit und Unverantwortlichkeit", or the realm of *operari*, arises from "[die] Sphäre der Freiheit und Verantwortlichkeit", or the realm of *esse* (MA I 39, 63). In a proto-existential way that anticipates Sartre's maxim that "essence precedes existence", Schopenhauer (as read by Nietzsche) proposes the view that "sein Wollen sei früher, als seine Existenz" (ebd.). But for Nietzsche, this conclusion is erroneous: and Schopenhauer has arrived at "seiner phantastischen Consequenz der sogenannten intelligibelen Freiheit" by inferring – falsely – the justification or the admissability of a feeling of displeasure from the fact of the feeling of displeasure. For Nietzsche, Schopenhauer's argument is back to front: "weil sich der Mensch für frei hält, nicht aber weil er frei ist, empfindet er Reue und Gewissensbisse". Rather it is precisely the reverse that is true: "Niemand ist für seine Thaten verantwortlich, Niemand für sein Wesen", and so "richten ist soviel als ungerecht sein". This argument recurs at numerous points in this section of *Menschliches, Allzumenschliches*, as well as elsewhere. And Nietzsche has an explanation for why we are so resistant to this insight; it is "aus Furcht vor den Folgen" (ebd., 64).

In section 41, Nietzsche restates this argument, but from a slightly different starting-point. Here his target is the notion of unalterable character. While the proposition that character is unalterable can be found in Heraclitus's statement that "character is fate" (ἦθος ἀνθρώπῳ δαίμων) (fragment 119), or in Aristotle's statement that "the several kinds of character are bestowed by nature" (*Nichomachean Ethics*, 6.13.1), it is also a view held by Schopenhauer, for instance in the third chapter of his essay *Über die Freiheit des Willens* (1839). In order to explain his objection to this proposition, Nietzsche has recourse to the metaphor of textuality; just as, in *Jenseits von Gut und Böse*, Nietzsche envisages the task as being "den Menschen nämlich zurückübersetzen in die Natur; über die vielen eitlen und schwärmerischen Deutungen und Nebensinne Herr werden, welche bisher über jenen ewigen Grundtext homo natura gekritzelt und gemalt wurden; machen, dass der Mensch fürderhin vor dem Menschen steht, wie er heute schon, hart geworden in der Zucht der Wissenschaft, vor der *anderen* Natur steht" (JGB 230, KSA 5, 175), so here he argues that "während der kurzen Lebensdauer eines Menschen die einwirkenden Motive gewöhnlich nicht tief genug ritzen können, um die aufgeprägten Schriftzüge vieler Jahrtausende zu zerstören" (MA I 41, 65).

In section 102 Nietzsche places the distinction between free will and necessity in the context of the Platonic doctrine that "man's actions are always good", i.e., the famous doctrine that no one errs knowingly. After all, as Nietzsche puts it: When we get caught in a thunderstorm, we do not accuse nature of immorality, so why should we describe a harmful person as being immoral? Surprisingly, given his well-known anti-Platonic invective, Nietzsche argues that Socrates and Plato "haben Recht", inasmuch as an individual will always do "das Gute" – in the sense of "das, was ihm gut (nützlich) scheint, je nach dem Grade seines Intellectes, dem jedesmaligen Maasse seiner Vernünftigkeit" (ebd. 102, 99). In so arguing, Nietzsche puts a utilitarian spin on Plato's eudaimonistic ball, but both philosophers are in striking agreement on their emphasis on wisdom: in the case of Plato, on the wisdom of the *logos*, and in the case of Nietzsche, on "eine *weise Menschheit*" (ebd. 107, 105).

3 Good and Bad, Good and Evil

One of the most important themes of Nietzsche's philosophy is the distinction between "gut und schlecht" and "gut und böse", summarized in the slogan (which is also, not coincidentally, the title of one of his books) of going "jenseits von Gut und Böse". This distinction is first introduced in MA section 2, and subsequently taken up in *Jenseits von Gut und Böse*, 260, and then again in the second essay of *Zur Genealogie der Moral*. As it is taken up, however, the distinction undergoes a radical shift.

As Nietzsche explains the "doppelte Vorgeschichte" of good and evil in *Menschliches, Allzumenschliches*, the concept arises first "in der Seele der herrschenden Stämme und Kasten" as the distinction between good and bad. It can be mapped onto such categories as noble and base, master and slave; as Nietzsche puts it, "der Troer und der Grieche sind bei Homer beide gut", even though they are enemies (ebd. 45, 67). And if someone who is good does something that is – well, bad, then one has an excuse; for example, one can blame a god for striking the good man with blindness and madness. Then, second, the concept of good and evil acquires meaning "in der Seele der Unterdrückten, Machtlosen". In this case, all *other* human beings are considered, irrespective of whether they are noble or base, as "feindlich, rücksichtslos, ausbeutend, grausam, listig", or – in a word – evil. Because this category comes to be applied to every living being, whether human or divine, its negativity is, so Nietzsche argues, fundamentally anti-social. Consequently, he concludes, when this outlook is dominant, a community can hardly come into being; as a result, wherever this conception of good and evil is in the ascendant, "der Untergang der Einzelnen, ihrer Stämme und Rassen" is near (ebd., 68). On Nietzsche's account, our present morality has arisen from the attitude of the *ruling* tribes and castes.

When Nietzsche returns to this theme eight years later in *Jenseits von Gut und Böse*, his position had significantly shifted. For now, he argued that "Herren-Moral" and "Sklaven-Moral", as he called them, *co-existed* within individuals, so that our current morality is a mixture of these two types. Or as Nietzsche will put it, "in allen höheren und gemischteren Culturen [kommen] auch Versuche der Vermittlung beider Moralen zum Vorschein [....], noch öfter das Durcheinander derselben und gegenseitige Missverstehen, ja bisweilen ihr hartes Nebeneinander – sogar im selben Menschen, innerhalb Einer Seele" (JGB 260, KSA 5, 218). While retaining the same distinction, now expressed in terms of feelings of power –.

> Hier ist der Herd für die Entstehung jenes berühmten Gegensatzes 'gut' und 'böse': – in's Böse wird die Macht und Gefährlichkeit hinein empfunden, eine gewisse Furchtbarkeit, Feinheit und Stärke, welche die Verachtung nicht aufkommen lässt. Nach der Sklaven-Moral erregt also der 'Böse' Furcht; nach der Herren-Moral ist es gerade der 'Gute', der Furcht erregt und erregen will, während der 'schlechte' Mensch als der verächtliche empfunden wird

– Nietzsche subtly but surely shifts the emphasis from master morality to slave morality, which he described as a *morality of utility* or "Nützlichkeits-Moral" (JGB 260, KSA 5, 221 f.).

One year later, in the first essay of Zur *Genealogie der Moral*, Nietzsche will have become even clearer about what "Sklaven-Moral" involves, arguing that "der Sklavenaufstand in der Moral beginnt damit, dass das *Ressentiment* selbst schöpferisch wird und Werthe gebiert". Now Nietzsche turns to philology for support for his argument, pointing out that one should not overlook "die beinahe wohlwollenden nuances [...], welche zum Beispiel der griechische Adel in alle Worte legt, mit denen er das niedere Volk von sich abhebt; wie [...] Ausdrücke für 'unglücklich' 'bedauernswürdig' übrig geblieben sind (vergleiche δειλός, δείλαιος, πονηρός, μοχθηρός, letztere zwei eigentlich den gemeinen Mann als Arbeitssklaven und Lastthier kennzeichnend) – und wie andrerseits "schlecht" "niedrig" "unglücklich" nie wieder aufgehört haben, für das griechische Ohr in Einen Ton auszuklingen, mit einer Klangfarbe, in der "unglücklich" überwiegt: [...] (– Philologen seien daran erinnert, in welchem Sinne οἴζυρός, ἄνολβος, τλήμων, δυστυχεῖν, ξυμφορά gebraucht werden)" (GM I 10, KSA 5, 284 ff.). By this stage, Nietzsche will have more or less reversed his position from that taken in *Menschliches, Allzumenschliches*, arguing that "eine Rasse solcher Menschen des Ressentiment wird nothwendig endlich *klüger* sein als irgend eine vornehme Rasse, sie wird die Klugheit auch in ganz andrem Maasse ehren: nämlich als eine Existenzbedingung ersten Ranges" (ebd., 285 f.). By the time Nietzsche writes *Der Antichrist* (in 1888), it is clear that Western morality (with its Judeo-Christian roots) represents the triumph of "Sklaven-Moral", or the triumph of *ressentiment* (AC, KSA 6, 24, 43 and 45).

Yet precisely this shift from seeing slave morality, rather than master morality, as the blueprint for contemporary morality is anticipated elsewhere in Nietzsche's remarks in MA section 2, not least in his analysis in aphorism 50 of the desire to excite pity. This aphorism opens with a reference to La Rochefoucauld's "Portrait [...] fait par lui-même", in which La Rochefoucauld warns against pity as something that "die Seele entkräfte".[3] This judgment aligns well, as Nietzsche notes, with Plato's warnings (*Republic*, book 3, 387–388). In book 3, Socrates proposes a resolutely anti-Homeric aesthetic, "taking out the wailings of renowned men" and "giv[ing] them to women [...] and to all the bad men" (387d). He puts it to Adeimantus that, by hearing the cries and laments of Achilles, Priam, and others, it is not likely that any of the young "would believe these things to be unworthy of himself, a human being", but rather "he would chant many dirges and laments at the slightest sufferings" (388d).

The aphorism concludes with a quotation from Prosper Mérimée (1803–1870), who tells a correspondent: "Know, too, that there is nothing more common than to do evil for the pleasure of doing it".[4] In the second essay of *Zur Genealogie der Moral*, Nietzsche will cite the same text when, in the context of arguing that what the debtor promises the creditor is not just something he possesses –

---

3 Rochefoucauld 1967, 256 f.
4 Mérimée 1874, Letter 2, 8.

such as his body, his wife, his freedom, his life, or even (in the case of the ancient Egyptians) his bliss after death – but is ultimately a kind of pleasure, referring to "das Wohlgefühl, seine Macht an einem Machtlosen unbedenklich auslassen zu dürfen, die Wollust "de faire le mal pour le plaisir de le faire", der Genuss in der Vergewaltigung" (GM II 5, 315 f.).

4 Anecdotal evidence

Nietzsche does not content himself, however, with simply citing such authorities as Plato and La Rochefoucauld. For he also adds examples – as likely as not, drawn from his own observation (as he claims they are) – that offer anecdotal validation of these claims, such as the way children weep and wail, *in order to be* pitied; or the way in which the invalid or mentally afflicted (and this example, in the light of Nietzsche's fate, has an added pathos to it) moan and complain *with a view to hurting* those who are with them, while the consolation these people then express confirms the weak and the suffering in their view that they have at least one power: *to cause hurt*.

Nietzsche's view of society is very dark yet, worryingly, it has the ring of truth: as he observes, "im Zwiegespräche der Gesellschaft werden Dreiviertel aller Fragen gestellt, aller Antworten gegeben, um dem Unterredner ein klein Wenig weh zu thun; desshalb dürsten viele Menschen so nach Gesellschaft: sie giebt ihnen das Gefühl ihrer Kraft" (MA I 50, 71). How, one wonders, did this apply to Nietzsche himself, whose politeness and restraint at the lunch table in the guest-house where he stayed in Sils Maria was frequently noted?

In fact, in *Menschliches, Allzumenschliches* Nietzsche moves effortlessly between textual reference and anecdotal evidence. In its very title, for instance, aphorism 51: "Wie der Schein zum Sein wird" – playfully evokes the thematics of appearance (*Schein*) and *Sein* (being) found in German Idealism as well as in Weimar Classicism. In this aphorism, Nietzsche interweaves an allusion to the central argument of Diderot's *Paradoxe sur le comédien* (1769) in the example of the actor who cannot cease thinking of the impression he makes even at the funeral of his own child, with the example of men who begin hypocritically by playing at being a priest and end up by actually becoming priests "ohne alle Affectation" (ebd. 51, 72).

Nietzsche's attitude towards the priesthood is, in this work as elsewhere, an ambiguous one, perhaps because he himself, when a young child, was known as "the little pastor". In aphorism 55, for instance, Nietzsche proposes that "keine Macht lässt sich behaupten, wenn lauter Heuchler sie vertreten", and the case he has in mind is obviously the Catholic Church. He goes on to argue that "ihre

Kraft beruht auf jenen auch jetzt noch zahlreichen priesterlichen Naturen, welche sich das Leben schwer und bedeutungstief machen" (ebd. 55, 74). Even if this depth of meaning (*bedeutungstief*) is evidently ascetic, arising from night-vigils, fasting, fervent prayer, and even such self-mortification as flagellation, it lends these men the capacity to shock us and inspire us with fear, prompting the nagging question: "wie, wenn es *nöthig* wäre, so zu leben?" (ebd.). Thus, despite his anti-Christian (in the sense of anti-ecclesiastical and anti-theological) stance, Nietzsche has a certain admiration for the priesthood.

In this aphorism, Nietzsche opens up a line of thought that he will develop in *Morgenröthe*, in an aphorism entitled "Aller Geist wird endlich leiblich sichtbar" (M 60, KSA 3, 60f.). By embracing within itself "den gesammten Geist zahlloser Unterwerfungslustiger, aller jener feinen und groben Enthusiasten der Demüthigung und Anbetung", Christianity has turned into "eine sehr *geistreiche* Religion" and one that has made European humanity "gewitzigt und nicht nur theologisch verschlagen". Above all, Nietzsche admires the Church for having "chiselled out" (*ausgemeisselt*) – the metaphor of sculpting is one of Nietzsche's favourites – "die feinsten Gestalten der menschlichen Gesellschaft die es bisher gegeben hat", by which he means "die Gestalten der höheren und höchsten katholischen Geistlichkeit". Especially in the case of those priests whom he describes as "einem vornehmen Geschlechte entsprossen [...] und von vornherein angeborene Anmuth der Gebärden, herrschende Augen und schöne Hände und Füsse hinzubrachten", Nietzsche discerns that "das menschliche Antlitz [erreicht] jene Durchgeistigung, die durch die beständige Ebbe und Fluth der zwei Arten des Glückes (des Gefühls der Macht und des Gefühls der Ergebung) hervorgebracht wird, nachdem eine ausgedachte Lebensweise das Thier im Menschen gebändigt hat" (ebd.). And in *Also sprach Zarathustra*, one day Zarathustra makes a sign to his disciples, and says to them:

> Hier sind Priester: und wenn es auch meine Feinde sind, geht mir still an ihnen vorüber und mit schlafendem Schwerte! Auch unter ihnen sind Helden; Viele von ihnen litten zuviel –: so wollen sie Andre leiden machen. Böse Feinde sind sie: Nichts ist rachsüchtiger als ihre Demuth. Und leicht besudelt sich Der, welcher sie angreift. Aber mein Blut ist mit dem ihren verwandt; und ich will mein Blut auch noch in dem ihren geehrt wissen (Z II 4, KSA 4, 117).

On Nietzsche's account, morality involves a *self-division* or "Selbstzertheilung" of the individual, as he argues in an aphorism that plays with the Scholastic distinction between an *individuum*, or something that cannot be divided without destroying its essence, and a *dividuum*, or something that is composite and hence lacks any individual essence: "In der Moral behandelt sich der Mensch nicht als individuum, sondern als dividuum" (MA I 57, 76). Once again, Nietzsche offers putative real life examples: for instance, he says that the good author who is invested in his subject wants someone to come along and present it with greater clarity than he has; that a girl in love wishes her lover to be unfaithful as a text of her own faithfulness and devotion; that a soldier wishes his own death in battle as a contribution to the victory of the fatherland; and that a mother will deprive herself of everything (be it sleep, food, or even her health) because it is *her* child. Behind apparently unegoistical states lies, in other words, the ego; while appearing to be miraculous (in the sense, attributed to Schopenhauer, that they are "unmöglich und doch wirklich"), they are in fact, Nietzsche claims, instances of where an individual loves *something of himself or herself* (be it an idea, a desire, an offspring, etc.) (ebd.). In effect, the individual has divided his or her own nature and is sacrificing one part of it to the other, treating himself or herself as a *dividuum*, not an *individuum* (ebd., S. 76). Morality, in other words, is a kind of institutionalized schizophrenia.

5 Historical and literary evidence

Most of the other aphorisms in this section demonstrate the two kinds of evidence on which Nietzsche draws: anecdotal on the one hand, historical or literary on the other. In aphorism 74 Nietzsche claims that extreme, moderate, and petty actions may be attributed respectively to vanity, to habit, and to fear (ebd. 74). Several aphorisms are dedicated to vanity (ebd. 69; 79; 89 and 105), while other topics covered in these anecdotal aphorisms include revenge (ebd. 60 and 62), suicide (ebd. 80 and 88), cruelty (ebd. 43 and 81), and a major theme that emerges toward the end of the section is *justice*. The inclusion of so many historical and literary examples, mostly in the form of a brief allusion, reflects the level of culture Nietzsche expected of his readers; doubtless he would dissapointed with the lack of recognition found in many of his readers today ...

Aphorism 61 is entitled "Warten-können" and includes a pair of references to Shakespeare's *Othello* and Sophocles's *Ajax*. What these two plays teach us, Nietzsche declares, is that "die Leidenschaft will nicht warten", and that "das Tragische im Leben grosser Männer liegt häufig nicht in ihrem Conflicte mit der Zeit und der Niedrigkeit ihrer Mitmenschen, sondern in ihrer Unfähigkeit, ein Jahr, zwei Jahre ihr Werk zu verschieben; sie können nicht warten" (MA I 61, 78).

Aphorism 71, entitled "Die Hoffnung", explores the implications of the legend of Pandora's box as found in Hesiod's *Works and Days*. In the *Theogony*, the theft of fire by Prometheus had prompted Zeus to send Pandora, the first human woman, and the "tribe of women" upon humankind as a punishment. In *Works and Days*, Hesiod recounts further how Epimetheus (the brother of Prometheus) accepted Pandora in marriage as a gift from Hermes. With her Pandora brings a box (or, in fact, a jar), containing all the curses and evils from which humankind had hitherto been free; on opening the jar, they all flew out, except for one, which remained inside the jar – hope (*elpis*, Ἐλπις). Why did Zeus determine that "hope" should remain within the jar? Hesiod leaves the question open and he suggests, "Thus it is not possible to escape the mind of Zeus." But Nietzsche thinks he knows the answer: "Zeus wollte nämlich, dass der Mensch, auch noch so sehr durch die anderen Uebel gequält, doch das Leben nicht wegwerfe, sondern fortfahre, sich immer von Neuem quälen zu lassen", so Nietzsche explains, and he concludes: "Dazu giebt er dem Menschen die Hoffnung: sie ist in Wahrheit das übelste der Uebel, weil sie die Qual der Menschen verlängert" (ebd. 71, 82).

In an aphorism in *Morgenröthe* entitled "Die Triebe durch die moralischen Urtheile umgestaltet" (M 38, KSA 3, 45 f.). Nietzsche will return to his discussion of Hesiod, noting his inclusion of envy among the qualities of the good, benevolent Eris and pointing out that ancient Greeks saw nothing wrong in attributing envy to the gods. By contrast, our modern (Christian) view of envy is very different, and similarly the ancient Greek conception of hope as blind and deceitful, "geht wider den modernen Geist, welcher vom Christenthum her an die Hoffnung als eine Tugend zu glauben gelernt hat". And in the legend of Pandora's box described here by Nietzsche as "einer Fabel [....], und zwar etwas so Befremdendes, dass kein neuerer Erklärer es verstanden hat", Hesiod is said to have given the strongest expression to this attitude, highlighting once again the fact that the conception of hope among the Greeks is completely different from our current one (ebd., 46).

Aphorism 81, entitled "Irrthümer des Leidenden und des Thäters", has at its heart an allusion by Nietzsche to an episode recounted in Herodotus's *Histories*. In this example of what most people would see as an act of unwarranted cruelty, Nietzsche sees something else at work: namely, that "schon die angeerbte Empfindung, ein höheres Wesen mit höheren Ansprüchen zu sein, macht ziemlich kalt und lässt das Gewissen ruhig". Indeed, Nietzsche goes on to claim that "jeder Grausame ist nicht in dem Maasse grausam, als es der Misshandelte glaubt", on the grounds that "die Vorstellung des Schmerzes ist nicht das Selbe wie das Leiden desselben" (MA I 81, 86).

(In an earlier aphorism, Nietzsche had suggested that we should regard cruel individuals as "Stufen *früherer Culturen* [...], welche übrig geblieben sind" and, in this sense, as retarded or "*zurückgeblieben*". Echoing the biological conceptions of such contemporary scientific figures as Karl Ernst von Baer (1792–1876) or

Ernst Haeckel (1834–1919), Nietzsche offers his own version of the principle that the life of the individual goes through the same developmental stages as does the species (i.e., ontogeny recapitulates phylogeny): "In unserm Gehirne müssen sich auch Rinnen und Windungen finden, welche jener Gesinnung entsprechen, wie sich in der Form einzelner menschlicher Organe Erinnerungen an Fischzustände finden sollen", he suggests (ebd. 43, 66), ideas that would be taken up by C.G. Jung (1875–1961).

6 Justice

In aphorism 69, Nietzsche approaches one of the most important themes of this section of *Menschliches, Allzumenschliches*, namely justice, by alluding to the episode of the Melian Dialogue in Thucydides's *History of the Peloponnesian War*. In a later work, *Götzen-Dämmerung*, Nietzsche will present the historian Thucydides as a counterfoil to Plato: "Der *Muth* vor der Realität unterscheidet zuletzt solche Naturen wie Thukydides und Plato: Plato ist ein Feigling vor der Realität, – *folglich* flüchtet er in's Ideal; Thukydides hat *sich* in der Gewalt, folglich behält er auch die Dinge in der Gewalt..." (GD 2, KSA 6, 150). Thucydides is thus a *realist*. And what Thucydides has "richtig begriffen" (in what Nietzsche describes in *Menschliches, Allzumenschliches* as this "furchtbaren Gespräche" between the Athenians and the Melians) is that "die Gerechtigkeit (Billigkeit) nimmt ihren Ursprung unter ungefähr *gleich Mächtigen*". Where one side is not recognizably superior to the other and a contest would result in mutual injury with no decisive outcome, the idea arises of coming to an understanding and negotiating over one another's demands, so that "der Charakter des *Tausches* ist der anfängliche Charakter der Gerechtigkeit". Yet "[der] *Ursprung* der *Gerechtigkeit*" has become entirely forgotten, prompting Nietzsche to the whimsical reflection that "ein Dichter könnte sagen, dass Gott die Vergesslichkeit als Thürhüterin an die Tempelschwelle der Menschenwürde hingelagert habe" (MA I 92, 89 f.).

Following on from his discussion of the Melian Dialogue, Nietzsche turns in the next aphorism entitled "Vom Rechte des Schwächeren" to a consideration of how the weak can nevertheless claim rights, albeit more limited ones, for themselves (ebd. 93, 90 f.). For to the extent that they can, despite their weakness, nevertheless inflict damage on the stronger, this creates "eine Art *Gleichstellung*, auf Grund welcher Rechte festgesetzt werden können" (ebd. 92, 89 f.). Hence Nietzsche feels entitled to amend Spinoza's statement in his *Political Treatise* to the effect that "each has much right as he has power" into each has as much right *as he is believed to have power.*[5]

Elsewhere in MA section 2, the topic of justice occurs on a number of other occasions. In aphorism 69, for instance, Nietzsche wonders why love is overestimated as compared with justice, for while it is "so viel *angenehmer* für Alle", it is obviously the more stupied (*dümmer*) of the two? (ebd. 69, 81) Alluding to Matthew 5: 45, Nietzsche says that love distributes its gifts to all and sundry, including those who do not deserve or even thank it for them. Then again, in aphorism 105, Nietzsche relates the notion of justice (whether, as in the words of the title of the aphorism, a "belohnende Gerechtigkeit" or a justice that punishes) to the key idea of this section of *Menschliches, Allzumenschliches*, or what he calls "die Lehre von der völligen Unverantwortlichkeit". Once one has absorbed the implications of this doctrine, one realizes that reward and punishment have a utilitarian function: to encourage certain types of behaviours and to discourage others: "Wenn Strafe und Lohn fortfielen, so fielen die kräftigsten Motive, welche von gewissen Handlungen weg, zu gewissen Handlungen hin treiben, fort", but Nietzsche realizes that "der Nutzen der Menschen erheischt ihre Fortdauer" (ebd. 105, 102).

7 Morality and politics

Several aphorisms in this section examine what one might call the political dimension of morality: the significance of custom (or, in German, *Sitte*) for the constitution of a communal identity. Amalgamating the terms for being "moral" (*moralisch*), for acting "in accordance with custom" (*sittlich*), and for being "ethical" (*ethisch*), Nietzsche argues that the distinction between "good and evil" is not based on the fundamental antithesis of *egoistic* and *unegoistic*, but rather on adherence to a tradition, a law and severance from it: "Nicht das 'Egoistische' und das 'Unegoistische' ist der Grundgegensatz, welcher die Menschen zur Unterscheidung von sittlich und unsittlich, gut und böse gebracht hat, sondern: Gebundensein an ein Herkommen, Gesetz, und Lösung davon". So how did this tradition come into being? Once again, Nietzsche asks the *genealogical* question which is directed against the Kantian notion of the "categorical imperative", defined in the *Grundlegung zur Metaphysik der Sitten* as grounded in rationality. Instead, Nietzsche proposes that morality (or custom or ethics) has arisen because

---

5 Spinoza 1951, §4 and §8. 292 and 294; cited by Schopenhauer in *Parerga and Paralipomena*, vol. 2, chapter 9 "Zur Rechtslehre und Politik", §124, Schopenhauer 1988, V: 220–221.

it is directed at "[die] Erhaltung einer *Gemeinde*, eines Volkes", emphasizing that, because trangression is more injurious to the *community* than to the *individual*, this is why "die Gottheit [straft] den Frevel und jede Verletzung ihrer Vorrechte an der Gemeinde und nur insofern auch am Individuum" (ebd. 96, 93).

This link between custom and the community is picked up and developed in *Zur Genealogie der Moral*, where a fundamentally economic model serves Nietzsche as his explanatory model for society (or, as he calls it here, das Gemeinwesen) as a whole, and he claims that "das Gemeinwesen [steht] zu seinen Gliedern in jenem wichtigen Grundverhältnisse, dem des Gläubigers zu seinen Schuldnern" (GM II 9, KSA 5, 307). Consequently, there is not only an economic, but also an social dimension to the answer to the question: "What will happen *if this pledge is broken?*". From the perspective Nietzsche is advancing, the law-breaker and the word-breaker are both on the same level – and the costs of breaking the law and breaking one's word are correspondingly high (GM II 9, KSA 5). As the power of society or the *Gemeinwesen* increases, however, so does the degree of danger and destructiveness posed by the individual transgressor; rather than being exposed to universal anger, the individual is now protected from this anger (cf. the German phrase, *in Gewahrsam nehmen*). The stronger and more self-confident the community, the more moderate its penal law, or so Nietzsche will argue. Later in this essay (GM II 19, KSA 5), Nietzsche opens up an historical or prehistorical perspective, raising a question of a kind that would shortly occupy Freud in *Totem und Tabu* (1913) and to an even greater extent occupy Jung – that is, the question of the ancestor.

"Innerhalb der ursprünglichen Geschlechtsgenossenschaft", Nietzsche will write (emphasizing that he is talking about primeval or archaic times, *Urzeiten*), "erkennt jedes Mal die lebende Generation gegen die frühere und in Sonderheit gegen die früheste, geschlecht-begründende eine juristische Verpflichtung an" (GM II 19, KSA 5, 327). This was, Nietzsche emphasizes, by no means "eine blosse Gefühls-Verbindlichkeit" – something which, he insists, probably never existed for the greater part of human history. Instead, he continues, "hier herrscht die Überzeugung, dass das Geschlecht durchaus nur durch die Opfer und Leistungen der Vorfahren *besteht*, und dass man ihnen diese durch Opfer und Leistungen *zurückzuzahlen* hat". In so doing, he argues, "man erkennt somit eine Schuld an, die dadurch noch beständig anwächst, dass diese Ahnen in ihrer Fortexistenz als mächtige Geister nicht aufhören, dem Geschlechte neue Vortheile und Vorschüsse seitens ihrer Kraft zu gewähren". Is it, Nietzsche asks, in vain to try and repay such debt? After all, what can one actually give them in return? One can give them "Opfer (anfänglich zur Nahrung, im gröblichsten Verstande), Feste, Kapellen, Ehrenbezeigungen, vor Allem Gehorsam" – but the nagging question remains, can one ever give them enough? The suspicion that, in fact, one cannot grows larger and larger: on occasion, it leads to "eine grosse Ablösung in Bausch und Bogen, irgend etwas Ungeheures von Gegenzahlung an den 'Gläubiger' (das berüchtigte Erstlingsopfer zum Beispiel, Blut, Menschenblut in jedem Falle)" (ebd., 328). At this point Nietzsche unfurls a kind of infernal logic which must surely have inspired Freud when writing his *Totem und Tabu*.

Yet as we have seen Nietzsche emphasize elsewhere in MA section 2, this origin becomes obscured and eventually forgotten (MA I 92). For Nietzsche, this forgetting is itself constitutive of the power of morality and is indeed the source of the sacred: "Nun wird jedes Herkommen fortwährend ehrwürdiger, je weiter der Ursprung abliegt, je mehr dieser vergessen ist; die ihm gezollte Verehrung häuft sich von Generation zu Generation auf, das Herkommen wird zuletzt heilig und erweckt Ehrfurcht; und so ist jedenfalls die Moral der Pietät eine viel ältere Moral, als die, welche unegoistische Handlungen verlangt" (ebd. 96, 93).

8 Role of pleasure

Finally, Nietzsche suggests a source of custom and social instinct that may surprise some readers. After all, Nietzsche is usually considered an anti-hedonist and anti-utilitarian thinker: as he put it in *Götzen-Dämmerung*, "Der Mensch strebt *nicht* nach Glück; nur der Engländer thut das" (GD 12, KSA 6, 55). Yet in *Die fröhliche Wissenschaft*, Nietzsche will wonder about the goal of science or scholarship:

> Vielleicht ist sie jetzt noch bekannter wegen ihrer Kraft, den Menschen um seine Freuden zu bringen, und ihn kälter, statuenhafter, stoischer zu machen. Aber sie könnte auch noch als die *grosse Schmerzbringerin* entdeckt werden! – Und dann würde vielleicht zugleich ihre Gegenkraft entdeckt sein, ihr ungeheures Vermögen, neue Sternenwelten der Freude aufleuchten zu lassen! (FW 12, KSA 3, 383).

And in *Menschliches, Allzumenschliches* section 2, Nietzsche proposes that pleasure (*Lust*) is an important source of morality. In fact, at one point he goes so far as to claim that "der Kampf um die Lust ist der Kampf um das Leben" (MA I 104, 101 f.).

Whereas, in section 74, Nietzsche had proposed "vanity" (*Eitelkeit*) "habit" (*Gewöhnung*), and "fear" (*Furcht*) as the motives for "extreme actions" (*extreme Handlungen*), "moderate" ones (*mittelmässige*), and "petty" ones (*kleinliche*) respectively (ebd. 74, 83), in section 97 he notes the link between "habit" (*Gewohnheit*) and "pleasure" (*Lust*), arguing that "die Sitte ist demnach die Vereinigung des Angenehmen und des Nützlichen, überdiess macht sie kein Nachdenken nöthig". Moreover, as "alle Sitten, auch die härtesten, [werden] mit der Zeit angenehmer und milder", this means that "auch die strengste Lebensweise [kann] zur Gewohnheit und damit zur Lust werden" (ebd. 97, 94). And in the following section, Nietzsche argues that "der sociale Instinct [wächst] aus der Lust heraus". He begins by invoking the Schillerian notion of the *Spieltrieb* or ludic drive, noting that animals feel pleasure when playing with one another, and especially the mothers with the young (ebd., 95). He then moves to a consider a type of play which is, at least explicitly, relatively little discussed in his works – sexual relations. The way in which, thanks to "geschlechtliche Beziehungen", more or less every female appears interesting to every male with regard to the prospect of pleasure (and the reverse), leads Nietzsche to conclude that a social dimension increases and enhances the sense of well-being and pleasure, and ultimately "the fantasy of empathy" (*die Phantasie der Mitempfindung*) (ebd. 98, 95).

Consequently, or so Nietzsche argues in section 99, there is "an innocent element in so-called evil acts", since even evil acts are motivated by "den Trieb der Erhaltung" or, more precisely, by "die Absicht auf Lust und Vermeidung der Unlust des Individuums"; thus, on Nietzsche's hedonistic account, what Freud would call the "pleasure principle" (*Lustprinzip*) is more fundamental than the "drive to preservation". Once again, Nietzsche dismisses both the general idea of "procuring pain as such" (*Schmerz bereiten an sich*) and the specifically Schopenhauerian notion of "procuring pleasure as such" (*Lust bereiten an sich*) or pity. And once again, Nietzsche condemns the error of free will, arguing that "dieser Glaube an das Belieben erregt den Hass, die Rachlust, die Tücke, die ganze Verschlechterung der Phantasie" (ebd. 99, 95f.).

Unlike Aristotle and unlike Rousseau, Nietzsche regarded "der ursprüngliche Staatengründer" as "der Gewaltthätige, Mächtige", a kind of Hobbesian individual who subjugates the weaker. Hence Nietzsche proposes the following historical schema of how morality develops: first, it is "compulsion" (*Zwang*), something to which one accommodates oneself for the avoidance of what one regards as unpleasurable; then it becomes "custom" (*Sitte*), then "voluntary obedience" (*freier Gehorsam*), then almost "instinct" (*Instinct*); finally, it becomes associated with pleasure (*Lust*) – and is known as "virtue" (*Tugend*) (ebd., 96).

Nietzsche returns to this argument in aphorism 103, where he considers "the innocent element in malice" (MA I 103). The basis of malice (*Bosheit*) is, Nietzsche argues, *not* someone else's suffering so much as our *own* enjoyment, such as the enjoyment of the feeling of revenge (*Rachegefühl*) or a powerful excitation of the nerves (*stärkere Nervenaufregung*) or even teasing (*Neckerei*) (ebd. 103, S. 99f.). Does the *immoral* element lie in the *deriving of pleasure from the displeasure of others*, Nietzsche asks, and is *Schadenfreude* really "devilish" (*teuflisch*), as Schopenhauer claims it is (ebd., 100)? Since pleasure in itself is neither good nor bad, the moral dimension arises in relation to the *consequen-*

ces of exciting displeasure in someone else in order to pleasure in oneself; hence pity is to be understood as a kind of dual pleasure, involving "the pleasure of the emotion" (*Lust der Emotion*) – as represented by pity in tragedy – and "the pleasure of gratification in the exercise of power" (*Lust der Befriedigung in der Ausübung der Macht*) (ebd.). The fact that, with the exception of such philosophers as Schopenhauer, pity has usually been ranked relatively low in the order of moral sensations is, Nietzsche concludes, quite right.

9 Innocence and unaccountability

As *Menschliches, Allzumenschliches* section 2 moves to its conclusion, the theme of innocence (*Unschuld*) becomes more insistently interwoven with the doctrine of unaccountability. In the penultimate aphorism entitled "Am Wasserfall", Nietzsche contrasts the notion of freedom of will with the fact of necessity, and describes free will as an illusion (*Illusion*) (MA I 106). For just as "beim Anblick eines Wasserfalles meinen wir in den zahllosen Biegungen, Schlängelungen, Brechungen der Wellen Freiheit des Willens und Belieben zu sehen; aber Alles ist nothwendig, jede Bewegung mathematisch auszurechnen", so it is the case with human actions (ebd., 103). In *Die fröhliche Wissenschaft*, Nietzsche will return to and develop this metaphor in a beautiful prose poem of an aphorism entitled "Wille und Welle" (FW 310, KSA 3, 546). And in the final aphorism of *Menschliches, Allzumenschliches* section 2 entitled "Unverantwortlichkeit und Unschuld", Nietzsche argues that "die völlige Unverantwortlichkeit des Menschen für sein Handeln und sein Wesen ist der bitterste Tropfen, welchen der Erkennende schlucken muss, wenn er gewohnt war, in der Verantwortlichkeit und der Pflicht den Adelsbrief seines Menschenthums zu sehen" (ebd. 103). Or as Nietzsche will formulate this idea in *Götzen-Dämmerung*, where he asks, "was kann allein *unsre* Lehre sein?", this teaching turns out to be "dass Niemand dem Menschen seine Eigenschaften *giebt*, weder Gott, noch die Gesellschaft, noch seine Eltern und Vorfahren, noch *er selbst* […]" and that "*Niemand* ist dafür verantwortlich, dass er überhaupt da ist, dass er so und so beschaffen ist […]" (GD 8, KSA 6, 90).

This final aphorism becomes increasingly lyrical, and Nietzsche interprets the pain brought about by such insights as "gut Handlungen sind sublimirte böse" and "böse Handlungen sind vergröberte, verdummte gute" as having the consolation of being "birth-pangs" (*Geburtswehen*) (MA I 107, 104). In his Preface to the edition of 1886, Nietzsche will describe the experience of the "*grosse Loslösung*", as the soul finds itself "erschüttert, losgerissen, herausgerissen, – sie selbst versteht nicht, was sich begiebt" (MA Vorrede, 15f.). In luscious detail

Nietzsche evokes the experience of being a "free spirit" (*freier Geist*), characterized by "ein blasses feines Licht und Sonnenglück" and "ein Gefühl von Vogel-Freiheit, Vogel-Umblick, Vogel-Uebermuth", and he describes the experience as a kind of convalescence in which what is *close at hand* (*das Nahe*) now appears transformed – "welchen Flaum und Zauber haben sie inzwischen bekommen!" (ebd., 18f.). Here, in this final aphorism of section 2, Nietzsche uses the image of the butterfly breaking out of its cocoon, only to be blinded by the unfamiliar light of – paradoxically enough – "das Reich der Freiheit". This realm of freedom is, of course, the freedom gained from realizing that there *is no freedom*. Such "birth-pangs" are, Nietzsche reassures us, an experience of suffering that is necessary if humankind is to *transform itself* "aus einer *moralischen* [...] in eine *weise Menschheit*" (ebd. 107, 105).

And then Nietzsche switches to another set of images, ones which will recur in later parts of *Menschliches, Allzumenschliches* and in *Also sprach Zarathustra*: "Die Sonne eines neuen Evangeliums wirft ihren ersten Strahl auf die höchsten Gipfel in der Seele jener Einzelnen: da ballen sich die Nebel dichter, als je, und neben einander lagert der hellste Schein und die trübste Dämmerung. Alles ist Nothwendigkeit, – so sagt die neue Erkenntniss: und diese Erkenntniss selber ist Nothwendigkeit. Alles ist Unschuld: und die Erkenntniss ist der Weg zur Einsicht in diese Unschuld" (ebd.). In *Menschliches, Allzumenschliches* we find the motif in such concluding aphorisms as "Der Wanderer" where the wanderer sees "schon im Grauen des Lichtes die Musenschwärme im Nebel des Gebirges nahe an sich vorübertanzen" (VM 638, 363), or the dialogue between the Wanderer and his Shadow (WS 703f.). And in *Also sprach Zarathustra*, the rising and the setting of the sun becomes a key structuring device in that work (e. g. Z Vorrede KSA 4; I 22 3; III 4; IV 10; and IV 20).

Aphorism 107 concludes with an explication of these motifs of mist and sunshine in a landscape: the unwise, unjust, guilt-conscious individual is a "*nothwendige Vorstufe*" to bringing forth the wise, innocent (conscious of innocence) individual, and the mechanism for bringing such a human being forth is by "comprehending, not-loving, not-hating" (*Begreifen, Nicht-Lieben, Nicht-Hassen*) (ebd. 107, 105). In this way Nietzsche inscribes his own philosophical ambition within a Spinozist project: *Sedula curavi, humanas actiones non ridere, non lugere, neque detestare, sed intelligere* ("I have striven not to laugh at human actions, not to weep at them, nor to hate them, but to understand them").[6] In *Die fröhliche Wissenschaft* and *Jenseits von Gut und Böse* Nietzsche will again directly quote or allude to this famous passage (FW 333, KSA 3; JGB 198, KSA 5), and this

---

6 Spinoza, *A Political Treatise*, chapter 1, §4; 288. Cf. Spinoza's correspondence, Letter 30.

Spinozistic ideal, which transcends the traditional topos of the opposition between Democritus and Heraclitus as emblems of laughing and crying philosophers respectively is yet another example of the way in which MA section 2, "Zur Geschichte der moralischen Empfindungen", represents a transition between the philological focus of Nietzsche's earlier works and his mature philosophy.

Literatur

Herder, Johann Gottfried (1967): Übers Erkennen und Empfinden in der menschlichen Seele, in: Sämmtliche Werke, (Hg.): Bernhard Suphan, Bd. 8, Hildesheim, 236–262.
Klages, Ludwig (1983): Die Grundlagen der Charakterkunde, in: Sämtliche Werke, (Hg.): Ernst Frauchiger, Gerhard Funke, Karl J. Groffmann, Robert Heiss und Hans Eggert Schröder, Bd. 4, Charakterkunde I, 2. Aufl. Bonn, 191–428.
La Rochefoucauld (1967): Maximes, (Hg.): Jacques Truchet, Paris.
Mérimée, Prosper (1874): Lettres à une inconnue […] précédées d'une étude sur Mérimée par H. Taine, Paris.
Plato (1989): Collected Dialogues, (Hg.): Edith Hamilton & Huntington Cairns, Princeton, NJ.
Rée, Paul (1877): Der Ursprung der moralischen Empfindungen, Chemnitz.
Schopenhauer, Arthur (1988): Werke in fünf Bänden, (Hg.): Ludger Lütkehaus, Zürich.

Dagmar Kiesel
Vernunftirrtum als Beseligung und Krankheit

Drittes Hauptstück. Das religiöse Leben

Wenn Nietzsche 1888 im Rückblick auf *Menschliches, Allzumenschliches* schreibt, er habe die ebenso heimlich-verborgene wie in ihrer selbstbezogenen psychischen Bedürftigkeit *un*heimliche und von interessierten Fehldeutungen motivierte „*Unterwelt* des Ideals" (EH, KSA 6, 323) mit einem psychologischen „*Doppelblick* in die Welt" (ebd., 328) hellsichtig entlarvt, so gilt dies in besonderer Weise für seine Analysen des religiösen Lebens. Die im Ersten Hauptstück in ihrer Gültigkeit destruierten metaphysischen Weltdeutungen sind in der Religion (zumindest im Falle seines Hauptgegners, dem Christentum) mit den im Zweiten Hauptstück kritisch diskutierten moralischen Empfindungen systematisch aufs Engste verbunden und werden zugleich hinsichtlich ihrer negativen Folgen für das Selbstverständnis des Menschen und seine Lebenspraxis radikalisiert. Letzteres ist insbesondere deshalb bemerkenswert, weil damit der Ursprung des Religiösen in menschlichen Sehnsüchten und Erlösungsbedürfnissen paradox unterlaufen wird.

Dagegen ist die im *Ecce homo* notierte zweite Behauptung Nietzsches, er habe sich mit diesem Buch vom „*Unzugehörigen* in meiner Natur" (ebd., 322) freigemacht, gerade mit Blick auf das Religiöse durchaus mit Vorsicht zu genießen. Die Methoden und Prämissen ebenso wie das Ergebnis seiner Bemühungen, in *Menschliches, Allzumenschliches* den Grundstein für eine wissenschaftliche Konzeption der Welt, des Menschen und des Daseins zu legen, spiegeln in vielfacher Hinsicht die Ambivalenzen des Christentums wider, das Sinnstiftung und Sinnentleerung ebenso wie Erlösung *vom* und Verstärkung *des* Leidens durch Askese und Sündenbewusstsein disparat miteinander verbindet. Nietzsche hat sich in dieser Hinsicht gerade *nicht* von seinem christlichen Erbe als etwas ihm Unzugehörigen befreit und macht dies darüber hinaus in *Menschliches, Allzumenschliches* auf eine versteckt-hintergründige Weise offenbar. Insbesondere gilt dies, wie im Anschluss an die Gliederung der Überlegungen Nietzsches sowie an eine kommentierende Synthese der Ausführungen Nietzsches im Dritten Hauptstück gezeigt werden soll, für seine Analysen der Askese: Asketische Züge sind auch in *Menschliches, Allzumenschliches* selbst präsent und prägen den Gesamtcharakter des Werkes.

1 Nietzsche über das religiöse Leben

Im Dritten Hauptstück analysiert Nietzsche den historisch-psychologischen Ursprung sowie Intention und Folgen des religiösen Lebens und unterzieht die Religion sowohl hinsichtlich ihres Wahrheitsgehalts als auch ihrer lebenspraktischen Auswirkungen einer kritischen Bewertung. Obwohl es ihm um die Genealogie des Religiösen überhaupt geht – er spricht von „jüdischen oder christlichen oder indischen Religionsmeinungen" (MA I 110, 111) ebenso wie von der „griechischen Religiosität" (ebd. 111, 116) –, steht im Mittelpunkt seiner Reflexionen das Christentum. Die Struktur seiner Überlegungen ist wohlkomponiert und lässt durch die thematische Anordnung, Abfolge und Gruppierung der Aphorismen den Gang der Argumentation klar erkennen. In den Aphorismen 108–111 erörtert Nietzsche zunächst den Ursprung der Religionen und ihre Entstehungsbedingungen, leugnet deren postulierten Wahrheitsanspruch in Gänze, deutet kurz die existenziellen Folgen ihres Verlusts an und mahnt zugleich vor jedem Versuch einer erneuten „Annäherung an das Christenthum in irgend einer Form" (ebd. 109, 108). Damit sind die Kernaussagen des Dritten Hauptstücks knapp zusammengefasst; die einleitenden Sentenzen dienen somit als eine Art Hinführung und Zusammenfassung der Thesen. Die Aphorismen 112–131 befassen sich mit einer kritischen Begutachtung der Religionen, wobei diese sowohl als Gesamtheit wie auch im Abgleich miteinander (griechische Religion *versus* Christentum) reflektiert und unterschiedlich bewertet werden. Auffallend ist, dass Nietzsche sich auch im Falle des Christentums nicht auf eine rein destruktive Kritik beschränkt, sondern darüber hinaus dessen – wenngleich in der Regel klugheitsbasierte – Vorzüge herausstellt. Der fehlende Wahrheitsgehalt wird weiter ausgeführt, ebenso die Gefahren, die von einem Rückfall ins Religiöse zu erwarten sind. Im Schlussteil des Dritten Hauptstücks erfährt das christliche Erlösungsbedürfnis eine ausführliche Betrachtung (132–135), ebenso die christliche Form der Askese und der Typus des Heiligen (136–144).

Die alethische Irrelevanz der Religionen hat Nietzsche implizit schon im Ersten Hauptstück mit seiner Kritik an der Metaphysik festgestellt. Wenn er dort die „metaphysische Philosophie" einen „Wunder-Ursprung" der Dinge annehmen lässt (ebd. 1, 23) und vermerkt, „es giebt *keine ewigen Thatsachen:* sowie es keine absoluten Wahrheiten giebt" (ebd. 2, 25), so trifft dies direkt ins Mark des Religiösen. Im Dritten Hauptstück wird darüber hinaus im Widerspruch gegen „die Behauptung aller Gegner der Aufklärung", die Religionen sprächen „sensu allegorico, mit Rücksicht auf das Verstehen der Menge, jene uralte Weisheit" aus, welche auch „alle wahre Wissenschaft der neueren Zeit" vertrete (ebd. 110, 109), die durch nachdrückliche formale Sperrung als fundamental und belangvoll gekennzeichnete Auffassung vertreten: „*[N]och nie hat eine Religion, weder mittelbar, noch unmittelbar, weder als Dogma, noch als Gleichniss, eine Wahrheit enthalten*" (ebd., 110). Vielmehr hätten einerseits die Theologen, unter dem Druck wissenschaftlicher Anfragen von außen und gelehrter Ansprüche von innen, philosophische Lehren „in ihr System hineingelogen" bzw. umgekehrt Philosophen „ihren eigenen religiösen Empfindungen einen bedeutenden Einfluss auf den Gedankenbau ihrer Systeme" gestattet und auf diese Weise die Mär vom *sensus allegoricus* in die Welt gebracht (ebd.). Nietzsche hält fest: „In der That besteht zwischen der Religion und der wirklichen Wissenschaft nicht Verwandtschaft, noch Freundschaft, noch selbst Feindschaft: sie leben auf verschiedenen Sternen" (ebd., 111). Das dogmenreiche Christentum strotzt darüber hinaus von höchst unglaubwürdigen und widerspruchsvollen Glaubensaussagen, die „wie aus dem Grabe uralter Vergangenheit" (ebd. 113, 117) ihren schauerlichen Modergeruch herüberwehen lassen: Nietzsche notiert hier u. a. die Gottessohnschaft Jesu und den Glauben an eine zeugende Verbindung Gottes mit einer Sterblichen, das der Lehre vom stellvertretenden Sühnetod eines Unschuldigen zugrunde liegende absurde Konzept von Gerechtigkeit, die Aufforderung Jesu an die Jünger, sein Blut zu trinken sowie die evangelische Mahnung, in aufmerksamer apokalyptischer Naherwartung dem weltlichen Leben und seinen Aktivitäten zu entsagen.

Auffallend ist, dass Nietzsche die Gründe, weshalb sich die Religion trotz dieser augenscheinlichen Abstrusität ihrer Vorstellungswelt fest im menschlichen Dasein verankern konnte, nicht gesondert betrachtet, sondern im Kontext ihrer negativen ebenso wie positiven Folgen gleichsam beiläufig thematisiert. Wenn er ohne weitere Erläuterungen über den Ursprung der Religionen schreibt, „aus der Angst und dem Bedürfniss ist eine jede geboren" (ebd. 110, 110), dann suggeriert dies, dass der materiale Gehalt dieser Affekte nur allzu offensichtlich ist. Entsprechend setzt das Dritte Hauptstück recht unvermittelt mit einer Kritik der Religionen ein, die – ebenso wie die tragische Kunst – eine narkotisierende Wirkung auf ihre Anhänger ausüben, indem sie durch Umdeutung des Übels in ein erst später ersichtliches Gut das Leiden an demselben vermindern. Problematisch an dieser – durch einen Perspektivenwechsel induzierten – Betäubung ist, dass damit die zweite mögliche Option des Umgangs mit dem Übel, nämlich die Beseitigung der zugrunde liegenden Ursachen, umso seltener und weniger energisch ins Auge gefasst wird (ebd. 108, 107). Die Kontextualisierung von Nietzsches Analysen des Religiösen mit seinem leitenden Kriterium der Förderlichkeit für das menschliche Leben ist mit diesem Einstiegsaphorismus klar benannt und setzt sich im folgenden Aphorismus fort, wobei hinsichtlich der kritischen Beurteilung der Religionen bzw. ihrer Entwertung und Auflösung die umgekehrte Perspektive eingenommen wird: Die Einsicht in die Falschheit religiöser Vorstellungen birgt die Gefahr, „dass der Mensch sich an der erkannten Wahrheit verblute" (ebd. 109, 108). Im Zuge der Ausführung dieses Gedankens werden nun die der Entstehung der Religionen zugrunde liegenden Ängste und Bedürfnisse *en passant* vermerkt:

> Wie gern möchte man die falschen Behauptungen der Priester, es gebe einen Gott, der das Gute von uns verlangte, Wächter und Zeuge jeder Handlung, jedes Augenblickes, jedes Gedankens sei, der uns liebe, in allem Unglück unser Bestes wolle, – wie gern möchte man diese mit Wahrheiten vertauschen, welche ebenso heilsam, beruhigend und wohlthuend wären, wie jene Irrthümer!" (ebd.)

Unter dem Aspekt einer wissenschaftlich-logischen Betrachtungsweise besonders problematisch erscheint Nietzsche, dass die Religionen in der ersprießlichen Wirkung der genannten Glaubensinhalte eben nicht das Indiz ihres Ursprungs aus der menschlichen Drangsal erkennen, sondern diese als Beweis ihrer gottgefügten seelenheilenden Kraft umdeuten. Dagegen sollte die korrekte Schlussfolgerung sein: „Wenn der Glaube nicht selig machte, so würde er nicht geglaubt werden: wie wenig wird er also werth sein!" (ebd. 120, 120). Die einleitende Feststellung des Aph. 120, dass die angenehme Meinung eben aufgrund ihrer lustvollen Wirkung als wahr angesehen wird, rekurriert auf die bereits im Ersten Hauptstück notierte Erkenntnis der umfassenden hedonistischen Interessiertheit des Menschen, die sich auch in der Urteilsbildung, d. h. in der Genese von Überzeugungen manifestiert: „Allem Glauben zu Grunde liegt die *Empfindung des Angenehmen oder Schmerzhaften* in Bezug auf das empfindende Subject." (ebd. 18, 39)

Neben den religiösen Glaubensüberzeugungen befasst sich Nietzsche auch mit dem *„Ursprung des religiösen Cultus"'* (ebd. 111, 112). In den – von Nietzsche nicht näher datierten – Zeiten des Erwachens des religiösen Lebens fehlte „jeder Begriff der *natürlichen* Causalität" (ebd.), sodass alle biologischen, physikalischen oder chemischen Prozesse von der Bewegung des Schiffes, dem Gebrauch handwerklicher und landwirtschaftlicher Gerätschaften über die Entstehung von Krankheiten bis hin zu Sterben und Tod durch die Einwirkung magischer Kräfte erklärt wurden. Die fehlende Kenntnis der Naturgesetze bewog die Menschen, die im Reich der Natur wahrgenommene Regellosigkeit als „eine Summe von Handlungen bewusster und wollender Wesen, ein ungeheurer Complex von *Willkürlichkeiten*" (ebd.) zu deuten. Im Unterschied zur wissenschaftlichen Welterklärung erschien die Natur als das Reich übermenschlicher Freiheit und somit als Sphäre göttlichen Wirkens. Die religiöse Kultpraxis versteht Nietzsche nun als Versuch, die göttlichen Mächte kontrollierbar und damit dem eigenen Nutzen dienstbar zu machen: „Das Nachdenken der magie- und wundergläubigen Menschen geht dahin, *der Natur ein Gesetz aufzulegen* —: und kurz gesagt, der religiöse Cultus ist das Ergebniss dieses Nachdenkens." (ebd., 113 f.) Nietzsche deutet diesen Versuch der Einflussnahme analog zu soziologischen Phänomenen: Wie der schwächere den stärkeren Menschen durch Gunsterweise in Form von Geschenken, Unterwerfung oder Schmeichelei an sich zu binden bemüht ist und auf der Basis der so gestifteten Zuneigung und „Liebe" (ebd., 114) das Eingehen von beiderseitig bindenden Verträgen möglich wird, so zielt auch die religiöse Kultpraxis auf die Erzeugung des göttlichen Wohlwollens ab. Die historisch ältere „Gattung gewaltsameren Zwanges, durch Magie und Zauberei" (ebd.), die sich sowohl auf Beziehungen zwischen Mensch und Mensch wie auch zwischen Mensch und Natur bezieht, beruht dabei auf denselben Vorstellungen wie der spätere Kultus der Religion und hat denselben Zweck: „Der Sinn des religiösen Cultus' ist, die Natur zu menschlichem Vortheil zu bestimmen und zu bannen, also ihr eine *Gesetzlichkeit einzuprägen, die sie von vornherein nicht hat*" (ebd., 115).

Im Kontext von Nietzsches Deutung der religiösen Kultpraxis beginnt auch seine vergleichende Darstellung der Religionen, wobei er sich weitgehend auf den griechischen Volksglauben bzw. die homerischen Götter und das Christentum konzentriert und beide als Antipoden deutet. Seine kritischen Reflexionen nehmen wichtige Punkte der Analysen in der *Genealogie* vorweg. Begrifflich und konzeptionell ist hier seine Charakterisierung der griechischen Religion als vornehm und der christlichen Glaubenswelt als „unvornehm" und folglich „ungriechisch" (ebd. 114, 118) einschlägig. Das „Vornehme in der griechischen Religiosität" (ebd. 111, 116) zeigt sich in der dort angenommenen Verwandtschaft der Menschen- und Götterwelt, die ein gemeinsames Zusammenleben und „gegenseitiges Interesse, eine Art Symmachie" (ebd. 114, 117) ermöglicht hat, ohne dass sich der Mensch „als ohnmächtiger Sclave [und]]...] willenlose[r] Knecht" (ebd. 111, 116) empfunden hat. Damit ist die Terminologie der späteren Unterscheidung zwischen einer jüdischen und in der Folge christlichen ‚Sklavenmoral' und einer vornehmen ‚Herrenmoral' (vgl. GM I) bereits in Ansätzen gegeben. Anders als dort stehen die Begriffe ‚Sklave' und ‚Herr' noch nicht im Rahmen der Genealogie der christlichen bzw. im Vorfeld jüdischen Moral und ihrer Umwertung der Wertbegriffe eines ursprünglichen, auch und vor allem in der Welt des homerischen Kriegers vorfindlichen Moraltypus. Im Aph. 45 des Zweiten Hauptstücks diskutiert Nietzsche zwar bereits zwei Typen moralischer Kategorisierung sowie die Differenz zwischen ‚schlecht' und ‚böse' und gebraucht den Machtbegriff (nicht jedoch den des Ressentiments, der im veröffentlichten Werk erstmals in GM I 10, KSA 5, 270 auftaucht) als Leitmotiv der Analyse, verortet sie aber noch nicht in unterschiedlichen historischen und kulturellen bzw. religiösen Kontexten, sondern psychologisch im einen Fall (‚gut' und ‚schlecht') „in der Seele der herrschenden Stämme und Kasten", und im anderen Fall (‚gut' und ‚böse') „in der Seele der Unterdrückten, Machtlosen" (MA I 45, 67). Auffallend ist weiterhin, dass Nietzsche noch die Auffassung vertritt, die „jetzige Sittlichkeit ist auf dem Boden der herrschenden Stämme und Kasten gewachsen" (ebd., 68), während er in *Zur Genealogie der Moral* das Gegenteil annimmt. Nichtsdestotrotz sieht er schon hier das vornehme Wertbegriffspaar in der homerischen Wertewelt verwirklicht: „Gut und schlecht ist eine Zeit lang so viel wie vornehm und niedrig, Herr und Sclave. [...] Der Troer und der Grieche sind bei Homer beide gut. Nicht Der, welcher uns Schädliches zufügt, sondern Der, welcher verächtlich ist, gilt als schlecht." (ebd.) Dennoch: Eine gewisse Kontextualisierung mit der Religion ist bereits in *Menschliches, Allzumenschliches* offensichtlich, und zwar sowohl im Aph. 45 des Zweiten Hauptstücks als auch in den Aphorismen 111 und 114 des Dritten Hauptstücks. Zum einen gilt den Ohnmächtigen und Ausgelieferten als böse „jedes lebende Wesen, welches man voraussetzt, zum Beispiel für einen Gott" (ebd. 45, 67). Die Begründung für die wahrgenommene Bosheit des Göttlichen ist insofern erhellend für Nietzsches eigene Kritik der christlichen Gottesvorstellung und deren Mitleidsmoral, als der Gottheit oder den Mitmenschen ähnlich negative Intentionen unterstellt werden, wie Nietzsche dies in seiner Religions- und Moralkritik selbst tut: „Die Zeichen der Güte, Hülfebereitschaft, Mitleid, werden angstvoll als Tücke, Vorspiel eines schrecklichen Ausgangs, Betäubung und Ueberlistung aufgenommen, kurz als verfeinerte Bosheit." (ebd., 68) Im Aph. 114 wird diese Parallele deutlich: Wenn Nietzsche dort die Maßlosigkeit der pathogenen Affektaufreizung durch das Christentum kritisiert, das seine Anhänger zunächst am Bewusstsein absoluter Verworfenheit zerbrechen lässt, um „dann mit Einem Male den Glanz eines göttlichen Erbarmens hinein[zu]leuchten, so dass der Ueberraschte, durch Gnade Betäubte, einen Schrei des Entzückens ausstiess" (ebd. 114, 118), dann verweist dies auf die unauflösliche Doppelwirkung von Güte und Bedrohung, wie sie der Machtlose dem Übergeordneten unterstellt. Auch der narkotische Affekt („Betäubung") wird in beiden Fällen vermerkt (vgl. auch ebd. 108, 107).

Die maßlose, bipolare Exzessivität des Gefühls in Selbstzerfleischung einerseits und euphorisch-exaltierte Beglückung andererseits ist darüber hinaus einer der Gründe für die Charakterisierung des Christentums als unvornehm und ungriechisch (vgl. auch VM 220, 473 f.) Demgegenüber zeichnet sich die griechische Religion auch deshalb als vornehm aus, weil sie dem Menschen erlaubt, „vornehm von sich" (MA I 114, 117) zu denken – die spätere These Nietzsches, die herrenmoralische Wertschöpfung gründe in der *Selbstwertschätzung* der Guten (vgl. GM I 5, KSA 5, 262 f.), fußt auf vergleichbaren Überlegungen. Auch die letzte materiale Bestimmung griechisch-religiöser Vornehmheit wird in Nietzsches späterer Religionskritik, die sich im Akt des Totsprechens Gottes radikalisiert – so urteilt Haase 1996, 414 korrekt: „Zarathustra hat Gott – totgesagt" –, implizit wieder aufgenommen: Menschen und Götter „brauchen sich vor einander nicht zu schämen" (MA I 111, 116). Dass dieses Freisein von einem bloßstellenden und demütigenden Schamaffekt nicht für den Christenmenschen gilt, illustriert das selbstbekundete Motiv des hässlichsten Menschen für den Gottesmord in *Also sprach Zarathustra:* Gottes „Mitleiden kannte keine Scham: er kroch in meine schmutzigsten Winkel." (Z IV Mensch, KSA 4, 331) Auch hier spiegelt sich im Übrigen die im Aph. 45 vorgenommene Deutung des Mitleids als „verfeinerte Bosheit" durch den Schwachen wieder.

Die hinter der Ambivalenz von Zerknirschung und jauchzender Beseligung stehende christliche Vorstellung ist die augustinische, noch bei Luther nachwirkende Lehre von Gnade und Erbsünde, Nietzsche referenziert sie als die Sätze „vom rächenden Gotte, der allgemeinen Sündhaftigkeit, der Gnadenwahl und der Gefahr einer ewigen Verdammniss" (MA I 116, 119). Die allgemeine Sündhaftigkeit, die nach Nietzsches Analysen in *Zur Genealogie der Moral* ein „Maximum des Schuldgefühls" (GM II 20, KSA 5, 330) zur Folge hat und schon in *Menschliches, Allzumenschliches* II als „*Krankheit*" gilt (WS 78, 587; vgl. GM II 22, KSA 5, 333 u. Kiesel 2015b, 67–71), ergibt sich demnach aus der kollektiven menschlichen Teilhabe an der Ursünde (*peccatum originale*). Gemäß der augustinischen Lesart von Röm 5,12 sündigte in Adam das gesamte nachgeborene Menschengeschlecht und muss sowohl die Schuld als auch die Strafen der Schuld in Form von Sterblichkeit, Krankheiten sowie Leiden und Mühen des Alltags mittragen. Mit diesem Stigma der Schuld ist jedes Adamskind von Beginn an beladen; die Begehrlichkeit (*concupiscentia*) im Zeugungsakt verantwortet die Übertragung der Schuld des ersten Menschenpaars (vgl. C. Iul. imp. II, 123). Alle postadamitischen Menschen bilden einen „Klumpen der Verdammnis (*massa damnationis*)" (Simpl. I, ii, 16, mit Bezug auf Röm 11,33b), nur wenige werden durch die unergründliche Gnadenwahl Gottes zur ewigen Seligkeit berufen und erlöst. Die Paradoxie, dass das Christentum wie alle Religionen zur Befreiung vom Notstand des menschlichen Gemüts entstanden ist, und doch dasselbe mit einer gewaltigen Bürde von Schuld belädt, ist ein weiterer Grund für den Untergang dieser Religion, denn „jetzt müsste es das Herz erst beschweren, um es nachher erleichtern zu können" (MA I 119, 120; vgl. MA I 555, 331). Tatsächlich jedoch ist es – zumindest mit Blick auf das hier vermittelte positivere und wohlwollendere Menschenbild – die wissenschaftliche Weltsicht, die nach Nietzsche „die ganze Empfindung sehr erleichtert", indem sie feststellt, dass die Sünde nicht durch Adam, sondern „durch Irrthümer der Vernunft" (ebd. 124, 121) in die Welt gekommen ist. Die Vorstellung einer Beschwernis von Herz und Seele wird Nietzsche später in der Metapher des Geistes als von fremden asketischen Werten beladenes Kamel, das „nach dem Schweren und Schwersten verlangt" (Z I, KSA 4, 29), sowie im Begriff des vom Christentum vermittelten „Geist der Schwere" (Z III, KSA 4, 248) wiederaufnehmen.

Aufschlussreich sind auch Nietzsches Überlegungen zur Genese gnadentheologischer Ideen: Bisweilen überkommt das christliche Gemüt eine Empfindung von Freiheit und Mut: „[D]er Mensch liebt sich wieder, er fühlt es, – aber gerade diese Liebe, diese neue Selbstschätzung, kommt ihm unglaublich vor, er kann in ihr allein das gänzlich unverdiente Herabströmen eines Gnadenglanzes von Oben sehen" (MA I 134, 129). Die hermeneutische Phantastik dieser Auslegung zeigt sich darin, dass das, „was er Gnade und Vorspiel der Erlösung nennt, [...] in Wahrheit Selbstbegnadigung, Selbsterlösung [ist]" (ebd.).

In engem systematischen Zusammenhang mit dem christlichen Sündenbewusstsein stehen die Aphorismen 132–135, die den Ursprung, den Inhalt sowie die mögliche Therapie des christlichen Erlösungsbedürfnisses zum Thema haben und, wie Nietzsche ausdrücklich betont, dasselbe *psychologisch* und damit wissenschaftlich-rational erklären sollen. Auffallend ist, dass die an dieser Stelle diskutierten Gegenstände, von denen der Christ erlöst zu werden hofft, eben nicht die physischen Übel dieser Welt (Krankheit, Schmerz, Tod, Naturkatastrophen etc.) oder die beim zwischenmenschlichen Mit- und Gegeneinander verursachten Leiden (Liebeskummer, seelische Verletzungen und Demütigungen etc.) darstellen, sondern seine eigenen, gemäß dem gewöhnlichen Sprachgebrauch ‚egoistisch' oder ‚eigennützig' genannten Handlungen, mehr noch: der „Hang zu dergleichen Handlungen" (ebd. 132, 125). Die Frustration über sein Versagen, das Bedürfnis nach einem der „selbstlosen Denkweise" folgenden „guten Bewusstsein[.]" zu erfüllen (ebd.), veranlasst den Menschen zur Suche „nach einem Arzte" (ebd., 126), der das Seelenheil herzustellen vermag. Wie Nietzsche feststellt, sind dabei mehrere Fehler involviert. Zum einen ist das Vergleichsobjekt sittlicher Integrität falsch gewählt: Anstatt sich mit den gleichfalls fehlerhaften Mitmenschen zu vergleichen, stellt sich der Mensch das ideale göttliche Wesen vor Augen, „welches allein jener Handlungen fähig ist, die unegoistisch genannt werden" (ebd.), und verzerrt damit sein eigenes, nun umso mangelhafter erscheinendes moralisches Antlitz. Als Folge dieser verfälschten Selbstwahrnehmung ergibt sich, zweitens, die Furcht vor der strafenden Gerechtigkeit des vollkommenen Wesens, die in der irrigen Deutung misslicher Erlebnisse als göttliche Geißel ihren Ausdruck findet. Drittens schließlich erfüllt sich das Gemüt des Sündenbewussten mit Hilf- und Hoffnungslosigkeit, insofern er – wir dürfen hinzufügen: außer dem heiligen Gott selbst – keinen Retter aus der drohenden Gefahr der ewigen Verdammnis zu finden vermag (ebd.). Im folgenden Aph. 133 erläutert Nietzsche die der christlichen Erlösungsbedürftigkeit zugrunde liegenden kognitiven Fehler genauer. Von der Tatsache abgesehen, dass der Spiegel des göttlichen Ideals „das sehr unvollkommene Werk der menschlichen Phantasie und Urtheilskraft war" (ebd. 133, 126), gehört ein ausschließlich zu unegoistischen Handlungen fähiges Wesen ins Reich der Fabel: Schon der Begriff der ‚unegoistischen Handlung' ist laut Nietzsche kein plausibles Konzept, insofern Handlungen stets ein auf den Akteur bezogenes motivationales Moment in Gestalt eines Bedürfnisses einschließen. Er verdeutlicht dies mit einem Lichtenberg-Zitat, wonach wir genau genommen nicht unsere Angehörigen, „sondern die angenehmen Empfindungen, die sie uns machen" (ebd., 127; vgl. Lichtenberg, SB 2, 200), lieben, und referenziert damit erneut auf den Gedanken einer durchgängigen hedonistischen Interessiertheit des Menschen. Auch die geläufige Vorstellung Gottes als reine Liebe ist in diesem Sinne nicht mit der Annahme seiner Unfähigkeit zu egoistischem Handeln vereinbar. Des Weiteren ist, so Nietzsche, zumindest für bedürftige Wesen wie den Menschen, das Ideal eines gänzlich der Liebe zu Anderen gewidmeten Lebens schon deshalb eine Unmöglichkeit, „*weil er sehr viel* für sich thun muss, um überhaupt Anderen Etwas zu Liebe thun zu können" (ebd.): Nur als Frucht der eigenen Fülle sind echte Güte und Liebe möglich, und damit diese realisiert werden können, ist umsichtige Selbstsorge vonnöten. Allerdings gesteht Nietzsche zu, dass auch der illusorische „Glaube, seine Feinde zu lieben", glücklich macht, „so lange er wirklich geglaubt wird", und schließt: „Der Irrthum kann also die Verheissung Christi zur Wahrheit machen" (VM 96, 415). Für die moralische Weltsicht höchst problematisch ist ferner Folgendes: Das Modell der Nächstenliebe setzt nämlich voraus, dass es Menschen gibt, die bereit sind, die karitativen Gaben anzunehmen, „so dass die Menschen der Liebe und Aufopferung ein Interesse an dem Fortbestehen der liebelosen und aufopferungsunfähigen Egoisten haben" (MA I 133, 127). Dieses Paradox führt unausweichlich in die Selbstaufhebung des Gebots umfassender selbstloser Liebe.

Die weiteren Überlegungen in den Aphorismen 133–135 offenbaren die Zielrichtung der Ausführungen Nietzsches zur soteriologischen Bedürftigkeit des Christen. Nietzsche vertritt hier nämlich die optimistische aufklärerische Position, dass die *Einsicht* in die Entstehungsbedingungen der Erlösungssehnsucht unmittelbar deren Auflösung bewirke. Dienlich erscheinen ihm diesbezüglich sowohl die „völkervergleichende[.] Wissenschaft" (ebd. 133, 128) als auch der entlarvende Blick auf „eine bestimmte falsche Psychologie, eine gewisse Art von Phantastik in der Ausdeutung der Motive und Erlebnisse [...] [als] die nothwendige Voraussetzung davon, dass Einer zum Christen werde und das Bedürfniss der Erlösung empfinde" (ebd. 135, 129). Die psychologische Perspektive wirkt *prima facie* irritierend: Sind es nicht in erster Linie kognitive, d. h. gedankliche Fehlschlüsse bzw. in Nietzsches eigenen Worten „eine Reihe von Irrthümern der Vernunft" (ebd. 133, 126), denen die Sehnsucht nach Erlösung entspringt? Entscheidend zum Verständnis ist hier Nietzsches Verweis auf die bereits zitierte „Phantastik in der Ausdeutung der Motive und Erlebnisse": Es handelt sich genauer um eine „Verirrung der Vernunft *und* Phantasie" (ebd. 135, 129, Kursivierung D.K.). Nietzsche vertritt offenbar die Auffassung, dass bei der Bildung christlicher

Überzeugungen (i. e. falscher Vernunfturteile) eine psychologisch motivierte, d. h. dem Bedürfnis entspringende und ebendeshalb überbordende sowie verfälschende hermeneutische Phantasie die entscheidende Rolle spielt. Der mit Nietzsches Perspektivismus verbundene Gedanke, dass es unsere „Bedürfnisse sind [...], *die die Welt auslegen*" (NL 1886/87, 7[60]; KSA 12, 315), liegt hier schon zugrunde. In jedem Fall lässt Nietzsches Überlegung aufmerken, dass offenbar der Weg nicht nur vom Affekt bzw. vom Bedürfnis zur Kognition geht, und auf diese Weise der materiale Gehalt der interpretierenden Urteilsbildung bestimmt wird, sondern auch die Umkehrbewegung möglich ist: Veränderte Überzeugungen wie die Einsicht in die Nichtexistenz Gottes oder die Unmöglichkeit rein selbstlosen Handelns wirken sich auch auf die Befindlichkeit aus, sodass die Erlösungsbedürftigkeit verschwindet.

Entsprechend gestaltet sich die Argumentation Nietzsches: Seine Ausführungen zum Ursprung der Religionen hätten deren Genese aus der menschlichen Bedürftigkeit erwiesen, während ein Beweis für die Existenz Gottes ausstehe und zwangsläufig ausstehen müsse. Ohne die Gottesvorstellung gibt es aber auch kein „Gefühl der ‚Sünde'" (MA I 128, 128), und ohne Sündenbewusstsein entsteht kein Erlösungsbedürfnis: Sünde manifestiert sich in Erweiterung des moralischen Schuldbegriffs nur sekundär als gestörte Beziehung des Menschen zu sich selbst oder zu seiner sozialen Umwelt, primär aber als „Frevel *an Gott* und *nicht* als Frevel an der Welt" (WS 81, 589). Das verbleibende Unbehagen, das „mit der Furcht vor Strafen der weltlichen Gerechtigkeit, oder vor der Missachtung der Menschen, sehr verwachsen ist" ist, wird durch die Erkenntnis, sich nur gegen „menschliche Satzungen" vergangen zu haben, gemildert (MA I 133, 128). Von dem Bewusstsein „der unbedingten Nothwendigkeit aller Handlungen und ihrer völligen Unverantwortlichkeit" (ebd.) erhofft sich Nietzsche schließlich die endgültige Befreiung von der moralischen Selbstquälerei. Die Argumentation gegen die Existenz menschlicher Willensfreiheit wird im Dritten Hauptstück nicht ausgeführt; wichtige Überlegungen dazu finden sich im Aph. 39 des Zweiten Hauptstücks. Später wird Nietzsche die ‚Erfindung' der Willensfreiheit als Ausdruck des sklavenmoralischen Ressentiments analysieren, das die ausagierte aggressive Stärke der Unterdrücker als zurechenbar qualifiziert (GM I 13, KSA 5). Der Verweis auf die göttliche Verblendung (*atê*) im homerischen Epos, mit der die griechischen Götter großzügig die Schuld für menschliche Übeltaten auf sich nahmen (GM II 23, KSA 5) und die ein weiteres Zeichen des Vornehmen in der griechischen Moral und Religion darstellt, findet sich allerdings schon in *Menschliches, Allzumenschliches* I 45.

Eine Kritik der christlichen Askese und Heiligkeit in den Aphorismen 136–144 schließt das Dritte Hauptstück ab. Dass Nietzsche diesem Punkt das Gros seiner Reflexionen widmet und zugleich deren noch ausstehende vollständige Durchdringung seitens der wissenschaftlichen Perspektivierung zugesteht („jene Erscheinungen sind immer noch unerklärt", MA I 136, 130), zeugt von dessen Bedeutung ebenso wie von Nietzsches Anspruch an die Tugend wissenschaftlicher Redlichkeit. In unausgesprochener Anlehnung an die skeptische Maxime Ciceros, das Wahrscheinliche (*probabilis*) bzw. Wahrheitsähnliche (*veri similis*) zu ermitteln, hält Nietzsche als „erste Wahrscheinlichkeit" fest, dass es sich bei Askese und Heiligkeit um Phänomene handelt, deren „Natur eine *complicirte* ist" (ebd.). Seine Zugangsweise ist abermals eine psychologische, insofern er den methodischen Weg wählt, „einzelne Antriebe in der Seele der Heiligen und Asketen zunächst zu isoliren und zum Schluss sie in einander uns verwachsen zu denken" (ebd.). Dabei identifiziert Nietzsche auch in ihrer Ausrichtung gegenläufige Antriebe, deren Synchronizität und ‚Verwachsung' eine ähnliche Ambivalenz aufweist wie das Religiöse als Gesamtphänomen. Die leitenden Aspekte der Analyse Nietzsches sind dabei das Selbstverhältnis des Menschen als psychologisch durch vielfache Triebkräfte organisiertes Wesen, der Machtbegriff und eine bestimmte Form autoaggressiver Grausamkeit.

Askese und Heiligkeit sind nach Nietzsche systematisch eng miteinander verbunden. Beides sind „Erscheinungen der Moralität" (ebd.), wobei Askese als „Fähigkeit zu grosser aufopfernder Entschliessung und Selbstverleugnung" (ebd. 138, 131) definiert wird und, sobald sie „dauernd und zur Gewohnheit geworden" (ebd., 132) ist, als ‚Heiligkeit' zu gelten hat. Die von Nietzsche in *Ecce homo* retrospektiv schon für *Menschliches, Allzumenschliches* in Anspruch genommene „Umwerthung aller Werthe" (EH, KSA 6, 328) zeigt sich in den methodischen Prämissen der wissenschaftlichen Betrachtung dieser Phänomene darin, dass die – auch moralisch zu verstehende – Forderung „aller Religiösen und Metaphysiker", an deren wundersamer Unerklärlichkeit festzuhalten, ihrerseits als „das ‚böse Princip'" disqualifiziert wird (MA I 136, 130).

Nietzsches Analysen der Askese fußen auf der psychologischen Vorstellung des Menschen als Wesen, dessen seelisches Ganzes ein Konglomerat mannigfaltiger Triebkräfte darstellt, die zueinander in einem häufig konflikthaften und hierarchisch strukturierten Verhältnis stehen. Personen, denen ein hohes Maß an Herrschsucht zu eigen ist, diese aber nicht im Verkehr mit anderen realisieren können, verfallen schließlich darauf, „gewisse Theile ihres eigenen Wesens, gleichsam Ausschnitte oder Stufen ihrer selbst, zu tyrannisiren" (ebd. 137, 131), und empfinden auf diese Weise ein „Gefühl der Macht" (ebd. 142, 138). Der Preis dieser Verinnerlichung der Herrschgier und der dadurch bedingten Selbstvergewaltigung ist eine dichotome Aufspaltung der eigenen Persönlichkeit: „In jeder asketischen Moral betet der Mensch einen Theil von sich als Gott an und hat dazu nöthig, den übrigen Theil zu diabolisiren" (ebd. 137, 131). Moralisch betrachtet und unter der Vorgabe christlicher Demut und Selbstbescheidung paradox ist dies insofern, als das „Zerbrechen seiner selbst" im Urteil Nietzsches als „ein sehr hoher Grad der Eitelkeit" zu werten ist (ebd.). Auf diese moralische Zweideutigkeit scheint sich auch Nietzsches nähere Beschreibung der asketischen Lebensform als „Auf- und Niederschwanken der Wagschalen Hochmuth und Demuth" (ebd. 135, 135) zu beziehen. Konsequent erörtert der folgende Aph. 138 das Asketische unter dem Aspekt der Größe, die mit der Eitelkeit – sofern sie ein Motiv für die Größensehnsucht ist – psychologisch verknüpft sein kann. Sowohl zu Nietzsches historisch-genealogischer Betrachtungsweise wie auch zu seiner Einsicht in die asketische Anbetung des höheren Selbst als göttlich fügt sich passend die folgende Feststellung: „Dass in der Selbstverleugnung, und nicht nur in der Rache, etwas Grosses liege, musste der Menschheit erst in langer Gewöhnung anerzogen werden, eine Gottheit, welche sich selbst opfert, war das stärkste und wirkungsvollste Symbol dieser Art von Grösse." (ebd. 138, 132) Darüber hinaus ergibt sich das Verwobensein von Askese und Heiligkeit mit dem Größenbewusstsein, weil der Mensch im Affekt, d. h. „unter dem Einfluss der gewaltigen Emotion, jedenfalls das Grosse, Gewaltige, Ungeheure" sowohl will als auch zu leisten vermag (ebd.). Die so erzielte Entladung des Affekts wirkt entspannend, weshalb auch die Akte asketischer Selbstverleugnung nicht als ‚moralisch' im Sinne eines positiven und förderlichen Bezugs auf *andere* Menschen gelten können.

Schließlich, so hält Nietzsche fest, gibt es auch für den Asketen gängige Mittel zur Erleichterung des Lebens; die „Unterordnung unter einen fremden Willen oder unter ein umfängliches Gesetz und Ritual" (ebd. 139, 133) erleichtert die Selbstbeherrschung und entlastet den Gehorsamen von persönlicher Verantwortung und Reue. Die konsequent praktizierte Askese ist zudem ein leichteres Unterfangen als das Maßhalten, wie es auch einfacher ist, sich von der eigenen Persönlichkeit zu lösen, als diese „ohne Schwanken und Unklarheit durchzusetzen" (ebd.). Allerdings bedarf die so generierte „Ermüdung ihres Lebenswillens" bisweilen der Kur durch „schmerzhafteste[.] Reizmittel und Grausamkeiten" (ebd. 140, 134) in Form von selbstquälerischen Handlungen wie Geißelung, Hungern, Körperverrenkungen und Simulierung des Wahnsinns. Gleichfalls der Unterhaltung und Belebung dient dem Asketen und Heiligen der Kampf mit den Feinden im eigenen Inneren, als deren wirkmächtigster die dämonisch verstandene sexuelle Begierlichkeit betrachtet wird. Dass diese zunehmend „verketzert und gebrandmarkt" (ebd. 141, 134) wurde, verdankt sich der Eitelkeit der Asketen, die das Gewicht ihrer Anstrengungen durch die monströse Widerwärtigkeit des Gegners umso bedeutender erscheinen lassen wollten. Das Christentum und seine grundsätzliche Verdammung des Zeugungsakts erscheint auch in dieser Hinsicht im Vergleich mit anderen „pessimistischen[1] Religionen" (ebd., 135) als besonders schadensreich. Erlischt die sinnliche Begierde, so bedarf der Heilige anderer Dämonen im eigenen Inneren: „[M]an *wollte* sich möglichst schlecht und böse finden, man suchte die Angst um das Heil der Seele, die Verzweiflung an der eignen Kraft" (ebd., 136). Kennzeichnend für die Auswahl der Dämonen ist, dass es sich allesamt um Dinge handelt, die der menschlichen Natur zu eigen sind. Dieses „Leiden am Natürlichen [ist jedoch] in der Realität der Dinge völlig unbegründet: es ist nur die Folge von Meinungen *über* die Dinge" (ebd.). Diese Meinungen sind nicht nur falsch, sie sind darüber hinaus schädlich, weil sie „den Menschen als böse und sündhaft von Natur wollen, ihm die Natur zu verdächtigen und so ihn selber schlecht zu *machen*: denn so lernt er sich als schlecht empfinden, da er das Kleid der Natur nicht ausziehen kann." (ebd.) Die bereits besprochene christliche Erlösungsbedürftigkeit ist die Folge dieser Stigmatisierung. Während Nietzsche jedoch in den Aphorismen 132–135 zur Erlösungsbedürftigkeit das *Leiden* an der Sündhaftigkeit betont hat, wählt er nun eine andere perspektivische Lesart und legt das Gewicht auf die *positiv* empfundene Affekterregung: Durch das gefühlte Sündenbewusstsein wird die müde, an Lebensreizen arme Seele „überhaupt erregt, belebt, beseelt" und empfindet „die letzte *Lust, welche das Alterthum erfand*, nachdem es selbst gegen den Anblick von Thier- und Menschenkämpfen stumpf geworden war" (ebd., 137). Wie die Religion als solche, das christliche Erlösungsbedürfnis und die Beurteilung des Natürlichen im Wesen des Menschen entspringt auch die Bedeutung des Heiligen als Instanz von „welthistorische[m] Werth" (ebd. 143, 139) einer Fehlinterpretation. Während das „Verschrobene und Kranke in seiner Natur" übersehen bzw. als etwas „fremdartig-Uebermenschliches" betrachtet wurde, insgesamt also „seine Seelenzustände falsch" ausgelegt wurden, erschien er als etwas, „das über menschliches Maass in Güte und Weisheit hinausreiche" (ebd.), und beförderte so – zum Nutzen der Kirche – den Glauben an Gott und an Wunder ebenso wie an einen religiös fundierten existenziellen Sinn und das Jüngste Gericht. Insbesondere letzteres scheint dazu beigetragen haben, dass die „Schattengestalt des Heiligen in's Ungeheure" gewachsen ist, und selbst Denker und Zeitgenossen Nietzsches, die nicht mehr an Gott glauben, immer noch „an den Heiligen glauben" (ebd.).

---

[1] Das Konzept der ‚pessimistischen Religionen' übernimmt Nietzsche von Schopenhauer, der im zweiten Band von *Die Welt als Wille und Vorstellung* (1844) die Religionen hinsichtlich ihrer Grundeinstellung zum Dasein als ‚optimistisch' oder ‚pessimistisch' kategorisiert. Insbesondere das Christentum und der Buddhismus gelten als pessimistische Religionen, weil sie dem Dasein jeden Rechtfertigungsgrund absprechen. Dass Nietzsche auch in seinem Verständnis des Heiligen von Schopenhauer ausgeht, zeigt JGB 47, KSA 5, 68.

Bezeichnend für seine Art der Prüfung der Religionen in *Menschliches, Allzumenschliches* ist der das Dritte Hauptstück abschließende Aph. 144. Nietzsche beendet seine Ausführungen gerade *nicht* mit einer Invektive gegen das religiöse Leben und seine gewichtigste pathologische ebenso wie pathogene Figur, den Heiligen, sondern mit einem Vorbehalt: Es gibt unter den Heiligen Ausnahmegestalten, die sich auszeichnen:

> durch grosse Milde und Menschenfreundlichkeit, sei es durch den Zauber ungewöhnlicher Thatkraft; andere sind im höchsten Grade anziehend, weil bestimmte Wahnvorstellungen über ihr ganzes Wesen Lichströme ausgiessen: wie es zum Beispiel mit dem berühmten Stifter des Christenthums der Fall ist, der sich für den eingeborenen Sohn Gottes hielt und desshalb sich sündlos fühlte; so dass er durch eine Einbildung – die man nicht zu hart beurtheilen möge, weil das ganze Alterthum von Göttersöhnen wimmelt – das selbe Ziel erreichte, das Gefühl völliger Sündlosigkeit, völliger Unverantwortlichkeit, welches jetzt durch die Wissenschaft Jedermann sich erwerben kann (ebd. 144, 140).

Nichtsdestotrotz ist es bedeutsam, dass im Falle der Wissenschaft das Bewusstsein der Sündlosigkeit durch Einsicht, im Falle Jesu jedoch durch „Einbildung" und wie bei konventionelleren Heiligen durch „Wahnvorstellungen" induziert wird. Die Schlussfolgerung, in Anbetracht der geteilten Wirkung sei es gleichgültig, ob diese durch Wahn oder Wissenschaft erzeugt würde, ist nämlich deshalb falsch, weil die Früchte des Wahns unkontrolliert und in alle (zuträglichen ebenso wie lebensfeindlichen) Richtungen sprießen und sich gleichzeitig durch ihren Anspruch auf Göttlichkeit gegen die wissenschaftliche Überprüfung immunisieren. Auch gelten „Milde und Menschenfreundlichkeit" gemäß Nietzsches Ausführungen im Fünften Hauptstück ebenso wie die Güte nur als bedingte Werte, die „bei der Gesammtrechnung des Lebens mit abzuschätzen" (ebd. 235, 197) sind. Ebendeshalb gilt: „Die höchste Intelligenz und das wärmste Herz können nicht in einer Person beisammen sein" (ebd.). Christus als Inbegriff der Herzenswärme „förderte die Verdummung der Menschen [...] und hielt die Erzeugung des grössten Intellectes auf [...]. Sein Gegenbild, der vollkommene Weise [...] [,] wird ebenso nothwendig der Erzeugung eines Christus hinderlich sein." (ebd.) Nicht ganz passend dazu ist allerdings die Charakterisierung Christi als „edelsten Menschen" (ebd. 475, 310). Wie beispielsweise die Beschreibung Platons als „frommen erhabenen edlen Menschen" (NL 1884, 26[312]; KSA 11, 233) zeigt, schließt der Begriff des ‚Edlen' bei Nietzsche eine intellektuelle Exzellenz mit ein und steht darüber hinaus mit dem des ‚Vornehmen' in enger Verbindung.

Der intellektuelle Aspekt ist auch bei der vergleichenden Betrachtung christlicher und indischer Heiliger einschlägig. Letztere stehen insofern zwischen den griechischen Philosophen und den christlichen Heiligen, als – im Gegensatz zum Christentum – „die Erhebung über die anderen Menschen durch die logische

Zucht und Schulung des Denkens [...] bei den Buddhaisten als ein Kennzeichen der Heiligkeit" (MA I 144, 140) angesehen wurde. Die – durch seine spätere Einordnung unter die nihilistischen und Décadence-Religionen eingeschränkte – Wertschätzung des Buddhismus wird Nietzsche bis in den *Antichrist* hinein beibehalten: Der Buddhismus verzichtet auf den Gottesbegriff ebenso wie auf das Konzept der ‚Sünde', zeichnet sich aus als „die einzige eigentlich *positivistische* Religion" (AC 20, KSA 6, 186) und hat „die *Selbst-Betrügerei* der Moral-Begriffe bereits hinter sich" (ebd.). Die Formulierung „Der Buddhismus [...] ist [im Vergleich mit dem Christentum; D.K.] hundert Mal kälter, wahrhafter, objektiver" (AC 23, KSA 6, 189), erinnert an Nietzsches Charakterisierung von *Menschliches, Allzumenschliches:* „Ein Irrthum nach dem andern wird gelassen aufs *Eis gelegt*, das Ideal wird nicht widerlegt – *es erfriert* ..." (EH, KSA 6, 323).

Auch die Zeichnung Jesu durch Nietzsche bleibt in seinen späteren Werken überwiegend positiv. Noch im *Antichrist* lässt er verlauten: „[I]m Grunde gab es nur Einen Christen, *und der starb am Kreuz.*" (AC 39, KSA 6, 211) Mit Christus starb auch das Evangelium, denn der Kern der heute so genannten christlichen Heilsbotschaft – der sühnende Opfertod Christi – sei genau wie die durch Nietzsche vehement kritisierten Vorstellungen von Erbsünde, göttlicher Gnadenwillkür und dem Jüngsten Gericht eine Erfindung des ebendeshalb als „Dysangelist" (AC 42, KSA 6, 216) bezeichneten Paulus. In Anbetracht der Tatsache, dass Augustinus seine Lehre von Gnade und Erbsünde im Rahmen der Exegese von Röm 9, 9–29 entwickelt hat, scheint dieser Gedanke auch nicht unplausibel zu sein.

2 Nietzsches performative Askese in *Menschliches, Allzumenschliches*

Die Figur des Heiligen ist ebenso wie der in *Menschliches, Allzumenschliches* dekonstruierte Charakter des Künstlers und die Gestalt des Genies ein Typus, den Nietzsche in Bezug zur eigenen Person setzt: „Ich habe eine erschreckliche Angst davor, dass man mich eines Tags *heilig* spricht [...]. *Ich will kein Heiliger sein*" (EH, KSA 6, 365). Dabei scheint die sachliche Begründung dieser Furcht darin zu liegen, dass Nietzsche wie der religiös inspirierte Heilige beansprucht, das Sprachrohr der Wahrheit zu sein: Es „redet aus mir die Wahrheit" (ebd.). Dabei ist es kein Zufall, dass die Formulierung Assoziationen von prophetischer Rede und Verkündigung anklingen lässt. Der Glaube an die Wahrheit als Glaube, „dass die Wahrheit *göttlich* ist" (GM III 24, KSA 5, 401), den Nietzsche in *Ecco homo* unter dem vielsagenden Titel *Warum ich ein Schicksal bin* nicht nur bekennt, sondern überreizt bis hysterisch exklamiert, ist jedoch nicht nur „Christen-Glaube" (ebd.), sondern auch der Glaube der „Verneinenden und Abseitigen von Heute", namentlich der *„blassen Atheisten,* Antichristen, Immoralisten, Nihilisten, diese[r] Skeptiker, Ephektiker, Hektiker des Geistes" (ebd., 398). Ebendeshalb können sie – entgegen ihrem Selbstverständnis – weder als freie Geister gelten noch sind sie „losgelöst [...] vom asketischen Ideale" (ebd., 399). Hier wie in *Ecce homo* gesteht Nietzsche zu: „Ich kenne dies Alles vielleicht zu sehr aus der Nähe" (ebd.).

Als Synthese der beiden Passagen aus *Zur Genealogie der Moral* (1887) und *Ecce homo* (1888) ergeben sich folgende Punkte: Nietzsche betrachtet hier, erstens, das eigene Philosophieren als *Ausdruck* der Wahrheit oder zumindest als kompromissloses *Streben* nach der Wahrheit. In diesem Sinne sieht er sich, zweitens, selbst in Gefahr, als Heiliger und somit auch als Asket gelten zu müssen. Wie ich im Folgenden zeigen möchte, durchzieht dieser asketische Zug Nietzsche'schen Denkens schon seine Überlegungen in *Menschliches, Allzumenschliches* und gibt ihnen eine ganz eigene und eigenartige Prägung. Dies hat zur Folge, dass an einem entscheidenden Punkt – nämlich seinem Verhältnis zu Askese, Heiligkeit, Religion und Metaphysik – eben *nicht* die Rede von einer Überwindung des *„Unzugehörigen* in meiner Natur" (EH, KSA 6, 322) sein kann, und damit die selbstbekundete Intention des dort unternommenen Projekts unterlaufen wird. Heikel ist darüber hinaus, dass dieses Untergraben der eigenen Zielsetzung ein Phänomen ist, das Nietzsche auch in der Religion diagnostiziert hat – so wird beispielsweise die Sehnsucht nach Geborgenheit durch ein abgründiges Sündenbewusstsein konterkariert –, und folglich auch hier eine Parallelisierung von Kritik bzw. Kritiker und dem Gegenstand der Kritik festzustellen ist.

Nietzsches psychologische Analysen sind auch – und bisweilen vor allem – eine Frucht der zergliedernden Innenschau; dies gilt auch für seine Beobachtungen zu Askese und Heiligkeit. Zugleich ermöglicht ihm der hohe Grad an Selbstreflexion und -durchdringung die Einsicht in die eigene latente Gebundenheit an das asketische Ideal, der Nietzsche in *Menschliches, Allzumenschliches* zwar nicht direkt, aber in der für ihn charakteristischen hintergründig-maskierten Weise (vgl. JGB 40, KSA 5, 58: „Jeder tiefe Geist braucht eine Maske") literarischen und gedanklichen Ausdruck verleiht. Gewisse sublimierte „Formen der Askese", die einen tyrannischen „*Trotz gegen sich selbst*" manifestieren (MA I 137, 130), erläutert er anhand von Beispielen, die unschwer als Selbstreferenz zu erkennen sind:

> So bekennt sich mancher Denker zu Ansichten, welche ersichtlich nicht dazu dienen, seinen Ruf zu vermehren oder zu verbessern; mancher beschwört förmlich die Missachtung Anderer auf sich herab, während er es leicht hätte, durch Stillschweigen ein geachteter Mann zu bleiben; andere widerrufen frühere Meinungen und scheuen es nicht, fürderhin inconsequent genannt zu werden: im Gegentheil, sie bemühen sich darum [...]. So steigt der Mensch

auf gefährlichen Wegen in die höchsten Gebirge, um über seine Aengstlichkeit und seine schlotternden Kniee Hohn zu lachen (ebd., 131).

Alle drei genannten Punkte sind für den Denker Nietzsche einschlägig: Selbstredend ist der in *Menschliches, Allzumenschliches* bekundete Generalverdacht gegen die vorgeblich größten geistigen, moralischen, religiösen, kulturellen und politischen Errungenschaften nicht dafür geeignet, sich Freunde zu machen und Anerkennung einzuwerben (vgl. ebd. 484, 317). Auch der Widerruf früherer Meinungen kennzeichnet das Werk: Die Lossagung von Wagner und Schopenhauer ist ebenso Zeichen einer groß angelegten Umkehrung früherer Positionen wie die Ablehnung von Metaphysik, Kunst und griechischer Religion als Zugangsweisen ins (vermeintlich tiefe) Wesen der Welt und deren Substitution durch die Wissenschaft. Schließlich: Die Metaphorik des Wanderns steht bei Nietzsche bekanntlich für das gefahrvolle Unterfangen philosophischer Wahrheitssuche; als solche ist sie auch in *Menschliches, Allzumenschliches* explizit: „[I]n der Wissenschaft wie im Gebirge [...] [weht] scharfe Luft" (VM 205, 467), lautet Nietzsches geistiger Wetterbericht, und die Fortsetzung des Zitats vermerkt noch einmal den eben erwähnten Widerruf früherer Überzeugungen: „Die Geistig-Weichlichen (wie die Künstler) scheuen und verlästern dieser Luft halber die Wissenschaft."

Nietzsches philosophische Form der Askese in *Menschliches, Allzumenschliches* ist insofern spezifisch, als es sich nicht – wie bei den christlichen Heiligen und Asketen – um den Kampf gegen die sinnliche Begierde handelt, sondern um das kompromisslose Streben nach Wahrheit. Asketisch ist diese unbedingte Wahrheitssuche in vielfacher Hinsicht: Zum einen ist der sachliche Gehalt der so entdeckten Wahrheiten nicht immer förderlich für das Wohl der Menschheit – oder des Entdeckers der Wahrheiten. Wenngleich Nietzsche in *Menschliches, Allzumenschliches* häufig und in bedeutenden Kontexten den Nutzen wissenschaftlicher Aufklärung betont – die besprochene Einsicht in die Sündlosigkeit des Menschen ist ein Beispiel – scheint das Bewusstsein um die diesbezügliche Schädlichkeit der Erkenntnis zu dominieren. Der Aph. 517 (MA I, 323): „Es giebt keine prästabilirte Harmonie zwischen der Förderung der Wahrheit und dem Wohle der Menschheit", trägt entsprechend den Titel: „*Grundeinsicht*". Weitere Überlegungen dazu sind zahlreich: Nietzsche stellt fest, dass der tiefschürfende Blick der Erkenntnis „immer viel Schlimmes" zutage bringt (ebd. 489, 318), er erwägt die Möglichkeit, dass die Wahrheit aus dem Menschen wieder ein Tier machen könnte, nachdem der „Irrthum" im Vorfeld die umgekehrte Transformation bewirkt habe (ebd. 519, 324), konzediert, „dass aus dem Unlogischen vieles Gute entsteht" (ebd. 31, 51), und versieht den Aph. 31 im Ersten Hauptstück mit dem vielsagenden Titel: „*Der Irrthum über das Leben zum Leben nothwendig*" (ebd., 52). Die Frage, ob „die Wahrheit nicht dem Leben, dem Besseren feindlich" sei, sowie die daran anschließende Überlegung, „ob man bewusst in der Unwahrheit bleiben *könne*" (ebd. 34, 53f.), wird zwar in den Raum geworfen, aber durch die Überlegung, dass die sokratische ebenso wie die heutige Philosophie „durch den Gesichtspunct des *Glücks* [...] die Blutadern der wissenschaftlichen Forschung" (ebd. 7, 28) unterband, konterkariert. Seine Forderung nach einer „*Chemie* der moralischen, religiösen, ästhetischen Vorstellungen und Empfindungen" (ebd. 1, 24) ergänzt Nietzsche durch die Warnung: „Man kann es nicht verhindern, dass der Chemiker bei seinen Versuchen sich gelegentlich vergiftet und verbrennt." (VM 13, 385) Nietzsches ausdrücklicher Wille zur Konfrontation mit schonungslosen Wahrheiten hat ebendeshalb als asketisch zu gelten: „Aber meine Wahrheit ist *furchtbar:* denn man hiess bisher die *Lüge* Wahrheit" (EH, KSA 6, 365).

Während er in MA diesen asketischen und zugleich metaphysischen Charakter bedingungsloser Bemühung um die Wahrheit nur in versteckter Weise andeutet – das Projekt einer glaubwürdigen und konsequenten Kritik der Metaphysik soll nicht gefährdet werden –, ist sein späteres Urteil deutlich: „*Was aber zu ihm zwingt,* jener unbedingte Wille zur Wahrheit, das ist der *Glaube an das asketische Ideal selbst*, wenn auch als sein unbewusster Imperativ, man täusche sich hierüber nicht, – das ist der Glaube an einen *metaphysischen* Werth, einen Werth *an sich der Wahrheit*" (GM III 24, KSA 5, 400).

Auch das Motiv der Grausamkeit gegen sich selbst als Kennzeichen asketischer Praxis findet sich in den unterschwelligen methodischen Maximen Nietzsches wieder. Die Einsicht in die tiefe und bleibende Überzeugungen generierende Kraft angenehmer und das Gemüt beseligender Vorstellungen führt ihn zu dem gewagten experimentalphilosophischen Unterfangen, den *umgekehrten* Weg zu gehen und versuchsweise den niederschmetternden Auffassungen mehr Recht zuzugestehen – und dies trotz besseren Wissens: „Der Freigeist [...] unterliegt oft der Verführung, die entgegengesetzten Schlüsse zu machen, welche im Allgemeinen natürlich ebenso sehr Irrschlüsse sind: [...] eine Meinung macht Noth, beunruhigt, also ist sie wahr." (MA I 30, 50) Dieses logisch inkorrekte ebenso wie autoaggressive Verfahren betitelt Nietzsche im Aph. 581 mit „*Sich Schmerzen machen*" (ebd., 336) und verweist damit auf den Aspekt asketischer Grausamkeit: „Rücksichtslosigkeit des Denkens ist oft das Zeichen einer unfriedlichen inneren Gesinnung, welche Betäubung begehrt." (ebd.) Im Übrigen macht die Grausamkeit nicht bei der eigenen Person halt; die asketische Selbstzerfleischung entlädt sich auch nach außen und muss in Anwendung seiner späteren Konzepte als Ressentimentphänomen gelten: „[D]er grausame Anblick des psychologischen Secirtisches und seiner Messer und Zangen kann der Menschheit nicht erspart bleiben" (ebd. 37, 59).

Angesichts der musikalischen Neigungen des versierten Laien-Pianisten und -Komponisten Nietzsche, seiner langjährigen geistigen und persönlichen Verbindung mit Richard Wagner und der in *Zur Geburt der Tragödie aus dem Geiste der Musik* (1872) ausgearbeiteten Artistenmetaphysik ist es nicht verwunderlich, dass die in der Ausmerzung innerer Bedürfnisse liegende Grausamkeit sich auch auf die Musik bezieht, wo man „religiösen Empfindungen und Stimmungen ohne begrifflichen Inhalt" (ebd. 131, 124) begegnen kann (vgl. Schütte 2005). Als „*[r]eligiöse Nachwehen*" sind sie auch für die „Freigeister" eine Gefahr, weil sie vom „Zauber der religiösen Empfindung" verführt werden könnten, auch an den „Dogmen" der Religion und Metaphysik festzuhalten. Die Schmerzhaftigkeit dieses asketischen Verzichts wird ausdrücklich festgehalten: „[E]s thut ihnen wehe" (ebd. 131, 124).

Im Kontext der autobiographischen Identitätskonstruktion Nietzsches in *Ecce homo*, die *Menschliches, Allzumenschliches* als große Loslösung und Befreiung versteht – Nietzsche deutet den Begriff des freien Geistes als „*freigewordner* Geist, der von sich selber wieder Besitz ergriffen hat" (EH, KSA 6, 322) –, ist sein Bekenntnis in der Vorrede zu *Menschliches, Allzumenschliches* II bemerkenswert: „Einsam nunmehr und schlimm misstrauisch gegen mich, nahm ich, nicht ohne Ingrimm, dergestalt Partei *gegen* mich und *für* Alles, was gerade *mir* wehe that und hart fiel" (MA II Vorrede, 373). Dies liest sich nicht nur als Antithese zu seiner Behauptung, er habe sich mit *Menschliches, Allzumenschliches* von dem ihm Unzugehörigen befreit, sondern auch als Bekenntnis zu asketischer Grausamkeit. Allenfalls die Fortsetzung des Zitats lässt sich an die Deutung in *Ecce homo* zurückbinden: „so fand ich den Weg zu jenem tapferen Pessimismus wieder, der der Gegensatz aller romantischen Verlogenheit ist, und auch, wie mir heute scheinen will, den Weg zu „mir" selbst, zu *meiner* Aufgabe." (ebd.) Charakteristisch für die Denkentwicklung Nietzsches und wegweisend für die ihm *zugehörige* Aufgabe scheint nach dieser Deutung der tapfere Pessimismus zu sein, den er vom „romantischen Pessimismus" unterscheidet (vgl. Meléndez 2015). Letzterer generalisiert in unwissenschaftlicher Weise „einzelne persönliche Erfahrungen zu allgemeinen Urtheilen, ja Welt-Verurtheilungen" (MA II Vorrede, 374 f.) und ist somit negativ zu bewerten. Allerdings ist der Kampf gegen die romantische Degeneration des Pessimismus in erster Linie kein Kampf gegen einen äußeren Feind – wenngleich der zum Christentum übergelaufene Richard Wagner als Protagonist desselben hervortritt –, sondern ein „mit mir" selbst geführter „Feldzug" (ebd., 374). Dass dieser im eigenen Inneren vollzogene Krieg asketische Züge hat, ergibt sich aus Nietzsches Überlegungen im Dritten Hauptstück, wonach jede Form der asketischen Moral einen Teil des eigenen Selbst vergöttlicht und den anderen Teil verteufelt (MA I 137, 131). Auch die in beiden Kontexten gebrauchte Begrifflichkeit ist identisch: Im Dritten Hauptstück hatte Nietzsche diagnostiziert, dass die Asketen „gewisse Theile ihres eigenen Wesens [...] tyrannisiren" (ebd.), und in der Vorrede zu *Menschliches, Allzumenschliches* II bezeichnet er die dem Einzelnen sich aufdrängende Aufgabe als „[j]enes verborgene und herrische Etwas" und den „Tyrann in uns" (MA II Vorrede, 373). Die ureigene und spezifische Aufgabe Nietzsches scheint somit den Asketismus zu reproduzieren und wirft ein kritisches Licht auf seine Behauptung, die *„antiromantische[.]* Selbstbehandlung", der er sich mit *Menschliches, Allzumenschliches* unterzogen habe, stehe im Dienst einer *„Gesundheitslehre"* (ebd., 371).

Asketisch, weil letztlich selbstzerfleischend, ist ferner Nietzsches schillernde und ambivalente Position zur Wahrheit in *Menschliches, Allzumenschliches*. Einerseits leugnet er die Existenz ewiger Tatsachen ebenso wie die absoluter Wahrheiten (MA I 2, 25) und mahnt hinsichtlich wissenschaftlicher Urteilsbildung zur „Tugend der Bescheidung" (ebd.) sowie zur „Tugend der *vorsichtigen Enthaltung"* (ebd. 631, 357). Insofern Überzeugungen definiert sind als „Glaube, in irgend einem Puncte der Erkenntniss im Besitze der unbedingten Wahrheit zu sein" (ebd. 630, 356), die Existenz dieser Wahrheit aber ebenso fraglich ist wie die Kenntnis zielführender Methoden, diese gegebenenfalls aufzufinden, bekennt er sich zudem als Gegner von Überzeugungen (ebd. 636, 361 f.). Und obwohl Nietzsche im Nachhinein Wert darauf legt, er habe zur Zeit der Abfassung von *Menschliches, Allzumenschliches* „in der That nichts mehr getrieben als Physiologie, Medizin und Naturwissenschaften" – und mit Blick auf seine *„Aufgabe"* notgedrungen auch „historische[.] Studien" (EH, KSA 6, 325) –, kritisiert er den vermeintlichen Wissenschaftscharakter von Logik, Mathematik und Sprache (vgl. MA I 11, 30 f.; ebd. 19, 40 f.), obgleich die von ihm betriebenen Disziplinen auf den Grundlagen dieser Fächer beruhen.

Ungeachtet dieser wahrheitsskeptischen Gesinnung äußert er auch Zuversicht über die Erfolgsaussichten redlicher Wahrheitssuche, die eine absolute Wahrheit zwar nie erreichen wird, jedoch sukzessive einen Erkenntnisfortschritt erzielen kann: „Im Gebirge der Wahrheit kletterst du nie umsonst: entweder du kommst schon heute weiter hinauf oder du übst deine Kräfte, um morgen höher steigen zu können." (VM 358, 522) Problematisch an diesem erkenntnistheoretischen Optimismus ist, dass zum Erweis eines epistemischen Progresses valide Wahrheitskriterien vorliegen müssen, die Nietzsche jedoch nicht vorlegt bzw. im Gegenteil kritisch hinterfragt. Dass Nietzsche sich dessen bewusst ist, zeigen einzelne Einbrüche epistemisch-theoretischer sowie praktischer Hilf- und Hoffnungslosigkeit: „Wer tiefer denkt, weiss, dass er immer Unrecht hat, er mag handeln und urtheilen, wie er will." (MA I 518, 324) Daraus spricht nicht nur eine abgründige nihilistische Frustration, sondern auch eine säkularisierte Form christlichen Sündenbewusstseins, die ebenso umfassend (der Aphorismus ist betitelt mit *„Menschenloos"*) und für das Menschenwohl in ähnlicher Weise schädlich ist wie christliche Vorstellung der Erbsünde, und aufgrund der maßlosen und gezielten Selbstverurteilung auch asketisch.

Nietzsche bringt auch mit Blick auf die Unzulänglichkeit der Wissenschaft den asketischen Zug seines Denkens in *Menschliches, Allzumenschliches* zur Sprache. Wie in MA I 137 geschieht dies nur in versteckter und literarisch inszenierter Weise, nämlich unter der Maske angeblicher „Schauspielerei", die auf den geringeren Wirkungsgrad wissenschaftlich fundierter Bücher verweist, denen – anders als der Bibel – „jenes Meister-Mittel [des durchschlagenden Erfolgs; D.K.], Alles als gefunden, Nichts als kommend und ungewiss hinzustellen" (VM 98, 417), versagt ist: „Kann irgend eine Religion mehr Entsagung verlangen, unerbittlicher den Selbstsüchtigen aus sich herausziehen als die Wissenschaft?" (ebd.) Der Begriff der „Entsagung" indiziert ebenso das asketische Moment der Wissenschaft wie die Referenz auf die Bergpredigt, deren „ganze Moral" (MA I 137, 131) der Askese huldigt: „Sind im Verhältniss zu dem, was die Religiösen von ihrem „Wissen", von ihrem „heiligen" Geist verkünden, nicht alle Redlichen der Wissenschaft „arm im Geiste"?" (VM 98, 417) Nietzsche bemüht sich zwar, das Gewicht dieses Vergleichs – bei dem das Christentum unter der Prämisse von Nietzsches eigenen Bewertungsmaßstäben besser abschneidet als die Wissenschaft – zu mildern, indem er auf den zu erwartenden „*Nutzen*" (ebd., 418) der gewonnenen Erkenntnisse verweist: „Wenn nicht ein wenig Glaube, Liebe und Hoffnung unsere Seele zur Erkenntniss hinführte, was zöge uns sonst zur Wissenschaft?" (ebd.) Die Gefahr, dass diese Hoffnung sich als ebenso trügerisch und leer erweist wie die christliche, ist angesichts des von Nietzsche emphatisch befürworteten „Willen[s]", „das Furchtbare und Fragwürdige [aufzusuchen], das allem Dasein eignet" (MA II Vorrede, 376 f.), kein geringe. Und schließlich mag auch die im Aph. 98 (VM, 418) referenzierte „Entpersönlichung", die dem Wissenschaftler abverlangt wird, eine gewisse Nähe zu „jene[m] völlige[n] Aufgeben der Persönlichkeit" (MA I 139, 133) durch den Heiligen zeigen, wenngleich sie bei letzterem als Mittel der Lebenserleichterung apostrophiert wird.

Der Gedanke einer Entpersönlichung des Denkens wird auch im Kontext von Nietzsches Perspektivismus relevant. Gemäß Nietzsche sind es „[u]nsere Bedürfnisse [...], *die die Welt auslegen:* unsre Triebe und deren Für und Wider. Jeder Trieb ist eine Art Herrschsucht, jeder hat seine Perspektive, welche er als Norm allen übrigen Trieben aufzwingen möchte" (NL 1886/87, 7[60]; KSA 12, 315), und folgert daraus: „Thatsachen giebt es nicht, nur Interpretationen" (ebd.). Damit verbunden sind „Vergewaltigen, Zurechtschieben, Abkürzen, Weglassen, Ausstopfen, Ausdichten, Umfälschen und was sonst zum *Wesen* alles Interpretirens gehört" (GM III 24, KSA 5, 400). Wenngleich der Perspektivismus in *Menschliches, Allzumenschliches* erst in der 1886 erschienenen Vorrede zum ersten Teil ausdrücklich wird (vgl. sehr erhellend Dellinger 2015), finden sich in beiden Teilen des Werkes bereits Ansätze eines perspektivischen Denkens sowie der Versuch, dasselbe zum Zwecke der Erkenntnis nutzbar zu machen – Navratil 2017, 59 spricht in diesem Sinne von einem „dynamischen Perspektivismus". So konstatiert Nietzsche beispielsweise das Gebundensein der „Erkenntniss" an biographische Kontexte – man denke an kulturelle, soziale und religiöse Prägungen, positive wie negative Erfahrungen etc. – und deren so bedingte mangelnde Objektivität (MA I 513, 323). Die spätere Auffassung der Seele als Vielheit von Triebkräften (vgl. JGB 12, KSA 5, 27), die insofern personalen Charakter haben (vgl. NL 1885, 38[1]; KSA 11, 595), als sie Werte, Strebenstendenzen und Willensorientierungen mit sich bringen, liegt unterschwellig bereits seinem Vorschlag zugrunde, zur „Bereicherung der Erkenntniss […] auf die leise Stimme der verschiedenen Lebenslagen zu hören; diese bringen ihre eigenen Ansichten mit sich. So nimmt man erkennenden Antheil am Leben und Wesen Vieler, indem man sich selber nicht als starres, beständiges, Eines Individuum behandelt" (MA I 618, 349). Weitergeführt wird dieser Gedanke einer perspektivischen Vervielfältigung in MA II, wo derjenige Historiker glücklich geschätzt wird, der in der Lage ist, „*viele sterbliche Seelen* in sich zu beherbergen" (VM 17, 386) und auf diese Weise eine multiperspektivische Betrachtung einzunehmen (vgl. auch MA I 23, 44 f.). Dieses Verfahren soll unter den erschwerten Bedingungen perspektivischen Erkennens zumindest eine Annäherung an eine unmögliche Objektivität gewährleisten, denn „*je mehr* Augen, verschiedne Augen wir uns für dieselbe Sache einzusetzen wissen, um so vollständiger wird unser „Begriff" dieser Sache, unsre „Objektivität" sein." (GM III 12, KSA 5, 365) In *Menschliches, Allzumenschliches* kommt dieser Gedanke wohl darin zum Tragen, dass Nietzsche bewusst nicht nur verschiedene, sondern auch kontroverse Blickwinkel auf die diskutierten Phänomene zulässt und sich auf diese Weise in scheinbar widersprüchliche Überlegungen verwickelt. Ein Beispiel unter vielen ist seine unterschiedliche Perspektivierung des christlichen Sündenbewusstseins, die einerseits den Schwerpunkt auf die dadurch bedingte Selbstverachtung legt (Aph. 132–135), andererseits aber Zweifel daran äußert, ob die einschlägigen (Irr-)Lehren vom Durchschnittschristen überhaupt geglaubt bzw. die notwendigen moralisch-praktischen Konsequenzen daraus gezogen werden (Aph. 116), und zudem behauptet, dass „der Christ nicht an seine individuelle Verächtlichkeit glaubt: er ist böse als Mensch überhaupt und beruhigt sich ein Wenig bei dem Satze: Wir Alle sind Einer Art." (MA I 117, 119) Tatsächlich jedoch zeigt sich hier und bei allen weiteren Fällen anscheinender Inkohärenz der Versuch, erstens der perspektivischen Vielfalt gerecht zu werden – die aphoristische Textform eignet sich im Übrigen für diese Zwecke bestens (vgl. Navratil 2017, 66 und 75) –, und zweitens eine weitmöglichste Distanz zur eigenen Sichtweise einzunehmen. Die bereits erörterte Maxime der Parteinahme für alles ihm Schmerzliche in der Vorrede zu MA II ist vielleicht vor diesem Hintergrund zu verstehen. Aus der Perspektive einer Beförderung menschlichen Lebens und des Wohls des Einzelnen bedenklich ist dieses Verfahren aufgrund der praktizierten Depersonalisierung: Sowohl das Starkmachen fremder Perspektiven als auch das gezielte Angehen gegen eigene Neigungen und Bedürfnisse trägt das Signum der Askese. Beides mündet im Extremfall zur Aufhebung des personalen Selbst und in den Nihilismus, weil die Person sich keine Überzeugungen mehr zu eigen machen kann (vgl. Kiesel 2015a) –, und der Verzicht auf Überzeugungen ist ja gerade, wie wir bereits gesehen haben, eine Forderung Nietzsches in MA. Schließlich mag auch die von Dellinger 2015 in der Vorrede zu *Menschliches, Allzumenschliches* I exzellent herausgearbeitete „Perspektivierung[.] des ‚Perspektivismus'" (ebd., 376) im Kontext des Nietzsche'schen Plädoyers für einen generellen Verzicht auf Überzeugungen deutbar zu sein.

In diesem Kontext sind auch die intellektuellen Tugenden einschlägig: So stellt die Gerechtigkeit „jedes Ding in das beste Licht und geht um dasselbe mit sorgsamem Auge herum" (MA I 636, 361). Im Nachlass derselben Zeit ist dies auch die Definition der Redlichkeit als „*liebevolle Gesinnung* gegen Alles und Jedes und guter Wille, seinen *Werth* zu entdecken, seine Berechtigung und seine Nothwendigkeit" (NL 1882, 1[42]; KSA 10, 20). In beiden Fällen ist es nötig, von den eigenen Präferenzen abzusehen, wir müssen „unsere Ideale immer wieder preisgeben [...] [und] diese Schmerzen des Verrathes" (MA I 629, 355) wiederholt durchleiden. Dass diese Selbstgeißelung „um der Wahrheit willen" (ebd. 636, 362) im Dienste unseres „höheren Selbst" (ebd. 629, 355) steht und als „eine ganz andere Gattung der Genialität" (ebd. 636, 361) gepriesen wird, bezeugt ein ähnliches Wechselspiel von Demut und Hochmut, wie es Nietzsche im christlichen Asketen aufgedeckt hat. Die Einsicht Nietzsches, „der Mensch hat eine wahre Wollust darin, sich durch übertriebene Ansprüche zu vergewaltigen und dieses tyrannisch fordernde Etwas in seiner Seele nachher zu vergöttern" (ebd. 137, 131), gilt nicht nur für die christliche Form der Askese; sie kennzeichnet ebenso seine eigenen Erkenntnisbemühungen in *Menschliches, Allzumenschliches*.

Literatur

Dellinger, Jakob (2015): „Du solltest das Perspektivische in jeder Wertschätzung begreifen lernen". Zum Problem des Perspektivischen in der Vorrede zu *Menschliches, Allzumenschliches* I, in: Nietzsche-Studien 44, 340–379.

Haase, Marie-Luise (1996): Gottes Tod in Nietzsches „Also sprach Zarathustra", in: J. Golz (Hg.), Das Goethe- und Schiller-Archiv 1896–1996. Beiträge aus dem ältesten deutschen Literaturarchiv, Weimar/Köln/Wien, 395–414.

Kiesel, Dagmar (2015a): Selbstaufhebung der Person in *Also sprach Zarathustra* IV. Warum die höheren Menschen in Zarathustras Höhle sitzen, Würzburg.

Kiesel, Dagmar (2015b): Die Vertiefung der Seele. Überlegungen zu einer These Nietzsches in *Zur Genealogie der Moral*, in: Philosophisches Jahrbuch 122/1, 45–75.

Meléndez, Germán (2015): „Vertiefung des Pessimismus" als Schlüssel zur Entwicklung von Nietzsches Denken, in: Studia Nietzscheana, http://www.nietzschesource.org/SN/melendez-2015.

Navratil, Michael (2017): „Einige Sprossen zurück". Metaphysikkritik, Perspektivismus und die Gültigkeit der Perspektiven in Nietzsches *Menschliches, Allzumenschliches*, in: Nietzsche Studien 46, 58–81.

Schütte, Jens-Peter (2005): Nietzsche und das Ende der Musik. Zum Verhältnis von Musik und Religion in *Menschliches, Allzumenschliches*, in: R. Barth/C.-D. Osthövener/A. von Scheliha (Hgg.): Protestantismus zwischen Aufklärung und Moderne. Festschrift für Ulrich Barth, Frankfurt a. M., 315–325.

Renate Reschke
Von Schriftstellern und Künstlerseelen in der modernen Kultur oder Was von der Kunst bleibt

Viertes Hauptstück. Aus der Seele der Künstler und Schriftsteller

Im 4. Hauptstück ist Nietzsche bei seiner Suche nach den Besonderheiten und zugleich Gemeinsamkeiten zwischen Philosophie und Literatur, philosophischem und literarischem Schreiben an den Punkt gekommen, im Wesen des Literarischen zu finden, was Denken und Leben eines freien Geistes bestimmt. Entlang zunächst einer Art Selbstbefragung geht es darum, herauszufinden, was einen Schriftsteller dazu bringt, so zu schreiben, wie er schreibt, in welcher Tradition er sich sieht (von antiken Vorbildern bis zur Klassik und französischen Moderne) und dass er zu seinem eigenen Denk- und Schreibstil nur kommt, wenn er – im heraklitischen Sinne – sein Inneres erforscht und in den widersprüchlichen Kontext seiner Zeit stellt. Auf diese Weise, stellt sich entlang der Aphorismenkette heraus, erhält Nietzsches Nachdenken über Literatur und Philosophie eine kulturkritische Dimension und wenn es um die Situation der Moderne geht, wird der freie Geist zur Oppositionsfigur gegen alle Tendenzen von Nivellierung, Mediokrität und vorauseilenden Anpassungsstrategien.

1 Die Spur des Schriftstellerischen

Nietzsches Gedanken resp. Aphorismen sind oft wie Preziosen, sie bündeln Ideenlinien mit tiefgehender, suggestiver Erkenntniskraft. Im Vorwort zu *Menschliches, Allzumenschliches* I von 1886 heißt es das Buch habe „otium im verwegensten Sinne" (MA I Vorrede, 22) nötig. Otium verstanden aus dem Geist und Sinn des Altphilologen, der um die Omnipotenz und multiple Kulturqualität des Wortes wusste. Will heißen, der sein Bedeutungsspektrum zwischen Muße und selbstbestimmter, subtiler Pflichten, Ruhe und Besonnenheit, Heiterkeit und Langsamkeit anzusiedeln wusste. 1878 hatte er der Erstausgabe ein Zitat Descartes' vorangestellt, das für sich sprechen sollte: Darin war die Rede von der Ausbildung der Vernunft und ihren beglückenden Früchten, die die Seele „voll von Freudigkeit'" machen, so dass alle anderen Dinge „‚ihr Nichts mehr anthun konnten'" (ebd., 11). Beiden Gedankengängen liegt der gleiche Impetus zugrunde. In ihrer inneren Verbindung spiegeln sie Nietzsches Weg in eine Denk- und Schreibform, die sich nicht mehr konventionellen Formen und Normen unterwerfen wollte, sondern dabei war, suchend die Befreiung in Richtung eines neuen Philosophie- und Literatur/Kunst-Verständnisses zu wagen.

Für das 4. Hauptstück hieß dies, nicht zwischen philosophischem und literarischem Schreiben, ihre kryptische Verbundenheit ausschließend, zu differenzieren, und den Gegensatz zwischen Vernunft und Kunst festzuschreiben: Nietzsche ging es um das Ausloten ihrer integralen Gemeinsamkeiten, ihrer widerspruchsvollen Liaison, um neue wechselseitige Bezüglichkeiten herzustellen, Wissenschaftlichkeit und Ästhetik des Denkens und schreibenden Gestaltens nicht länger als unaufhebbare Unvereinbarkeiten zu begreifen, sondern als eine bereits weit über jeden status nascendi hinausgehende ideelle Realität zu begreifen und zu vollziehen. Mittels aphoristischer Darlegung, ohne intellektuelle Einbußen, mit dem Vertrauen auf deren inhärenter Beweiskraft und dem „gefährlichen[n] Vorrecht", dem „Meisterschaft-Vorrecht des freien Geistes" auf den Versuch hin zu denken und zu leben und sich dem intellektuellen Abenteuer anzubieten (ebd., 18). Eigenschaften, die die wenigsten besitzen. Zu allerletzt die Deutschen.

Was muss dem vorangegangen sein? Aus welchen Beengungen und Erfahrungen musste sich befreit werden? Wovon wollte Nietzsche unabhängig werden? Die Notizen im zeitlichen Umfeld geben Aufschluss: von übermächtiger Historie, Wagnerschem Rausch, Bayreuther Umklammerungen, Schopenhauerscher Weltsicht, von falscher Modernität, eigenen inneren und äußeren Lebenszwängen, Religion und Philologie (vgl. NL 1876, 16[4]; KSA 8, 287), d. h. von allen „*Recepte[n]*", die das Leben erträglicher und leichter machen sollen. Dagegen sollte seine Devise fortan heißen: „Nicht das Leben zu *er*leichtern, sondern leicht zu nehmen" (NL 1876, 16[7]; KSA 8, 288). Einer der Wege zu diesem Lebensinhalt, zur großen Individualität eines großen Geistes, sah er darin, sich in die Spur des Schriftstellerischen zu begeben, tief in die Seelenbefindlichkeiten der Akteure einzutauchen, in denen sich eine hohe Reflektiertheit des eigenen intellektuellen Handelns mit der Ursprünglichkeit künstlerischen Mutes verbindet. Das 4. Hauptstück handelt genau davon. Wie auf einer in sich verschlungenen Perlenkette reihen sich die Gedanken zur Schriftstellerei, zur Kunst, zum poetischen Selbstverständnis an- und umeinander, stets genau kontextualisiert und/oder konterkariert mit ihren historischen Voraussetzungen, Irrtümern und Fingerzeigen zu neuen Perspektiven, ausgestattet mit der Verve selbstkritischer Blicke auf die eigenen neuen Denkstrategien und deren historische Rückbindungen an große Vorbilder von der Antike bis in die Neuzeit. Dabei zeitigen Nietzsches Denkergebnisse eine differente Perspektivenvielfalt, die Philosophisches und Kulturgeschichtliches, Kulturkritik und Ästhetik so miteinander in ein Netz von

Beziehungen setzen, das sich ein Bild ganz neuer Bedeutungen von Kunst für die Kultur und Gesellschaft, von Künstler, Schriftsteller und Philosophie unter den Bedingungen moderner kultureller Entwicklung, d. h. vor allem ihrer Wertesysteme, ergibt. Für Nietzsche geben sie zugleich ein Konvolut kritischer Argumente gegen eine Kultur, die aus seiner Sicht, gedanken- und bewusstlos nicht nur in eine heillose Mittelmäßigkeit driftet, sondern die nur noch als eine Art „*abgeirrter Cultur*" (NL 1873, 35[12]; KSA 7, 813) zu attackieren und Widerstand gegen sie zu formulieren ist. Mit Alternativen, die aus Nietzsches Sicht nicht abgegolten sind, gemäß des ersten Aphorismus im 4. Abschnitt, in dem davon die Rede ist, alles Vollkommene sei immer ein Gewordenes, dem jedoch nur als Werdendes Wert zukomme. Die Leistung des Künstlers dabei bestehe aus einer grandiosen Improvisation, das Kunstwerk und seine transportierten Inhalte so erscheinen zu lassen, als sei die Plötzlichkeit gleich dem Moment der Vollendung (vgl. MA I 145, 141). Mehr noch: der Kunst als Spiegel der Zeit und zugleich als Widerstand gegen sie, komme jene Leistung und damit Wirkung zu, die gleichnishaft schon in der *Geburt der Tragödie* beschrieben ist: dass sie die unglaubliche Fähigkeit besitze, Subjekt und Objekt, Dichter und Zuschauer in einem sein zu können (vgl. GT, KSA 1, 48). Will heißen, dass sie immer in verstörender Weise imaginieren und (be-)schreiben kann, wie es anders sein könnte. Des Philosophen: „Man lese nur von Zeit zu Zeit Voltaire's Mahomet", um zu begreifen, dass „höchste Freiheit des Geistes und eine schlechterdings unrevolutionäre Gesinnung" sich nicht ausschließen müssen (MA I 221, 182), hier zwar bezogen auf künstlerische Fertigkeiten und Techniken, bietet sich auch zum Verständnis dessen an, was Nietzsche für sein Denken reklamiert: der große, die Geschichte und Gegenwart auf die Zukunft hin reflektierende Begleiter des Menschen, ja der Menschheit zu sein. Und dies in der Spur Voltaires, nicht ohne angemaßte Selbstnobilitierung, diesen dabei überholend an kritischer Konsequenz und mit dem Mut des Zu-Ende-Denkens (vgl. NL 1887/88, 11[339]; KSA 13, 146). So ist das 4. Hauptstück stets mit Nietzsches Rückbezug auf den Franzosen zu verstehen, ohne den alles Suchen nach Gründen für die Bestimmungen der ‚Seele' der Künstler und Schriftsteller, wenn nicht ergebnislos, so doch weit unbestimmter geblieben wäre. Zwischen den Überlegungen zum religiösen Leben (3. Hauptstück) und denen zu den Anzeichen höherer und niederer Kultur (5. Hauptstück) finden die Aphorismen zu Kunstfragen ihren einsichtig begründbaren Ort, als Focus, auf den sich aus kulturkritisch und ästhetisch aufgeladener Perspektive für den denkerischen Moment ihrer Erörterung ihre zentrale Position ergibt. Solange, bis der Standort des Philosophen und der des Lesers sich ändern.

2 Mit Voltaire auf Augenhöhe

Im Dezember 1877 schrieb Nietzsche aus Basel seinem Verleger Ernst Schmeitzner in Chemnitz, sein neues „Hauptbuch" *Menschliches, Allzumenschliches* solle dem „Andenken Voltaire's geweiht" (KSB 5, 293) sein und der Erscheinungstermin müsse vor dem 30. Mai, dem 100. Todestag des französischen Aufklärers, des „grössten Befreier[s] des Geistes" (MA I, 10) liegen. Mitte Mai 1878 steht auf einer Postkarte neben der Freude über die schöne Ausstattung des Bandes, überraschend die Frage an den Verleger: „Denken Sie, ich sei ein ‚Schriftsteller'?" (KSB 5, 328). Warum eine solche Frage an seinen Verleger? Was sollte der darauf antworten? Was erwartete Nietzsche? War er überhaupt an einer Antwort interessiert oder war die Frage nur rhetorisch, weil er selbst auf der Suche war und eine Antwort brauchte? Warum schien es ihm gerade zu diesem Zeitpunkt wichtig, ob er als Schriftsteller wahr- und ernstgenommen wurde? War er mitten im Versuch, sich neu zu erfinden, sich neu zu definieren nach den Jahren akademischer Philologen- und Lehrtätigkeit und umgreifender essayistischer Philosophie-Versuche und wuchtiger Kulturkritiken von der *Geburt der Tragödie* bis zu den *Unzeitgemässen Betrachtungen*, den Jahren des Wagner-Enthusiasmus und der Schopenhauer-Apotheose? Die Frage hat ihn nicht mehr losgelassen. Noch 1888 fragte er in einem Brief an Carl Spitteler in gleich rhetorischer Nachdenklichkeit und Absicht: „Mache ich denn ‚Literatur'?" (KSB 8, 247). Welche Rolle spielte dabei Voltaire? Konnte er bei ihm Fingerzeige finden für eine neue Selbstsicht, eine neue Souveränität, für ein sich von allen Abhängigkeiten befreiendes Intellektuellentum auf dem Wege zum ‚freien Geist'? War Voltaire das Vorbild, sich keinen Vorbildern zu unterwerfen, resp. sie uneingeschränkt zuzulassen, war er der Typ Schriftsteller, den Nietzsche für sich zu entdecken und zu reklamieren gedachte? Konnte er in der ‚Seele' des Franzosen das lesen, was er für seine eigene Philosophie, seine Wissenschaft, seine neue ‚gaya scienza' im vorausspürenden Sinn hatte?

Dass seine „erste Verehrung Voltaire" (KSB 5, 516) galt, wie Nietzsche seiner Schwester angesichts eines Besuches im Schloss Ferney mitteilte, ist seit seinem radikalen Angriff auf David Friedrich Strauss bekannt und dass er es dem Philister-Denker besonders übelnahm, sich nicht nur als angeblichen Schriftsteller von Format zu präsentieren, sondern dies auf Kosten Voltaires zu tun, indem er dem Franzosen ausdrücklich jede Originalität als philosophischen Kopf absprach und ihn in epigonenhafter Nachfolge englischer Aufklärer sehen wollte, ebenso. Als Schriftsteller allerdings bewunderte er dessen Meisterschaft. So zu sein wie er: ein deutscher Voltaire von Rang und Einzigartigkeit, wollte Strauss werden. Das war zu viel für Nietzsche: „Voltaire hätte er nicht berühren dürfen" (NL 1873, 27[1];

KSA 7, 587). Darum katapultierte er Strauss mit scharfer Munition zurück in die Kategorien, die ihm zukamen: in die des schriftstellernden Philisters und Epigonen. Ein Möchtegern-Klassiker wie Strauss durfte sich nach Nietzsche nicht an Voltaire, ebenso nicht an Lessing, vergreifen, um sich in das Licht seiner Genialität, Gedankenblitze und seines brillanten Stils stellen. Ihm käme nicht einmal das Prädikat des Schriftstellers zu. Sich mit Voltaire zu vergleichen, mochte Nietzsche schon zu dieser Zeit wie ein Angriff auf seine eigene Zugeneigtheit zu ihm vorgekommen sein. Im späten Rückblick auf *Menschliches, Allzumenschliches* in *Ecce homo* heißt es denn auch aufschlussreich: „Voltaire ist, im Gegensatz zu allem, was nach ihm schrieb, vor allem ein grandseigneur des Geistes: genau das, was ich auch bin. – Der Name Voltaire auf einer Schrift von mir – das war wirklich ein Fortschritt – *zu mir*..." (EH, KSA 6, 322). Da ist die Katze aus dem Sack gelassen. In seinem, kurz vor dem Zusammenbruch in Turin geschriebenen Brief an Cosima Wagner wird er mitteilen, er sei neben vielen anderen zuletzt auch Voltaire gewesen (vgl. KSB 8, 573). Straussens Berufung auf Voltaire war in seinen Augen eine ungerechtfertigte Anmaßung ohnegleichen. Sein eigenes in Augenhöhe mit dem „letzte[n] Geist des alten Frankreich" (NL 1887/88, 11[296]; KSA 13; 122) gestelltes Selbstbewusstsein dagegen sah er gerechtfertigt dadurch, dass er wie Voltaire es zu einer Höhe des Stils und der Eleganz der Sprache und des klassischen vornehmen Geschmacks gebracht habe, die ihresgleichen suche. Eigentlich, so resümierte er an Heinrich Köselitz, sei seine eigene Position gegenüber der Voltaires, sogar höher einzuschätzen, da er nicht wie dieser, auf „dem Boden einer vornehmen Cultur [...], die sich den *Luxus* der geistigen canaillerie *gestatten kann*" (KSB 8, 204) zu dem geworden sei, der er war, sondern: er, Nietzsche, lebe ausschließlich gegen eine pöbelhafte Kultur, eine der Mediokrität und Kulturverlogenheit, der alle Maßstäbe in Sachen Noblesse in der Kultur, Meisterschaft in den Künsten und Stilsicherheit in der Sprache und Literatur abhandengekommen sei. Und deren Sprache längst, wie die Straussens, zu einem nur noch impotenten „Lumpen-Jargon der noblen ‚Jetztzeit'" (DS, KSA 1, 221) verkommen sei.

Warum aber Voltaire, der französische Aufklärer? Weil dieser für Nietzsche nicht nur der große Vollender des literarischen, wenn auch des höfischen, Geschmacks war (vgl. FW 101, KSA 3, 458), sondern vor allem war Voltaire in seinen Augen der große Freidenker: sein freier Geist gab ihm das Selbstbewusstsein seiner schriftstellerischen Existenz und diese wiederum war für ihn die bedingende Möglichkeit seines Daseins als freier Geist. Es war diese wechselseitige Bestimmung und innere Bezüglichkeit, die ihn nicht nur faszinierte, sondern ebenso seiner eigenen Sicht ein traditionsbegründetes Fundament gab. Für Nietzsche ein geradezu historisches Modell, unter den Bedingungen der modernen Kultur, im Bewusstsein, dieser anzugehören, Teil von ihr zu sein, und ihr zugleich widerstehen zu können, seinen Standort zu finden, mehr noch: sie dadurch zugleich in ihrer kulturlosen Mittelmäßigkeit und philisterhaften ‚Barbarei' vorzuführen, nicht nur durch ein denkerisches Finger-auf-die-Wunde-Legen, sondern vor allem mit dem vorbildgebenden Beispiel eigener philosophischer und schriftstellerischer Meisterschaft. Indem er Voltaires Größe anerkannte, öffnete sich ihm die Freiheit, selbst frei gestalten, d. h. schreiben zu können. Dagegen spricht nicht, dass er zu Anaximander und Michel de Montaigne Vergleichbares gesagt hat. Aphorismus 221, der von der „*Revolution in der Poesie*" (MA I 221, 180) handelt, wie sie sich seit der Mitte des 18. Jahrhunderts eskalierend vollzog, kommt in diesem Kontext nicht ohne Voltaire aus. Und nicht ohne einen, mit dem Blick auf ihn und von ihm ausgehend, Rundumschlag gegen die moderne Kultur, Kunst und Literatur. Darum kommt dem Aphorismus eine Schlüsselposition zu. Gleich einem Focus, von dem alles ausgeht und auf den alles zuläuft. Methodisch ein Glücksfall, weil so das Panorama des 4. Hauptstücks aufzufalten und zu lesen ist.

3 Mit Goethe gegen die Regellosigkeit

Aphorismus 221 vereint alles: Maßstabsetzungen für die Künste und das künstlerische Arbeiten, Höhenwege künstlerischer Meisterschaft und Abstürze durch den Verlust oder das Geringschätzen aufzuerlegender Regeln von den Anfängen bis zur Existenzkrise der gegenwärtigen Künste, resp. ihres Sich-Einrichtens in selbstberuhigende Lügen und Masken oder diese zum meisterschaftlichen Novum erklärend, um vermeintliche neue höchste Werte des Künstlerischen im Kosmos kultureller Werte zu etablieren. Nietzsches Blick trifft solche Entwicklung mit vernichtender Härte. In unverzeihlicher und irreversibler Entfernung von den Kunstregeln französischer dramatischer Klassik, deren Meister Voltaire war, die in der strengen „Einhaltung der Einheit der Handlung, des Ortes und der Zeit" sowie ihres hohen Stils in „Vers- und Satzbau, Auswahl der Worte und Gedanken" (ebd., 180 f.) und der Gültigkeit antiker Maßstäbe bestanden, haben moderne Künstler (Dramatiker) seit der Aufklärung, vor allem unter der Federführung Lessings, sich von diesen normativen Vorgaben gelöst und unter Hinwendung zu Shakespeare als Lehrmeister, alle Verpflichtung auf vorherige ästhetische Regeln aufgegeben. Nach Nietzsche ein Fehler mit gravierenden Folgen, weil „die französische Form, das heißt die einzige moderne Kunstform" (ebd., 181), an der es sich zu orientieren lohnte, aus dem Bewusstsein verschwand oder zum Gespött wurde. In Wirklichkeit, so Nietzsche, war diese Entscheidung nicht modern, sondern man vergab mit ihr jede Möglichkeit zu moderner künstlerischer Meisterschaft und versank in schon überwunden gewesene flache Naturalismen. Man lernte nicht mehr „allmählich mit Grazie selbst auf den schmalen Stegen schreiten, welche schwindelnde Abgründe überbrücken [...] und die höchste Geschmeidigkeit der Bewegung als Ausbeute" zu erlangen, um „Schritt vor Schritt die Fesseln lockerer werden" zu lassen, bis sie „abgeworfen scheinen" und „dieser *Schein* [als] höchste[s] Ergebniss einer nothwendigen Entwicklung der Kunst" begreifbar werden kann. Freiheit der und durch Kunst, von einem falschen Kunstbewusstsein zum Stillstand gebracht. Ein Stillstand, der paradoxerweise in eine Unruhe des Geistes mündete und durch die der Hass auf alles Maß und jede Regel sich zuletzt nur zügeln ließ durch neue Fesseln: die der Logik und „nicht mehr des künstlerischen Maasses" (ebd.). Und dem große Geister, wie Goethe, durch fortgesetztes Experimentieren zu entkommen suchten, um am Ende festzustellen, dass man über das Stadium des Experimentierens hinaus nur schwer zur Kraft der Bändigung der Formen und Stile gelangen kann, wenn man das Prädikat des Klassischen nicht verlieren will. Der „hereinbrechende[n] Fluth von Poesien aller Stile aller Völker" sich zu erwehren, kostet die Kraft der Originalität und Meisterschaft. Andersherum ist es gerade diese in sich ambivalente Entwicklung, die für Nietzsche die offensichtlichen Gebrechen der modernen Kunst hervortreten und sichtbar werden lassen, die ihm einen Blick in den krankhaft pulsierenden Körper der modernen Kultur insgesamt erlauben. Was sich an Kunstaufnahmeverhalten ändert, dass nicht mehr „in der *Bändigung* der darstellenden Kraft, in der organisirnden Bewältigung aller Kunstmittel die eigentlich künstlerische That" gesehen wird, vielmehr deren Fehlen als ‚Leistung' angenommen wird und eine folgenreiche Gewöhnung daran, „die Kraft um der Kraft willen, die Farbe um der Farbe willen, den Gedanken um des Gedankens willen, ja die Inspiration um der Inspiration willen" (ebd., 183) – alles in allem eine Isolierung des Künstlerischen und der Künstler – zu akzeptieren und sie dem Kanon ästhetischer Wertebildung als scheinbar hochzuschätzendes, weil vermeintliches Novum einzuverleiben, daran dechiffrierte Nietzsche die aufkommende – aus seiner Sicht – Kulturlosigkeit der Moderne. Man habe die griechisch-antiken und französischen Fesseln abgelegt, aber die meisten haben unvermerkt und bar jeder Kritik und Reflexion eine neue Fessel angenommen, die nämlich, von nun an „alle Beschränkung unvernünftig zu finden" (ebd.) und im Strudel unbeschränkter Regel- und Stillosigkeit– heute würde man sagen: des anything goes – zu versinken. Dass die Künste dabei zu Schaden kommen, weil sie so ohne Bewusstsein davon, aber offenen Auges ihrer Selbstauflösung zustreben, darin sah Nietzsche den Makel modernen Kulturbewusstseins. Außer Goethe sah Nietzsche nur Lord Byron als einen, der den Zustand der Kunst ahnte. Was bleibt ist, Kunst fällt auf ihre Anfänge zurück, schlimmer noch: Da ohne formgebende ‚Gewalt' künstlerische Freiheit nicht zu haben ist, verliert sie oder verlieren sich die Künstler im angestrengten Theoretisieren: „sie interpretirt, im Zu-Grunde-gehen, ihre Entstehung, ihr Werden" (ebd.), spielt nicht nur mit der Maske des Intellektuellen, sondern wird zur tatsächlichen Maske ihrer selbst. Ein Zeichen der Moderne par excellence. Hier wirken frühe Einsichten oder Behauptungen Nietzsches aus der *Geburt der Tragödie* und *Vom Nutzen und Nachtheil der Historie für das Leben* nach, etwa der vom notwendigen Theoretisch-Werden aller Kultur seit Sokrates und Euripides oder der vom Chaos aller Stile und der verlorenen Herrschaft gegenüber jeder Maßlosigkeit als Zeichen von Impotentia, d. h. der Schwäche moderner Kultur und ihrer Persönlichkeiten (vgl. GT, KSA 1, 116 ff.; HL, KSA 1, 285). Dagegen blieb der von Nietzsche beobachtete Prozess einer erneuerten Rückwendung zum Klassischen durch Goethe, die Kunst in beständigen Wandel auf ihre Bedingungen hin zu verorten und zu handhaben – nicht anderes hätten Griechen und Franzosen getan – und seine Schlussfolgerung daraus, dem Weimaraner stehe seine Zukunft noch bevor, seine Zeit sei noch nicht gekommen (MA I 221, 183), eher von kulturkritischer Hoffnung getragen, denn vom Wissen um die Situation der modernen Kultur. Goethe – eine idealische Alternative, gegen die Zeichen der Zeit gesetzt, jedoch ohne wirklich begründbare Anzeichen einer potenten Gegenkultur. Dazu wäre konstruktive Phantasie nötig.

4 Gratwanderung zwischen Philosophie und Literatur

Auf Nietzsches Fragen zurückzukommen, ob seine Werke Literatur und er ein Schriftsteller sei, sind mit Aphorismus 221 nicht zu beantworten, aber Fingerzeige sind zu entdecken: Mit Ausnahme der Musik stammen alle Beispiele für Kunst und Künstler aus der Literatur. Wobei die Literaten mal als Schriftsteller, mal als Künstler, mal als Dichter bezeichnet werden und ihre Werke mal Dichtung, mal Literatur, mal Kunst heißen. Irritationen und Unschärfen sind inhärent und vorprogrammiert, verweisen auf Nietzsches Experimentieren mit den Begriffen, um sich über sich selbst klar(er) zu werden. Zum ersten Mal das Schreiben in philosophisch-gebundener Prosa verlassen zu haben, und sich dem vernichtenden Urteil oder bestenfalls dem kopfschüttelnden Unverständnis von Freunden auszusetzen, wie spätere Briefe bezeugen, bedurfte der Selbstversicherung eines neu zu erwerbenden Schreibstils als Ausdruck eines anderen, neuen Lebensstils. Und dies sowohl gegen den zeitgeistlichen Kunstsinn als auch gegen jedes konventionelle Philosophieverständnis, das sich vehement gegen alle Versuche von Grenzüberschreitungen und Scheidelinien-Verwischen zur Wehr setzte und sie mit dem Kainsmal des zur stringenten Logik Unfähigen, dem Unfertigen oder der Infiltration des Vernünftigen mit dem Skandalon anmaßender Ästhetik zu stigmatisieren suchte.

Nietzsches Schreibspiele in Richtung des Aphoristischen, im Bewusstsein dessen, dass sich mit dem Wechsel der Schreibweise auch die Implikationen der Inhalte verändern, mussten solchen konventionierten Beharrungsstrategien wie ein Generalangriff auf die heiligsten Kühe von Philosophie und Kunst vorkommen. Diese Überschreitungen sind für Nietzsche immer auch Überschreibungen, gewollte Inszenierungen, d. h. nachvollziehbares In-Erscheinung-Setzen seines anders daherkommenden Gedankenflusses und dessen Artikulation in einer Sprache, die den Sprach- und Gedankenvollzug so transparent macht, wie sie den Denker und Autor fragwürdig werden lässt, in infrage stellt. Seine späten (Selbst-) Verdächtigungen in *Ecce homo*, dass Autor und Autorschaft generell hinterfragt und in Zweifel zu ziehen sind, haben nicht nur poststrukturalistische Diskussionen zum Thema literarischer Diskursivität und Autorschaft in ihren Bann gezogen und am Beispiel des Philosophen nachvollziehen resp. nachweisen wollten, wie sehr das Verständnis von Literatur sich an ihren Autor binde und per definitionem zuschanden komme, als Zeichen der Moderne, wenn der Autor quasi sich selbst abschafft. Dass so alle Autorschaft nebensächlich gerät, zieht dabei notwendige Argumente nicht zufällig aus dem Dunstkreis von *Menschliches, Allzumenschliches* und des Philosophen eigenen Rückblick in *Ecce homo*, in dem er es für wichtig hielt, darauf zu verweisen, er habe bewusst darauf verzichtet ‚ich' zu sagen, um sich als Gedankengeber und Autor ‚unsichtbar' zu machen (vgl. EH, KSA 6, 327 f.) Friedrich Kittler hat diese Passage als konstitutiv gesehen für Nietzsches Verständnis seiner nicht risikolosen ‚Abschaffung' als Autor.[1] Michel Foucaults Überlegungen mündeten vergleichbar, jedoch mehr auf die Sprache fokussiert, in einem Fazit, das ebenso mit Blick von oder auf Nietzsche formuliert ist:

> Die Literatur ist die Infragestellung der Philologie (deren Zwischengestalt sie gleichwohl ist): sie führt die Sprache der Grammatik auf die nackte Kraft zu sprechen zurück, und da trifft sie das wilde und beherrschende Sein der Wörter [...] Sie löst sich von allen Werten, die im klassischen Zeitalter sie zirkulieren lassen konnten (der Geschmack, das Vergnügen, das Natürliche, das Wahre) und lässt in ihrem eigenen Raum alles entstehen, was dessen spielerische Verneinung sichern kann (das Skandalöse, das Hässliche, das Unmögliche). Sie bricht mit jeder Definition der ‚Gattungen' [...und] sucht in der Bewegung, in der sie entsteht, das Wesen jeder Literatur zu erfassen, und so konvergieren all ihre Fäden zu der feinsten – besonderen, augenblicklichen und dennoch absolut universalen – Spitze, zum einfachen Akt des Schreibens. In dem Augenblick, in dem die Sprache als ausgebreitetes Sprechen Gegenstand der Erkenntnis wird, erscheint sie wieder in einer streng entgegengesetzten Modalität: schweigsame, vorsichtige Niederlegung eines Wortes auf das Weiße eines Papiers,

---

[1] Vgl. Kittler 2000, 219 ff.

wo es weder Laut noch Sprecher geben kann, wo sie nichts anderes mehr zu sagen hat als sich selbst, nichts anderes zu tun hat, als im Glanz ihres Seins zu glitzern.²

Was poststrukturalistischer Blick zutage fördert und für wesentlich erklärt, trifft Nietzsches im 4. Hauptabschnitt erkennbaren Schwebezustand, sich unter den Bedingungen der Moderne als Schriftsteller zu etablieren.

Dabei weiß er um die Risiken der Gratwanderung zwischen Literatur und Philosophie, aber auch um die Begründbarkeit ihrer Interferenzen. Darum geht er sie bewusst ein. Und er weiß um die Gefahren, nicht verstanden zu werden. In Briefen hat er ein ums andere Mal gegenüber Freunden darüber resümiert und Bilanz hinsichtlich Gewinn und Verlust gezogen. So unter anderem umfänglich und offen gegenüber Heinrich Köselitz (vgl. KSB 5, 328 f.), an Erwin Rohde (vgl. ebd. 332 f.). Malwida von Meysenbug lässt er in diesem Zusammenhang wissen, dass seine „*Krisis* des Lebens" da sei: „Aber ich bin *mit mir einig*" (ebd. 331).³ Der Entschluss zum freien Schriftsteller-Dasein war für ihn irreversibel, wenn er sich nicht verleugnen wollte. Seine Kenntlichkeit sah er gesichert im Reich der und durch die neue Sprache der Aphorismen, die ihn letztlich auf den Bühnen des Wissens agieren ließen, ohne sich um Sprach-, Ressort- und Gedankengrenzen kümmern zu müssen. Ja, er war in diesem Sinne ein Schriftsteller, der in sich und seinen Werken alle Bestimmungen des Schreibens aufgesogen und zusammengefasst hat und auf diese Weise, d. h. in seiner Wirkung zwischen Ablehnung, Unverständnis und vorsichtigem Verstehen zu einer Art Seismograph wurde, an dem abzulesen und zu erkennen war, wie sehr seine sprachliche Neuorientierung zugleich die Reklamierung des Anspruches war, gegen den Kultur- resp. Kunstgeist der Zeit anzudenken und anzuschreiben und ebenso sein geheimster und tiefster Indikator zu sein, ihm so sehr verpflichtet, dass er auf sich ihre schlimmsten Irrtümer und Abirrungen und ihre größten geistigen und künstlerischen Höhenflüge vereinen konnte. Ganz in dem Sinne, wie er später von sich sagen konnte, er sei ein Décadent und zugleich dessen Gegensatz, sei die leichtsinnige Parallele erlaubt, er sei ein Schriftsteller, aber stets auch ein ‚Gegenstück' zu ihm (vgl. EH, KSA 6, 266). So konnte er den Schubladen der Ästhetik, die nur zu gern Künstler, Literaten, Schriftsteller, Philosophen separieren wollte, entgehen und folgenreich ein Schnippchen schlagen. Deren Katalogisierungen –

---

2 Foucault 1974, 365 f.
3 In einem Brief an die Schwester 1883, mit Blick auf die verständnislos-ablehnende Aufnahme des *Zarathustra*, hat er rigoroser formuliert: „Es ist ganz *nothwendig*, daß ich **mißverstanden** werde; mehr noch, ich muß es dahin bringen, *schlimm* verstanden und *verachtet* zu werden. Daß meine ‚nächsten' Verwandten damit *anfangen mußten*, [...] hatte das herrliche Bewußtsein, eben damit auf *meiner* Bahn zu sein" (KSB 6, 439 f.). Dies gilt schon für *Menschliches, Allzumenschliches*.

alles nur Masken, die er listig bis ironisch, sich in und mit ihnen selbstverwandelnd, für sich einsetzen und tanzen lassen konnte. In großangelegter Selbst- und Kulturanalyse, die den Schriftsteller zu dem werden lässt, der er sein soll(te): der scharfsinnig-subtile und scharfsichtige Beobachter, der das Ganze zu überschauen vermag. Und von seiner Sicht aus als Visionär das immer Andere einer Kultur zu entdecken weiß.

5 Was Künstler vermögen

Volker Gerhardt hat Nietzsche aus guten Gründen, mit Blick auf seine Existenz als Künstler und Philosoph, einen „intellektuellen Extremisten" genannt. Man füge ihm „kein Unrecht zu, wenn an ihn als einen *Philosophen* behandelt. Gleichwohl ist es im Umgang mit seinen Schriften von größter Wichtigkeit, nicht alles gleichermaßen philosophisch zu nehmen. Nietzsches Ehrgeiz ist stets auf mehr als die Philosophie gerichtet.

> Er will als *Künstler* in der vollen Bedeutung des Wortes gelten: kein bloßer Virtuose, der mit besonderen Fertigkeiten Aufmerksamkeit erregt, sondern eine Ausnahmeexistenz, die Großes schafft [...] Dabei unterstellt er von Anfang an, daß die Größe sich auch im Scheitern zeigen kann, möglicherweise überhaupt erst dann."[4]

Solche Einschätzung nimmt Bezug auf Nietzsches Maßlosigkeit einer langen Doppelexistenz als Philosoph und Künstler, bis er sich dann doch zum Philosophen-Dasein, allerdings unter der Schirmherrschaft des Dionysos bekannte. Freilich unter dem schwankenden und irisierenden Stichwort des ‚Künstlerphilosophen', dem in hier anstehender Darstellung des 4. Hauptstücks auch das des ‚Schriftsteller-Daseins' eingelagert ist, um Nietzsches Anstrengungen, dessen Koordinaten auszuloten und ihm einen Schlüsselwert zuzusprechen, gerecht zu werden.

Dass dem Schriftsteller eine kulturelle, wertesetzende und wertebestimmende Rolle zukommt, der gewachsen zu sein, zu seinen höchsten Herausforderungen gehört, daran lässt Nietzsche keinen Zweifel. Wie aber ist herauszubekommen, auf welche Weise dies umzusetzen und woran es zu erkennen ist? Dazu heißt es in die Tiefe der Künstler- und Schriftstellerseelen einzutauchen, hinabzusteigen. Wie der Titel nahelegt und verrät. Gleich seinem Bruder im Geiste Heraklit, der in den Tiefen seiner Seele sein Selbst erforscht hat, mit dem Ergebnis einer ebenso unerwarteten wie bestürzenden Erkenntnis, man gelange an kein Ende, nur in im-

---

4 Gerhardt 2006, 27, 11.

mer größere Tiefen. Nietzsches Einstiege in das Bergwerk der Künstlerseelen zeitigt vergleichbar Ungewöhnliches und bisherigen Ästhetiken Widersprechendes und Widerständiges. Aphorismus 146 fördert eine solche Beute zutage: Der Künstler habe in Hinsicht auf die Wahrheit eine schwächere Moralität als der Denker: „er will sich die glänzenden, tiefsinnigen Deutungen des Lebens durchaus nicht nehmen lassen und wehrt sich gegen nüchterne, schlichte Methoden und Resultate. Scheinbar kämpft er für die höhere Würde und Bedeutung des Menschen; in Wahrheit will er die für seine Kunst *wirkungsvollsten* Voraussetzungen nicht aufgeben, also das Phantastische, Mythische, Unsichere, Extreme, den Sinn für das Symbolische, die Überschätzung der Person, den Glauben an etwas Wunderartiges im Genius: er hält also die Fortdauer seiner Art des Schaffens für wichtiger, als die wissenschaftliche Hingebung an das Wahre in jeder Gestalt" (MA I 146, 142). Mit anderen Worten: In seiner Seele toben Kämpfe ohne wirkliche Sieger. Wenn es auch scheint, als läge sein Medium der Gestaltung und des Erkennens im Phantastischen, und der Nüchternheit käme nur die zweite Reihe im Spektrum künstlerischer Bedeutungsskalen zu: die Wirklichkeit der inneren Seelenkämpfe zeigt deren Aufeinander-Bezogensein, will heißen deren wechselseitiges Aufeinander-Angewiesensein. So mache die *„Kunst[...] dem Denker das Herz schwer"* (ebd. 153, 145), weil sie ihm vor Augen führt welche Verluste an Sicherheiten zum Beispiel die Preisgabe metaphysischer Fundamente bedeutet und stellt „sein[en] intellectualen Charakter auf die Probe" (ebd.). Zwar seien Dichter die *„Erleichterer des Lebens"* (ebd., 148, 143) – in dem Sinne, wie er seit *Richard Wagner in Bayreuth* die Daseinsberechtigung und Größe der Kunst darin gesehen hat, eine unentbehrliche Vereinfacherin des Wirklichen zu sein, besser: „den *Schein* einer einfacheren Welt, einer kürzeren Lösung der Lebens-Räthsel" (WB, KSA 1, 452) zu sein – aber dies ist eine zwiespältige Angelegenheit, denn diese ihre Fähigkeit taucht mitunter alles Gegenwärtige in ein erträglich machendes Licht, beschwichtige und heile nur für den Augenblick. Schlimmstenfalls halten sie „sogar die Menschen ab, an einer wirklichen Verbesserung ihrer Zustände zu arbeiten, indem sie [...] die Leidenschaft der Unbefriedigten, welche zur That drängen, aufheben und palliativisch entladen" (MA I 148, 143). Ihre Literatur ein Beruhigungsmittel, seine Wirkung die Verhinderung einer vita activa? Das Dasein der Schriftsteller ein bloßes *„Epigonen"*-Dasein (ebd.)? Aber: Als Epigonen sind sie zugleich, so Nietzsche, Brückenbauer, ja selbst Brücken zwischen den Vergangenheiten und der Gegenwart, und daher notwendig. Tätige gegen das Vergessen, somit gegen den Verlust von Welt- und Kulturvorstellungen, in denen „ein Licht" verborgen ist, mit dem sie die Gegenwart von der Vergangenheit her in „neue [...] Farben" tauchen (ebd.). Dieser Ambivalenz Ausdruck geben zu können, darin liegt die Chance der Kunst, der Literatur. Und ihrer Akteure, denn: „Lügen ist nicht nur das *videri*, das Täuschen, sondern auch das *lucere*, das Leuchten"⁵ und: Mit aller Vehemenz betreibt Nietzsche den Abbau der zeitlosen Wahrheit zugunsten des perspektivischen Scheins. Und ihre Lügen haben gleichermaßen destruktiven wie konstruktiven Anteil daran.

Dabei haben Künstler und Schriftsteller ein Interesse, „ihre plötzlichen Eingebungen, die sogenannten Inspirationen" (ebd. 155, 146), als besondere Fähigkeit glaubhaft zu machen. Als ob – Nietzsche (selbst-)ironisch? – „die Idee des Kunstwerks, der Dichtung, der Grundgedanke einer Philosophie, wie ein Gnadenschein vom Himmel herableuchte" (ebd.). Doch die Realität des Schaffens sei eine andere. Nietzsche holt solche Inspirations-Gläubigkeit auf den Boden der Tatsachen, rückt zurecht, was des Einspruchs bedarf. Nicht, um die Besonderheit künstlerischen und/oder denkerischen Schaffens zurückzuweisen, sondern, im Gegenteil, um sie mit solchen Attributen hervorzuheben, die ihr zukommen. Aphorismus 156 weist denn auch jede ausufernde Apotheose auf die Inspiration in die Schranken. Es könne zwar so sein, dass der Eindruck entstünde, „unmittelbare Inspiration, ohne vorangegangenes inneres Arbeiten" führe zu genialen Ergebnissen, aber dies sei nur der Ausfluss angestauter „Productionskraft", „Capital", das sich *„angehäuft"* hat: eine Täuschung, gegen die die Betroffenen verständlicherweise, aber unbegründet, nichts einzuwenden haben (ebd.). Künstlerische und denkerische „Improvisation steht [dagegen – R. R.] tief im Verhältnis zum ernst und mühevoll erlesenen Kunstgedanken. Alle Grossen waren grosse Arbeiter, unermüdlich nicht nur im Erfinden, sondern auch im Verwerfen, Sichten, Umgestalten, Ordnen" (ebd., 146 f.).

Was die Künstler, vor allem die des Wortes, auszeichnet, ist – ins Positive gesprochen – ihre durch nichts zu beeindruckende „Leichtigkeit" und „Leichtfertigkeit", mit denen sie *„[m]it dem Leben spielen"* (ebd. 154, 145 f.). Ein Rat des Simonides. So schien Nietzsche homerische Phantasie dadurch nötig, dass sie „das übermässig leidenschaftliche Gemüth und den überscharfen Verstand des Griechen zu beschwichtigen und zeitweilig aufzuheben" imstande war, weil sie dem Verstand, der die Grausamkeiten des Daseins nicht verschweigen wollte, temporär beruhigende Momente zur Seite stellen konnte. Mit ihrer Kunst täuschten sich die Griechen nicht über das Leben, „aber sie umspielen absichtlich das Leben mit Lügen" und Dichter wie Homer taten dies mit „Lust" und „Unschuld" zugleich und wurden ob dieser Praxis hoch verehrt (ebd. 146). Da klingt viel Platon durch und Erkenntnisse aus *Ueber Wahrheit und Lüge im aussermoralischen Sinne*. Die Lügen der Dichter sind durchgehendes Thema bei Nietzsche.⁶ Der Denker des 19. Jahrhunderts sagt es so:

---

5 Meyer 1993, 142, 144.
6 Vgl. Reschke 2016, 186 ff.

> Das Metrum legt Flor über die Realität; es veranlasst einige Künstlichkeit des Geredes und Unreinheit des Denkens; durch den Schatten den es auf den Gedanken wirft, verdeckt es bald, bald hebt es hervor [...] Die Kunst macht den Anblick des Lebens erträglich, dadurch dass sie den Flor unreinen Denkens über dasselbe legt (ebd. 151, 144; vgl. NL 1876, 17[1], KSA 8, 296).

Ausschlaggebend bleibt eine Differenz: „Es ist immer wie zwischen Achilles und Homer: der Eine hat das Erlebniss, die Empfindung, der Andere *beschreibt* sie" und „Ein wirklicher Schriftsteller giebt dem Affect nur Worte, er ist Künstler, um aus dem Wenigen, was er empfunden hat, viel zu errathen" (ebd. 211, 172). Er ist quasi ein Dieb, der sich der Erfahrungen und Leidenschaften anderer bedient, sie zum Gegenstand seiner Darstellungen macht und über den Diebstahl schweigt, wenn er für diese Darstellung zu Ehren kommt: „Künstler sind keineswegs die Menschen der grossen Leidenschaft, aber häufig geben sie sich als solche in der unbewussten Empfindung, dass man ihrer gemalten Leidenschaft mehr traut, wenn ihr eigenes Leben für ihre Erfahrung auf diesem Gebiete spricht". Dann bewundern alle seine vermeintliche Leidenschaft: diese aber habe mit wirklicher Leidenschaft nicht viel gemein: „wer sie erlebt, beschreibt sie gewiss nicht in Dramen, Tönen oder Romanen. Künstler sind häufig *zügellose* Individuen, soweit sie eben nicht Künstler sind" (ebd. 172f.).

Im Umfeld von *Menschliches, Allzumenschliches* heißt es scheinbar konträr,

> Künstler sind *Advokaten der Leidenschaft*, denn sie [...] giebt dem Künstler zehnmal mehr Gelegenheit, seine Kunst zu zeigen. So entsteht der Schein, als ob die Leidenschaften etwas Herrliches, Begehrenswerthes seien, [...] eigentlich aber verherrlichen sie die Leidenschaft, weil sie *sich* am meisten verherrlichen wollen (NL 1877, 23[101]; KSA 8, 439f.).

Aber da sie auch das „in der Welt Verherrlichenswerthe überhaupt" feststellen, sind sie immer auch „die geborenen Lobredner der Dinge" und in dieser Doppelbödigkeit ihres Tuns haben sie „die Stellung des Menschen zur Leidenschaft selbst subtilisirt, *veredelt*".[7] Sie könnten „die glücklichsten Menschen sein", weil sie in der Lage sind, „das Vollkommene zu erzeugen als *Ganzes*", wo es bei den anderen nur zu Teilen des Ganzen reicht. Sie sind es aber nicht, ihr Eigendünkel, ihre Eitelkeit, ihre zu hohen Ansprüche an sich selbst und an andere, stehen ihnen im Wege (NL 1877, 23[104]; KSA 8, 440). Diese Eitelkeiten sind es, die sie vieles nicht begreifen lassen, am wenigsten, dass ihr Talent sie daran hindert, an den Dingen mehr als nur das Darstellbare zu erkennen (vgl. NL 1876, 16[3]; KSA 8, 287). Hinter, unter die Masken und Oberflächen zu schauen, entgeht ihrem ein-

---

7 Vgl. Reschke 2000, 243 ff.

engenden Blick. Ihre Eitelkeiten trüben ihn nicht nur, sie machen unsichtbar und ungestaltbar, was eigentlich die Domäne der über die Dinge Schreibenden wäre. Sie werden eingeholt von ihrer verhängnisvollen Selbstüberschätzung (MA I 158 und 148) und einem selbstverschuldeten Antagonismus, den sie u. a. zwischen sich und ihrer Mitwelt aufbauen (vgl. ebd. 159 und 149). So entsteht nicht nur viel „Blendwerk" (ebd. 158, 60), sondern wesentlich auch der Irrtum der zeitgenössischen und nachfolgenden Kultur- und Kunstwelt, die Größe eines Künstlers zeige sich in der erschütterungsintensiven Wirkung seiner Werke.[8] Gleichviel Ungutes baut sich auf, so Nietzsche, wenn „er aufhört, Kritik gegen sich selbst zu üben" und sein „Schnell- und Scharfblick[ ]" geht verloren (ebd. 164, 155 f.). Was so vom Genie allgemein gesagt wird (am Beispiel Napoleons), trifft auch den Künstler, den Schriftsteller. Aus ihrem „Gefieder" fallen „die Schwungfedern [eine] nach der anderen aus" (ebd.), alle schöpferische Kraft weicht aus ihm. Die angehaltenen Energien sind nicht mehr zu reanimieren: „Sind die Originellen [...] sich selber verlassen, so giebt die Erinnerung ihnen keine Hülfe: sie werden leer" (ebd. 165, 156). Damit dies nicht geschehe, habe Hesiods gute Eris den antiken Schriftstellern den Ehrgeiz mitgegeben, ihre Werke zur „höchste[n] Vortrefflichkeit" (ebd. 170, 158) zu führen, die ihnen möglich war und wie sie sie verstanden. Dann erst konnten sie ihr Verständnis kommunizieren und sich ein Publikum schaffen, dem diese Vorstellung von Vortrefflichkeit zu suggerieren war, bis dass sie von ihnen angenommen und als Maßstab angesehen und praktiziert wurde. Erst da seien Aeschylus und Euripides zu den gefeierten Künstlern ihrer Zeit geworden. Weil es ihnen gelungen war, den Maßstab, den sie selbst formulierten, allgemein zu setzen: „Ehre erstreben heisst hier ‚sich überlegen machen und wünschen, dass es auch öffentlich erscheine'" (ebd.). Was sie von ihren modernen Kollegen unterscheidet, die nach dem öffentlichen Ruhm haschen, ohne sich begründet auf ihre Meisterschaft berufen zu können. Moderne Denker, sicher auch Schriftsteller, zeichnen sich dadurch aus, dass sie schlechte Stilisten sind. Schlecht, weil „sie uns nicht nur ihre Gedanken, sondern auch das Denken der Gedanken mittheilen" (ebd. 188, 163).

---

[8] So habe beispielweise kaum ein Barockkünstler mehr ergriffen und entzückt, als Bernini. Doch sage dies nichts über die Größe seiner Werke, vgl. MA I 161, 151. Nicht zufällig hat Winckelmann ihn einen ‚Esel' genannt.

6 Vom Ernst des Handwerks

Das ist der Punkt, wo Nietzsches ‚Qualitätsliste' guter Denker und Schriftsteller konstitutiv wird. Im 4. Hauptstück kapriziert er sich als ‚Seelenleser' zunächst auf Eigenschaften der Künstler und Schriftsteller, mit denen diese den Gefahren von Eitelkeiten und willfährigen Anbiederungen an den Publikumsgeschmack resp. an Verherrlichungsforderungen seitens herrschender Eliten widerstehen können. Wenn sie es denn wollen. Anfang 1874 hatte er, um Wagner als Schriftsteller zu beurteilen, in einer Negativliste zusammengefasst, was nicht zu einem guten Schriftsteller gehöre: er lasse „das Gesammte nicht zur Anschauung" kommen, schweife im Einzelnen ab, sei dunkel, nicht „nicht harmlos und überlegen" (NL 1874, 32[30]; KSA 7, 764). Im Umkehrschluss formuliert, ein guter Schriftsteller sei auf die Anschauung des Ganzen orientiert, verliere sich nicht im Zweitrangigen, sei in seinen Werken nicht harmlos, was heißt, man muss vor ihm auf der Hut und nicht gläubig verehrend sein. Vor allem aber: er besitzt eine „heitere Anmaassung", „Anmuth", „dialektische Schärfe" (ebd.), rhetorische Darstellungskraft, Sprachvielfalt und ein sicheres Stil-Gefühl.[9] In „Der Wanderer und sein Schatten" finden solche Beschreibungen ihre Fortsetzung. Sie zeugen davon, wie sehr Nietzsche um ein greifendes Verstehen der Schriftsteller-Besonderheiten bemüht ist (vgl. WS 140–142, 612 ff.). Und noch seine späte Selbstbeschreibung als Schriftsteller in *Ecce homo*, wenn auch die Akzente auf Gesundheit gesetzt sind, gibt über die Permanenz der Beschäftigung mit dem Thema Aufschluss. Und über die Genugtuung, in diese „vornehme und delikate Welt" eingetreten zu sein und dazuzugehören, errungen mit „tapfersten Fäusten" und „zartesten" Fingern, bezahlt mit einem hohen Preis, dem, sich keine „Gebrechlichkeit der Seele" zu erlauben (EH, KSA 6, 302).

Sprache, Metrum, Rhythmus und Stil sind für Nietzsche die exorbitanten ‚Werkzeuge' für Schriftsteller und Philosophen. Es geht um den *„Ernst des Handwerks"* (MA I 163, 152). Ihre Beherrschung, Leichtigkeit und Souveränität im Umgang mit ihnen, darin wollte er künstlerische Meisterschaft sehen und sie daran messen. Sie bergen Gefahren und Nietzsche wusste um sie. Noch in „Der Wanderer und sein Schatten" spricht er angesichts der Sprache, sie könne das, was der Schriftsteller am meisten braucht, einschränken, nämlich die geistige Freiheit: „Jedes Wort ist ein Vorurtheil" (WS 55, 577). Wobei alle drei den Bereich des bloß Künstlerischen weit überspannen. Sie sind zugleich Indikatoren und

---

[9] Ein Grund dafür, warum aus Nietzsches Sicht die Deutschen keine Schriftsteller sein können (vgl. NL 1873, 19[23]; KSA 7, 493). Und Grund auch, warum er sich selbst als Schriftsteller nicht dazu zählt: „man darf dazu durchaus kein Deutscher sein" (EH, KSA 6, 302).

Medien, in denen sich die Kultur spiegelt, in der künstlerische Meisterschaft sich ebenso entwickeln wie behindert werden kann. Das Metrum gilt dabei als Bestimmungsmerkmal für das sichere Gespür des Schriftstellers, den Dingen und Gedanken das richtige, d. h. ihr Maß, geformt durch den Schriftsteller, anzulegen: „er spannt [sie] in das Metron, und legt das Gespinst des Rhythmus über [sie]", solange bis Vers und Gedanke zu einander passen (NL 1986, 17[18]; KSA 8, 299). Dies sieht er als grundlegende Verschönerungsleistung des Metrums (MA I 151, 144), als Leistung dessen, der es zu nutzen weiß. Etwas durch das Wort abzubilden, bedarf es seiner Rhythmik, die allein jedoch nicht genügt. Dem Schriftsteller ist auferlegt, so zu schreiben, „dass jedes Wort darin nothwendig ist", er muss in langer, mehrere Jahrzehnte währender Übung die „prägnanteste, die wirkungsvollste Form" finden, erst dann darf das Werk „hinaus in das Licht der Strasse" (ebd. 163, 153). Was hier über das Schreiben einer Novelle gesagt ist, besitzt Aussagekraft für schriftstellerisches Tun insgesamt. Man solle, wird es in „Der Wanderer und sein Schatten" heißen, auf den Gang der Sätze achten, um zu sehen, insoweit dieser auf die sprachliche Kraft und Stilsicherheit des Künstlers schließen lässt (WS 89, 593).

Dazu ist Stil, Stil-Bewusstsein nötig. Den besten Stil sich zu erobern, bedarf es einer ganzen Lehre (vgl. Aph. 88). Stilgebend zu sein, ist nicht alles, der Schriftsteller muss darauf bedacht sein, nicht zu schnell voranzuschreiten, d. h. seine Schritte „von einer Stufe des Stils zur anderen" so zu führen, dass sein Publikum, ihn verstehend, folgen kann. Sonst bleibt alle Stilbeherrschung folgenlos, schlimmer: sie schlägt in ihr Gegenteil um. Das Publikum verweigert sich, stürzt metaphorisch in die Tiefe alter Stillosigkeit und des Schriftstellers kulturelle Verantwortung bleibt uneingelöst (ebd. 168, 157).[10] Darin aber liegen Risiken. In der modernen Kultur läuft der Schriftsteller Gefahr, auf seine Meisterschaft, auf die Höhe des Stils zu verzichten, weil er in den Kategorien seiner Publizität zu denken und zu schreiben beginnt. Und weil er sich freiwillig in eine Abhängigkeit begibt, die einer Selbstprostitution nahekommt: Er, der Schriftsteller „denkt nicht mehr an sich, sondern an den Schriftsteller und sein Publicum; [...] Er betrachtet sich zuletzt [...] als Mittel, so dass er den Ernst für sich verloren hat" (ebd. 200, 167 f.). Dieser Prozess eskaliert, weil die Leser mit ihrem Geschmack zunehmend das Niveau des Schreibens beeinflussen. Sie suchen Befriedigung ihrer Bedürfnisse und „*erzwingen sich* schlechte Autoren" (ebd. 201, 168). Als befriedigendes Reizmittel für das neue Konsumverhalten in Sachen Literatur, darf der Autor sogar

---

10 1882 wird er Lou von Salomé eine „*Lehre vom Stil*" als Morgengabe offerieren, in der er ausdrücklich den Sprachstil mit dem Lebensstil in Korrespondenz bringt und von der Angemessenheit des Stils sowie die Art und Weise seiner sprachlichen Gestaltung in Bezug auf die Glaubwürdigkeit und Authentizität des Schreibenden sehen will (NL 1882, 1[209]; KSA 10, 38 f.

Unvollständiges einsetzen, weil dessen Wirkung eine nachhaltige ist (vgl. MA I 199, 167). Nietzsches Beobachtung ist hier die des Kulturkritikers. Er stellt fest und sucht nach Gründen. Die findet er u. a. im Zustand allgemeiner Bildung (vgl. MA I 203, 169), in Veränderungen im Rhythmus der Kultur, der sich nach dem der Maschinen richtet, der „ungeheuren Beschleunigung des Lebens" (ebd. 282, 231), dem dadurch entstehenden Verlust der Langsamkeit, der „Unterschätzung der vita contemplativa" als Kulturhaltung, wie im 5. Hauptstück beschrieben (ebd. 230). Weil Schriftstellern als mögliche Reaktion auf diese Veränderungen die Fähigkeit abhandenkommt, ihren Gedanken Deutlichkeit und Form zu geben, wählen sie, um überhaupt wahrgenommen zu werden, „die stärksten, übertriebensten Bezeichnungen und Superlative" (ebd. 204, 169) und bedienen eine Kulturlosigkeit der Moden und der Moderne, die für Nietzsche jenseits seines an antiken Normen geschulten Kulturbildes sich abspielt. Sie werden in seinen Augen zu *„Narren der modernen Cultur"*, „halbvernünftig, witzig, übertrieben, albern, mitunter nur dazu da, das Pathos der Stimmung durch Einfälle, durch Geschwätz zu mildern" (ebd. 194, 165). Sie geraten für ihn gefährlich, aber folgerichtig in die Nähe der Feuilletonisten, sogar der Journalisten, in der Optik Nietzsches am symptomatischsten der Berufsstand, der entscheidend verantwortlich ist für den desaströsen Zustand moderner Kommunikation und (Un-) Geisteskultur. Es wundert nicht, dass mehr schlechte als gute Schriftsteller die Printlandschaften bevölkern und er ein *„[d]rakonisches Gesetz gegen Schriftsteller"* erwägt, sie als „Missethäter" abzustrafen. Für ihn ein probates „Mittel gegen das Ueberhandnehmen der Bücher" (ebd. 193, 164). Das Überfluten des Buchmarktes ist ihm ein Indiz dafür, wie sehr das Bewusstsein für gute Literatur, die diesen Namen verdient, kompromittiert ist. Er sieht die Situation soweit im Niedergang, dass der beste Autor, in paradoxer, aber logischer Formulierung, derjenige wäre, „welcher sich schämt, Schriftsteller zu werden" (ebd. 192, ebd.). Dies ist ein Affront gegen die öffentliche Kultur und ihren, so wird er später formulieren, Pöbelgeschmack: zugunsten von Literatur und Kultur, zur Rettung letztlich eines Schriftstellerselbstverständnisses, das Schriftsteller unter die geistigen Größen einer Kultur sehen und behaupten will.

Welcher Sprache und wie der Schriftsteller sich ihrer bedient, damit sie in der Literatur zur Geltung kommt, daran misst sich der Zustand der Sprache und Literatur. Dass die Sprache dabei zu den herausragenden Indikatoren jeder Kultur zählt, stand für Nietzsche seit den *Unzeitgemässen Betrachtungen* fest. Ebenso, dass sie unter den Bedingungen der Moderne bereits erkrankt war. Als ‚Sprachkrankheit' hatte er ihren Zustand in *Richard Wagner in Bayreuth* bezeichnet: Sie sei erschöpft durch die zu große Ausbeutung ihrer Ressourcen, fortwährend sei sie „auf die letzten Sprossen des ihr Erreichbaren" getrieben und dadurch kraftlos geworden, die „neuere[ ] Civilisation" habe sie davon entfremdet, wofür sie einzig da sei: kollektives Verständigungsmittel, Mitteilungsmedium zu sein für alle, das menschliche Zusammenleben durch nötige Informationen zu ermöglichen und zu erleichtern. Ihr Verlust dieser Fähigkeit hat den Menschen die Möglichkeit genommen, „sich mitzutheilen" und dem „Sich-nicht-Verstehen [ ]" in der Gesellschaft Platz gegeben. Mittels Sprache rede man aneinander vorbei. Nietzsches Negativ-Begriff dafür ist *„Convention"* (WB, KSA 1, 455). Was nichts anderes meint, als dass in der modernen Kultur „alle Worte durch hundertjährige Uebertreibung des Gefühls dunstig und aufgeblasen worden sind" (MA I 195, 165). Ein Prozess, der in allen Kulturen zu beobachten war, allerdings mit perennierender Eskalation in der und als Kennzeichen der Moderne: „Das Ueberspannte bezeichnet alle modernen Schriften; und selbst wenn sie einfach geschrieben sind, so werden die Worte in denselben noch zu excentrisch *gefühlt*" (ebd.). Das ist sprachliche Dekadenz in bester Gestalt. Diese Erkenntnis gibt den Untergrund für die Sprachkritik im 4. Hauptstück. So lebt der moderne Schriftsteller mit und in einer erkrankten Sprache. Beabsichtigt oder nicht breitet er ihre Krankheit aus, in seinen Werken transmittiert er, wogegen sein Handeln sich richten sollte. Schriftsteller als Hüter der Sprache, als ihre Schöpfer und Bewahrer in einem, diese ihre vornehmste Aufgabe erfüllen sie nicht mehr. Nietzsches Groll gegen die zeitgenössische (deutsche) Literatur findet hier seinen tiefsten Grund. Weil ihre Schöpfer bis auf wenige – er nennt Lichtenberg, Keller, Stifter, Jung-Stilling (vgl. WS, 599) – geschichtsvergessen auf die Vorbilder der Antike (und der Franzosen) verzichten, auf Homer, Voltaire, Racine oder gar die Lateiner – und durch ihre Bildungswege dazu nicht mehr angehalten werden (vgl. MA I 203, 169) – geben sie dem Trend zur Mittelmäßigkeit der Sprache nach. Dem mit Widerstand zu parieren und in die Zukunft hinein zu denken, gilt Nietzsches Forderung, gut scheiben zu lernen, weil besser schreiben auch besser denken bedeute, was wiederum dazu führe, Mitteilenswerteres auch mitteilen zu können, „dass alles Gute Gemeingut werde und den Freien alles frei stehe" (WS 87, 592). Nietzsche hat dabei als Adressaten den guten Europäer im Blick und zielt auf europäische Inhalte. Die aber sind im 4. Hauptstück noch nicht thematisiert.

7 Kunst als ‚Spätling' jeder Kultur

Hinter, unter den Niedergangsprognosen steht ein anderer Gedanke Nietzsches, der hier abschließend zum Tragen kommt. Der Gedanke, dass Künste und Literatur sehr spät auf dem Boden der Kultur(en) gedeihen und zur Blüte kommen (können). Ihre Konstellationen in der Kultur geraten ihm unter den nicht unbegründeten Verdacht, Spätlinge zu sein. Gleiches gilt für ihre Akteure. Dass der Ursprung der Kunst, auch der Wortkunst, nicht am Anfang einer Kultur liege, da war Nietzsche sicher: „das sind späte Resultate, ebenso wie der Künstler" (NL 1876/77, 23[81]; KSA 8, 431), notierte er während der Arbeit an *Menschliches, Allzumenschliches*. Es habe mit der allmählichen Herausbildung mannigfacher ästhetischer Lust zu tun, mit dem „Schweifen der Phantasie [und dem] Ersinnen des Unmöglichen" (ebd. 432). In Blütezeiten der Kultur, wenn alle ihre inneren Möglichkeiten herausgeformt sind, gelangen auch die Künste auf ihre Glanzzeiten, beginnen aber zugleich fast unbemerkt schon ihren Zenit zu überschreiten. Sie geraten in den Bereich ihrer „Abendröthe[n]" und die „Magie des Todes" beginnt, sie „zu umspielen": „die Sonne ist schon hinuntergegangen, aber der Himmel unseres Lebens glüht und leuchtet noch von ihr her, ob wir sie schon nicht mehr sehen" (MA I 223, 186). Was so poetisch umschrieben klingt, birgt die spekulative Erkenntnis und entbirgt kulturkritische Momente, die Künste gehören unter die Kategorie der späten Kulturleistungen resp. Kulturphänomene. Das 5. Buch der *Fröhlichen Wissenschaft* wird den Gedanken wieder aufnehmen und fortführen mit dem Hinweis, erst Spätgeborene können aus den angesammelten Erfahrungen, d. h. der Überfülle Kapital schlagen (vgl. MA 354; FW 354, KSA 3, 590 f.). Man ist an Hegels These vom ‚Ende der Kunst' erinnert, die, wenn auch unter anderen philosophischen Voraussetzungen, die Künste generell in Zeiten der ‚Prosa der Wirklichkeit' als untergehende Weise, die Welt und ihre Menschen in ihren höchsten Möglichkeiten zu gestalten, zu begründen versucht hat. Nach Nietzsche sind es erst die untergehenden Kulturen, in denen die Menschen in die Lage kommen, zu erkennen und den Sinn dafür entwickeln, was Kunst für sie bedeutet und warum sie sie brauchen. Erst wenn etwas nicht mehr selbstverständlich ist, gerät es unter das Begehrenswerte und Wertvolle. Erst aus dem Bewusstsein seiner Endlichkeit erfährt es die Schätzung, die ihm zukommt. So wird der moderne Mensch den Schriftsteller erst ehren, wenn dieser der Gesellschaft schon fremd geworden ist: „Den Künstler wird man bald als ein herrliches Ueberbleibsel ansehen und ihm, wie einem wunderbaren Fremden, an dessen Kraft und Schönheit das Glück früherer Zeiten hieng, Ehren erweisen" (ebd.). Mehr noch: Unter den Bedingungen moderner Kultur wird dies auch zum Zeichen ihres Abdriftens in eine heillose – von Nietzsche aus gesehen – Kulturlosigkeit, von der sich die künstlerischen Eliten ohne Wehmut verabschieden oder sich ihr verweigern.

So erscheint es logisch, dass Nietzsches Frage „*Was von der Kunst übrig bleibt*" (MA I 222, 185) am Ende des 4. Hauptstücks gestellt wird. Nachdem die metaphysischen Voraussetzungen für sie weggebrochen oder für nichtig erklärt sind, die alle Kunstäußerungen auf dem Fundament eines „*ewig Beharrenden*" (ebd.), der Unveränderlichkeit des Menschen und allen Geschehens angesiedelt hatten, gehört es für Nietzsche zu den Gewissheiten, die Künste vermögen nur mehr noch, oder, gerade dadurch, dass Veränderliche, Fliehende, an die Zeit

Gebundene darzustellen. Darin ist denn auch lange Zeit ihre neue Bedeutung gesehen worden. Doch unter den Auspizien der Moderne, vorab ihrer Tendenz zur Wissenschaft, würden auch sie mehr oder weniger obsolet. Allerdings: Ohne Spuren verlassen sie nicht die Bühne der Kultur. Dazu sind sie zu sehr in den Empfindungshaushalt auch des modernen Menschen eingewachsen. Die Lust am Dasein, die sie verkörperte und deren Ausdruck sie war, gehört untilgbar zu den emotionalen Pfunden, mit denen sie noch wuchern kann (und muss), auch nachdem die Notwendigkeit ihrer weiteren Existenz sich längst überlebt habe: es sei „diese Lehre in uns hineingewachsen, sie kommt jetzt als allgewaltiges Bedürfniss des Erkennens wieder an's Licht. Man könnte die Kunst aufgeben, würde damit aber nicht die von ihr erlernte Fähigkeit einbüssen", auch „nach einem Verschwinden der Kunst [würde, R. R.,] die von ihr gepflanzte Intensität und Vielartigkeit der Lebensfreude immer noch Befriedigung fordern" (ebd.). Was einmal in der Kultur war, verlässt diese nicht wirklich, sondern nimmt andere Formen an, wird aufgehoben in anderen Darstellungs- und Wirkungsweisen. Kulturkritik mischt mit, wenn man unterstellt, die moderne Kultur forciere mindestens diesen Prozess mit ihren rabiaten Irritationen gegenüber allem, was bisher von Wert war. Und Nietzsches eigene Zweifel formulieren sich mit Trotz in der Höherstellung aller Wissenschaft gegenüber den Künsten: „Der wissenschaftliche Mensch ist die Weiterentwicklung des künstlerischen" (ebd.). Dies ist nicht das letzte Wort des letzten Jüngers des Dionysos. Im 4. Hauptstück schweigt er allerdings und wartet auf seine Stunde.

Literatur

Foucault, Michel (1974): Die Ordnung der Dinge. Eine Archäologie der Humanwissenschaften, Frankfurt a. M.
Gerhardt, Volker (2006): Friedrich Nietzsche, München.
Kittler, Friedrich (2013): Wie man abschafft, wovon man spricht: Der Autor von *Ecce homo*, in: Nietzscheforschung, Bd. 20 (Nietzsche über „wahre" und „scheinbare" Welten), (Hg.): Renate Reschke, Berlin, S. 211–228 (Erstveröffentlichung 1980).
Meyer, Theo (1993): Nietzsche und die Kunst, Tübingen und Basel.
Reschke, Renate (2000): Künstler sind Advokaten der Leidenschaft...? Zum Bild des Künstlers bei Friedrich Nietzsche, in: Dies.: Denkumbrüche mit Nietzsche. Zur anspornenden Verachtung der Zeit, Berlin, S. 234–245.
Reschke, Renate (2016): Was interessiert Dichter die Wahrheit ... Zum Aphorismus 84 der Fröhlichen Wissenschaft, in: Katharina Grätz, Sebastian Kaufmann (Hg.): Nietzsche zwischen Philosophie und Literatur, Heidelberg, S. 179–198.

Richard Schacht
Nietzsche on Cultur: Menschlich, Allzumenschlich, and Höher

Fünftes Hauptstück. Anzeichen höherer und niederer Cultur

This fifth Hauptstück might be thought of as an anticipation and instance of the sort of "naturalizing" (vernatürlichend) reinterpretation of human reality that Nietzsche went on to call for in *Die fröhliche Wissenschaft*. The dimension of human reality that is his specific focus here is what he calls (and spells) "Cultur". Its locus, for him, is twofold: in the mentalities and sensibilities of human beings who exhibit them, and in the social forms of life ("cultures," plural) associated with them that engender and foster them. Such sensibilities are realizable and exist only in *historically developed socio-cultural contexts* conducive to them.

The 1878 version of *Menschliches, Allzumenschliches* was Nietzsche's first avowedly philosophical book, and his first attempt to engage in his kind of philosophy in print.[1] It also was the first of the series of books he published prior to *Also sprach Zarathustra* that he subsequently referred to as his "Freigeist Reihe," culminating in the first (1882) version of *Die fröhliche Wissenschaft*. Its fifth Hauptstück, to which he gave the title *"Anzeichen höherer und niederer Cultur,"* is its central Hauptstück, both literally (it is both preceded and followed by four others) and substantively. I shall refer to it as *Menschliches, Allzumenschliches*'s "fifth Part" or "Part 5" (for the sake of brevity), since the nine so-designated parts of the book are not "chapters" in any usual sense. They rather are arranged sets of numbered and titled sections (Abschnitte, sometimes referred to as "aphorisms," but of greatly varying lengths and styles), relating to the topics indicated in his chosen titles for them.

1 Part 5's Setting

Before turning to *Menschliches, Allzumenschliches*'s Part 5, several things relating to its Part 1 warrant comment. The importance of the first two sections of Part 1 for the understanding of the entire project of the book as a whole can hardly be overestimated. The book was published with no "introduction"; and what now

---

[1] See Schacht 1996.

appears as its "Preface" was only added in 1886 (to its expanded second edition). These two substantial sections (MA I 1 and 2), in effect, *are* its introduction – or were as much of an introduction as Nietzsche supposed the book to need, either in 1878 or in 1886. And they should be recalled when one turns to Part 5, and to what Nietzsche does and says in it. I shall briefly comment on each of them, indicating what I take their import for Part 5 to be.

Nietzsche begins *Menschliches, Allzumenschliches* by calling for a new kind of philosophy, that is to be "historisch" rather than "metaphysisch" – and allied with "Naturwissenschaft" (to which he refers as "die allerjüngste aller philosophischen Methoden"!), from which it is henceforth to be "gar nicht mehr getrennt" (MA I 1, 22f.). The fact that he calls it "historisch" – rather than, for example, "naturwissenschaftlich" – would seem to suggest that this alliance is to be no complete remodeling of philosophy in the image of the natural sciences ("allerjüngeste" does not imply "allerherrschende"); but their relationship remains to be clarified. It therefore remains to be seen whether or in what sense (if any) the "historische Philosophie" of which he speaks is "naturalistic" in character.[2]

I would observe in passing that Nietzsche's expressed enthusiasm here, not only for *Wissenschaft* in general – as a model of rigorous reasoning and warranted explaining – but also for this alliance of philosophy with *Naturwissenschaft*, would not seem to amount to much specifically in his thinking about any of the matters he goes on to discuss in *Menschliches, Allzumenschliches*, with one significant and unfortunate exception: his attraction to Lamarckian thinking, which enjoyed widespread but undeserved respectability. This is one instance in which Nietzsche's determination to be scientifically informed in his rethinking of human reality led him astray. There are a number of traces of it in Part 5 (MA I 234, 195–196; 242, 202–203; 272, 224–225); but they are not nearly as pronounced and consequential here as they were to become.[3] In the book's and Part's second section, Nietzsche relatedly asserts that what is needed from now on is the recognition that "Alles [...] geworden ist"; and that "es giebt *keine ewigen Thatsachen*," and "keine absoluten Wahrheiten" (MA I 2, 24f.). Consequently, he contends, human reality and everything human – including even our cognitive abilities [Erkenntnissvermögen], and therefore presumably all of the rest of our human capacities and spirituality – must be reconsidered and reassessed. And this is to be done in a spirit of "Bescheidung" befitting the merely "historical" (rather than absolute and immutable) status and character of

---

2 See Schacht 2012.
3 See Schacht 2013.

human reality, and taking its origins and circumstances into account. For its traits are one and all not metaphysically grounded or divinely bestowed from on high, but rather are mundanely and contingently emergent *human* phenomena, that have "geworden", and *come to be what they are* in the course of human events.

Further: as human phenomena, with human origins rather than any sort of supra-human pedigree, it must be not only suspected but expected that, in both their origins and their development, they have been *merely menschlich* (and undoubtedly to no small extent *allzumenschlich*) phenomena – and may remain so, even if they also may have come to be something more and even quite different than they were in the first place. Calling attention to and exploring the issues this raises is what Nietzsche proceeds to begin to do in the rest of Part 1 (in which old-style "metaphysical philosophy" is subjected to this sort of treatment). It is what he continues to do in the Parts that immediately follow it – in which morality, religion, and art are dealt with in turn, exemplifying what he means by "historische[s] Philosophieren" (ebd., 25).

This is what Nietzsche goes on to do in Part 5 as well – but in ways that are rather different, and have a more constructive character than do these previous Parts. Part 5 might be thought of as an anticipation or initiation and instance of the sort of "naturalizing" reinterpretation and reassessment of human reality that Nietzsche went on to call for in *Fröhliche Wissenschaft*, four years later, after announcing the "death of God." There he describes this task by coining the nicely apt phrase "uns Menschen [...] zu *vernatürlichen*" (FW 109, KSA 3, 469, his emphasis). And in Part 5 the dimension of human reality that is his specific focus is what he here rather distinctively calls (and spells) "Cultur".

Hegel had conceptualized the various kinds of human phenomena Nietzsche discusses in the first five Parts of *Menschliches, Allzumenschliches* in terms of "Geist"; and one of his concerns had been to consider which these kinds of experience and activity, and which of their forms, were the "highest" in significance. For Nietzsche they had to be reconsidered and reinterpreted, in terms of human reality and human Cultur. Yet he too avails himself rather freely of the language of "Geist" in doing so – shorn of its Hegelian pretensions, but serving for him to mark out the dimensions of human reality that transcend the *merely natural* most fully and significantly, by way of its mundanely occurring but nonetheless sometimes significantly creative transformation. "Geist" for Nietzsche, of course, like "Seele," is fundamentally only a word for "ein Etwas am Leibe" (Z I, KSA 4, 39); but the "Etwas" to which it points is something that is no longer simply leiblich. And the dimension of human reality in which it becomes that transformation of the merely natural into the spiritual – which is to say, into that for which his general term here is "Cultur." And near the end of Part 1 Nietzsche says something of great importance for the understanding of his philosophical project in *Menschliches, Allzumenschliches* and subsequently: "die ungeheure Aufgabe der grossen Geister" of the years to come will be to attain a comprehensive "*Kenntniss der Bedingungen der Cultur*" (MA I 25, 46).

2 Part 5: General Remarks

Nietzsche's main task in Part 5 is not (except perhaps derivatively) the rank-ordering or qualitative assessment of the different "cultures" (plural) of various Völker ("peoples," societies, nationalities), or of various "sub-cultures" and Lebensformen ("forms of life") that have come to exist socially within them. It rather is to show how he proposes to think, *in his new-philosophical way*, about different sorts and levels of "Cultur" (singular) – a term for which he sometimes substitutes "Bildung" and by which I take him to mean something like: historically emergent human-spiritual development ("cultivation"). Or, briefly put: Geistigkeit, spirituality.

The locus of this human phenomenon of Cultur is twofold: in the mentalities and sensibilities of human beings who exhibit them, and also in the social forms of life ("cultures," plural) associated with them that engender and foster them. It is certain features of such cultures that make those mentalities and sensibilities humanly possible. And this conception of Cultur involves an awareness of and attention to something that, on Nietzsche's new way of thinking, replaces the idea of the origin of that spirituality in some sort of supra-mundane reality: namely, the recognition (and insistence) that these are human phenomena, realizable and existing only in *historically developed socio-cultural contexts* conducive to them.

In Part 5's very first section (ebd. 224, 187 ff.), Nietzsche makes it clear that what he is most interested in here is not just Cultur generally, but "das *geistige Fortschreiten*" [his emphasis] more specifically: that is, humanly attainable and more or less "fortgeschrittene" (advanced) forms of Cultur, Geist or spirituality, understood in his fully entgöttlicht and vernatürlicht way (to use the language of FW 109, KSA 3, 469). And what he is proposing and attempting to develop here is a manner of analyzing and interpreting these phenomena that adheres to two general *guiding ideas:* the entirely *mundane* character of the Menschlich as it may plausibly be supposed to have been in the first place (as one sort of living creature among others); and the equally mundane character of its mutations and their developments, as human life came historically to have social and cultural as well as physical and biological contours. Cultur, for Nietzsche, is a cluster or array of human possibilities that has come to exist in a multiplicity of historically arising and emerging forms – and so, both humanly and individually, it exists only as *human* phenomena that have "become," having entirely human biological and social origins, developmental genealogies, and realizations.

Nietzsche further shows, in the very title of Part 5, that his abandonment of religious and metaphysical ways of thinking by no means requires the abandonment of all evaluative assessment. Types of human Cultur and Geistigkeit differ; but for him they are not simply *different*. They also can legitimately be thought of as being either "higher" or "lower" in relation to others – in accordance with some criteria that he here seems to suppose they themselves somehow make evident (or in any event seem evident to him). This Part of *Menschliches, Allzumenschliches* is thus a precursor to his later discussions of life-enhancement [Erhöhung], and of "higher" and "lower" types of human beings, moralities, and the like. And it anticipates his reflections on the question that is the title of Part IX of *Jenseits von Gut und Böse:* "was ist vornehm?" (JGB 257, KSA 5, 205). One of Nietzsche's fundamental questions, in the aftermath of "the death of God," was: what becomes of the idea of human worth? And here, at the very outset of his overtly philosophical writing, it is clear that for him the new locus of that worth is neither human *life* per se nor the human *individual* or *person* per se nor *humanity* per se, but rather various *human possibilities* and their realization. More specifically: it is to the emergent dimension of human reality that he here calls "Cultur," in its various forms, that he looks to make new sense of the qualitative differentiation among Menschen, and of "höher" and "niederer" versions of human reality.

There are two basic issues Nietzsche pursues in this discussion of "higher" and "lower" types of Cultur (and Menschheit). One of them is the issue of what he takes to be "Anzeichen" (signs or indications) that are that are indicative of their being either "higher" or "lower" types of human spirituality. And the other issue is that of the *human conditions of the possibility or likelihood of their human realization*, and what is conducive and detrimental to their realization. In the course of Part 5, he provides many examples of the sorts of conditions he considers to be developmentally relevant to the kinds of human phenomena he deems deserving of attention in this connection. And he continued to do so, very extensively and widely, for the rest of his philosophical life. This is a central part of what he means by "historical philosophizing"; and he here displays some of the ways in which he goes about doing it.

3 Part 5: Issues and Strategies

Menschliches, Allzumenschliches's Part 5 is of particular importance because it shows, very clearly and tellingly, the kinds of question and issue Nietzsche has in mind for which he believes the new-philosophical project he calls "historical philosophizing" (and later called "naturalizing") is needed, and illustrates the kinds of thinking he takes them to call for. They are an interesting array of human phenomena, the reality and salience of which he does not challenge, but that warrant reconsideration, reinterpretation, and revaluation in the light of the realization that their pedigree is mundane rather than divine or metaphysically sublime. As Nietzsche puts it here: "wo man den Glauben an einen Gott und seine Fürsorge aufgiebt," that is the end of all divine intentions and teleological thinking, and of all miraculous thinking and explanation as well: "Wunder wird man dabei niemals entdecken" (MA I 242, 202). So, for him, what there is of "higher" humanity and spirituality in this world can only have originated in what was at first devoid of it: pre-human, sub-human, merely human, allzumenschlich human interactions and practices – emerging out of them in ways themselves initially fortuitous or even pernicious.

It is of considerable interest to observe what the phenomena are that Nietzsche selects to talk about in Part 5, as deserving of recognition, attention, reflection, appreciation, and even further cultivation. In its first section (ebd. 224, 187 ff.), however, he addresses himself to the larger and more fundamental anthropological question of how the very phenomenon of "Veredelung" or ennoblement – which he glosses as "geistige Fortschreiten" and "Fortbilden" – became humanly possible and has occurred, in the absence of any supra-mundane agency or metaphysical impetus. He takes it for granted that such qualitative advancement *has occurred*. His question is *how it could have* occurred and *may have* occurred merely in the course of human (and even all-too-human) events, in the absence of any sort of developmental imperative in that direction, either external or internal.

Nietzsche's strategy here, as so often elsewhere and subsequently, is to try to envision a process or dynamic that presupposes nothing problematic but seems plausible – *and* suffices to make sense of a change that initiates a new and different sort of dynamic. It is perhaps only retrospectively, and from a standpoint or perspective that is an outcome of a succession of such changes (and so is not exactly neutral and objective), that such change can and does come to be deemed to represent a kind of advancement or qualitative enhancement. His question is: supposing certain traits to be estimable, and their emergence and development to be examples of "geistige Fortschreiten". How could this have come about in a world that is not disposed in their favor, with no supernatural assistance?

Nietzsche's first suggestion in Part 5 is summed up in the heading of its first section: "*Veredelung durch Entartung*" – "Ennoblement through degeneration" (ebd., 187). His thought here is not that Veredelung is tantamount to Entartung; nor is it that Entartung leads directly to Veredelung. Rather, his specific point here is that a certain sort of Entartung at a certain point can open the way for a creative departure from an existing imperative. But that, for Nietzsche, is only a part of the story of how some sort of Veredelung could – and may have – come about, even in the case of the phenomenon he goes on to consider: that of what he calls "*Freigeist*" – "free-spiritedness," "freedom of spirit," "spiritual freedom" (ebd. 225, 189). But this section also illustrates what is going to be one of his recurring themes: the idea of seemingly harmful or all-too-human tendencies combining in certain ways and circumstances to have transformative consequences.

In the following sections Nietzsche proceeds to reflect upon the idea and human possibility of the "Freigeist" phenomenon, and its contrast with the sort of Geist that is in thrall to whatever the existing traditional cultural order may be: the much more common "gebundene [bound or fettered] Geist" phenomenon (ebd., 190). The latter greatly surpasses the former in terms of one sort of "strength" – that of commitment and steadfastness; but it is one of Nietzsche's concerns to illuminate the very different and very important sort of "strength" that the Freigeist phenomenon both requires and cultivates. And he links it to one of the distinctions he highlights between two sorts of Geist. The *gebundene* Geist is guided unreflectively by some set of rules, principles and values it has absorbed from the tradition to which it has become habituated, and which for it is a matter of unquestioning faith. The *Freigeist*, on the other hand, is not. It operates by way of *reasons*.

Nietzsche makes much, in these opening sections, of the importance of liberation from bondage to the traditional ("Herkömmlichen") and of independent-mindedness. It is said to be a mark of a higher sort of Cultur than one that is as it is "auf Grund seiner Herkunft, Umgebung, seines Standes und Amtes oder auf Grund der herrschenden Zeitansichten." But Nietzsche's idea of that sort of Freigeist is immediately conjoined, in this very section, with the alternatives of being imbued with or devoid of "grössere Güte und Schärfe" of "Intellect". Thus he concludes this section by adding something further to the portrait of "free-spirited" sensibility he is sketching here, saying that for such a person it is "gewöhnlich" to proceed with "der Geist der Wahrheitsforschung auf seiner Seite" – by which he means that "er fordert *Gründe*, die Anderen *Glauben*" (ebd., 190; my italics). This is the theme of the next two sections as well (ebd. 226, 227,

190 f.). Nietzsche's conception of "free-spirited" thinking thus is characterized not only by an independent-mindedness that is not indiscriminately *difference-minded*, but rather (or also) is *truth-minded*. But this, for Nietzsche, is only the beginning of his exploration of forms of "higher" (and "lower") Cultur and Geistigkeit, and of their human-historical genealogies.

In short: for Nietzsche here and subsequently, what the term "Freigeist" designates first and foremost is not an individual or type of individual, but rather a type of *sensibility* or "spiritedness," which some human beings may come to have or attain, and which may be fostered and cultivated in some human communities and cultures while being discouraged and hindered in others. And it is also interesting to note that, at this juncture, Nietzsche's focus is to a great extent upon the question of what kind of *thinker* – rather than agent or creator – one is. In the first portion of Part 5, his focus is upon what it is for *thinking* to be "frei," as opposed to being "gebunden" – by which he means: liberated from rather than bound and in thrall to the "Herkömmlichen", and animated by a desire and daring to "think differently" and unconventionally (ebd. 225, 190). That is a paradigm instance, for Nietzsche here, of a contrasting pair of Anzeichen of "higher" and "lower" sensibilities, Geistigkeit and Cultur.

4 Beyond "Freedom of Spirit"

The portrait of what it means to be a human being or a human society of "higher" rather than "lower" *Cultur* that Nietzsche proceeds to develop and present in this Part of the book is basically an amplification and elaboration of this initial sketch. Independent thinking and highly developed intellect are the central traits of the sort of higher humanity and spirituality the Nietzsche of *Menschliches Allzumenschliches* has in mind here, and calls "Freigeist." Religion has no place in it, other than as a (lower and less advanced) form of Geistigkeit that contrasts with it, and must be transcended and left behind. The same is true, for him, of conventional forms of morality and ethicality that he discusses in the third Part of *Menschliches, Allzumenschliches*, subsequently came to characterize as "die Sittlichkeit der Sitte" and "herd," "slave," and "ascetic" Moralen, and deemed one and all to be inferior and stunting forms of Geistigkeit in need of being surpassed.

By the time of *Menschliches, Allzumenschliches* Nietzsche also had come to have serious second thoughts about the arts (music included) and the sorts of Geistigkeit they both express and promote, no longer idolizing them, and considering them too to be problematic and inferior in relation to those he associates with the mentality of the independently thinking and intellectually astute Freigeist. (In the course of his "Freigeist" series, however, he came to a different conclusion with respect to both of these last two types of Geistigkeit, in a conception of both higher humanity and his "philosophy of the future" that incorporated elements of each of them).

The topic of the next five sections (beginning with MA I 231, 194) is "Genius," which might be thought of as a term for the highest sort of energized mentality directed toward "*geistige* Ziele" (ebd. 234, 196). So conceived, as it is by Nietzsche here, it is almost self-evidently to be regarded as a mark and phenomenon of the highest sort of Cultur. The phenomenon of genius is a genuine human possibility and reality for Nietzsche; and his reflections and speculations about how it might have become so through an interplay of circumstances having nothing divine or admirable about them are an excellent as well as interesting example of his early new-philosophical "historical" and "naturalizing" thinking in action. His main question here is not why this is so, but rather how this phenomenon might have become humanly possible and individually manifested.

The phrase "geistige Ziele" – "spiritual goals" – is rather general, and could subsume creative as well as intellectual endeavors and expressions; and, particularly since the earlier Nietzsche's paradigm exemplar of genius had been Wagner, one might have expected musical (and more generally artistic and literary) genius to be at least a cluster of forms and instances of what he has in mind here. But the language uses here – such as "grosse Intellect" and "höchste Intelligenz", for example (ebd. 235, 197) – suggests that, at least paradigmatically, he is here conceiving of "genius" intellectually, and even cognitively. Indeed, as he proceeds, it becomes clear and increasingly explicit that it is wissenschaftlich thinking and the wissenschaftlich pursuit of knowledge that have become paradigmatic for him among the "geistige Ziele" that are the preoccupations of genius. Nietzsche does contend that "starke Energie" is "*der* Erdboden, aus dem der grosse Intellect und überhaupt das mächtige Individuum wächst" (ebd., 196); but it is clear that he at this point deems intellectual endeavor of a wissenschaftlich sort to be a higher sort of Geistigkeit than the arts, the domain of a higher sort of Genius, and the mark of a higher level of Cultur, than any other ways in which a "mächtige Individuum" might find self-expression. In a word: he takes it to bespeak – or represent – the highest sort of intellectual and spiritual sophistication.

In the next sections (MA I 236–240) Nietzsche offers a number of reflections on ways in which various sorts and instances of Cultur and Geistigkeit can and do evolve and differ, and on both the inevitability and the desirability of such differences. So, for example, he suggests that they may be characterized by different temperaments, and different traits akin to those observable in different stages of life (ebd. 236, 197f.). But one point that comes through very clearly in these sections is that for the Nietzsche who is writing here, the kinds of human phenomena that *flesh out* human reality at any given time and place are social, cultural and historical through and through, even if they may have other dimensions as well.

Yet Nietzsche also contends that many of their differences are not really relevant to his question of what makes some sorts and forms of Cultur and spirituality "higher" and others "lower" as he means these terms to be understood and applied. So he contends that "es ist Schwärmerei, zu glauben, das seine höhere neue Stufen der Menschheit alle die Vorzüge früherer Stufen in sich vereinigen werde", and that "Vielmehr hat jede Jahreszeit ihre Vorzüge und Reize für sich und schliesst die der anderen aus" (ebd. 239, 201). It is only certain sorts of differences with which he is concerned, and which he considers it meaningful and important to regard as marks of their being "higher" or "lower." The implication would appear to be that, even if they may express themselves differently, the kinds of Geistigkeit and sensibility he associates with the ideas of Freigeist, genius, and intellectual sophistication are generalizable exceptions to this particularistic general rule.

5 Toward a Philosophy of Culture

In the next ten sections (MA I 241–50) Nietzsche offers some remarkable reflections toward a "philosophy of culture" in the more usual sense of the term "culture." Here he makes it clear that, for him, culture, broadly conceived, is the locus of all there is in and about human reality that makes it more than just another piece of nature and type of animal life; and that it is also the only possible venue for any sort of "Erhöhung" of human life and "higher" humanity there can be. But he also makes it clear that he regards it as deeply and perhaps inescapably and insolubly problematic. For it is no exception to what we must now recognize to be the human rule: everything cultural has human origins and undergirdings, which are neither divine nor otherwise sublime (ebd. 245, 204 f.). Cultur is all we've got, beyond our animality, and so everything depends upon what is made of it; but he wants us to have no illusions about it – such as the idea that it is itself the very "werdenden Gott" thanks to which "es ist nicht Alles blinde Mechanik, sinn- und zweckloses Durcheinanderspielen von Kräften" (ebd. 238, 200). This he says, is a mere – and "irrthümlich" – consolation for the loss of the traditional one.

We further must recognize – and must learn to live with and accept the recognition of – some hard truths about it. One is that there is much about it and its origins and history that is not only mundane but often "allzumenschlich." Another is that it derives from impulses that are as primitive as they are powerful (ebd. 247, 205f.). This is one significant dimension of what Nietzsche calls "das Problem der Cultur" (MA I 249, 207). The origins of culture in general, he contends, turn out to be distressing when they are laid bare (ebd., 205). "Die Cultur ist entstanden wie eine Glocke, innerhalb eines Mantels von gröberem, gemeinerem Stoffe: Unwahrheit, Gewaltsamkeit, unbegränzte Ausdehnung aller einzelnen Ich's, aller einzelnen Völker, waren dieser Mantel" (ebd. 245, 204f.). It is the only source and bearer of meaning and meaningfulness, and yet it is only human, and ultimately meaningless – a game life is playing with itself, in which an ever-changing stream of all-too-humanly engendered culturally articulated Lebensformen flows on, in which they come to be and pass away (MA I 248, 206). So it is with "manners [Manieren]" (ebd. 250, 207f.) – and presumably also with Sitten more generally, and all cultural traditions as well.

Another dimension of the "problem of culture, Nietzsche observes, is its burdensomeness. Here he has in mind Cultur conceived as "die Summe der Empfindungen, Kenntnisse, Erfahrungen, also die ganze Last der Cultur". And that Last grows all the greater the richer a culture becomes – from which some sort of relief must be found if it is not to become unbearable and self-destructive. This would seem to be a problem that Nietzsche associates primarily with cultures like our own, in which the human emotions and imagination have long been profusely creative in religious, artistic and Volk-cultural ways. And while he later came to think that Wissenschaft can all too easily become a part of this problem, he here sees the "Geist der Wissenschaft" as a source or form of the needed purging relief, as an antedote to the obligations and obsessions that such traditions instill and enflame. For that wissenschaftliche Geist "etwas kälter und skeptischer macht" and "den Gluthstrom des Glaubens [...] abkühlt" (ebd. 244, 204). And with this observation Nietzsche sounds a new theme: that one of the marks of höhere Cultur is the attainment of a spirituality in which this sort of intellectuality and sophistication are not only present but highly developed.

6 Beyond the Idea of Freigeist

In the sections that follow (beginning with MA I 251, 208), Nietzsche elaborates upon this addition to his inventory of traits and forms of Geist and Geistigkeit to which he accords that sort of significance, in some surprising detail. To briefly review: that inventory had begun with the idea of Freigeist, which for him conjoined enlightenment (in relation to superstition and illusion) with independent-mindedness. It was expanded to include the qualities of intellectuality, rationality and truth-mindedness, complementing the enrichment and stimulation provided by immersion in the wealth of cultural content in which human emotion and imagination has found expression, and the differing sorts of genius that each – Erkennen and Erschaffen – requires. And at each step of the way Nietzsche's task was not only to identify these traits but to inquire into the developmental conditions of their human possibility, in the absence of anything beyond the initially human and all-too-human qualities and conditions of Urmenschheit.

Beginning in section 251, Nietzsche shifts his attention to the emergence of the kind of thinking that has culminated in Wissenschaft – broadly conceived as the disciplined pursuit of Erkennen and Erkenntnis – and in the emergence in human life of an "erkennende[n] Trieb" (ebd. 254, 211) or "*Lust am Erkennen*" (ebd, 252, 209). The question of their human origins – in a creature and a world to which they were fundamentally quite alien – had been on Nietzsche's mind since the time of his early essay fragment *Ueber Wahrheit und Lüge* and continued to be of great interest to him throughout his philosophical life. But their story, as he surmises it, was and remains a very different one from much else in the domain of Cultur, "higher" as well as "lower."

Both sorts of human spirituality – broadly speaking, the erschaffend and the erkennend – as human phenomena, have human-historical genealogies, setting the stage for further developments to which each contribute. The resemblance to the basic thesis of *Geburt der Tragödie* is neither coincidental nor surprising. But there is a change: now it is "der Geist der Wissenschaft", the heir of the Apollinian form of spirituality, and it is the kind of sophistication, discernment and attitude associated with it that Nietzsche clearly favors over latter-day versions of its Dionysian counterpart. (The pendulum, however, was far from done swinging at this point in Nietzsche's intellectual-philosophical life.) The theme just mentioned figures strongly and significantly in the last dozen sections of Part 5, and also is sounded again immediately in *Menschliches, Allzumenschliches* I 264. In it Nietzsche distinguishes between two types. One is those who are "begabte" in the sense of being among the "Geistreiche" – richly endowed and gebildet spiritually – but are "unwissenschaftlich." The other is "die wissenschaftlichen Naturen," who have attained a kind of intellectual conscience and rigor that puts a brake on enthusiasm for "das, was glänzt, scheint, erregt," and know "dass die Begabung, allerhand Einfälle zu haben, auf das strengste durch den Geist der Wissenschaft gezügelt werden müsse" (ebd. 264, 219). Both are forms or types of high spirituality, for Nietzsche; but by themselves each leaves something very important to be desired: namely, their counterpart. A higher level of Cultur/spirituality is one in which both capacities are strongly present, highly developed, and deeply combined. But it appears that Nietzsche here favors one in which the "Geist der Wissenschaft" predominates.

In the sections that follow (beginning with MA I 265), Nietzsche elaborates upon a cluster of traits that he associates with the attainment and expression of the wissenschaftlich side of this higher sensibility – and that are unattainable in the absence of the right sort of Schule and schooling. The first and foremost among them is the capacity for "strenges Denken, vorsichtiges Urteilen, consequentes Schliessen" (ebd. 265, 220). The next is the capacity for "Abstraction" – "eine hohe Gymnastik des Kopfes", in which the ability to cope and operate with "Begriffe, Kunstausdrücke, Methoden, Anspielungen in ihrer Sprache" is acquired, supplementing the outpourings of creative imagination (MA I 266). And to these Nietzsche adds the different sort of sophistication that is cultivated by "Viele Sprachen lernen" (ebd. 267, 221).

7 Whither Höhere Cultur?

Nietzsche concludes this inventory of phenomena he deems characteristic of higher spirituality and Cultur by identifying two intellectual abilities that go to the very heart of his own two kinds of thinking: "die Kunst zu lesen", cultivated by philology and the training it provides in rigorous interpretation (ebd. 270, 223), and "die Kunst zu schliessen", cultivated by the explanatory Wissenschaften (the Naturwissenschaften in particular). Both, for Nietzsche – the interpretive (linguistic and historical) and the explanatory disciplines – are Wissenschaften, of different but complementary sorts. Both contribute to the "Geist der Wissenschaft" that they collectively foster, nurture and develop (ebd. 271, 223 f.) – which, he goes on to contend, "führt den Mann hin zur Naturwissenschaft und Historie [N.B.] und namentlich zu den strengsten Methoden des Erkennens" (ebd. 272, 225 f). And for the Nietzsche of *Fröhliche Wissenschaft* and subsequent writings, both figures significantly in the kind of philosophy toward which he here is only moving, heralded in *Jenseits von Gut und Böse* as the "Philosophie der Zukunft."

In that further evolved kind of philosophy, however, creative and artistic powers receive comparable emphasis to this Wissenschaft-cultivated Geist, and "value creation" is accorded central importance. Here in *Menschliches, Allzumenschliches*, on the other hand, in the "new philosophy" Nietzsche is championing, Kunst (and presumably anything of the sort) has "eine immer mildere und anspruchslosere Bedeutung zufällt" in relation to this Geist– and in what Nietzsche calls the "Jahresringe der individuellen Cultur" as well (ebd., 224 f). Yet just a few sections later he suggests that the highest level of Cultur is attained when – and perhaps only when – these "zwei heterogene Mächte" are both powerfully developed and active, and are brought into a kind of harmonized and fruitful concord (ebd. 276, 227 f.). He employs the metaphor of a "dance": "Die hohe Cultur wird einem kühnen Tanze ähnlich sehen," in which now the one and now the other takes the lead, responding to as well as differing from the other (ebd. 278, 229). And a few sections later he goes further, envisioning something even more complex: a "höheren *vielsaitigeren* Cultur," in which other powers and impulses are brought into play and are incorporated into the dance (ebd. 281, 230).

In the end, however, Nietzsche here accords an even higher rank to a kind of spirituality he imagines, and introduces by way of the classical expression "*vita contemplativa*" – the "contemplative life," which rises above involvement in all things human, reflects upon them, and endeavors to comprehend them. In one section, anticipating an idea he expands upon in *Jenseits von Gut und Böse*, he envisions an *active* role for this contemplative spirit: from the greatest of heights it proceeds to provide *direction:* "er die ganz andere und höhere Aufgabe hat, von einem einsam gelegenen Standorte aus den ganzen Heerbann der wissenschaftlichen und gelehrten Menschen zu befehligen und ihnen die Wege und Ziele der Cultur zu zeigen" (ebd. 282, 230 f.). In the remaining sections of Part 5, however, the theme Nietzsche sounds is that of a spirituality for which comprehension is an end in itself, and the highest of all ends humanly attainable.

Thus the Nietzsche of *Menschliches, Allzumenschliches* characterizes this highest of human-spiritual standpoints as that of both a supremely enlightened, sophisticated and discerning Kenner of life and "*censor vitae* [judge of life]," "frei in seinem Urtheile über das Leben werden will," beyond all hate and love of things particular, "bald sommerlich, bald herbstlich gensinnt" (ebd. 287, 233) – but to no worldly end or purpose. "Sein Wille nämlich will Nichts angelentlicher, als Erkennen und das Mittel dazu" (ebd. 288, 234). Nietzsche calls this sort of freier Geist the "Freigesinnte, der Erkenntniss allein lebende Mensch" and proposes it as a new model of "verfeinerten Heroismus" of the highest order (ebd. 291, 234 f., his emphasis). And he concludes Part 5 with a lengthy peroration that gives eloquent expression to the outlook and wisdom he believes himself to have attained at this point. It is clearly intended to stand as the capstone of the conception of higher spirituality and Cultur that he has been developing here. And it is one that he believes to be a real as well as admirable human possibility, our mundane and allzumenschlich origins notwithstanding.

8 Concluding Remarks

This concluding section is Nietzsche's first explicit and elaborated version of the "idea and ideal" of an attainable and admirable higher Menschheit within the bounds of his post-religious and post-metaphysical "naturalizing" new philosophy, that he stated four years later (on the back cover of the first edition of *Fröhliche Wissenschaft*) was the "gemeinsames Ziel" of his "Freigeist" series. That "idea and ideal" turned out to be a work-in-progress that evolved and changed markedly in the years that followed. But *Menschliches, Allzumenschliches* was a remarkable beginning, and this fifth Part was its point of departure – culminating in this final section, that begins: "Vorwärts. – Und damit vorwärts auf der Bahn der Weisheit, guten Schrittes, guten Vertrauens!" (Ebd. 292, 235).

One last suggestion: Much of what Nietzsche does and says here – and subsequently – is illuminated by a centrally placed previous section that is of great importance for his understanding, and that of one of his best known exhortations. Here it is, in its entirety:

> *Begabung.* – In einer so hoch entwickelten Menschheit, wie die jetzige ist, bekommt von Natur Jeder den Zugang zu vielen Talenten mit. Jeder hat *angeborenes Talent*, aber nur Wenigen ist der Grad von Zähigkeit, Ausdauer, Energie angeboren und anerzogen, so dass er wirklich ein Talent wird, also *wird*, was er *ist*, das heisst: es in Werken und Handlungen entladet (ebd. 263, 219).

Literatur

Schacht, Richard (1983): Nietzsche, London/New York.
Schacht, Richard (1995): Making Sense of Nietzsche, Urbana/Chicago.
Schacht, Richard (1996): Introduction, to: Nietzsche, Friedrich: Human, All Too Human, transl. R. J. Hollingdale, Cambridge/New York, pp. vii–xxix.
Schacht, Richard (2012): Nietzsche's Naturalism, in: The Journal of Nietzsche Studies 43/3, pp. 185–212.
Schacht, Richard (2013): Nietzsche and Lamarckism, in: The Journal of Nietzsche Studies 44/2, pp. 263–280.

Martin Liebscher
Wohlwollende Verstellung von Bayreuth bis Sorrent

Sechstes Hauptstück. Der Mensch im Verkehr

Um das Verhalten der Menschen untereinander geht es in dem sechsten Hauptstück, dessen Aphorismen sich thematisch von der Erörterung zweckmäßigen Verhaltens im gesellschaftlichen Umgang bis zum Aufriss einer Philosophie der Freundschaft strecken. Zentral ist dabei das Motiv der wohlwollende Verstellung, das Nietzsche in den verschiedenen Überlegungen zur Frage nach dem Schein, Anschein und Ansehen in der Gesellschaft entlarvungspsychologisch nachzeichnet.

Der gewählte Titel „Der Mensch im Verkehr" mutet für den heutigen Leser mitunter befremdlich an, hat doch das Wort „Verkehr" eine starke semantische Wandlung vollzogen. Aber auch für den sprachkompetenten Leser des Jahres 1878 scheint dessen Bedeutung nicht vollkommen eingängig gewesen zu sein. Wie das *Deutsche Wörterbuch* der Gebrüder Grimm nachweist, ist das Substantiv neueren Datums, in älteren neuhochdeutschen Wörterbüchern sei es noch gar nicht verzeichnet gewesen. Die ursprüngliche Bedeutung war kaufmännischer Art im Sinne von „Umsatz, Betrieb von Waren", erst allmählich setzte sich die Bedeutung von „Umgang, (gesellschaftliche) Berührung" durch. Noch zu Goethes Zeiten schwankte das grammatikalische Geschlecht zwischen maskulin und Neutrum, was auch als Indiz für die Unbestimmtheit der Anwendung gesehen werden kann.

Nietzsche spricht in diesem Abschnitt vom Verkehr im Sinne des gesellschaftlichen Umgangs, wobei die ursprüngliche ökonomische Bedeutung des Warenaustausches als Konnotation durchaus beabsichtigt scheint. Das Vokabular ist an vielen Stellen der Handelssprache entnommen. Da ist die Rede von „anbieten" und „ausschlagen" (MA I, Aph. 294), von „erwerben" (ebd., 299, 311), „erlangen" (ebd., 350, 357) und „anrechnen" (ebd., 309), von „Besitz" (ebd., 321), „Wert" (ebd., 302, 304) und „Preis" (ebd., 357), von „Konkurrenz" und „Wettbewerb" (ebd., 367), und davon, etwas „in die Wagschale [zu] legen" (ebd., 305). Im Aphorismus 359 mit dem Titel „Köder" wird diese Vermischung der beiden semantischen Bereiche besonders deutlich:

> ‚Jeder Mensch hat seinen Preis', – das ist nicht wahr. Aber es findet sich wohl für Jeden ein Köder, an den er anbeißen muss. So braucht man, um manche Personen für eine Sache zu gewinnen, dieser Sache nur den Glanz des Menschenfreundlichen, Edlen, Mildthätigen,

Aufopfernden zu geben – – ‚und welcher Sache könnte man ihn nicht geben? – Es ist das Zuckerwerk und die Näscherei *ihrer* Seele; andere haben anderes (Ma I 359, 254).

Dass der Gedanke, den Ursprung moralischen Verhaltens vom Tauschgeschäft her abzuleiten, durchaus dem Denken Nietzsches entspricht, macht der zweite Abschnitt der *Genealogie der Moral* von 1886 deutlich, wo er Schuld und Strafe genealogisch aus dem „Vertragsverhältnis zwischen *Gläubiger* und *Schuldner*" ableitet, „das so alt ist als es überhaupt ‚Rechtssubjekte' giebt und seinerseits wieder auf die Grundformen von Kauf, Verkauf, Tausch, Handel und Wandel zurückweist" (GM II 4, KSA 5, 298).

1 Die Moralisten als Geistesverwandte

In diesem Sinn antizipiert die Methode, derer sich Nietzsche im sechsten Hauptstück von *Menschliches, Allzumenschliches* I bedient, durchaus sein späteres Verständnis von Genealogie. Der Ursprung moralischer Verhaltensweisen wird aufgedeckt und auf eine mehr oder wenige bewusste Konstellation von Machtverhältnissen zurückgeführt. Methodische Grundlage einer solchen Entlarvungspsychologie ist eine strenge Vivisektion des eigenen moralischen Verhaltens. Als Vorbild dienen Nietzsche die „großen Meister" der psychologischen Sentenz, so erwähnt er etwa François de la Rochefoucauld (1613–1680) und dessen „Geistes- und Kunstverwandten" (MA I 35, 58.). Einer von ihnen war Balthasar Gracián (1601–1658), dessen *Oraculo Manual, y Arte de Prudencia* (1653) Nietzsche in der Übersetzung Schopenhauers (1862) unter dem Titel *Handorakel und Kunst der Weltklugheit* kennenlernte. „Gracian zeigt eine Weisheit und Klugheit in der Lebenserfahrung, damit sich jetzt nichts vergleichen lässt", schwärmte Nietzsche im Jahre 1873 (NL 1873/74, 30[34]; KSA 7, 744). Diese Begeisterung überdauerte auch die Zeit des *Zarathustra*, noch im Jahre 1884 schrieb Nietzsche an Köselitz: „Über B<althasar> *Grazian* empfinde ich wie Sie: Europa hat nichts Feineres und Complicirteres (in der Moralisterei!) hervorgebracht. Gegen meinen ‚Zarathustra' macht er immerhin den Eindruck von Rococo und sublimer Verschnörkelung – oder was denken Sie darüber?" (KSB 6, 535).

Bei Gracián fand Nietzsche Stellen, an denen eine Verwandtschaft mit seiner eigenen psychologischen Entlarvungsmethode sichtbar wird:

> Kenntnis seiner selbst, an Sinnesart, an Geist, an Urteil, an Neigungen. Keiner kann Herr über sich sein, wenn er sich nicht zuvor begriffen hat. Spiegel gibt es für das Antlitz, aber keine für die Seele; daher sei ein solcher das verständige Nachdenken über sich: allenfalls vergesse man sein äußeres Bild, aber erhalte sich das innere gegenwärtig, um es zu ver-

bessern, zu vervollkommnen: man lerne die Kräfte seines Verstandes und seine Feinheiten zu Unternehmungen kennen: man untersuche seine Tapferkeit, zum Einlassen in Händel: man ergründe seine ganze Tiefe und wäge seine sämtlichen Fähigkeiten, zu allem.[1]

Doch sind die Aphorismen und Sentenzen Graciáns in einem anderen historischen und sozialen Kontext verortet, als die Nietzsches, sodass bei der Beurteilung eines thematischen Nahverhältnisses Vorsicht geboten ist. Gracián war seit seinem 18. Lebensjahr Novize des Ordens der Societas Jesu, von dem er nach Ablegung der vier Gelübde 1636 endgültig aufgenommen wurde. Im Gegensatz dazu fällt die Entstehungsphase des ersten Teils von *Menschliches, Allzumenschliches* in die Zeit des Höhepunkts des sogenannten Kulturkampfes, als nach der Gründung des Deutschen Reichs 1871 der Versuch unternommen wurde, den Einfluss der römisch-katholischen Kirche in Deutschland zurückzudrängen. Am 4. Juli 1872 wurde das von Bismarck entworfene Jesuitengesetz durch Unterstützung der liberalen Mehrheit im Reichstag angenommen. Das Gesetz verbot jegliche Ordensniederlassung auf deutschem Gebiet und ermöglichte die Ausweisung von Ordensmitgliedern. Vor diesem historischen Hintergrund sind Nietzsches Urteile zum Jesuitismus, wie etwa folgendes, das in seinem Notizbuch von 1873 dem erwähnten Lob Graciáns unmittelbar vorangeht, zu lesen: „Die Jesuiten schwächten und milderten die Ansprüche des Christenthums, um doch seine Macht noch zu behaupten" (NL 1873/74, 30[33]; KSA 7, 743). Eine nahezu anerkennende Haltung drückt die folgende Stelle aus:

> So spricht man von der Schlauheit und der verruchten Kunst der Jesuiten, aber übersieht, welche Selbstüberwindung jeder einzelne Jesuit sich auferlegt und wie die erleichterte Lebenspraxis, welche die jesuitischen Lehrbücher predigen, durchaus nicht ihnen, sondern dem Laienstande zu Gute kommen soll. Ja man darf fragen, ob wir Aufgeklärten bei ganz gleicher Taktik und Organisation eben so gute Werkzeuge, ebenso bewunderswürdig durch Selbstbesiegung, Unermüdlichkeit, Hingebung sein würden (MA I 55, 74 f.).

Das *Handorakel* steht hier zweifellos Pate für die „jesuitischen Lehrbücher", deren Regeln einer erleichterten Lebenspraxis dem Laienstande zu Gute kommen sollten. Geschrieben in der Tradition der höfischen Lebens- und Sittenlehre der Renaissance,

> vom *Fürsten* des Machiavelli und dem *Hofmann* des Castiglione bis zu Casa und Guazzo, es weist zurück auf die rationalistischen Hofschulen der Guevara und Boccalini, der Grenaille und Faret, und wieder auf die zahlreichen Höflingslehren der Gesellschaft um Ludwig XIV.,

---

[1] Gracián 1954, 49.

bis zum Regelbuch des Abbé Bellegarde und zu Fenelons Erziehungsroman *Die Abenteuer des Telemach*.²

In diesem Sinn bezeichnet Nietzsche den Jesuitismus neben Machiavelli (1459–1527), Montaigne (1533–1592) und La Rochefoucauld als „*Höhepunkte* der Redlichkeit", denen gegenüber er „die Deutschen eines Rückfall[s] in die moralische Verlogenheit zieht" (NL 1884, 25[74]; KSA 11, 28).

Wie spätere Stellen belegen, verwendet Nietzsche den Begriff Jesuitismus zumeist pejorativ. So spricht er kritisch über seine erste Periode, hinter der „das Gesicht des Jesuitismus" gegrinst hätte, insofern hier eine Illusion aufrechterhalten, einverleibt und zur Basis der Kultur gemacht worden sei (NL 1883, 16[14]; KSA 10, 507). Doch findet sich auch eine nachgelassene Stelle, an der Nietzsche – und hier denke man an seine Bewunderung Graciáns – eine Parallele zwischen dem freien Geist und dem Jesuiten zeichnet: „An Stelle des Philosophen setzte ich den freien Geist, der dem Gelehrten, Forscher, Kritiker überlegen ist und über vielen Idealen noch leben bleibt: der ohne Jesuit zu werden, trotzdem die unlogische Beschaffenheit des Daseins ergründet: der Erlöser von der Moral" (NL 1883, 16[14]; KSA 10, 503). Aus dem Umkehrschluss lässt sich folgern, dass Nietzsche dem Jesuiten genauso wie dem freien Geist zugesteht, die „unlogische Beschaffenheit des Daseins" ergründen zu können. Was er damit meint, lässt sich womöglich anhand einer anderen Nachlassstelle vom September 1876, die dem Umfeld von *Menschliches, Allzumenschliches* I angehört, verdeutlichen:

> Das Christentum und La Rochefoucauld sind nützlich, wenn sie die Motive des menschlichen Handelns verdächtigen: denn die Annahme von der gründlichen Ungerechtigkeit jedes Handelns, jedes Urtheilens hat großen Einfluß darauf, daß der Mensch sich von dem allzuheftigen Wollen befreie (NL 1876, 18[21]; KSA 8, 319).

Hier ist es nicht unwahrscheinlich, dass Nietzsche die jesuitische Gewissenserforschung zur Motivation moralischen Verhaltens, die als Examen Generale und Examen Partikulare einen grundlegenden Aspekt der Exerzitien darstellt, vor Augen hat. In einer solch fortgesetzten Selbstreflexion findet Nietzsche eine methodische Gemeinsamkeit zwischen dem freien Geist und dem Jesuiten: Beiden ist es durch diese Art der psychologischen Vivisektion möglich, die „unlogische Beschaffenheit des Daseins" zu ergründen – nur dass der freie Geist nicht die metaphysischen Voraussetzungen des Jesuiten teilt und dementsprechend zu rein menschlichen, will heißen, materialistischen Resultaten gelangt. Graciáns *Handorakel* als jesuitisches Lehrbuch von Lebensregeln für Laien, das sich in seinen

---

2 Hübscher 1954, 158 f.

höfischen Verhaltensmaßregeln bewusst auf den menschlichen Bereich beschränkt, kann derart zu einem Vorbild der moralischen Aphoristik Nietzsches in „Der Mensch im Verkehr" avancieren. Der Jesuit Gracián schreibt: „Man wende die menschlichen Mittel an, als ob es keine göttlichen, und die göttlichen, als ob es keine menschlichen gäbe."[3] Wie Nietzsches Ausführung zum religiösen Leben im dritten Abschnitt von *Menschliches, Allzumenschliches* I deutlich machen, gilt für Nietzsches Mensch im Verkehr nur noch der erste Teil dieses Aphorismus.

Soweit lassen sich folgende Merkmale zu Nietzsches Ausführungen zum gesellschaftlichen Umgang in der Auseinandersetzung mit dem *Handorakel* Graciáns ableiten: (a) stilistisch die Verwendung von Aphorismen und Sentenzen; (b) methodisch ein psychologisches Sich-Selbst-Hinterfragen, um derart die unlogische Beschaffenheit des Daseins zu ergründen; und (c) philosophisch-ethisch eine Reduktion auf das Materialistische, die keinen Rekurs mehr auf metaphysische Grundlagen oder deistische Erklärungsmodelle nimmt. Die spezifischen Themen des Abschnitts werden von Nietzsche vor dem Hintergrund dieser stilistischen, methodischen und philosophischen Trias geformt und bearbeitet.

2 Die „haarsträubende Gesellschaft" von Bayreuth

Inhaltlich sind Nietzsches Überlegungen zum Verkehr mit Menschen zwischen zwei Polaritäten gespannt: dem zweckmäßigen Verhalten im gesellschaftlichen Umgang, ähnlich den höflichen Verhaltensmaßregeln Graciáns, stellt er das Vertrauen der intimen Freundschaft gegenüber. Beide Bereiche menschlicher Erfahrungswirklichkeit konnte Nietzsche in der Zeit von 1876–77, also während der Entstehung von *Menschliches, Allzumenschliches* I, in seinem persönlichen Umfeld erfahren: Da war zunächst Nietzsches Erlebnis der ersten Bayreuther Festspiele im Sommer 1876. Er reiste bereits am 23. Juli an, um dem dritten Probezyklus beizuwohnen. Der ersten Enttäuschung – „Montag war ich in der Probe, es gefiel mir gar nicht und ich mußte hinaus" (KSB 5, 178 f.), – folgten gesundheitliche Probleme, insbesondere heftige Anfälle von Kopfschmerzen, die ihn zu einer vorzeitigen Abreise zwangen: „Ich weiß ganz genau, dass ich es dort *nicht* aushalten kann, ja eigentlich hätten wir es vorher wissen sollen! Ich fühle mich von dem kurzen Aufenthalt dort so ermüdet und erschöpft, ich komme gar nicht wieder recht zu mir" (KSB 5, 182). Die Woche vom 4. bis zum 12. August verbringt er in Klingenbrunn, von wo er schließlich doch wieder nach Bayreuth zurückkehrt,

---

3 Gracián 1954, Aph. 251, 124.

um den Rest der Festspiele mit der Schwester und im Kreis der Freunde Gersdorff, Rohde, den Overbecks und Rée zu verbringen. In den Gesellschaften der Bayreuther Salons kann man die oberfächlichen Eitelkeiten der Festspielgäste beobachten. Im Rückblick urteilt Nietzsche scharf: „Wagner, Bayreuth, die ganze kleine deutsche Erbärmlichkeit ist eine Wolke, in der eine unendliche fata morgana der Zukunft sich spiegelt" (EH, KSA 6, 314). Hier sei auch an das oben zitierte Urteil von 1883 erinnert, wonach in seiner ersten Periode, die spätestens mit Bayreuth ihr Ende findet, das Gesicht des Jesuitismus gegrinst hätte: die Illusion, die zur Basis der Kultur gemacht worden sei.

Nietzsches enttäuschte Hoffnung von Bayreuth, das keineswegs die Wiedergeburt der griechischen Tragödie auf deutschem Boden, sondern ein gesellschaftliches Großereignis deutscher Art und eine Schau der Eitelkeiten mit sich brachte, spiegelt sich in den Aphorismen zum Umgang in der Gesellschaft in *Menschliches, Allzumenschliches* I wieder. In *Ecce homo* schreibt Nietzsche über die Bayreuther Festspiele und die Entstehung von *Menschliches, Allzumenschliches* I:

> Die Anfänge dieses Buchs gehören mitten in die Wochen der ersten Bayreuther Festspiele hinein; eine tiefe Fremdheit gegen Alles, was mich dort umgab, ist eine seiner Voraussetzungen. Wer einen Begriff davon hat, was für Visionen mir schon damals über den Weg gelaufen waren, kann errathen, wie mir zu Muthe war, als ich eines Tags in Bayreuth aufwachte. Ganz als ob ich träumte... [...] Ein Königreich für Ein gescheidtes Wort! – In Wahrheit, eine haarsträubende Gesellschaft! Nohl, Pohl, *Kohl* mit Grazie in infinitum! Keine Missgeburt fehlt darunter, nicht einmal der Antisemit. – Der arme Wagner! Wohin war er gerathen! – Wäre er doch wenigstens unter die Säue gefahren! Aber unter Deutsche!... [...] In einem tief in Wäldern verborgnen Ort des Böhmerwalds, Klingenbrunn, trug ich meine Melancholie und Deutschen-Verachtung wie eine Krankheit mit mir herum – und schrieb von Zeit zu Zeit, unter dem Gesammttitel ‚die Pflugschar', einen Satz in mein Taschenbuch, lauter *harte* Psychologica, die sich vielleicht in ‚Menschliches, Allzumenschliches' noch wiederfinden lassen (EH, KSA 6, 323f.).

Auf einem Spaziergang mit Nietzsche am Neujahrstag 1877 warnt ihn seine Freundin und Gönnerin Malwida von Meysenbug, die ebenfalls in Bayreuth zugegen gewesen war und in deren Salon Nietzsche verkehrt hatte, davor, die Gesellschaft zum Thema kritischer Betrachtung zu machen:

> Die französischen Moralisten hätten das Recht gehabt, positive, durchaus gültige Urteile auszusprechen, weil sie die Gesellschaft, in der sie lebten, bis auf den Grund kannten, und ihre Bemerkungen wohl auch nur auf diese anwendeten; aber ohne eine solche langjährige genaue und vielseitige Beobachtung sei es nicht ratsam für höhere Intelligenzen, sich über psychologische Vorgänge so bestimmt und ein für allemal auszusprechen. [...] Leider fand

ich jene Sätze nur zu bald veröffentlicht in einer Schrift *Menschliches, Allzumenschliches* betitelt.⁴

3 Wohlwollende Verstellung

Wie bereits aus den vorangegangen Überlegungen zur Selbstreflexion klar wurde, ist ein zentrales und wiederkehrendes Thema von „Der Mensch im Verkehr" die Unterscheidung zwischen Schein, Anschein und Ansehen auf der einen und den verborgenen und zum Teil unbewussten Intentionen und Motivationen gesellschaftlichen Handelns auf der anderen Seite. Typisch hierfür ist etwa der Aphorismus „*Eitelkeit der Zunge*":

> Ob der Mensch seine schlechten Eigenschaften und Laster verbirgt oder mit Offenheit sie eingesteht, so wünscht doch in beiden Fällen seine Eitelkeit einen Vortheil dabei zu haben: man beachte nur, wie fein er unterscheidet, vor wem er jene Eigenschaften verbirgt, vor wem er ehrlich und offenherzig wird (MA I 313, 243).

Die Täuschung stellt ein zentrales Motiv von Nietzsches Aphorismen zum Verkehr in der Gesellschaft dar. Da ist es kein Zufall, dass Nietzsche und die Freundesrunde, die im Herbst und Winter 1876 in Sorrent zusammenkam, gemeinsam die Dichter Lope de Vega (1562–1635) und Calderón de la Barca (1600–1681) lasen, in deren Werken die barocke Frage nach dem Verhältnis von Schein und Sein immer wieder thematisiert wird. Auch bei Gracián findet man diese Überlegungen: „*Ins Innere schauen:* Man findet meistenteils die Dinge weit verschieden von dem, was sie schienen; und die Unwissenheit, welche nicht tiefer als die Rinde eingedrungen war, sieht, wenn man zum Innersten gelangt, ihre Täuschung schwinden."⁵

In Nietzsches Eingangsaphorismus zu „Der Mensch im Verkehr" klingt bereits das Hauptmotiv des Abschnittes an, wonach es in Gesellschaft nötig sei, sich wohlwollend zu verstellen, als ob man die Motive des Handelns des anderen nicht durchschaue (ebd. 293, 239). Die „wohlwollende Verstellung" wird in der Folge in ihren verschiedenen Ausformungen dargestellt: Den Geistreichen versucht man durch Paradoxien zu locken (ebd., Aph. 307), den Mutigen, indem man ihm eine auszuführenden Handlung gefährlicher darstellt, als sie ist (ebd., 308), den nicht Berühmten, indem man auf eine „unverbindliche Art Unrecht" behält (ebd., 328); auch sei die Frage nach Recht oder Unrecht im Gespräch lediglich eine Sache der

---

4 von Meysenbug 1898, 250.
5 Gracián 1954, Aph.146, 145.

Angewohnheit (ebd., 334), und in manchen Fällen sei es sogar ratsam, dem anderen Recht zu geben, selbst auf die Gefahr hin, dass man ein erlittendes Unrecht unwidersprochen in Kauf nehmen müsse (ebd., 340).

Gesellschaftliches Verhalten wird derart als Schauspiel charakterisiert, das einzig dem Zweck dient, den anderen für sich zu gewinnen und derart die eigene Situation zu verbessern. Denn Nietzsche sieht hinter dem gesellschaftlichen Treiben eine Auseinandersetzung um den Platz innerhalb einer Rangordnung – in späteren Werken wird dies im Zusammenhang mit dem Begriff des „Pathos der Distanz" von Bedeutung sein: Eine „sehr angesehene Person" zeichne mitunter andere durch ihren Tadel aus (ebd., 336); gegenüber einer solchen gelte es, das erlittene Unrecht einer falschen Anschuldigung stillschweigend hinzunehmen (ebd., 340); die „vornehme Seele" verpflichte sich gern zur Dankbarkeit im Gegensatz zur „niederen", wobei überschwelliger Dank ein Zeichen „niederer Herkunft oder gedrückter Stellung" sei (ebd., 366); gute Redner benötigten jemanden, der entweder „entschieden und anerkannt überlegen" sei oder den er überrage, um den Antrieb der Konkurrenz nicht zu spüren (ebd., 367). Selbst das Streben nach Gleichheit äußere sich darin, „dass man entweder alle Anderen zu sich hinunterziehen möchte (durch Verkleinern, Secretieren, Beinstellen) oder sich mit Allen hinauf (durch Anerkennen, Helfen, Freude an fremden Gelingen)" (ebd., 300).

Neben der Positionierung innerhalb der Rangordnung beabsichtigt die „wohlwollende Verstellung" oder Täuschung zudem den Zweck zu verhindern, dass der andere die eigene Person durchschaut und das, was im Innersten verborgen liegt, ans Tageslicht zerrt: *„Furcht vor dem Nächsten.* – Wir fürchten die feindselige Stimmung des Nächsten, weil wir befürchten, dass er durch diese Stimmung hinter unsere Heimlichkeiten kommt" (ebd., 335). In einer Vorstufe zu diesem Aphorismus aus dem Sommer 1876 findet sich noch eine zusätzliche Zeile, die Nietzsche im Druckmanuskript weggelassen hat: „und uns zu verachten lernt, wie wir uns selbst verachten" (NL 1876, 17[14]; KSA 8, 298). Folgt man der Logik des Aphorismus, mag der gestrichene Zusatz eventuell auch zu viel über die Heimlichkeiten des Verfassers verraten haben...

Den gesellschaftliche Umgang fasst Nietzsche demnach als einen Agon auf, einen Wettstreit, der dazu dienen soll, die Rangordnung zwischen den Teilnehmern zu bestimmen. Es ist in diesem Zusammenhang von „Gegner" (MA I, 302), „Disputieren" (ebd., 315, 349), „Angriff" (ebd., 317) und „angreifen" (ebd., 326) die Rede. Dieser agonale Aspekt wird etwa in *„Unarten als gute Anzeichen"* (ebd. 339) deutlich. Hier spricht Nietzsche davon, dass der überlegene Geist sein Vergnügen an den „Tactlosigkeiten, Anmaasungen, ja Feindseligkeiten ehrgeiziger Jünglinge" habe, und vergleicht sie mit „feurige[n] Pferde[n]", die nach anfänglicher Zurückweisung bald stolz sein werden, ihren Reiter zu tragen (ebd.). Der gesellschaftliche Wettstreit wird hier als Spiel und Vorbereitung für höhere Aufgaben verstanden.

Von Bedeutung für Nietzsches späteres genealogisches Verständnis gesellschaftlichen Handelns ist der Aphorismus „*Urzustände in der Rede nachklingend*" (ebd. 342), insofern hier der Umgang in der Gesellschaft und dessen Regeln auf ursprüngliche, primitive Verhaltensweisen zurückgeführt wird. Solch ein Verständnis antizipiert schon die kulturtheoretischen Überlegungen der Psychoanalyse, wie sie Freud in *Totem und Tabu* oder in *Das Unbehagen in der Kultur* psychologisch zum Ausdruck bringen wird:

> *Urzustände in der Rede nachklingend.* – In der Art, wie jetzt die Männer im Verkehre Behauptungen aufstellen, erkennt man oft einen Nachklang der Zeiten, wo dieselben sich besser auf Waffen, als auf irgend Etwas verstanden: sie handhaben ihre Behauptungen bald wie zielende Schützen ihr Gewehr, bald glaubt man das Sausen und Klirren der Klingen zu hören; und bei einigen Männern poltert eine Behauptung herab wie ein derber Knüttel. – Frauen dagegen sprechen so, wie Wesen, welche Jahrtausende lang am Webstuhl sassen oder die Nadel führten oder mit Kindern kindisch waren (ebd., 249).

Im Aphorismus „*Duell*" (ebd. 365) führt Nietzsche in ähnlicher Weise die Reizbarkeit eines Menschen auf das Erbe der Vergangenheit zurück, wobei man Lamarcks Theorie der Vererbung individueller Eigenschaften im Hintergrund zu hören vermeint: „Darüber, dass er so reizbar ist, ist gar nicht zu rechten, damit sind wir Erben der Vergangenheit, ihrer Größe sowohl wie ihrer Übertreibungen, ohne welche es nie eine Grösse gab" (ebd., 256).

Das agonale Wetteifern zur Festlegung der Rangordnung hat seine Ursache mitunter in dem Unvermögen des einzelnen, den eigenen Wert gegenüber den anderen richtig einschätzen zu können. Nietzsche nennt einen solchen Menschen anmaßend und versteht darunter einen, „welcher mehr bedeuten will als er ist *oder gilt*" (ebd. 370, 260). Der längere Abschnitt „*Anmaassung*" (ebd. 373) zeigt, welche negative Bedeutung Nietzsche dieser Fehleinschätzung der eigenen Bedeutung beimisst: „Denn es giebt im Verkehre mit Menschen keine grössere Thorheit, als sich den Ruf der Anmaassung zuzuziehen; es ist noch schlimmer, als wenn man nicht gelernt hat, höflich zu lügen" (ebd. 370, 261). Mengt sich die Anmaßung in einen beliebigen Bereich menschlichen Verhaltens, so führt sie beim Gegenüber zu Widerwillen, gleich ob es sich um Herzlichkeit, Ehrenbezeigungen, wohlwollende Vertraulichkeit, Liebkosung, freundschaftlichen Rat, Eingestehen von Fehlern oder Mitleid für andere handelt. Nur der Umgang mit verdienten Leuten hilft gegen eine solche Selbstüberschätzung, insofern der Mensch dadurch die eigene Position innerhalb der Rangordnung zu erkennen vermag.

Doch gibt es nicht nur die Auflösung des agonalen Verhältnisses durch die Erkenntnis der Unter- oder Überlegenheit oder des Eingestehens der eigenen Stärken und Schwächen, die Ordnung des „Pathos der Distanz", sondern auch ein disfunktionales Scheitern des gesellschaftlichen Verkehrs, insofern die Rangunterschiede nicht festgelegt werden können:

> *Verrechnung in der Gesellschaft.* – Dieser wünscht interessant zu sein durch Urtheile, Jener durch seine Neigungen und Abneigungen, der Dritte durch seine Bekanntschaften, ein Vierter durch seine Vereinsamung – und sie verrechnen sich Alle. Denn Der, vor dem das Schauspiel aufgeführt wird, meint selber dabei das einzig in Betracht kommende Schauspiel zu sein (ebd. 564, 255 f.).

Das Funktionieren des gesellschaftlichen Agons zur Bestimmung der Rangordnung scheitert hier an der narzisstischen Einstellung der Teilnehmer, die das Gegenüber nicht mehr wahrnimmt, sondern nur an der eigenen Darstellung Interesse hat. Das Gegenstück zum Scheitern an der narzisstischen Einstellung schildert Nietzsche im Aphorismus „*Taktik im Gespräch*" (ebd. 369), wo der Versuch zweier kluger Menschen, jeweils seinem Gegenüber Vorteile zukommen zu lassen, um ihn gewogen zu machen, an der daraus resultierenden Unmöglichkeit, eigentliche Inhalte zu vermitteln, scheitert:

> Es wäre ein lustiges Gespräch zwischen zwei sehr Klugen zu denken, welche sich gegenseitig günstig stimmen wollen und sich deshalb die schönen Gelegenheiten im Gespräch hin und her[zu]werfen, während keiner sie annimmt: so dass das Gespräch im Ganzen geistlos und unliebenswürdig verliefe, weil Jeder dem Andern die Gelegenheit zu Geist und Liebenswürdigkeit zuwiese (ebd., 258).

Das gelungene Schauspiel hingegen, die überzeugende Darstellung, ob derer man sich in der gesellschaftlichen Auseinandersetzung über den anderen erhebt, bedarf der psychologischen Kenntnis, die für Nietzsche ganz nah mit der Rhetorik verbunden ist, im Herbst 1876 schreibt er sogar: „Das Studium der Psychologie gehört zur antiken Rhetorik" (NL1876, 19[101], KSA 8, 355). Daher ist es nicht verwunderlich, dass Motive der Rhetorik auch im sechsten Abschnitt von *Menschliches, Allzumenschliches* I beim Umgang mit anderen Menschen anklingen, so etwa die Frage der Performanz:[6] „Man widerspricht oft einer Meinung, während uns eigentlich nur der Ton, mit dem sie vorgetragen wird, unsympathisch ist" (MA I, 503, 241). An anderer Stelle empfiehlt er als Mittel, den anderen

---

[6] Von 1871/72 bis 1874/75 hielt Nietzsche an der Universität Basel Vorlesungen zur antiken Rhetorik, KGW II/4, auf deren Inhalt und Bedeutung für *Menschliches, Allzumenschliches* I ich hier nicht näher eingehen kann.

zu überzeugen, „schlicht seinen Plan hin[zu]legen, als sei er die einzige Möglichkeit", es sei dabei wichtig zu verstehen, dass „wenn im Auge des Gegners der Einwand, der Widerspruch dämmert, schnell abzubrechen und ihm keine Zeit zu geben" (ebd. 350, 251).

„Das Zwiegespräch ist das vollkommene Gespräch", weil sich der andere als ein Spiegel erweist, in dem der Redner seine Gedanken möglichst schön wieder erblicken möchte. Sobald dieses vertraute Zwiegespräch durch mehrere Teilnehmer aufgehoben wird, verliert es die „individualisierende Freiheit", weshalb der Mensch im Verkehr mit mehreren gezwungen sei, sich auf sich selber zurückzuziehen (ebd. 374, 261). An dieser Stelle taucht wieder die bereits erwähnte Polarität zwischen dem gesellschaftlichen Umgang mit der Menge und dem Bild des vertrauten Zwiegesprächs mit dem Freunde auf. Hatte Nietzsche im Sommer 1876 in Bayreuth den gesellschaftlichen Verkehr und dessen Eitelkeiten im großen Rahmen, bei dem das Schauspiel von Verstellung und Täuschung zur bestimmenden und schützenden Notwendigkeit gehört, kennengelernt, so fand er später im Jahr in Sorrent die vertrauliche Gemeinschaft mit gleichgesinnten Freunden.

Nietzsche traf auf Einladung Malwidas von Meysenbug am 27. Oktober 1876 in Sorrent ein, wo er bis 7. Mai 1877 blieb. Den Winter über gesellten sich zu den beiden die Freunde Albert Brenner und Paul Rée. Auch die Familie Wagner, der man zeitweilige Besuche abstattete, weilte bis Anfang November in der süditalienischen Stadt. Die Freunde machten untertags zahlreiche Ausflüge, an denen sich Nietzsche je nach Stand seiner gesundheitlichen Verfassung beteiligte, und abends las man einander aus verschiedenen philosophischen und literarischen Texten vor. Rée nutzte die Zeit, um seine Arbeit zum *Ursprung der moralischen Empfindung* abzuschließen; Brenner und Malwida waren mit literarischen Projekten beschäftigt; und Nietzsche entwarf aphoristische Aufzeichnungen und Skizzen, die später zum Teil Eingang in *Menschliches, Allzumenschliches* I fanden. Die Monate bis zur Abreise Rées und Brenners Ende März 1877 werden von den Freunden zum Idyll verklärt:

> Wenn wir so Abends beisammen sassen, Nietzsche gemütlich im Lehnstuhl hinter seinem Augenschirm, Dr. Rée, unser gütiger Vorleser beim Tisch, wo die Lampe brannte, der junge Brenner am Kamin mir gegenüber und mir helfend Orangen schälen für das Abendbrod, da sagte ich oft scherzend: ‚Wir repräsentieren doch wirklich eine ideale Familie; vier Menschen, die sich früher kaum gekannt, kein verwandtschaftliches Band haben, keine gemeinsame Erinnerungen, und nun in vollkommener Eintracht, in ungestörter persönlicher Freiheit, ein geistig und gemüthlich befriedigtes Zusammenleben führen'.[7]

---

7 von Meysenbug 1898, 57.

4 Freundschaft

Die Freundschaft hielt Nietzsche für ein durchaus bedeutendes philosophisches Thema, das aber bisher nur in der Philosophie der Griechen dementsprechend gewürdigt worden sei: „Sie allein von allen Völkern haben eine tiefe, vielfache philosophische Erörterung der Freundschaft; sodass ihnen zuerst, und bis jetzt zuletzt, der Freund als ein lösenswerthes Problem erschienen ist" (MA I 357, 253). In Nietzsches Philosophie hat die Freundschaft ihren Ursprung, wie jede andere gesellschaftliche Beziehung, in der Täuschung und kommt auch nicht ohne die „wohlwollenden Verstellung" aus. Im Aphorismus 376, dem letzten des Abschnitts 6, der bei weitem der umfangreichste ist, erörtert er dieses Verhältnis zwischen Freunden. Entgegen seiner persönlichen Wertschätzung eines vertraulichen Freundschaftsverhältnisses sieht er ein solches dennoch nicht als permanent an: „wie unsicher ist der Boden, auf dem alle unsere Bündnisse und Freundschaften ruhen […], wie vereinsamt ist jeder Mensch!" (ebd. 376, 263). Die Erkenntnis, wonach sowohl Meinungen als auch Handlungen des jeweils anderen „nothwendig und unverantwortlich" (ebd.) sind und aus einer inneren Notwendigkeit der unlösbaren Verflechtung von Charakter, Beschäftigung, Talent und Umgebung herstammen, führt den Menschen zum Umkehrschluss, wonach auch der Freund über die Unzulänglichkeit der eigenen Meinung Bescheid wissen müsste. Der Irrtum und die Täuschung haben den Freund zunächst durch ein idealisiertes Bild angelockt, erst danach kommt es zu einer allmählichen *Ent*täuschung – im Jargon der Psychoanalyse würde man sagen: die Projektion wird aufgehoben. Um die Freundschaft aufrecht zu erhalten, sei es daher nach Nietzsche unumgänglich, das Wissen um die Schwächen des anderen für sich zu behalten: „denn fast immer beruhen solche menschlichen Beziehungen darauf, dass irgend ein paar Dinge nie gesagt werden, ja dass an sie nie gerührt wird; kommen diese Steinchen aber in's Rollen, so folgt die Freundschaft hinterdrein und zerbricht" (ebd.). Die Freundschaft bleibt in der Waage durch die Selbsterkenntnis, durch das Bewusstsein der eigenen inneren Instabilität, dass unsere Geringschätzung des Freundes, die wir durch die *Ent*täuschung aufgebaut haben, wieder ausgleicht:

> – Indem wir uns selbst erkennen und unser Wesen selber als eine wandelnde Sphäre der Meinungen und Stimmungen ansehen und somit ein Wenig geringschätzen lernen, bringen wir uns wieder in's Gleichgewicht mit den Uebrigen. Es ist wahr, wir haben gute Gründe, jeden unserer Bekannten, und seien es die grössten, gering zu achten; aber eben so gute, diese Empfindungen gegen uns selber zu kehren (ebd.).

Das Zusammensein der Freunde in Sorrent wurde aber nicht nur philosophisch reflektiert, sondern sollte auch praktische Konsequenzen für die Zukunft zeitigen. Bereits in der Zeit vor Sorrent finden sich im Kontext der Aufzeichnungen zu *Menschliches, Allzumenschliches* I Entwürfe Nietzsches zu Lebens- und Erziehungsstätten für Freigeister: „Moderne Klöster – Stiftungen für solche Freigeister – etwas Leichtes bei unsern grossen Vermögen" (NL 1876, 16[45]; KSA 8, 294). Aus dem Sommer 1876 stammt die Aufzeichnung: „Wer sein Geld als Freigeist gut verwenden will, soll Institute gründen nach Art der Klöster, um ein freundschaftliches Zusammenleben in größter Einfachheit für Menschen zu ermöglichen, welche mit der Welt sonst nichts mehr zu thun haben wollen" (NL 1876, 17[50]; KSA 8, 305). Im Rahmen des Sorrenter Zusammenseins beginnt Nietzsche mit den Freunden Pläne für eine solche Institution zu erwägen. Malwida von Meysenbug erinnerte sich an den Plan, „ein Institut für junge Leute beiderlei Geschlechtes zu gründen, das durch Beispiel und Belehrung die Pflanzenschule werden sollte, aus welcher Apostel einer reineren, höheren Lebensanschauung als der in conventionellen Formen erstarrten der modernen Welt hinausgehen würden".[8] In Sorrent suchte man bereits nach geeigneten Lokalen. In einer Karte an die Schwester vom 20. Januar 1877 schreibt Nietzsche von einer „‚Schule der Erzieher' (auch modernes Kloster, Idealkolonie, université libre genannt)" (KSB 5, 216). Als ihn Reinhart von Seydlitz Ende März 1877 besucht, sind die Pläne für die „Schule der Erzieher" noch in vollem Schwung. Von den gegenseitig geschriebenen Aphorismen, die man einander vorlas, seien nach Seydlitz so manche in *Menschliches, Allzumenschliches* verwendet worden. Dass dabei auch die erörterten Pläne einer „Schule der Erzieher" im Hintergrund standen, lässt sich etwa anhand eines Aphorismus wie *„Unarten als guten Anzeichen"* (MA I, 339) gut zeigen, wo sich geradezu die Beschreibung einer Pädagogik für Freigeister finden lässt: „Der überlegene Geist hat an Tactlosigkeiten, Anmaassungen, ja Feindseligkeiten ehrgeiziger Jünglinge gegen ihn sein Vergnügen; es sind die Unarten feuriger Pferde, welche noch keinen Reiter getragen haben und doch in Kurzem so stolz sein werden, ihn zu tragen" (ebd., 248).

Nietzsches Plan einer „Université Libre" scheiterte schließlich an materiellen Gründen. Auch die Freundschaft zu Rée fand ein baldiges Ende, jene zu Malwida wurde durch Nietzsches Abkehr von Wagner und seinen neuen philosophischen Ton zusehends getrübt. Seine Überlegungen zur Instabilität freundschaftlicher Verhältnisse bewahrheiten sich zusehends über die kommenden Jahre. „[W]ie vereinsamt ist jeder Mensch!" (Ebd. 376, 263), hatte er noch in seinem großen Aphorismus zur Freundschaft geschrieben.

---

[8] von Meysenbug 1902, 23 f.

Nietzsches Überlegungen zum gesellschaftlichen Umgang im sechsten Abschnitt von *Menschliches, Allzumenschliches* I stehen in einer Reihe mit den Texten großer Aphoristiker wie La Rochefoucauld oder Gracián. Wo etwa Graciáns Sentenzen auf gesellschaftlich-höfisches Verhalten reduziert sind, finden sie die Bewunderung Nietzsches, dem aber das metaphysisch-deistische Grundverständnis, d. h. der transzendente Rahmen des Jesuiten fehlt. Beide teilen sich aber die strenge Selbstbeobachtung als Methodik, die schließlich vor allem durch William James (1842–1910) Eingang in die moderne Psychologie gefunden hat. Nietzsches Hinterfragung moralischer Verhaltensweisen entlarvt dabei mehr oder weniger unbewusste Machtstrukturen als Motivationsfaktoren und antizipiert somit bereits in Ansätzen Gedanken, die später in der *Genealogie* eine genauere Behandlung erfahren werden.

Literatur

Hübscher, Arthur (1954): „Nachwort des Herausgebers", in: Balthasar Gracián, Handorakel und Kunst der Weltklugheit, Stuttgart.
Gracián, Balthasar (1653 [1954]): Handorakel und Kunst der Weltklugheit, Stuttgart.
Meysenbug, Malwida von (1898): Der Lebensabend einer Idealistin, Berlin.
Meysenbug, Malwida von (1902): Individualitäten, Berlin.

Michael Skowron
Nietzsche, Weib und Kind, eine „disharmonia praestabilita"?

Siebtes Hauptstück. Weib und Kind.

1 Das vollkommene Weib

Das siebte Hauptstück zu Weib und Kind umfasst 60 zunächst kürzere und sodann längere Aphorismen, in denen Nietzsche vielen der zu seiner Zeit aber auch heute noch gängigen Auffassungen zu diesem Thema widerspricht und ihnen unzeitgemäße Gegenlehren entgegenhält, die man dann jedoch wieder isoliert und der Misogynie verdächtigt. Doch schon der erste Aphorismus widerspricht auch dieser Einschätzung, sofern er das vollkommene Weib als einen höheren Typus des Menschen als den vollkommenen Mann erklärt, leider aber auch als etwas viel Selteneres (MA I 377, 265). Damit macht er auch deutlich, dass in den folgenden Aphorismen weder von vollkommenen Weibern bzw. Frauen noch von vollkommenen Männern, sondern von den vielen menschlich, allzumenschlichen die Rede ist. Wie schon bei Nietzsche wird auch hier die Rede vom ‚Weib', ‚Weibern', ‚Weiblein' etc. nicht in dem heutzutage meist üblich gewordenen abschätzigen oder gar verächtlichen Ton gebraucht. Dem Weib korrespondiert sinngemäß der Mann, der Frau der Herr. Im Folgenden werden auch Ausblicke auf andere Texte und Kontexte Nietzsches gegeben, in denen Themen des siebten Hauptstücks behandelt werden oder für die Auslegung relevant erscheinen, weil sie Gründe, Bestätigungen oder Änderungen in Nietzsches Auffassungen aufzeigen können.

Nicht nur in der ihnen möglichen Vollkommenheit, auch in anderen Hinsichten sind die Frauen den Männern überlegen. So hätten es die Frauen verstanden, „sich durch Unterordnung doch den überwiegenden Vortheil, ja die Herrschaft zu sichern" (ebd. 412, 273), wozu ihnen ihr ausgezeichneter Verstand verhelfe, der sich „als vollkommene Beherrschung, Gegenwärtigkeit des Geistes, Benutzung aller Vortheile" zeige und als ihre Grundeigenschaft auf die Kinder vererbt werde, während der Vater den dunkleren Hintergrund des Willens dazugebe.

Sein Einfluss bestimmt gleichsam Rhythmus und Harmonie, mit denen das neue Leben abgespielt werden soll; aber die Melodie desselben stammt vom Weibe, [...] die Weiber haben den Verstand, die Männer das Gemüth und die

Leidenschaft. Dem widerspricht nicht, dass die Männer thatsächlich es mit ihrem Verstande so viel weiterbringen: sie haben die tieferen, gewaltigeren Antriebe; diese tragen ihren Verstand, der an sich etwas Passives ist, soweit (ebd. 411, 272). Einem Urteil Hesiods zufolge, war es:[1]

> ein Zeichen für die Klugheit der Weiber [...], dass sie es fast überall verstanden haben, sich ernähren zu lassen, wie Drohnen im Bienenkorbe. [...] Selbst das Pflegen der Kinder könnte ursprünglich von der Klugheit der Weiber als Vorwand benutzt sein, um sich der Arbeit möglichst zu entziehen. Auch jetzt noch verstehen sie, wenn sie wirklich thätig sind, zum Beispiel als Haushälterinnen, davon ein sinnverwirrendes Aufheben zu machen: so dass von den Männern das Verdienst ihrer Thätigkeit zehnfach überschätzt zu werden pflegt (ebd. 412, 272 f.).

Eine Folge davon könnte auch sein, dass „namentlich Frauen, [...] die Langeweile nicht [empfinden], weil sie niemals ordentlich arbeiten gelernt haben" (ebd. 391, 267). Positiv an dieser klugen Lebensweise der Frauen, „welche im Wesentlichen ernährt werden und nicht arbeiten" ist nicht nur die Befreiung von entfremdeter Arbeit (vgl. MA I 439, 286 f.; M 173, KSA 3, 154; FW 329, KSA 3 und ebd., 556 f.), sondern auch die dadurch ermöglichte Freiheit wozu?, nämlich dass sie „*sofort* in eine philosophische Existenz *umgewandelt* werden [könnte]!" Das Anzeichen dafür, dass diese Umwandlung jedoch nicht stattfindet, sieht Nietzsche in einer anderen Setzung von Prioritäten der Frauen, welche die Philosophie nicht berücksichtigt: „Aber man sehe sie vor einem Schauladen voller Putz und Wäsche!" (NL 1881, 11[6]; KSA 9, 442) Das Sich-Putzen gehört Nietzsches Psychologie zufolge bisher wenigstens zum „Ewig-Weiblichen" (JGB 231, KSA 5, 171). Im Gegensatz zu den kurzlebigen männlichen Drohnen im Bienenkorb ist die Lebenserwartung von Frauen im Durchschnitt jedoch höher als die der Männer, die darin wieder mehr den Drohnen gleichen, sich aber nicht wie diese ernähren lassen wollten, weil ihre Eitelkeit und Ehrsucht noch größer als die weibliche Klugheit sei (MA I 412, 273).

Der Satz über das „vollkommene Weib" zeigt aber auch noch in anderer Hinsicht die Problematik der folgenden Aphorismen, sofern er zunächst wie eine Tatsachenaussage über den Menschen klingt, dann aber doch nur durch die „Naturwissenschaft der Thiere [...] wahrscheinlich" gemacht werden kann (ebd. 377, 265). Die Berufung auf die „Naturwissenschaft der Thiere", die in diesem Zusammenhang nicht nur an männliche Drohnen, sondern auch an die Bienenkönigin und die ebenfalls weiblichen Bienen denken lassen könnte, ließe sich im Sinne des schon ganz am Anfang von *Menschliches, Allzumenschliches* in Ana-

---

1 Hesiod 1911, Theogonie 585–595 folgend.

logie zur naturwissenschaftlichen Chemie entworfenen Programms einer „*Chemie der Begriffe und Empfindungen*" verstehen, wonach „auch auf den Gebieten der moralischen, religiösen, ästhetischen Vorstellungen und Empfindungen, ebenso aller jener Regungen, welche wir im Gross- und Kleinverkehr der Cultur und Gesellschaft, ja in der Einsamkeit an uns erleben", die Analysen mit dem Ergebnis abschließen könnten, dass „die herrlichsten Farben aus niedrigen, ja verachteten Stoffen gewonnen sind" (MA I 1, 23f.), in diesem Fall der Tierkunde; den Rückzug auf die Wahrscheinlichkeit aber, im Sinne der im zweiten Band von *Menschliches, Allzumenschliches* ebenfalls zu Beginn von „Der Wanderer und sein Schatten" aufgestellten, bereits selber sonnig-schattenhaften Sentenz, dass es die beiden Früchte der Wahrscheinlichkeit anstelle von Wahrheit und der Freischeinlichkeit anstelle der Freiheit seien, „derentwegen der Baum der Erkenntniss nicht mit dem Baum des Lebens verwechselt werden kann" (WS 1, 540).

2 Frauen und Männer

Man könne „nicht hoch genug von den Frauen denken: aber deshalb braucht man noch nicht falsch von ihnen zu denken", heißt es später im Nachlass, aber auch, „*daß bisher ‚das Weib' am meisten von den Weibern gering geachtet worden ist –* und durchaus nicht vom Manne!" (NL 1885, 37[17]; KSA 11, 593). Außer dem höheren Typus Mensch des vollkommenen Weibes als des vollkommenen Mannes, der Herrschaft des Weibes über den Mann und ihre hervorragende Intelligenz, der die tieferen Willensantriebe des Mannes gegenüberstehen, finden sich im siebten Hauptstück noch weitere Vergleiche zwischen Frauen und Männern, die weniger schmeichelhaft klingen. So seien Frauen im Zustande des Hasses:

> gefährlicher, als Männer; zuvörderst weil sie durch keine Rücksicht auf Billigkeit in ihrer einmal erregten feindseligen Empfindung gehemmt werden, sondern ungestört ihren Hass bis zu den letzten Consequenzen anwachsen lassen, sodann weil sie darauf eingeübt sind, wunde Stellen (die jeder Mensch, jede Partei hat) zu finden und dort hinein zu stechen: wozu ihnen ihr dolchspitzer Verstand treffliche Dienste leistet (während die Männer beim Anblick von Wunden zurückhaltend, oft grossmüthig und versöhnlich gestimmt werden) (MA I 414, 273).

Noch in *Jenseits von Gut und Böse* heisst es, dass das Weib in der Rache und in der Liebe „barbarischer, als der Mann" sei (JGB 139, KSA 5, 97; vgl. NL 1882, 3[1]; KSA 10, 55).

Gefährlich sei es auch, wenn Frauen „die Politik und einzelne Theile der Wissenschaft anvertraut werden", da ihre Gewohnheit, „zu lieben, gleich für oder wider zu empfinden" und „seltener für Sachen, mehr für Personen eingenommen" zu sein, dem Gerechtigkeitssinn schade: „sind sie es aber für Sachen, so werden sie sofort deren Parteigänger und verderben damit die reine unschuldige Wirkung derselben". Die „plötzlichen Entscheidungen über das Für und Wider, welche Frauen zu geben pflegen, die blitzschnellen Erhellungen persönlicher Beziehungen durch ihre hervorbrechenden Neigungen und Abneigungen, kurz die Beweise der weiblichen Ungerechtigkeit", seien aber oft „von liebenden Männern mit einem Glanz umgeben worden, als ob alle Frauen Inspirationen von Weisheit hätten, auch ohne den delphischen Kessel und die Lorbeerbinde: und ihre Aussprüche werden noch lange nachher wie sibyllinische Orakel interpretirt und zurechtgelegt" (MA I 417, 274f.).

Seine innerste Erfahrung als Denker zeigte Nietzsche jedoch auch, dass nichts schwerer ist,

> als eine Sache unpersönlich zu fassen: ich meine, in ihr eben eine Sache und keine Person zu sehen; ja man kann fragen, ob es ihm überhaupt möglich ist, das Uhrwerk seines personenbildenden, personendichtenden Triebes auch nur einen Augenblick auszuhängen. Verkehrt er doch selbst mit Gedanken, und seien es die abstractesten, so, als wären es Individuen, mit denen man kämpfen, an die man sich anschliessen, welche man behüten, pflegen, aufnähren müsse (VM 26, 389).

Nietzsche schließt diese Betrachtung damit, dass darin, „dass wir uns vor unsern eigenen Gedanken, Begriffen, Worten fürchten, dass wir aber auch in ihnen uns selber ehren, ihnen unwillkürlich die Kraft zuschreiben, uns belohnen, verachten, loben und tadeln zu können, darin dass wir also mit ihnen wie mit freien geistigen Personen, mit unabhängigen Mächten verkehren, als Gleiche mit Gleichen" das seltsame Phänomen, das er „*intellectuales Gewissen*" (MA I 109, 109), ein „Gewissen hinter dem Gewissen" (FW 335, KSA 3, 361) genannt habe, seine Wurzeln habe. Der „*Chemie der Begriffe und Empfindungen*" entsprechend ist „auch hier etwas Moralisches höchster Gattung aus einer Schwarzwurzel herausgeblüht" (VM 26, 391).

Männer werden vielleicht nicht so sehr von Frauen verachtet, als von sich selbst; eine „Männerkrankheit", gegen die es am sichersten helfe, „von einem klugen Weibe geliebt zu werden" (MA I 384, 266). Aber auch die Frauen hätten „im Hintergrunde aller persönlichen Eitelkeit immer noch ihre unpersönliche Verachtung – für ‚das Weib'" (JGB 86, KSA 5, 89), wogegen es vielleicht helfen könnte, von einem leidenschaftlichen Mann geliebt zu werden?

3 Historisches Philosophieren und persönliche Erfahrung

Viele dieser und andere Einschätzungen Nietzsches in diesem Hauptstück wie die angeführten über das ‚Drohnen-Dasein der Frauen', die Gefahr von Frauen in Politik und Wissenschaft, ihren Hass und mangelnden Gerechtigkeitssinn oder seine eigene „höhere Auffassung" der Ehe „als Seelenfreundschaft zweier Menschen verschiedenen Geschlechts, also so, wie sie von der Zukunft erhofft wird, zum Zweck der Erzeugung und Erziehung einer neuen Generation geschlossen" (MA I 424, 278), wird man heute zumindest als überholt und wenn man sie enthistorisiert und verabsolutierend aus ihren Kontexten löst, als misogyn oder homophob empfinden. Aber auch Nietzsche war sich über deren Historizität im Klaren, wie nicht nur sein schon ganz am Anfang von *Menschliches, Allzumenschliches* angekündigtes historisches Philosophieren und seine Warnung vor dem „Erbfehler der Philosophen", dem „Mangel an historischem Sinn", der sie vom gegenwärtigen Menschen ausgehen und glauben lasse, durch dessen Analyse Aussagen über den Menschen überhaupt machen zu können (ebd. 2, 24f.), sondern auch die erwähnte „Wahrscheinlichkeit" und seine dementsprechende Bemerkung am Ende des Aphorismus *Zur Emancipation der Frauen* deutlich macht: „Vielleicht kann dies Alles anders werden, einstweilen ist es so" (ebd. 416, 274). Man sollte sie also in ihren historischen Kontext versetzen und als Beschreibung von Nietzsche beobachteten gegenwärtigen Zuständen des 19. Jahrhunderts, nicht als zeitlose Wesensaussagen über Frauen, Männer und Kinder, die auch für alle Zukunft noch gelten müssten, verstehen, auch wenn er als Altphilologe seine Ausführungen des Öfteren mit Ausflügen in die Antike zu erhärten sucht oder vom „Ewig-Weiblichen" spricht. Es könnten nicht erst Jahrhunderte sein, in denen man nur „in den drei oder vier civilisirten Ländern Europa's" durch Erziehung auch aus den Frauen alles machen kann,

> was man will, selbst Männer, freilich nicht in geschlechtlichem Sinne, aber doch in jedem anderen Sinne. Sie werden unter einer solchen Einwirkung einmal alle männlichen Tugenden und Stärken angenommen haben, dabei allerdings auch deren Schwächen und Laster mit in den Kauf nehmen müssen (ebd. 425, 279).

Sicher gilt auch das Umgekehrte, dass man aus Männern Frauen machen kann, wenn sie es nicht schon sind, wie für Nietzsche z. B. Richard Wagner „in alten Tagen durchaus feminini generis" war (WA Epilog, KSA 6, 51). Die Verweiblichung des Mannes könnte wiederum ein Grund dafür sein, dass sich die Frauen *vermännlichen, weil es zu wenig Männer gibt* (NL 1882, 3[1]; KSA 10, 107), und umgekehrt. Ein weiteres Beispiel der historischen Bedingtheit könnten „Faust und Gretchen" sein, die nach „der sehr einsichtigen Bemerkung eines Gelehrten" (Paul de Lagarde) offenbar ausgestorben seien, da „die gebildeten Männer des gegenwärtigen Deutschland einer Mischung von Mephistopheles und Wagner", nicht aber Faust ähnelten (MA I 408, 271; KSA 14, 145). So kommt dem historischen Philosophieren und seiner „Tugend der Bescheidung" (MA I 2, 25) entsprechend auch der Unterschied zwischen den Geschlechtern in Bewegung.

Zum anderen kommt insbesondere bei diesem Thema auch das Menschlich-Allzumenschliche in der Gestalt von Nietzsches persönlichen Erfahrungen mit Frauen, für die zunächst Mutter und Schwester bestimmend waren, ins Spiel, oder dass es, wie es dann in *Jenseits von Gut und Böse* heißt, „eben nur – *meine* Wahrheiten sind" (JGB 231, KSA 5, 270), zu denen er nicht leicht auch anderen das Recht zugesteht (JGB 43, ebd., 60), und folglich mit sich selbst abgleichen müssen. Wenn es zutrifft, dass die „unaufgelösten Dissonanzen im Verhältniss von Charakter und Gesinnung der Eltern [...] in dem Wesen des Kindes fort[klingen] und seine innere Leidensgeschichte aus[machen]" (MA I 379, 265), und zugleich jeder Mann „ein Bild des Weibes von der Mutter her in sich [trägt]" von dem her er bestimmt wird, „die Weiber überhaupt zu verehren oder sie geringzuschätzen oder gegen sie im Allgemeinen gleichgültig zu sein" (ebd. 380, 265), so hat Nietzsche dabei sicher auch an sich gedacht. Eine grundlegende Dissonanz, sein „Glück" und „Verhängnis" zugleich, könnte man darin sehen, dass sich Nietzsche in *Ecce homo* als „décadent zugleich und *Anfang*" versteht und dies auf seinen früh verstorbenen Vater einerseits, seine langlebige Mutter andererseits zurückführt, sodass er als sein Vater bereits gestorben sei, als seine Mutter noch lebe und alt werde. „Diese doppelte Herkunft, gleichsam aus der obersten und der untersten Sprosse an der Leiter des Lebens, [...] – dies, wenn irgend Etwas", erkläre aber auch „jene Neutralität, jene Freiheit von Partei im Verhältniss zum Gesammtprobleme des Lebens, die mich vielleicht auszeichnet" (EH, KSA 6, 264).

Aber selbst der „Anfang" und sein Bild von der Mutter waren nicht unproblematisch und zusammen mit dem von seiner Schwester schließlich sogar „der tiefste Einwand gegen die ‚ewige Wiederkunft'", sein „eigentlich abgründlicher Gedanke" in doppeltem Sinne. Denn in ihnen finde er „den tiefsten Gegensatz" zu sich selbst, „die unaussprechenbare Gemeinheit der Instinkte", mit denen sich verwandt zu glauben eine Lästerung auf seine „Göttlichkeit" wäre. Die Behandlung, die er bis auf diesen Augenblick von Seiten seiner Mutter und Schwester erfahre, flöße ihm „ein unsägliches Grauen" ein, denn hier arbeite eine:

> vollkommene Höllenmaschine, mit unfehlbarer Sicherheit über den Augenblick, wo man mich blutig verwunden kann – in meinen höchsten Augenblicken, ...denn da fehlt jede Kraft,

sich gegen giftiges Gewürm zu wehren... Die physiologische Contiguität ermöglicht eine solche disharmonia praestabilita (EH, KSA 6, 268; vgl. KSB 6, 468 ff.).

Der historische Sinn zeigt einen Ausweg. Denn man sei:

> *am wenigsten* mit seinen Eltern verwandt: es wäre das äusserste Zeichen von Gemeinheit, seinen Eltern verwandt zu sein. Die höheren Naturen haben ihren Ursprung unendlich weiter zurück, auf sie hin hat am längsten gesammelt, gespart, gehäuft werden müssen. Die grossen Individuen sind die ältesten: ich verstehe es nicht, aber Julius Cäsar könnte mein Vater sein – oder Alexander, dieser leibhafte Dionysos (EH, KSA 6, 268 f. Vgl.; vgl. NL 1881, 15 [17]; KSA 9, 642).

Das ‚Individuum' ist nach Nietzsche ein Irrtum, der Einzelne „nichts für sich, kein Atom, kein ‚Ring der Kette', nichts bloss Vererbtes von Ehedem, – er ist die ganze Eine Linie Mensch bis zu ihm selber noch" (GD Streifzüge 33, KSA 6, 132), einerseits weniger, andererseits aber auch mehr als das, wofür er sich gewöhnlich hält, und der historische Sinn ist der Schlüssel, mit dem man auch über die Antwort der *Pflugschar*, welche erste Skizzen zu *Menschliches, Allzumenschliches* enthält und zunächst als fünfte *Unzeitgemäße Betrachtung* geplant war, auf „die verfängliche Frage, woher bist du Mensch?", nämlich „aus Vater und Mutter", hinauskommt (NL 1876, 18[35]; KSA 8, 324).

Nietzsche hat aber nicht nur seine Herkunft als dissonant und problematisch empfunden, sondern sah auch Erziehung im allgemeinen und seine Erziehung im Besonderen, die nach dem Tod des Vaters zunächst vor allem in den Händen von Frauen lag, nicht ohne Vorbehalt, eher als notwendiges Übel, da alle Eltern ihr Kind nicht nur ohne Verantwortung erzeugten, sondern auch „ohne Kenntniss des zu Erziehenden erziehen, sodass sie nothwendig Unrecht thun und sich an einer fremden Sphäre vergreifen" (NL 1876, 18[34]; KSA 8, 324; vgl. JGB 194, KSA 5, 116). So ist im siebten Hauptstück sowohl von der „Eltern-Thorheit" die Rede, welche die „gröbsten Irrthümer in der Beurtheilung eines Menschen" mache (MA I 423, 277), als auch von der „Tragödie der Kindheit", die nicht selten darin bestehe, „dass edel- und hochstrebende Menschen ihren härtesten Kampf in der Kindheit zu bestehen haben: etwa dadurch, dass sie ihre Gesinnung gegen einen niedrig denkenden, dem Schein und der Lügnerei ergebenen Vater durchsetzen müssen, oder fortwährend, wie Lord Byron, im Kampfe mit einer kindischen und zornwüthigen Mutter leben. Hat man so Etwas erlebt, so wird man sein Leben lang es nicht verschmerzen, zu wissen, wer Einem eigentlich der grösste, der gefährlichste Feind gewesen ist" (ebd. 422, 277). „Einer der verwegenen Ehrlichen" (Stendhal), habe Eltern und Erzieher sogar „nos ennemis naturels", also ‚unsere natürlichen Feinde', genannt. Die „Jugend-Erziehung durch Andere" sei „entweder ein Experiment, an einem noch Unerkannten, Unerkennbaren vollzogen, oder eine grundsätzliche Nivellirung, um das neue Wesen, welches es auch sei, den Gewohnheiten und Sitten, welche herrschen, gemäss zu machen." Eigentliche Erziehung sei demgegenüber „Selbst-Erziehung", die erst dann beginne, „wenn man längst nach der Meinung der Welt erzogen ist" und man sich selbst entdecke: „da beginnt die Aufgabe des Denkers, jetzt ist es Zeit, ihn zu Hülfe zu rufen – nicht als einen Erzieher, sondern als einen Selbst-Erzogenen, der Erfahrung hat" (WS 267, 667 f.).

Nietzsche war sich also sowohl der Historizität als auch seiner besonderen Ausgangslage bewusst wie schließlich auch darüber, dass er aus der Perspektive eines Mannes und in erster Linie zu Männern spreche (vgl. Z I, KSA 4, 84), nicht aber als „Weiberfeind". Denn „wer so als Mann zu Männern spricht, aus dem redet der ungebändigte Trieb, der nicht nur sich selber, sondern auch seine Mittel hasst" (M I 346, KSA 3, 238). Nietzsche wollte nicht „den Anschein der *Weiberverachtung*" erwecken und *entfernte auf einen „Wink" von Heinrich Köselitz hin einen so klingenden Abschnitt aus* „Der Wanderer und sein Schatten" ganz. Die Postkarte an ihn nennt es übrigens wahr, „daß urspr<ünglich> nur die Männer sich für *Menschen* gehalten haben, noch die *Sprachen* beweisen es; das Weib hat wirklich als Thier gegolten, die Anerkennung des Menschen in ihm ist ein<er> der größten moralischen Schritte" (KSB 5, 461).

Aus Nietzsche spricht kein Frauenverächter, sondern eher ein Dilemma, das für ihn darin bestand, dass trotz allen anscheinenden Fortschritts im Grunde sich ein durch ihre Angleichung an die Männer bedingter Rückschritt und entsprechende Entweiblichung vollziehe (vgl. JGB 239, KSA 5, 175 ff.), eine Entwicklung, die auch durch die Rückkehr zu früheren, alten Werten und Sitten nicht aufzuhalten sei, da „eine *Rückbildung*, eine Umkehr in irgend welchem Sinn und Grade [...] gar nicht möglich [ist]", und wie er in der *Götzen-Dämmerung* „[d]en Conservativen in's Ohr" sagt, man:

> die Menschheit [nicht] auf ein *früheres* Maass von Tugend zurückbringen, zurück*schrauben* [kann]. Es hilft nichts: man muss vorwärts, will sagen *Schritt für Schritt weiter in der décadence* (– dies *meine* Definition des modernen ‚Fortschritts'...). Man kann diese Entwicklung *hemmen* und, durch Hemmung, die Entartung selber stauen, aufsammeln, vehementer und *plötzlicher* machen: mehr kann man nicht (GD Streifzüge 43, KSA 6, 144).

Vielleicht sind gerade die widersprechendsten Aphorismen Nietzsches als solche ‚Hemmungen' zu verstehen.

4 Gute Ehen

Nur von Wahrscheinlichkeit und auch nicht von einer vollkommenen, sondern nur von einer guten Ehe ist auch im zweiten Aphorismus des Hauptstücks die Rede, nach dem der „beste Freund [...] wahrscheinlich die beste Gattin bekommen [wird], weil die gute Ehe auf dem Talent zur Freundschaft beruht" (MA I 378, 265), und damit die Freundschaft und nicht die Liebe zur Grundlage einer guten Ehe erklärt wird. In der *Pflugschar* heißt es dazu: „Das Beste an der Ehe ist die Freundschaft. Ist diese gross genug, so vermag sie selbst über das Aphrodisische mildernd hinwegzusehen und hinwegzukommen. Ohne Freundschaft macht die Ehe beide Theile gemein denkend und verachtungsvoll" (NL 1876, 18[37]; KSA 8, 325). Nicht die Abwesenheit der Liebe, sondern die Abwesenheit der Freundschaft mache die unglücklichen Ehen (NL 1876/77, 23[72]; KSA 8, 427), und es setze „die Liebe tief unter die Freundschaft, dass sie ausschliesslichen Besitz verlangt, während einer mehrere gute Freunde haben kann, und diese Freunde unter sich einander wieder Freund werden" können (NL 1876, 18[44]; KSA 8, 326) Frauen könnten „recht gut mit einem Manne Freundschaft schliessen; aber um diese aufrecht zu erhalten", müsse „wohl eine kleine physische Antipathie mithelfen" (MA I 390, 267).

Die „Abgötterei", welche die Frauen mit der Liebe trieben, sei dagegen:

> im Grunde und ursprünglich eine Erfindung der Klugheit, insofern sie ihre Macht durch alle jene Idealisirungen der Liebe erhöhen und sich in den Augen der Männer als immer begehrenswerther darstellen. Aber durch die Jahrhunderte-lange Gewöhnung an diese übertriebene Schätzung der Liebe ist es geschehen, dass sie in ihr eigenes Netz gelaufen sind und jenen Ursprung vergessen haben. Sie selber sind jetzt noch mehr die Getäuschten, als die Männer, und leiden desshalb auch mehr an der Enttäuschung, welche fast nothwendig im Leben jeder Frau eintreten wird – sofern sie überhaupt Phantasie und Verstand genug hat, um getäuscht und enttäuscht werden zu können (MA I 415, 274).

Habe die „Convenienz" ein Paar zusammengeführt, so bemühten sie sich häufig sogar, „verliebt zu werden, um über den Vorwurf der kalten, berechnenden Nützlichkeit hinwegzukommen" (ebd. 396, 268). Immerwährende Liebe könne man aber nicht versprechen, da Liebe eine unwillkürliche Empfindung sei, die man nicht kontrollieren und daher auch wieder vergehen kann. „Wer Jemandem verspricht, ihn immer zu lieben oder immer zu hassen oder ihm immer treu zu sein, verspricht Etwas, das nicht in seiner Macht steht" (ebd. 58, 76 f.). Versprechen könne man jedoch Handlungen,

> welche zwar gewöhnlich die Folgen der Liebe, des Hasses, der Treue sind, aber auch aus anderen Motiven entspringen können: denn zu einer Handlung führen mehrere Wege und

> Motive. Das Versprechen, Jemanden immer zu lieben, heisst also: so lange ich dich liebe, werde ich dir die Handlungen der Liebe erweisen; liebe ich dich nicht mehr, so wirst du doch die selben Handlungen, wenn auch aus anderen Motiven, immerfort von mir empfangen: so dass der Schein in den Köpfen der Mitmenschen bestehen bleibt, dass die Liebe unverändert und immer noch die selbe sei. – Man verspricht also die Andauer des Anscheines der Liebe, wenn man ohne Selbstverblendung Jemandem immerwährende Liebe gelobt (ebd.,77).

Zur Verliebtheit gehöre eine gewisse Kurzsichtigkeit und mitunter genüge „schon eine stärkere Brille, um den Verliebten zu heilen; und wer die Kraft der Einbildung hätte, um ein Gesicht, eine Gestalt sich zwanzig Jahre älter vorzustellen, gienge vielleicht sehr ungestört durch das Leben" (ebd. 413, 273).

Beim Eingehen einer Ehe solle sich ein Mann zuerst die Frage vorlegen, ob er glaube, sich mit dieser Frau bis ins Alter hinein gut unterhalten zu können? „Alles Andere in der Ehe ist transitorisch, aber die meiste Zeit des Verkehrs gehört dem Gespräche an" (ebd. 406, 270). Guten Bestand habe eine Ehe auch, wenn „Jedes durch das Andere ein individuelles Ziel erreichen will, [...] zum Beispiel wenn die Frau durch den Mann berühmt, der Mann durch die Frau beliebt werden will" (ebd. 399, 269). Wenn die Männer jedoch:

> vor Allem nach einem tiefen, gemüthvollen Wesen, die Weiber aber nach einem klugen, geistesgegenwärtigen und glänzenden Wesen bei der Wahl ihres Ehegenossen suchen, so sieht man im Grunde deutlich, wie der Mann nach dem idealisirten Manne, das Weib nach dem idealisirten Weibe sucht, also nicht nach Ergänzung, sondern nach Vollendung der eigenen Vorzüge (ebd. 411, 272).

Sollte die Ehe unerträglich werden, halten Nietzsche und Zarathustra auch einen „Ehebruch" für möglich: „Und besser noch Ehebrechen als Ehe-biegen, Ehelügen!" (Z III, KSA 4, 264). Während es für Nietzsche aber im Nachlass 1876 nur aus der Perspektive vieler Männer heißt, dass sie „über den Ehebruch ihrer Gattinnen für sich gar nicht ungehalten" seien, „vorausgesetzt, dass sie dieselben dadurch ohne Einbusse los werden" (NL 1876, 16[31]; KSA 8, 292; vgl. MA I 388, 267), bringt Zarathustra auch „ein Weib" ins Spiel, das zu ihm gesagt hatte: „'wohl brach ich die Ehe, aber zuerst brach die Ehe – mich!'" (Z III, KSA 4, 264). Dass es auch männliche Ehebrecher gibt, hat man selbst zu ergänzen. „Schlimm-Gepaarte" habe Zarathustra „immer als die schlimmsten Rachsüchtigen" gefunden, denn „sie lassen es aller Welt entgelten, dass sie nicht mehr einzeln laufen" (ebd.). „Es ist ein grosses Ding, immer zu Zwein zu sein!" Man solle daher mit einer befristeten, „kleinen Ehe" auf Zeit prüfen, ob man zur „grossen Ehe" und dauerhaftem Liebes-Versprechen tauge (Z I, KSA 4, 90; Z III, ebd., 264). Gute Ehen wären auch dann häufiger, wenn die Ehegatten nicht ständig beisammen lebten (M I 393, 268), „denn selbst die besten Freundschaften vertragen diess nur selten" (NL 1876, 18[38]; KSA 8, 325).

Die Probe auf die Güte einer Ehe sei es, ob sie wie eine Freundschaft auch einmal eine „Ausnahme" vertrage (MA I 402, 269) und vielleicht sogar ein Konkubinat, welches „die Ehe in ihrer höheren Auffassung" bedürfe, erlaube. Denn eine „gute Gattin, welche Freundin, Gehülfin, Gebärerin, Mutter, Familienhaupt, Verwalterin sein soll, ja vielleicht abgesondert von dem Manne ihrem eigenen Geschäft und Amte vorzustehen hat, kann nicht zugleich Concubine sein: es hiesse im Allgemeinen zu viel von ihr verlangen" (ebd. 424, 278). Aber dies ist Zukunftsmusik und einstweilen vermutlich nur ein ebenso kühner Vorschlag und Appell an die „weibliche Grossmuth" wie die sich „über die Ansprüche der Sitte einmal in Gedanken" hinwegsetzende und dementsprechend bizarr erscheinende Erwägung aus der Sicht eines Mannes, „ob nicht Natur und Vernunft den Mann auf mehrfache Verheirathung nach einander" mit Frauen unterschiedlichen Alters anweise, zunächst mit einem erfahreneren älteren „Mädchen", sodann einem ganz jungen, „dessen Erziehung er selber in die Hand nähme", da die Ehe „für die zwanziger Jahre ein nöthiges, für die dreissiger ein nützliches, aber nicht nöthiges Institut" sei, für das spätere Leben aber oft schädlich und die geistige Rückbildung des Mannes befördere (ebd. 421, 276 f.).

Den sogenannten Liebesheiraten, die „den Irrthum zum Vater und die Noth (das Bedürfniss) zur Mutter" (ebd. 389, 267) hätten, stellt Nietzsche zwar die traditionellen Vernunftheiraten entgegen, da aus jenen der Sinn für die Zukunft zugunsten des Heute und die Vernunft zugunsten einer vergehen könnenden Empfindung verschwunden sei, sah aber der erwähnten Unmöglichkeit einer „Rückbildung" gemäß eher eine Abschaffung der Ehe, zumindest in ihrer „höheren Auffassung" und gewohnten Form, voraus (GD Streifzüge 39, KSA 6, 140 ff.). „Alle menschlichen Institutionen, wie die Ehe, gestatten nur einen mässigen Grad von praktischer Idealisirung, widrigenfalls sofort grobe Remeduren nöthig werden" (MA I 424, 279).

5 Väter, Mütter und Kinder

Ganz von der Vernunft bestimmt ist Nietzsches nächster Ratschlag, nicht nur die Institution der Ehe, sondern auch die Natur unter Umständen zu korrigieren und z. B. dann, wenn man keinen guten Vater habe (oder er wie im Falle Nietzsches zu früh stirbt), „sich einen anschaffen" (ebd. 381, 266). „Daß ein Sohn sich einen Vater adoptirt, ist vernünftiger als das Gegentheil: weil er sehr viel genauer weiß, was er braucht" (NL 1876, 19[13]; KSA 8, 334). Nietzsche verallgemeinert diese Forderung der Vernunft sogar: „Im Stadium höherer geistiger Befreiung soll man alles Zufällig-Natürliche, mit dem man das Leben verknüpft hat, durch Gewähltes-Nöthiges ersetzen. Wer unzureichende Freunde von früher her hat, soll sich lösen;

einen neuen Vater, neue Kinder soll man sich unter Umständen wählen" (NL 1876/77, 23[69]; KSA 8, 426).

Vaterfiguren waren für Nietzsche insbesondere Richard Wagner und Arthur Schopenhauer, von denen er sich aber löste und mit Zarathustra selber ‚Vater', aber auch ‚Mutter' wurde. Denn bei geistiger Nachkommenschaft sei man immer „Vater und Mutter in Einer Person", aber das Kind bedürfe, „wenn es geboren ist, keiner Erziehung mehr, sondern nur der Einführung in die Welt" (NL 1876, 19[38]; KSA 8, 339). Die „Zeugung" Zarathustras fand dementsprechend im August 1881 statt und fällt mit dem Entwurf seiner „Grundconception" der ewigen Wiederkunft des Gleichen, „auf ein Blatt hingeworfen, mit der Unterschrift: ‚6000 Fuss jenseits von Mensch und Zeit'" zusammen (EH, KSA 6, 335; vgl. NL 1881, 11[141]; KSA 9, 494), liegt also auch noch lange vor Nietzsches erster Begegnung mit Lou von Salomé im April 1882 in Rom, deren Bekanntschaft ihn jedoch erst reif zu seinem Zarathustra habe werden lassen, wie es Anfang 1884 in einem Briefentwurf an die Schwester heißt (KSB 6, 467). Nach achtzehn Monaten Schwangerschaft, was vermuten lassen könnte, dass er, zumindest unter Buddhisten, „im Grunde ein Elephanten-Weibchen" sei, wurde Zarathustra bzw. der erste Teil des Werkes im Februar 1883 ‚geboren' bzw. fertiggestellt (EH, KSA 6, 335f.).

Kein Sohn habe seinem Vater für seine Existenz dankbar zu sein, „vielleicht darf er ihm sogar wegen bestimmter vererbter Eigenschaften (Hang zu Jähzorn, Wollust) zürnen" (NL 1876, 18[40]; KSA 8, 325), vielleicht auch dann, wenn ihn „in der Reife des Lebens und des Verstandes", vielleicht als ein Ableger der Weisheit des Silen (GT 3, KSA 1, 35), das Gefühl überkommt, „dass sein Vater Unrecht hatte, ihn zu zeugen" (MA I 386, 266). „Väter haben viel zu thun, um es wieder gut zu machen, dass sie Söhne haben." (ebd. 382, 266). Bei Zarathustra heißt es dann, dass Väter an ihren Kindern gut zu machen hätten, dass sie ihrer Väter Kinder seien und auf diese Weise „alles Vergangene [...] erlösen" sollten (Z III, KSA 4, 255).

Die *Pflugschar* gibt auch bereits eine Antwort auf die Frage nach dem ‚Recht oder Unrecht', ein Kind zu zeugen, die auch Zarathustras Rede „*Von Kind und Ehe*" bestimmen wird: „Du bist jung und wünschest dir Kind und Ehe. Aber ich frage dich: bist du ein Mensch, der ein Kind sich wünschen *darf?*", und dann mit der Forderung persönlicher Reife und dem ‚Gebot', sich nicht nur fort-, sondern hinaufzupflanzen, beantwortet wird (Z I, KSA 4, 90; Z III, ebd., 264). In der *Pflugschar* heißt es:

> Väter, welche ihr eigenes Ungenügen recht herzlich fühlen und sich nach der Höhe des Intellektes und Herzens fortwährend hinauf sehnen, haben ein Recht, Kinder zu zeugen. Einmal geben sie diesen Hang diese Sehnsucht mit, sodann erteilen sie schon dem Kinde manchen grossen Wink über das wahrhaft Erstrebenswerthe, und für solche Winke pflegt der Erwachsene seinen Aeltern einzig wirklich dankbar zu sein (NL 1876, 18[41]; KSA 8, 325).

Dies ist auch auf *Zarathustra* anwendbar, zu dem Nietzsche nicht nur erst reif werden musste, sondern auch sein eigenes Ungenügen an ihm selbst zum Ausdruck bringt, und Zarathustra mit seiner Lehre vom Übermenschen wiederum über sich hinaus auf das „wahrhaft Erstrebenswerthe" deutet. Für seinen „Sohn" verlangte Nietzsche „Ehrfurcht", über ihn, seinen „Vater", dürfe man dagegen lachen, wie er selbst es tue. Beides gehöre sogar zu seinem Glück (NL 1886/87, 6[4]; KSA 12, 234).

6 Freie Geister

Menschliches, Allzumenschliches ist ein Buch für freie Geister und das Hauptstück schließt dementsprechend mit einer Reihe von Aphorismen zur Frage ihrer Beziehung zu Weib, Kind und Ehe, wobei Nietzsche den immer noch seltenen oder gar erst zukünftigen freien Geistern als den „Wahrdenkenden, Wahrheit-Redenden der Gegenwart" der damit einhergehenden bindenden Rücksichten und Verpflichtungen wegen von einer Verheiratung ‚im allgemeinen' abrät und ihnen das Alleine-leben empfiehlt (MA I 426, 279). Hatte Nietzsche in den im Nachlass des Jahres 1876 befindlichen „*10 Gebote[n] des Freigeistes*" (NL 1876, 19[77]; KSA 8, 348) noch ein anderes Verhalten zu Weib und Kind vorgeschlagen, dass er nämlich sein Weib aus „einem anderen Volke als dem eignen nehmen" und seine „Kinder durch [s]eine Freunde erziehen lassen" solle, um seine Unabhängigkeit zu wahren, geht das siebte Hauptstück darüber hinaus und stellt die Ehe für freie Geister selbst in Frage. Während nämlich alles Gewohnte, zu dem auch eine Ehe wird, ein immer fester werdendes Netz von Spinnweben, die zu Stricken würden, um uns zusammenziehe,

> hasst der Freigeist alle Gewöhnungen und Regeln, alles Dauernde und Definitive, desshalb reisst er, mit Schmerz, das Netz um sich immer wieder auseinander: wiewohl er in Folge dessen an zahlreichen kleinen und grossen Wunden leiden wird, – denn jene Fäden muss er von sich, von seinem Leibe, seiner Seele abreissen. Er muss dort lieben lernen, wo er bisher hasste, und umgekehrt. Ja es darf für ihn nichts Unmögliches sein, auf das selbe Feld Drachenzähne auszusäen, auf welches er vorher die Füllhörner seiner Güte ausströmen liess (MA I 427, 280).

Der Freigeist werde daher auch „immer aufathmen, wenn er sich endlich entschlossen hat, jenes mutterhafte Sorgen und Bewachen, mit welchem die Frauen um ihn walten, von sich abzuschütteln" (ebd. 429, 281). Während die Frauen unwillkürlich darum bemüht seien, ihm die Steine aus dem Wege zu räumen, damit sein Fuss nicht daran stoße, ziehe er gerade aus, um daran zu stoßen. „Die naturgemässe Neigung der Frauen zu ruhigem, gleichmässigem, glücklich zusammenstimmendem Dasein und Verkehren, das Oelgleiche und Beschwichtigende ihrer Wirkungen auf dem Meere des Lebens, arbeitet unwillkürlich dem heroischeren inneren Drange des Freigeistes entgegen" (ebd. 431, 282). Deshalb könne sich bei ihm „die Milch, welche die mütterliche Gesinnung der ihn umgebenden Frauen reicht, so leicht in Galle verwandeln" (ebd. 429, 281). Abträglich und hemmend für den Freigeist sei auch die ‚Jahrtausende' alte Gewohnheit der Frauen, „die von der Gesellschaft anerkannten Gewalten und Vorstellungen noch mehr" und höher als ihre Männer zu ehren und „alle Auflehnung gegen die öffentliche Macht" zu missbilligen (ebd. 435, 283). Freigeister konnten für Nietzsche zunächst offenbar nur Männer sein, aber wahrscheinlich war er später auch deshalb so von Lou von Salomé fasziniert, weil er in ihr einen neuen oder zumindest ihm bisher unbekannten Typus Frau persönlich kennenlernte.

Gegen eine Ehe spreche es auch, wenn ein Philosoph,

> welcher die allgemeinste Erkenntnis und die Abschätzung des gesamten Daseins zu seiner Aufgabe erkoren hat, sich mit persönlichen Rücksichten auf eine Familie, auf Ernährung, Sicherung, Achtung von Weib und Kind belastet und vor sein Teleskop jenen trüben Schleier aufspannt, durch welchen kaum einige Strahlen der fernen Gestirnwelt hindurchzudringen vermögen.

So komme auch er zu dem Satze, „daß in den Angelegenheiten der höchsten philosophischen Art alle Verheirateten verdächtig sind" (ebd. 436, 284).

Nietzsche greift diesen Satz von dem Verdacht gegen verheiratete Philosophen in der *Genealogie* wieder auf, verändert ihn aber dahingehend, dass „ein verheirateter Philosoph *in die Komödie*" gehöre. Philosophen hätten bisher „die *Ehe* samt dem, was zu ihr überreden möchte" immer perhorresziert, da sie sie als Hindernis und Verhängnis auf ihrem „Weg zum Optimum" verstanden. Keiner der großen Philosophen (Nietzsche nennt Heraklit, Plato, Descartes, Spinoza, Leibniz, Kant, Schopenhauer) sei bisher verheiratet gewesen; „mehr noch, man kann sie sich nicht einmal *denken* als verheirathet" (GM III 7, KSA 5, 350 f.), was bei Philosophen und Denkern ebenso unpassend ist. Verändert hat Nietzsche dabei auch seine besondere Einschätzung des Sokrates, der im siebten Hauptstück zwar als freier Geist bezeichnet wird, dessen Heroismus aber nicht so weit gegangen sei, dass er seine Frau Xanthippe gesucht hätte, falls er sie gut genug gekannt hätte (MA I 433, 282). In der *Genealogie* muss Sokrates sie dann aber doch gesucht oder zumindest auch auf eigenen Wunsch geheiratet haben, allerdings nur um als der Ironiker, der er war, jenen Satz, dass ein verheirateter Philosoph in die Komödie gehöre, ironisch zu beweisen (GM III 7, KSA 5, 351). Vielleicht ist Nietzsche hier aber selbst nur ironisch.

Auch Buddha habe die Geburt seines Sohnes als Fessel seines freien Geistes empfunden und wenn Nietzsche die Bedeutung seines Namens Râhula als „ein kleiner Dämon" erwähnt (ebd.), so könnte man auch an die ‚Geburt' seines eigenen „Sohnes" Zarathustra denken, der in der *Fröhlichen Wissenschaft* ebenfalls zuerst als „Dämon" (FW 341, KSA 3, 570) erscheint und zum ersten Mal im veröffentlichten Werk die „Grundconception" der im folgenden Aphorismus angekündigten „Tragödie" des wie ein Held untergehen wollenden Zarathustra mitteilt (FW 342, KSA 3, 571). Der „Dämon" kann sich bei Nietzsche aber auch in einen „Gott" verwandeln und damit aus der Fesselung eine Befreiung werden, „die höchste Formel der Bejahung, die überhaupt erreicht werden kann" (EH, KSA 6, 335).

Zarathustra stellt daher auch ein „Gegen-Ideal" zum „asketischen Ideal" dar (EH, KSA 6, 353)., das auch den Philosophen und ihrer Ablehnung der Ehe und Sinnlichkeit bisher zugrunde lag oder zumindest als Unterschlupf diente (GM III 10, KSA 5, 360 f.; GM III 23, ebd., 396). Aber auch verheiratete Philosophen in der Komödie und Nietzsche selber sind keine Anhänger des asketischen Ideals mehr, sonst hätte er trotz seiner Einwände gegen die Ehe für freie Geister und Philosophen nicht dennoch zwei Mal einen Heiratsantrag stellen können, zuerst 1876 an Mathilde Trampedach, sodann 1882 an die oft so von ihm genannte „Freundin" Lou von Salomé. Nach deren Ablehnung blieb er jedoch unverheiratet und wurde als der „Einsiedler von Sils-Maria" bekannt, der zumindest einen literarischen „Sohn" hatte und andere unsterbliche Werke des Zusammentreffens von Zeit und Ewigkeit in verewigten Augenblicken schuf (vgl. EH, KSA 6, 263).

Nicht nur kann man sich Nietzsche schwer als verheiratet denken, auch Zarathustra bleibt unverheiratet und kennt dem Urteil eines alten Weibleins, das ihm dann als doppelgesichtige Warnung oder Rat für Frauen und Männer die berühmt-berüchtigte „kleine Wahrheit" mit der Peitsche anvertraut, zufolge zwar „wenig die Weiber, und doch hat er über sie Recht!" Ihre sich daran anschließende Frage, ob dies deshalb so sein könne, „weil beim Weibe kein Ding unmöglich ist" (Z I, KSA 4, 86), hat ihren Vorläufer im siebten Hauptstück in der Erwägung, „dass für jede Person, für jede Sache sich etwas geltend machen lässt, aber ebenso gut auch Etwas gegen sie, dass alle Dinge nicht nur zwei-, sondern drei- und vierseitig sind", so dass es beinahe schwer sei, auch mit plötzlichen Entscheidungen gänzlich fehl zu greifen und man deshalb nicht nur sagen könnte, dass die Natur der Dinge so eingerichtet ist, dass die Frauen und alten Weiblein immer Recht behalten, sondern auch Zarathustra und Nietzsche über sie, auch wenn sie mit ihren „Wahrheiten" zugleich ‚falsch' liegen sollten (MA I 417, 275). Nietzsche wagte aber aufgrund seiner „dionysischen Mitgift" schließlich sogar zu vermuten, er kenne die „Weiblein" und sei „vielleicht" der „erste Psycholog des Ewig-Weiblichen" (EH, KSA 6, 305).

Zarathustras Leitbild ist das einer Freundschaft, die auch so verschiedene und gegensätzliche Tiere wie Adler und Schlange, das „stolzeste Thier unter der

Sonne und das klügste Thier unter der Sonne", in denen sich auch eine Allegorie von männlichem Stolz und weiblicher Klugheit erkennen lässt, zusammenbringen kann, vorausgesetzt, beide haben sich selbst überwunden, der Adler seinen Stolz und Trieb, in der Schlange nur eine willkommene Beute, die Schlange ihre Klugheit und Furcht, den Adler nur als ihr feindliches Raubtier zu sehen. Während der Adler in weiten Kreisen durch die Luft zieht, hängt an ihm eine Schlange, „nicht einer Beute gleich, sondern einer Freundin: denn sie hielt sich um seinen Hals geringelt." (Z I, KSA 4, 27) Ihr Kreisen und Ringeln ist schließlich in einem einzigen Ring, „dem hochzeitlichen Ring der Ringe, – dem Ring der Wiederkunft", von dessen Ewigkeit Zarathustra als dem einzigen Weib, das er liebe, auch Kinder möchte, vereint (Z III, KSA 4, 287 ff.).

Literatur

Burgard, Peter J. (Hg.) (1994): Nietzsche and the Feminine, Charlottesville, London.
Diethe, Carol (1996): Nietzsche's Women: Beyond the Whip, Monographien und Texte zur Nietzsche-Forschung 31, Berlin/New York.
Hesiod (1911): Theogonie, übersetzt von Johann Heinrich Voß, Tübingen.
Leis, Mario (2000): Frauen um Nietzsche, Hamburg.
Oliver, Kelly/Pearsall, Marilyn (Hg.) (1998): Feminist Interpretations of Friedrich Nietzsche, University Park, Pennsylvania.
Oppel, Frances Nesbitt (2005): Nietzsche on Gender: Beyond Man and Woman, Charlottesville, London.
Patton, Paul (Hg.) (1993): Nietzsche, Feminism and Political Theory, London/New York.
Reschke, Renate (Hg.) (2012): Frauen: Ein Nietzschethema? – Nietzsche: Ein Frauenthema? Nietzscheforschung Bd. 19, Berlin.

Werner Stegmaier
Politik für Europa

Achtes Hauptstück. Ein Blick auf den Staat

1 Einleitung

Im 8. „Hauptstück" seines ersten Aphorismen-Buchs macht Nietzsche die Politik zum ersten Mal selbstständig und ausführlich zu einem eigenen Thema. Er verkündet kein politisches Programm, sondern analysiert die Bedingungen des Politischen in seiner Gegenwart, in der sich Demokratismus und Sozialismus begegnen, beobachtet die Herrschaftstechniken und lässt dabei eigene Präferenzen erkennen: Kriege im Sinn Bismarcks nur sehr begrenzt einsetzen, die staatlichen Institutionen durch Bildung reformieren, den Staat im Ganzen entauratisieren und funktionalisieren und, zusammen mit den Juden, ein übernationales Europa herbeiführen.

1.1 Politische Philosophie und Politik zu Nietzsches Zeit

Nietzsche überschreibt das Kapitel „Ein Blick auf den Staat". Das klingt nach Seitenblick: Nietzsche äußert sich nicht oder eben nur im Seitenblick zu den in der politischen Philosophie längst üblichen Themen wie Gerechtigkeit, Gesetzgebung, Anlage und Aufbau des Staates, Gesellschaftsvertrag, Gewaltenteilung, Verfassung, Grundrechte usw. Er pocht nicht auf fundamentale Normen und entwirft keinen Idealstaat. Er entwickelt keine politische Theorie in der Art Jeremy Benthams oder John Stuart Mills, die zu seiner Zeit stark diskutiert werden; er hält Distanz zu den Soziologien Auguste Comtes und Herbert Spencers; die politische Ökonomie, wie sie Adam Smith und Karl Marx auf den Weg gebracht haben, nimmt er kaum zur Kenntnis. Platon, Aristoteles, Cicero, Machiavelli, Hobbes, Voltaire und Rousseau, die zu den wichtigsten politischen Philosophen gehören, hat er schon auf der Schule kennengelernt, Schopenhauer, der Politik und Staat nur bedingt geneigt war, während des Studiums, Hegel, der als preußischer Staatsphilosoph galt, als junger Professor in Basel. Bevor Nietzsche an *Menschliches, Allzumenschliches* zu arbeiten beginnt, sind Eugen Dühring und Eduard von Hartmann hinzugekommen, damals berühmte Philosophen, die er gründlich studiert, und ständig begleitet ihn der naturergebene, zunächst politik- und staatsferne, umso mehr große Männer verherrlichende Ralph Waldo Emerson, der sich später gleichwohl stark für die Abschaffung der Sklaverei einsetzte und die Trauerrede für Abraham Lincoln hielt.[1]

Sie alle bleiben im Hintergrund, nur der eine oder andere wird gelegentlich genannt. Nietzsche setzt ganz auf seine eigenen Beobachtungen des politischen Geschehens seiner Zeit, das in Deutschland und Europa vor allem von Bismarck bestimmt wurde, und erkundet dabei die Rahmenbedingungen des Politischen überhaupt. Er tut das mit großer Nüchternheit, stellt sich der gerade in Deutschland überschwänglichen Moralisierung, Idealisierung und parteiischen Dogmatisierung von Staat und Politik entgegen, um politische Realitäten in ihrer verwirrenden Vielseitigkeit sichtbar zu machen. Und er tut es in großer Spannweite, im Blick auf Europa und die Welt im Ganzen. Er lotet ohne Anspruch auf einen systematischen Zusammenhang den Spielraum zwischen Staats-Vergötzung und Anarchismus aus, die ihm beide gleich fremd sind und zwischen denen irgendwo das politisch Gangbare liegen muss. Ein weiteres Hauptstück zu Politik

---

[1] Zu Nietzsches frühem, an Wagner, Schopenhauer, Burckhardt und vor allem an die alten Griechen angelehntem politischem Denken vgl. Ottmann 1999, 11–123. Ottmanns umfassende Monographie ist nach wie vor das gründlichste, klarste und urteilssicherste Werk zur Verschränkung von Philosophie und Politik bei Nietzsche. Ottmann geht chronologisch vor und stellt Nietzsches sich wandelndes politisches Denken stets in den Kontext einerseits seiner Zeit, andererseits seiner Philosophie im Ganzen. Auf das 8. Hauptstück von *Menschliches, Allzumenschliches* I im Besonderen geht er jedoch nicht ein. – Nietzsches berühmt-berüchtigte Vorbehalte gegen die Demokratie als Herrschaftsform sind zusammengestellt in Marti 1993, 189–215. Marti stellt außerdem ausführlich dar, wie Nietzsche die Debatte unter den führenden europäischen Intellektuellen im Europa des 19. Jahrhunderts über die Demokratie wahrnahm. Dazu gehörten außer Herbert Spencer und John Stuart Mill, durch den Nietzsche wahrscheinlich auch einiges über Alexis de Tocqueville erfuhr, Charles-Augustin Sainte-Beuve, Ernest Renan, Hippolyte Taine, Stendhal, Gustave Flaubert und Charles Baudelaire. Martis Darstellung zeigt, dass Nietzsche auch in politischen Fragen dort am schärfsten angriff, wo ihm der Angegriffene zum Verwechseln nahe schien. In dem, „was in der Forschung als Nietzsches politische Philosophie bezeichnet wird," kann Marti allerdings nicht mehr sehen als „eine Ansammlung von Stimmungen, tiefen Ängsten, vorsichtigen Hoffnungen und realitätsfernen Zukunftsvisionen" (ebd., 296). Daraus spricht die Enttäuschung, bei Nietzsche keinen systematischen politischen Gesamtentwurf zu finden. Bei Nietzsche findet sich freilich auch kein systematischer Gesamtentwurf der Metaphysik, Ontologie, Erkenntnistheorie, Anthropologie oder Ethik, und doch hat er die Bedingungen ihrer Möglichkeit von Grund auf verändert. In der anglo-amerikanischen Nietzsche-Forschung ist eine breite Debatte darüber entstanden, ob Nietzsche Gegner oder Befürworter der Demokratie war und ob, im zweiten Fall, sich seine Philosophie für ein aktuelles Denken der Demokratie fruchtbar machen lasse. Dabei wird jedoch mit sehr unterschiedlichen Interpretationen dessen gearbeitet, was Demokratie überhaupt und was sie bei Nietzsche bedeutet. Im 8. Hauptstück von *Menschliches, Allzumenschliches* I nimmt Nietzsche weder für noch gegen die Demokratie Stellung, sondern fragt, wie sich der „Demokratismus", wie er ihn später nennt, auf die Funktion des Staates auswirkt.

und Staat wird in *Jenseits von Gut und Böse* folgen, das Hauptstück „Völker und Vaterländer", das wie eine Fortschreibung angelegt ist; die späten Werke Nietzsches von *Zur Genealogie der Moral* bis *Ecce homo* sind allesamt von starken politischen Äußerungen durchzogen. Sie bringen auch die polemischen Zuspitzungen, die Nietzsches politisches Denken berühmt und berüchtigt gemacht haben. In *Menschliches, Allzumenschliches* I hat man dagegen neben scharfen Beobachtungen besonnene Einschätzungen im Bereich des Politischen vor sich. Nietzsche, in enger Zusammenarbeit mit Paul Rée zum Aphoristiker geworden, darf und will als solcher gerade nicht den gängigen öffentlichen Meinungen folgen. Der Schluss-Aphorismus des achten Hauptstücks könnte auch als Motto über ihm stehen: „*Und nochmals gesagt.* – Oeffentliche Meinungen – private Faulheiten" (MA I 482, 316).[2]

Die Zeit, in der Nietzsche *Menschliches, Allzumenschliches* I erarbeitet, 1876 bis 1878, ist politisch die große Zeit Bismarcks. Er beherrscht damals die deutsche und weitgehend auch die europäische Politik; Nietzsche, von Geburt Deutscher, beobachtet sein Wirken als staatenloser junger Professor von Basel in der Schweiz aus. Bismarck führt ihm gleichsam vor, was „*grosse Politik*" (ebd. 481, 314) damals bedeutete – im Kontrast zu der schweizerischen in Kantone eingehegten direkten Volksherrschaft. Er nennt Bismarck im 8. Hauptstück von *Menschliches, Allzumenschliches* I nur ein Mal, hat ihn aber in den meisten seiner Beobachtungen und Überlegungen im Blick. Otto von Bismarck, zunächst Graf, später Fürst, 1815 geboren, preußischer Uradel, Rittergutsbesitzer, Protestant, philosophisch und literarisch gebildet, lebensfreudig, nach einer Karriere als Abgeordneter und Gesandter 1862 preußischer Ministerpräsident, hatte durch geschickte diplomatische Manöver, mehrere sorgfältig begrenzte Kriege und vorausschauende moderate Friedensverträge zunächst die deutsche Einigung unter Ausschluss Österreichs herbeigeführt und schließlich, nach einem letzten Krieg gegen Frankreich 1870, den die deutsche Bevölkerung begeistert unterstützte – auch Nietzsche beteiligte sich als Sanitäter an ihm, bis er selbst schwer erkrankte –, den preußischen König dazu bewegt, die deutsche Kaiserwürde anzunehmen, und der König ließ sich im Reich auf ein freies, gleiches und geheimes Wahlrecht (der Männer), also einen Kompromiss von Monarchie und Demokratie ein.

---

[2] Nietzsche spielt hier auf Bernard de Mandevilles „Private vices – public benefits" an: wenn nach Mandeville ökonomisch private Laster wie rücksichtsloser Eigennutz in der Arbeitsteilung und an einem freien Markt den gemeinsamen Wohlstand steigern können, so führt, nach Nietzsche, politisch der Anschluss an die öffentliche Meinung zur eigenen Denkfaulheit. Dem Aphorismus ging ein alternatives Notat voraus: „Die öffentlichen Meinungen gehen aus den privaten Faulheiten hervor. Aber was geht aus den privaten Meinungen hervor? – Die öffentlichen Leidenschaften" (NL 1876, 19[64]; KSA 8, 345).

Reparationszahlungen Frankreichs bewirken im neuen Deutschen Reich auf einige Zeit einen spektakulären wirtschaftlichen Aufschwung. In der Außenpolitik schafft es Bismarck, auf einem Kongress in Berlin 1878 Frieden unter seinen Nachbarn zu stiften, und ebenfalls 1878 kann er im Innern den sogenannten Kulturkampf zu Ende bringen. Er hat seit der Reichsgründung den Einfluss der Katholischen Kirche und des Papstes einzudämmen und den Staat auch nach innen stark und unabhängig zu machen versucht – und dies, nachdem der damalige Papst seine geistliche Macht und Autorität durch die Erklärung seiner eigenen Unfehlbarkeit in Fragen der Religion und Moral deutlich gesteigert hatte. In der schweren politischen Krisensituation wächst, zum Unwillen Bismarcks, das Gewicht der Parteien und des Parlaments, vor allem der Einfluss des katholischen „Zentrums", gegen das wiederum liberale und sozialistische Vereinigungen und Parteien ankämpfen. Der Kulturkampf nimmt, unter großer publizistischer Beteiligung, Züge eines Klassenkampfs an, und der Ruf nach der Einheit der Nation wird immer lauter; die Ideologie des Nationalismus, die Nietzsche später „Nationalitäts-Wahnsinn" nennt (JGB 256, KSA 5, 201), nimmt überhand. Mit dem Nachfolger des Papstes wird aber auch im Kulturkampf ein Kompromiss möglich, und Bismarck kann, nach zwei Attentaten auf Kaiser Wilhelm, ebenso den wachsenden sozialen Konflikt entschärfen, indem er einerseits ‚gemeingefährliche Bestrebungen der Sozialdemokratie' (einschließlich des marx-engelsschen Kommunismus) verbietet und andererseits, vorbildlich für Europa, eine umfassende Sozialversicherungsgesetzgebung einführt.

Nietzsche hat sich als Student für Bismarcks Reden begeistert, hat seinen Krieg gegen Österreich und, wiewohl selbst Sachse, die preußische Annexion Sachsens begrüßt. Er schätzt Bismarcks kluge Machtpolitik und seine Durchsetzungskraft, in der er ihn zuweilen, wie damals üblich, mit Napoleon vergleicht. Es behagt ihm, dass Bismarck die Kleinstaaterei beendet und die Herrschaft der Dynastien eingedämmt hat, dass er den Nationalismus politisch nutzt, ohne ihm selbst zu erliegen, und dass er schließlich auch den Sozialismus zu zügeln versteht. Das ist durchaus „politisch konventionell".[3] Nach 1878 sucht er sich Bismarcks Charakter zu erschließen: Er gehöre zu denen, die „befehlen und Geist haben", aber auch Launen und Leidenschaften unterliegen (NL 1880, 7[312]; KSA 9, 383); er sei *„ohne Grundsätze, aber mit Grundtrieben*, ein beweglicher Geist im Dienste starker Grundtriebe, und eben desshalb ohne Grundsätze, – das sollte an einem Staatsmanne nichts Auffälliges haben, vielmehr als das Rechte und Naturgemässe gelten" (M 167, KSA 3, 149); „so fern von der deutschen Philosophie als ein Bauer oder ein Korpsstudent. Mißtrauisch gegen die Gelehrten. Das gefällt mir

---

3 Ottmann 1999, 11; vgl. Schieder 1963.

an ihm" (NL 1884, 26[402]; KSA 11, 256). Ab etwa 1884 beherrscht Nietzsche immer mehr die Frage, was deutsch an Bismarck sei oder was ihn, wie Goethe oder Beethoven, gerade über alles Deutsche hinaushebe (Rupschus 2013). Das könnte gerade sein „Macchiavellismus mit gutem Gewissen, seine sogenannte ‚Realpolitik'" sein (FW 357, KSA 3, 598), seine Fähigkeit, „[u]nbedenklich zwischen Gegensätzen [zu leben], voll jener geschmeidigen Stärke, welche sich vor Überzeugungen und Doktrinen hütet, indem sie eine gegen die andere benutzt und sich selber die Freiheit vorbehält" (NL 1887, 9[180]; KSA 12, 444 f.). Das sind bei Nietzsche klare Sympathiekundgebungen. Er nimmt Bismarck noch bis 1888 in immer neue Reihen „großer Männer" auf – bis er schließlich in *Der Antichrist* und in schauderhaften letzten Briefentwürfen dem „Hause Hohenzollern", dem Bismarck stets gedient habe, den „Todkrieg" erklärt. Doch als er selbst kaum noch bei Sinnen war, fällt er sein vielleicht hellsichtigstes Urteil über Bismarck: „Fürst *Bismarck* hat zu Gunsten seiner Hauspolitik alle Voraussetzungen für *große* Aufgaben, für welthistorische Zwecke, für eine edlere und feinere Geistigkeit mit einer fluchwürdigen Sicherheit des Instinktes vernichtet" – seines Instinkts für die Macht des Hauses Hohenzollern (NL 1888/89, 25[13] u. [14]; KSA 13, 643 f.).

Die ersten aussagekräftigen, ruhigen und sachlichen, aber keineswegs nur zustimmenden Äußerungen zu Bismarck finden sich im 8. Hauptstück von *Menschliches, Allzumenschliches* I. Nietzsches Gesichtspunkt ist stets „die Kultur". Er hat von Anfang an auf „die Kultur" gesetzt[4] und sich mit Richard Wagner die Erneuerung der deutschen Kultur zum Programm gemacht. Als Professor der Klassischen Philologie war ihm die antike griechische Kultur Vorbild geblieben, auch und gerade nachdem er sie von Grund auf neu als ebenso „dionysische" (rauschhafte und leidensfähige) wie „apollinische" (edle und abgeklärte) zu verstehen gelernt hatte. Die Griechen, das muss man für das Folgende im Auge behalten, kannten keinen Staat und keine Verwaltung im modernen Sinn, sondern lebten, darauf legte Nietzsche besonderen Wert, im Innern und im Äußeren in ständigem Wettbewerb miteinander, wollten sich, als Individuen und mit ihren Städten, den *póleis*, vor allem voreinander auszeichnen und brachten so ihre bewunderten Kulturleistungen hervor. Das macht die Situation für Nietzsche besonders spannend: so sehr ihm, dem erklärten Atheisten, die Stoßrichtung von Bismarcks Kampf gegen den politischen Einfluss von Religion und Kirche entgegenkommt, so sehr schafft ihm das staatliche Eingreifen in die Kultur überhaupt, deren Teil die Religionen und Kirchen fraglos sind, Unbehagen. Und hier sucht er nun seinen eigenen Weg, der – nach Europa führt.

---

4 Ottmann 1999, 23.

1.2 Orientierung im Aphorismen-Buch

Die Form des Aphorismen-Buchs – die Texte des 8. Hauptstücks bewegen sich zwischen einer einundeinhalbzeiligen Sentenz und einem mehrseitigen Essay – ist ganz auf vielseitige Beobachtungen und Einschätzungen eingestellt. Man nimmt ihnen den Witz, wenn man sie gleich wieder, wie es gerade im Bereich des Politischen regelmäßig geschieht, in -‚Ismen' dieser oder jener Art einordnet und auf sie festlegt; die Forschungsdebatten zeigen, wie rasch solche Rubrizierungen im Fall Nietzsches widersprüchlich werden, so dass man schließlich ratlos bei ‚Ambivalenzen' ankommt. Nietzsche wollte etwas anderes, er wollte, wie wir heute sagen, orientieren, Anhaltspunkte des Politischen erkunden und ihre Spielräume ausloten, *ohne* sich gleich festzulegen. Und er fordert seine Leser(innen) auf, sich wiederum an seinen Aphorismen zu orientieren, ohne sich ihrerseits festzulegen; er will, als „freier Geist", auch ihnen Spielräume für „Freigeisterei" schaffen, und es ist dann bezeichnend für jede einzelne Leserin, jeden einzelnen Leser, ob und wie sie die Spielräume nutzen. Gerade im Bereich der Politik, wo die eigenen Lebensumstände betroffen sind und man wenig Übersicht über die der andern hat, ist das schwer. Nietzsche vermerkt im 8. Hauptstück ausdrücklich, sein *„Maass"* sei die „volle Entschiedenheit des Denkens und Forschens", womit er meint: die Entschiedenheit *zum* Denken und Forschen, eben zu dieser Art von „Freigeisterei", in unserer Sprache zu einer umsichtigen, weitsichtigen, einsichtigen, rücksichtsvollen und vorsichtigen, aber auch zuversichtlichen Orientierung (Stegmaier 2008). Sei sie einmal zur „Eigenschaft des Charakters" geworden, so mache sie „im Handeln mässig: denn sie schwächt die Begehrlichkeit, zieht viel von der vorhandenen Energie an sich, zur Förderung geistiger Zwecke, und zeigt das Halbnützliche oder Unnütze und Gefährliche aller plötzlichen Veränderungen", zu denen wenig ausgewogene politische Dogmatiker neigen (MA I 464, 300).

Das tastende und schweifende Vorangehen in für sich abgeschlossenen Aphorismen lässt in immer wieder andere Richtungen blicken und eröffnet unvermutete Horizonte. So läuft Nietzsches Gedankengang zuweilen ein Stück kontinuierlich fort; hier fügen sich (oder fügt er) entlang eines Themas Aphorismen-Ketten zusammen. Dann aber drängen sich ihm Kontraste oder Kontrapunkte auf, und er nimmt das bislang verfolgte Thema erst wieder in anderen Zusammenhängen oder auch gar nicht mehr auf. Seine Beobachtungen und Überlegungen bilden noch nicht einmal ein Labyrinth, zu dem es immerhin einen definierten Ein- und Ausgang gibt. Man muss selbst seinen Weg in Nietzsches Zusammenhängen finden, sich also selbst orientieren. Und das *will* Nietzsche.

Dabei bewegt er sich hier, in seinen aphoristischen Anfängen, noch vergleichsweise gut überschaubar auf der Ebene eines Autors, wie man ihn kennt:

eines Autors, der aufklären und überzeugen will und sich, als Aphoristiker, lediglich unkonventionell äußert. Er erschließt sich erst allmählich Techniken, mit denen er vorschnelle Gewissheiten in der Sache durch die Form ihres Vortrags wieder in Frage stellt: das virtuose Spiel mit Gegensätzen, die eingestandenermaßen fragwürdigen, aber effektvollen Genealogien und Psychologien, die inszenierten persönlichen Entscheidungsprozesse, die irritierenden Identifikationsangebote, die Dialoge, die unbestimmt lassen, wer in welchem Namen und mit welchem Ernst spricht, die Kaskaden von offen bleibenden Fragen, die eingestreuten Fabeln, die auffälligen Auslassungen, die teils offenen, teils verborgenen Ironien, Parodien und Selbstparodien. In seinem ersten Aphorismen-Buch beweist Nietzsche hierin schon einigen Mut, aber noch nicht den „Uebermuth" des „freien Geistes", von dem er in *Menschliches, Allzumenschliches* zwar schon spricht (MA I 213, 174), den er aber erst später als „Vogel-Freiheit, Vogel-Umblick, Vogel-*Uebermuth*" zum Programm machen wird (MA I, Vorrede, 18). Auf der Rückseite der ersten Ausgabe war *Menschliches, Allzumenschliches* I noch als „monologisches Buch" ausgewiesen (ebd., 10).

In einem knappen Beitrag zur Auslegung eines ‚Klassikers' muss es zur Orientierung zunächst einmal um Übersicht gehen; Kompositionsmerkmale können hier kaum berücksichtigt werden. Ich reorganisiere Nietzsches ebenso auf Kontraste und Kontrapunkte wie auf Kontinuitäten zielende Abfolge der Aphorismen in eine übersichtliche thematische Abfolge, gehe dabei von Nietzsches Grundhaltung zur Kriegspolitik (2.1), der Grundsituation der Politik in Europa (2.2), Nietzsches grundlegendem Anhaltspunkt der Politik, den Machtinteressen (2.3), und seinen Grundempfehlungen zur Politik (2.4) aus, verfolge dann seine Beobachtungen zur Herrschaftstechnik in Zeiten des Demokratismus und Sozialismus (3) und schließe mit Nietzsches politischer Vision: einem übernationalen Europa (4). Unnötig zu sagen, dass auch ganz andere Wege durch das Hauptstück möglich wären.

2 Nietzsches Rahmenbedingungen bei seiner Befassung mit Politik

2.1 Grundhaltung zur Kriegspolitik: Schwere Einbußen an Menschen, Geldern und Geist

Am Ende des 8. Hauptstücks blickt Nietzsche auf die *„Einbussen"* der *„grossen Politik"* oder dem, was man zu seiner Zeit darunter versteht: Die Kriegspolitik entzieht „die tüchtigsten, kräftigsten, arbeitsamsten Männer in ausserordentlicher Anzahl ihren eigentlichen Beschäftigungen und Berufen" und „opfert" sie „auf dem ‚Altar des Vaterlandes' oder der nationalen Ehrsucht"; und sie lässt über der „groben und buntschillernden Blume der Nation alle die edleren, zarteren, geistigeren Pflanzen und Gewächse, an welchen ihr Boden bisher so reich war," vergessen (MA I 481, 314 ff.) – Nietzsche spricht das Wort nicht mehr aus (er hat es zuvor 17 x gebraucht): die Kultur. Er wird bald, in *Morgenröthe*, seine Grundhaltung zur Politik noch zuspitzen: „Alle politischen und wirthschaftlichen Verhältnisse sind es nicht werth, dass gerade die begabtesten Geister sich mit ihnen befassen dürften und müssten: ein solcher Verbrauch des Geistes ist im Grunde schlimmer, als ein Nothstand." Denn man versucht vor allem „die Gesellschaft *diebessicher* und feuerfest und unendlich bequem für jeden Handel und Wandel zu machen und den Staat zur Vorsehung im guten und schlimmen Sinne umzuwandeln" (M 179, KSA 3, 157 f.). Das ist, so Nietzsche, nicht „grosse Politik", wie man sie zu Bismarcks Zeiten gerne nennt, sondern „kleine Politik". Aber „die Zeit für *kleine Politik* ist vorbei", schreibt er dann in *Jenseits von Gut und Böse*: „schon das nächste Jahrhundert bringt den Kampf um die Erd-Herrschaft, – den *Zwang* zur grossen Politik" (JGB 208, KSA 5, 140). Von *dieser* großen Politik, wie *er* sie versteht, hat er schon im 1. Hauptstück von *Menschliches, Allzumenschliches* I gesprochen, ohne sie bereits so zu nennen; sie gehört zu den „ersten und letzten Dingen" (MA I, 23).

2.2 Grundsituation der Politik in Europa: Anstehende Erdregierung in einer Weltgesellschaft

Im Rahmen seiner groß angelegten Metaphysik-Kritik sieht Nietzsche ein „*Zeitalter der Vergleichung*" gekommen, einer Vergleichung von „Culturen" (er verwendet den Begriff zum ersten Mal im Plural). Kämen Gesellschaften über ihre „abgeschlossenen originalen Volks-Culturen" hinaus, entstehe eine höhere, selbstbezügliche „Cultur der Vergleichung" von Kulturen. Der Effekt ist die aufkommende „äussere Unruhe, das Durcheinanderfluten der Menschen, die Polyphonie der Bestrebungen". Nietzsche rechnet mit einem „Leiden" der meisten daran: an der Freigabe der „Motive" und „Bestrebungen", so dass es nichts „streng Bindendes" mehr gibt, sondern „alle Stufen und Arten der Moralität, der Sitten, der Culturen" gleichzeitig gelten und, sofern sie „verschiedene Weltbetrachtungen" einschließen, alle Wahrheitsansprüche perspektivieren. Würden „die verschiedenen Weltbetrachtungen, Sitten, Culturen verglichen und neben einander durchlebt", könne und müsse man „unter so vielen der Vergleichung sich darbietenden Formen entscheiden", ohne dass man dafür noch vorgegebene Kriterien hätte; so würde ein evolutionärer Prozess ausgelöst, in dem die meisten

Formen „absterben", d. h. im kulturellen Gedächtnis vergessen werden. Evolutionäre Selektion bildet eine „höhere Sittlichkeit" aus, „deren Ziel kein anderes, als der Untergang der niedrigeren Sittlichkeiten sein kann".

Die Kultur der Vergleichung lässt auch den „alten" Glauben an einen notwendigen „Fortschritt" obsolet werden (ebd. 24, 44 f.); er gehört der abgeschlossenen Kultur „des wolkigen feuchten schwermüthigen Alt-Europa" an, wie Nietzsche seinen Zarathustra sagen lassen wird (Z IV, KSA 4, 380). Sie macht stattdessen eine Art von Fortschritt möglich, über den *entschieden* werden kann: „die Menschen können mit *Bewusstsein* beschliessen, sich zu einer neuen Cultur fortzuentwickeln". Wenn aber der Entscheidungsspielraum einer Gesellschaft nicht mehr durch „etwas streng Bindendes" begrenzt ist, erweitert er sich bis dahin, „die Erde als Ganzes ökonomisch [zu] verwalten". Das heißt für Nietzsche nicht, globale Profite zu erwirtschaften, sondern „die Kräfte der Menschen überhaupt gegeneinander ab[zu]wägen und ein[zu]setzen", um „bessere Bedingungen für die Entstehung der Menschen, ihre Ernährung, Erziehung, Unterrichtung [zu] schaffen" (MA I 24, 45), also günstigere Lebensbedingungen auf der ganzen Erde für neue Aufgaben. Die wichtigste darunter wird, wie Nietzsche später in einer Liste seiner philosophischen Grundorientierungen notiert, die kommende „Aufgabe der Erdregierung" sein (NL 1884, 25[307]; KSA 11, 90); noch später unterscheidet er dabei nähere und fernere politische „Perspektiven" der Politik und „Weltwirthschaft" (NL 1887, 10[134]; KSA 12, 532). Die Globalisierung im Sinn einer erdumspannenden Funktionalisierung aller Kulturen füreinander ist für Nietzsche die Bedingung der weiteren Entwicklung der Menschheit.

Nach der Lösung von den alten Gewissheiten der Religion liegen „die Schicksale der Welt im Grossen" in der Verantwortung der Menschen selbst: „Die Erdregierung des Menschen im Grossen hat der Mensch selber in die Hand zu nehmen, seine ,*Allwissenheit*' muss über dem weiteren Schicksal der Cultur mit scharfem Auge wachen." Die Menschen müssen „selber sich ökumenische, die ganze Erde umspannende Ziele stellen". Dazu müsse man von der bisherigen *„Privat-Moral"* zu einer *„Welt-Moral"* übergehen: Welt-Moral ist für Nietzsche keine einheitliche Moral für die Welt im Ganzen, sondern eine Moral, die gerade die unterschiedlichen Moralen auf der Welt berücksichtigt, also eine Moral im Umgang mit vielfältigen Moralen (Stegmaier 2008). Um sie in den Blick zu bekommen, müsse man sich ohne alle apriorischen Vorgaben zunächst einen „Ueberblick über die Bedürfnisse der Menschheit" verschaffen und „eine alle bisherigen Grade übersteigende *Kenntniss der Bedingungen der Cultur*, als wissenschaftlichen Maassstab für ökumenische Ziele," erwerben. Dabei könnte sich herausstellen, dass auch Moralen nur begrenzte Funktionen und Reichweiten haben und dann füreinander als Unmoralen erscheinen (was hier als gut gilt, sieht von dort böse aus). So wäre es „vielleicht" gar nicht „wünschenswerth", "dass alle Menschen gleich handeln, vielmehr dürften im Interesse ökumenischer Ziele für ganze Strecken der Menschheit specielle, vielleicht unter Umständen sogar böse Aufgaben zu stellen sein" (MA I 25, 46).

Wie jener Überblick und jene Kenntnis zu „finden" und welche Aufgaben dann zu „stellen" wären, lässt Nietzsche offen. Er überlässt es der Evolution, einschließlich der Evolution der Wissenschaft, und setzt dabei auf die „grossen Geister des nächsten Jahrhunderts". Wenn „die Menschheit" aber sich dann, so Nietzsche weiter, eine „bewusste Gesammtregierung" schaffen und sich dadurch nicht „zu Grunde richten soll" (ebd.), muss man nach der politischen Form fragen, in der sie sich dazu organisieren kann. Wenn zur Erdregierung nicht durch verheerende Weltkriege ein Weltstaat erzwungen werden soll, von dem Nietzsche nirgends spricht, kann die politische Gestalt der Weltgesellschaft nur kooperativ entstehen, und diese Kooperation kann nur in einem weiten Sinn *demokratisch*, in Mitsprache aller Gesellschaften bzw. Kulturen verlaufen. Dies ist der Gesichtspunkt auch für das 8. Hauptstück von *Menschliches, Allzumenschliches* I.

2.3 Grundlegender Anhaltspunkt der „grossen Politik": Machtinteressen

Was man jedoch beobachten kann und was Nietzsche am Deutschen Reich und Bismarck beobachtet, ist vor allem Machtpolitik. Er weiß sie *in diesem Rahmen* durchaus zu schätzen. In der Aphorismen-Kette Nr. 445–449 findet man Nietzsche, den Machiavellisten, der vorurteilslos auf Bismarck, den ‚Realpolitiker' und Machiavellisten, blickt und geradezu lustvoll moralische Idealisierungen der Politik Punkt für Punkt auf machtpolitische Interessen zurücksetzt:

- Ein „Staatsmann", der „völlig rücksichtslos handeln" will, hat es *„im Dienste des Fürsten"* leichter als der von Machiavelli beschriebene Fürst selbst: er kann „Uneigennützigkeit" vorgeben und das Publikum damit blenden (MA I 445, 289). Das ist auch unter demokratischen Vorzeichen noch möglich.
- Auch in politischen Bewegungen wie dem Sozialismus, die für Moral, Recht und Gerechtigkeit kämpfen, werden, beobachtet Nietzsche, die Ideale machtpolitisch eingesetzt. Ein Staatsmann (Nietzsche nennt ihn vorerst nicht beim Namen, jedem war klar, wer gemeint ist: Bismarck) instrumentalisiert dann seinerseits den machtpolitischen Einsatz der Ideale für seine Zwecke nach dem Motto: „Die Menschheit muss bei jeder grossen Kraft – und sei es die gefährlichste – daran denken, aus ihr ein Werkzeug ihrer Absichten zu machen" (ebd. 446, 490). Das Recht, so Nietzsche, kommt tatsächlich erst unter ungefähr gleich Mächtigen ins Spiel: erst sie werden zu befriedenden Verträgen bereit sein.

- Zum Thema *„Gerechtigkeit als Parteien-Lockruf"* schiebt Nietzsche später zwei Aphorismen nach. Der Ruf nach sozialer Gerechtigkeit hat eine gewisse Glaubwürdigkeit, wenn er aus „der herrschenden Klasse" selbst kommt; denn da ist er, wenn vielleicht auch scheinheilig, immerhin mit möglichen „Opfern" verbunden. Wenn aber „Socialisten der unterworfenen Kaste" „Gleichheit der Rechte *fordern*", ist auch das „nimmermehr der Ausfluss der Gerechtigkeit, sondern der Begehrlichkeit." Nietzsche vergleicht diese Sozialisten aus dem moralischen Recht der eigenen Not drastisch mit einer „Bestie", die „Gerechtigkeit" brüllt, wenn man ihr eine ideale Gerechtigkeit wie ein Stück Fleisch vorhält und dann doch vorenthält (ebd. 451, 293). Aber er hatte sich auch notiert: „Der Socialismus beruht auf dem *Entschluss* die Menschen *gleich* zu setzen und gerecht gegen jeden zu sein: es ist die höchste Moralität" (NL 1876, 21[43]; KSA 8, 373). Nietzsche ist kein Zynismus zu stark, um moralische Attitüden in der Politik zu entlarven. Auch der Hinweis, „dass die Eigenthums-Vertheilung in der gegenwärtigen Menschheit die Consequenz zahlloser Ungerechtigkeiten und Gewaltsamkeiten ist", helfe da nicht weiter; denn die „ganze Vergangenheit der alten Cultur ist auf Gewalt, Sclaverei, Betrug, Irrthum aufgebaut", und niemand, auch die „Nicht-Besitzenden" nicht, könne daraus besondere Rechte für sich selbst ableiten (MA I 452, 293 f.).
- Die Medien spielen das Machtspiel mit und verstärken es, nicht so sehr, indem sie lügen, sondern indem sie Halbwahrheiten verbreiten, das eine in helles Licht rücken, das andere verschweigen. Die *„Benutzung der kleinsten Unredlichkeit"* macht, zumal wenn anonym publiziert wird, kaum ein schlechtes Gewissen und verschafft doch der Presse grosse Macht (ebd. 447, 290). Ein Staatsmann wie Bismarck kann auch sie für seine Zwecke nutzen: mit seiner Emser Depesche, mit der er den deutsch-französischen Krieg auslöste, hat er ein berühmtes Bespiel dafür gegeben.
- Die nächste Stufe in der politischen Nutzung von Halbwahrheiten ist die Skandalisierung, z. B. von Korruption in der Verwaltung oder auch in der Wissenschaft in Gestalt von „Gunstwillkür". Sie spaltet: die „Einsichtigen" werden die Skandalisierung durchschauen, die „Nichteinsichtigen" aber heftig auf sie reagieren – das Problem des Populismus. Die Presse zieht, aus eigenem Interesse, regelmäßig mit den stärkeren gesellschaftlichen Reaktionen mit, und unter ihrem Druck kündigt die Politik dann „Untersuchungen, Bestrafungen, Versprechen, Reorganisationen" an. Jener Staatsmann kann es darum seinerseits „nützlich" finden, „Nothstände übertrieben darzustellen" (ebd. 448, 291).
- All das wird auch bei „Gebildeten und Gelehrten" dadurch unterstützt, dass man nicht nur, aber vor allem in der politischen Orientierung, bei der man

stets unter Zeitdruck steht, die ständig neu anfallenden Geschehnisse abkürzen, in aktuellen Begriffen ihre Komplexität reduzieren muss. Das Einfachste ist dann, die Verantwortung für alles einigen Wenigen und zumal „grossen Staatsmännern" zuzuschreiben: gleichsam als „Wettermachern", auch wenn sie das Wetter gar nicht beeinflussen können. Für solche Staatsmänner kann aber eben dieser Glaube zum „Werkzeug ihrer Macht" werden (ebd. 449, 292): erwartet man von ihnen alles, haben sie auch die Autorität, Unerwartetes zu tun. Nietzsche ergänzt an späterer Stelle noch: die Zuschreibung von Autorität könne, wenn auch nicht mehr in demselben Maß wie früher einmal, sich bis zur gottähnlichen Verehrung, bis zur Erhebung „einzelner Menschen in das Uebermenschliche" steigern – wobei dann „ganze Schichten des Volkes sich roher und niedriger vor[...]stellen, als sie wirklich sind", sich also selbst abwerten (ebd. 461, 298).

2.4 Grundempfehlungen zur Politik: Kriege sinnvoll einsetzen, natürliche statt ideologische Bindungen an den Staat stärken, die staatlichen Institutionen nicht durch Umsturz, sondern durch Bildung weiterentwickeln

(a) Nietzsche rechnet, ganz zeitgemäß, mit Kriegen als Mittel der Außenpolitik, betrachtet sie aber differenziert.
– Gerade mit „Volksheeren", wie sie „jetzt so verherrlicht werden", statt Söldnerheeren, wie sie im 18. Jahrhundert noch üblich waren, werden „Menschen der höchsten Civilisation", darunter gerade „Höchstgebildete" vergeudet. Der Gedanke des Volksheers oder der Miliz erhielt den stärksten Aufschwung durch die Revolutionskriege Napoleons I., die dann bald in Eroberungskriege übergingen; im Zug der Befreiungskriege wurde die Wehrpflicht auch in Preußen, nach dem Deutsch-Französischen Krieg von 1870/71 fast überall in Europa eingeführt. Während Söldner für Sold kämpften und geübte Soldaten waren, sollen Wehrpflichtige sich für die Nation opfern, für deren Idee oder Ideologie sie gezielt begeistert werden. (Die damals noch ärmere Schweiz, die im Innern auf eine Miliz baute, stellte im Äußeren Jahrhunderte lang aus purer Not stattliche Kontingente von Söldnern, z.T. für gegnerische Armeen zugleich; davon übrig geblieben ist die Schweizer Garde des Papstes). „Wie die Griechen in Griechenblut wütheten, so die Europäer jetzt in Europäerblut", mit dem Unterschied, dass dies nun, in einem organisierten Staat, „entweder etwas Unehrliches oder ein Zeichen der Zurückgebliebenheit" ist (ebd. 442, 288).

- Die Kultur verliert und gewinnt durch den Krieg. Sie verliert, weil der Krieg „den Sieger dumm" und „den Besiegten boshaft" macht, den einen sich stolz auf seinem Sieg ausruhen, den andern unentwegt auf Rache sinnen lässt, und sie gewinnt, weil im Krieg zwischen Gut und Böse „natürlicher", aufgrund handfester Ereignisse unterschieden wird (ebd. 444, 289). Zuvor hat Nietzsche im Blick auf den griechischen Staat noch einen „Päan auf den Krieg" angestimmt (GS, KSA 1, 774), seine erste *Unzeitgemässe Betrachtung* dann aber im Blick auf die Gründung des Deutschen Reiches damit eingeleitet, dass es gefährlich sei, „den *Krieg* zu *preisen* und den mächtigen Phänomenen seiner Einwirkung auf Sittlichkeit, Kultur und Kunst jubilirend nachzugehen": der militärische Sieg eines Staates könne den „Wahn" nach sich ziehen, es handle sich um einen Sieg auch seiner Kultur (DS 1, KSA 1, 159 f.).
- Gleichwohl führt Nietzsche auch das traditionelle kulturphilosophische Argument für den Krieg an, das sogar Kant befürwortete, der sich mit seiner späten Schrift *Zum ewigen Frieden* den Ruf eines Friedensphilosophen erwarb: dass der Krieg den „Geist" und die „Cultur" aus der politischen Krise des Krieges neu und gestärkt hervorgehen lasse (MA I 465, 300). Darum sei er „*unentbehrlich*". Auch Nietzsches verehrter Baseler Kollege Jacob Burckhardt teilte das Argument, ohne wie der damals hochberühmte (und scharf antisemitische) Historiker und offizielle Hofhistoriograph Heinrich von Treitschke dem nationalen Krieg in höchsten Tonen zu huldigen. Nietzsche forciert Kants Argument noch: gerade für die „jetzigen Europäer" seien die „grössten und furchtbarsten Kriege – also zeitweilige Rückfälle in die Barbarei –" nötig, damit die hochgezüchtete Kultur nicht an sich selbst zugrunde geht (ebd. 477, 311 f.). So sehr fürchtet er die Verbürgerlichung, Vermittelmäßigung und Verzärtelung der europäischen Kultur eben im Gefolge der Friedensphilosophen.

Doch er hält auch dagegen. In *Menschliches, Allzumenschliches* II versucht er seinerseits einen wenn nicht ewigen, so doch zeitlichen Frieden denkbar zu machen: wenn nämlich der „grosse Tag" kommt, „an welchem ein Volk, durch Kriege und Siege, durch die höchste Ausbildung der militärischen Ordnung und Intelligenz ausgezeichnet, und gewöhnt, diesen Dingen die schwersten Opfer zu bringen, freiwillig ausruft: ‚wir zerbrechen das Schwert' – und sein gesammtes Heerwesen bis in seine letzten Fundamente zertrümmert. *Sich wehrlos machen, während man der Wehrhafteste war, aus einer Höhe der Empfindung heraus,* – das ist das Mittel zum *wirklichen* Frieden, welcher immer auf einem Frieden der Gesinnung ruhen muss: während der sogenannte bewaffnete Friede, wie er jetzt in allen Ländern einhergeht, der Unfriede der Gesinnung ist, der sich und dem Nachbar nicht traut und halb aus Hass, halb aus Furcht die Waffen nicht ablegt"

(WS 284, 678f.). Hier wird Kants Friedensphilosophie noch einen Schritt weitergedacht: Nietzsche lässt, anders als Kant, auch den Grund der Notwehr für stehende Heere nicht mehr gelten. Denn er beruhe auf einer heuchlerischen Moral: man unterstelle einander damit „Eroberungsgelüste" und rüste sich zugleich selbst zu Eroberungen, „eine *Inhumanität*, so schlimm und schlimmer als der Krieg" (WS 284, 678). Nietzsche verherrlicht nicht einfach den Krieg, sondern will ihm, da er unausweichlich scheint, über die Machtpolitik hinaus etwas Sinnvolles abgewinnen.

(b) Im Innern will Nietzsche gewaltsame Umstürze vermeiden. Am stärksten hatte ihn die Nachricht vom Mai 1871 schockiert, die revolutionäre Pariser Commune habe im Abwehrkampf gegen die Regierungstruppen die Tuilerien in Brand gesetzt, was ihn befürchten ließ, dass auch der Louvre niedergebrannt sei („Es ist der schlimmste Tag meines Lebens", KSB 3, 195). In weiteren Aphorismen-Ketten will er darum, anstatt ideologischer natürliche Bindungen an den Staat gestärkt sehen:

- Nur wer „Söhne" oder, weiter gefasst, „Nachkommen" hat, wird „rechten, natürlichen Antheil" an zugleich dauerhaften und sich verändernden staatlichen Institutionen haben. Darin liegt der *„politische Wert der Vaterschaft"* (MA I 455, 295; vgl. NL 1876, 19[104]; KSA 8, 356).
- Das rechtfertigt jedoch noch nicht den *„Ahnenstolz"* alter Geschlechter; denn unter deren Vorfahren werden sich leicht auch „gewaltthätige, habsüchtige, ausschweifende, boshafte, grausame Menschen" finden (MA I 456, 295f.). Reichtum ist nur von Vorteil, sofern er eine bessere, freiere und geistigere Bildung ermöglicht. *In diesem Sinn* spricht Nietzsche von „Aristokratie der Rasse"; Armut dagegen erniedrige (ebd. 479, 313f.).
- Materielle und geistige Armut zwinge zur „Sclaverei" der Arbeit, einer immer gleichen Mühsal, die schwerer sein kann als die „Sclavenarbeit" in der Antike (ebd. 457, 296), nun aber, wie Nietzsche schon zuvor mehrfach betont hat, durch die „Verführungs- und Beruhigungsworte von der ‚Würde des Menschen' und der ‚*Würde der Arbeit*'" schöngeredet wird (GT 18, KSA 1, 117). Er besteht darauf, dass Arbeit, zu der er auch die Arbeit von Gelehrten zählt, für eine „höhere Cultur" immer nötig sein wird; man müsse aber damit rechnen, dass sich eine „Kaste der Zwangs-Arbeit" und eine „Kaste der Müssigen" herausbilde, mit der er nicht eine Gruppe von Reichen und Rentnern, sondern von frei Schaffenden meint, oder, sofern eben alle in irgendeiner Weise zu arbeiten haben werden, eine „Kaste der Frei-Arbeit". Die gesellschaftlichen Gruppen fallen, so Nietzsches Gedanke, dann nicht auseinander, wenn beiden klar ist, dass alle auf irgendeine Weise zu leiden haben und desto tiefer leiden, je weiter ihre Führungsaufgaben greifen. Und wenn, wie es schon Platon für seinen Idealstaat vorgesehen hatte, „ein Austausch der beiden

Kasten" stattfindet, also niemand am Wechsel von der „Zwangs-Arbeit" zur „Frei-Arbeit" und umgekehrt gehindert wird, so ist nach Nietzsche „ein Zustand erreicht, über den hinaus man nur noch das offene Meer unbestimmter Wünsche sieht" (ebd. 439, 286 f.) Auch die politische Führung ist für Nietzsche nicht einfach eine Frage der Macht, sondern auch einer sinnvollen Arbeitsteilung. Nietzsches pointierte und bewusst anstößige Begriffe Sklaverei und Kaste täuschen leicht über den Realismus auch dieser Beobachtung hinweg.

- Man darf nicht vergessen, dass Nietzsche selbst unter seiner denkbar freien „Arbeit" an der Befreiung und Erneuerung der Philosophie schwer litt. So kann er es geradezu zu seiner „*Utopie*" erklären, eine „bessere Ordnung der Gesellschaft" durch eine sinnvolle Verteilung des Leidens zu schaffen. Das heißt für ihn, den weniger Sensiblen, also den „Stumpfsten", „die schwere Arbeit und Noth des Lebens" zuzuteilen und den Sensibelsten „die höchsten sublimirtesten Gattungen des Leidens" (ebd. 462, 299). Politik sollte nicht nach dem angelsächsischen Prinzip des größten Glücks der größten Zahl, sondern nach dem schopenhauerschen eines gerechten Ausgleichs der Leiden betrieben werden. Die schwermütige Anti-Utopie wäre sicher nicht leichter zu verwirklichen, würde aber, scheint Nietzsche zu meinen, den Drang nach Umsturz mindern.
- Denn dieser Drang beruhe auf dem „Wahn" (ein Lieblingswort Wagners, der selbst einmal Revolutionär war), ein politischer Umsturz könne mehr als „eine Kraftquelle in einer mattgewordenen Menschheit" sein. Nietzsche wendet Voltaires „*Geist der Aufklärung und der fortschreitenden Entwickelung*", seine „maassvolle, dem Ordnen, Reinigen und Umbauen zugeneigte Natur" gegen Rousseaus „gefährliche Träume" und „leidenschaftliche Thorheiten und Halblügen" wie die, die Menschen seien von Natur gut, doch von der arbeitsteiligen und von Habgier und Ehrgeiz zerfressenen Gesellschaft verdorben worden und müssten sich nun durch einen Gesellschaftsvertrag gegenseitig auf Gleichheit und Freiheit verpflichten und sich dazu einem von allen persönlichen Interessen reinen allgemeinen Willen unterwerfen (ebd. 463, 299). Zum Schrecken auch der Deutschen Idealisten hatte das mit dem Terror der Französischen Revolution geendet.
- Auch Revolutionen durchlaufen Evolutionen, benutzen zunächst, wie sich über die Zeiten hinweg beobachten lässt, viele alte politische Institutionen weiter, die sie noch eine Weile in ihren Bahnen halten, bis sie dann, unter dem Druck der öffentlichen Meinung, anderen Institutionen weichen (ebd. 466, 466). Die Autorität dieser Institutionen hängt auch vom Schulwesen ab (ebd. 467, 300); sie sind, „ohne die scharfe Luft der öffentlichen Kritik", korrumpierbar (ebd. 468, 300 f.) und dies auch im moralisch positiven Sinn,

wenn Gelehrte mit ihrer professionellen Redlichkeit in die Politik gehen und dort „das gute Gewissen einer Politik" repräsentieren sollen, hinter dem sich professionelle Politiker dann verstecken können (ebd. 469 und 470, 301).
- Politische „*Glückszeiten*", von denen man seit alters her geträumt und die Rousseau sich neu ausgedacht hat, mag es unter den genannten Umständen auf „*Augenblicke*", aber nicht auf „*Dauer*" geben (ebd. 471, 301 f.). Dagegen kann „Bildung" Staat und Politik stützen und ihr „Wachstum" sie langfristig verändern – darum aber auch von ihnen gefürchtet werden. Schon in der alten „athenischen Cultur" hat man sich darüber, wie der Klassische Philologe Nietzsche anmerkt, gerne getäuscht (ebd. 474, 308 f.). Die Dauerhaftigkeit der mittelalterlichen Institutionen, insbesondere der mächtigen Katholischen Kirche, entsprach „erkünstelten, auf Fictionen beruhenden Bedürfnissen" wie dem nach Erlösung. Neue Institutionen, die den „gemeinsamen wahren Bedürfnissen aller Menschen" dienen, könnten kommen, sind aber noch nicht abzusehen (ebd. 476, 311). Sie werden sich auf demokratischem Weg bilden.

3 Beobachtungen zur Herrschaftstechnik: Demokratismus und Sozialismus

Nietzsche behandelt die demokratische und die soziale Bewegung, die sich seit dem Ende des 18. Jahrhunderts miteinander entwickelten, und die Rechtssetzung, die mit ihnen einherging, ebenfalls nicht unter dem Gesichtspunkt philosophischer Ideen, sondern beobachtet auch hier, wie mit ihnen Macht ausgeübt wird: die mit ihnen verbundene politische Herrschaftstechnik. Er beobachtet sie wiederum vor allem am Staat Bismarcks und *dessen* Herrschaftstechniken des Kompromisses, der Bündnisse, der Auswahl des Führungspersonals, der Rechtssetzung und der Manipulation der Massen. Er verbindet solche Themen laufend mit Aphorismen zum „Demokratismus", wie er ihn ab 1885 nennen wird, stellt ihn in eine Linie mit dem „Sozialismus" und fasst beide als „Utilitarismus" zusammen (NL 1885, 2[165]; KSA 12, 148). In *Menschliches, Allzumenschliches* I spricht er vom „Nutzen", der dabei regelmäßig ins Auge gefasst wird (MA I 446, 472, 289 und 303).

3.1 Kompromisse, Bündnisse, Auswahl des Führungspersonals, Rechtssetzung und Manipulation der Massen

Im Zug des Demokratismus erscheinen „Regierung" und „Volk" als interagierende „Machtsphären". Das Volk stand dabei traditionell als „schwächere" und „niedere" Macht da und soll sich jetzt, „gemäss einem Princip, welches rein aus dem *Kopfe* entsprungen ist und erst Geschichte *machen soll*", umkehren: die Regierung soll „ein Organ des Volkes" werden. Bismarck, den Nietzsche hier ausdrücklich nennt (MA I 450, KSA 2, 292 f.), fängt die Umkehrung auf, indem er „die constitutionelle Form", die Beteiligung des Volks an der immer noch monarchischen Regierung, „als einen Compromiss zwischen Regierung und Volk bezeichnet". Kompromisse sind stets etwas Paradoxes und darum Verwirrendes: um die eigenen Prinzipien oder Interessen durchzusetzen, gibt man sie zum Teil zugunsten der Prinzipien und Interessen anderer auf.[5] Nietzsche sieht klar, dass damit die ganze bisherige Herrschaftsordnung der Gesellschaft, auch im „Verkehr zwischen Lehrer und Schüler, Hausherrn und Dienerschaft, Vater und Familie, Heerführer und Soldat, Meister und Lehrling", in Fluss gerät; sie wird „sich verkehren und verschieben, Namen und Wesen wechseln", und das brauche Zeit. Nietzsche stellt sich nicht gegen den „*neuen [...] Begriff der Regierung*", sondern sucht zu sehen, was er mit sich bringen wird (ebd.).

Bismarck setzte seine Bündnispolitik im Äußeren zugleich zur Sicherung der Machtsphäre der Regierung im Innern ein. Nietzsche geht ausführlich seiner Strategie nach, als *„Steuermann der Leidenschaften"* an der einen Stelle „Feindseligkeiten" zu schüren, um an einer anderen Bündnisse zuwege zu bringen. Die Strategie schließt auch ein, den Demokratismus andernorts, insbesondere in Frankreich, das im öffentlichen Diskurs nun zum ‚Erz- und Erbfeind' geworden ist, zu unterstützen, weil er „das Volk schwächer, zerrissener und kriegsunfähiger machen" könnte (ebd. 453. 294). (Nietzsche benutzt die Formel „Erzfeind" nur in *Also sprach Zarathustra* und dort für den „alten Teufel" des „Geistes der Schwere", also in einem philosophischen, nicht in einem nationalpolitischen Horizont; Z III, KSA 4, 198 u. ö.).

Zur Lenkung des Staates brauchen „*leitende Geister*" geeignetes Personal in ihren Kabinetten, Ministerien und Behörden, „*Werkzeuge*", die ihrerseits, je ef-

---

5 Vgl. Stegmaier 2016, 299 u. 335 f. Einige Abschnitte des Kapitels X aus Stegmaier 2016: „Ausgleichende Orientierung: Nietzsches und Luhmanns Kontextualisierungen der Demokratie" (302–347) wurden in diesen Beitrag übernommen. In der Monographie wird auch der Sinn des Wandels in Nietzsches Denken der Demokratie behandelt.

fektiver sie arbeiten, eine informelle Macht über sie gewinnen (Stegmaier 2016, 283 f.). Nietzsche beobachtet hier ein Oszillieren zwischen Demokratismus und Monarchismus oder Autoritarismus innerhalb der politischen Führung selbst. Man kann dem ausgewählten Personal „verhältnissmässige grosse Freiheit" zur kreativen Unterstützung vorgegebener Ziele lassen oder sich

> „unterwürfigere Werkzeuge" schaffen, sie „gewaltsamer" führen und so die politische „Maschine" störungsfreier, aber eben auch ideenloser und dann vielleicht auch weniger erfolgreich betreiben (MA I 458, 296 f.).

Bei der Rechtssetzung ist nur idealerweise und nicht generell, wie wiederum Rousseau glauben wollte, die Einsicht in die Vernunft der Gesetze maßgeblich. In seiner ganzen Komplexität ist und war auch damals schon das Recht nur Fachleuten verständlich; die „Rechtsempfindung" des Volkes ist dafür, so Nietzsche, zu „grob". Er zieht daraus den realistischen Schluss, dass das Recht deshalb für die Betroffenen weitgehend „*willkürlich*" ist. Soweit man versucht, es einsichtig zu machen, ist nicht aus metaphysischen Gründen das „logischste" Recht das „annehmbarste", sondern weil es das vergleichsweise „*unparteilichste*" ist (ebd. 459, 297); der politische Gebrauch, der von ihm gemacht wird, kann dann immer noch ein parteilicher sein.

Eine im Zug des Demokratismus besonders erfolgreiche Herrschaftstechnik scheint, nüchtern beobachtet, die zu sein, dass ein „grosser Mann" sich als Mann der „Masse" darstellen kann, der ihre Interessen befriedigt. Was sich wie eine zynische Anleitung zur Manipulation der Massen liest, war in Bismarcks Staat wirklich und ist es bis heute in mehr oder weniger populistischer Form in vielen Staaten Europas und der Welt. Massen schätzen es offensichtlich, von starken ‚Führern' manipuliert zu werden: sie bewundern einen „starken Willen", je mehr er ihnen selbst abgeht. Der starke Mann (und in selteneren Fällen auch eine starke Frau) darf dann auch „gewaltthätig, neidisch, ausbeuterisch, intrigant, schmeichlerisch, kriechend, aufgeblasen, je nach Umständen alles" sein (ebd. 460, 298).

3.2 Populistische Beschränkung der politischen Aufgaben, Raum schaffen für die Lösung weitgreifender und langfristiger politischer Probleme, Stärkung oder Schwächung des Staates

Auch die Demokratie, so sehr sie idealisiert werden mag, tritt unweigerlich unter diesen Bedingungen an. Nietzsche beginnt das 8. Hauptstück mit dem Wort

„demagogisch": „Die Absicht, auf die Massen zu wirken", nötige politische Parteien, „ihre Principien zu grossen Alfresco-Dummheiten umzuwandeln und sie so an die Wand zu malen. Daran ist Nichts mehr zu ändern, ja es ist überflüssig, auch nur einen Finger dagegen aufzuheben". Parteien müssen, um ihre Wahlchancen zu vermehren, ihre Programme simplifizieren. Sie können dann von Glück oder von Idealen sprechen; im Grunde geht es aber darum, „möglichst Vielen das Leben erträglich zu machen", und wenn das so ist, ist es durchaus angebracht, dass „diese Möglichst-Vielen auch bestimmen, was sie unter einem erträglichen Leben verstehen". Wenn die politischen Parteien das Feld des Politischen auf einfache, massenwirksame Begriffe bringen, wird es für das Wahlvolk übersichtlich. Doch zugleich wird es drastisch beschränkt: Demokraten „*wollen* nun einmal ihres Glückes und Unglückes eigene Schmiede sein; und wenn dieses Gefühl der Selbstbestimmung, der Stolz auf die fünf, sechs Begriffe, welche ihr Kopf birgt und zu Tage bringt, ihnen in der That das Leben so angenehm macht, dass sie die fatalen Folgen ihrer Beschränktheit gern ertragen: so ist wenig einzuwenden" (ebd. 438, 285 f.).

Hier entsteht für Nietzsche aber das eigentliche Problem. Denn die Aufgabe, die Erde ökonomisch, mit möglichst wirksamen, erst über lange Perioden zu entwickelnden Mitteln zu gestalten und ökumenisch, unter Einbeziehung möglichst vieler Kulturen, die kennenzulernen ebenfalls viel Zeit erfordert, zu verwalten, ist in engen parteipolitischen Horizonten und kurzfristigen Legislaturperioden nicht zu bewältigen. Nietzsche tritt jedoch nicht mit eigenen politischen Forderungen auf, die dann wieder als parteipolitische wahrgenommen würden; er versucht, wie er eigens ankündigt, sich von aller Parteipolitik mit einer „ironischen Miene" zu distanzieren, die für die, die sich nicht auf Ironie verstehen, „übel klingt". Er will als Rufer im Wald auftreten, den nur wenige, am ehesten vielleicht ähnlich Denkende, hören können; als „Verirrte[r] in einem Walde" beansprucht er auch für sich nicht den vollen Überblick. Man müsse „sich den neuen Bedingungen fügen, wie man sich fügt, wenn ein Erdbeben die alten Gränzen und Umrisse der Bodengestalt verrückt und den Werth des Besitzes verändert hat" (ebd. 438, 286).

Nietzsche „arrangiert sich mit der Demokratie, weil sie die Vorbotin kommender Freiheit ist".[6] Wenn das Problem der Erdregierung in der kommenden Weltgesellschaft nur demokratisch angegangen werden kann, aber nicht in den Schranken der Parteipolitik, muss, so Nietzsche, die Politik im Ganzen neu formiert werden, um es zu bewältigen, nämlich so, dass das beste Wissen zum Zug kommt. Hier schließt der Aphorismus 439 zu den „Kasten" der „Zwangs-Arbeit"

---

6 Ottmann 1999, 128.

und der „Frei-Arbeit" an, der Gedanke, in einer Demokratie Raum für Führungseliten zu schaffen, die auch die langfristigen Probleme der Gesellschaft im Auge behalten können. Die Frage ist dann, wie solche Führungseliten sich ihrerseits langfristig herausbilden können (ebd. 440, 287). In den *„freieren* Verhältnissen" der Demokratie ist das nur unter den Bedingungen eines „gegenseitigen Vertrages, also mit allen Vorbehalten des Eigennutzes" möglich (ebd. 441, 288); die heutigen Versuche, z. B. den alle Völker der Erde berührenden Klimawandel oder eine Pandemie einzudämmen, zeigen, wie schwer das wird. Und es klingt wie eine Ermutigung für manche der heutigen Nichtregierungsorganisationen, darauf zu bauen, dass, um solche Ziele zu erreichen, „unsere gesellschaftliche Ordnung [...] langsam wegschmelzen [wird], wie es alle früheren Ordnungen gethan haben, sobald die Sonnen neuer Meinungen mit neuer Gluth über die Menschen hinleuchteten." Das *„Wünschen"* werde hier zum Hoffen, „und hoffen darf man vernünftigerweise nur, wenn man sich und seinesgleichen mehr Kraft in Herz und Kopf zutraut, als den Vertretern des Bestehenden" (ebd. 443, 288 f.).

Nietzsche fügt den zu Mut *und* Besonnenheit aufrufenden Aphorismus effektvoll zwischen die Aphorismen zu den „Volksheeren" und zum „Krieg" ein. Auf den Aphorismus 453 zum *„Steuermann der Leidenschaften"* lässt er einen Aphorismus zu den *„Gefährlichen unter den Umsturz-Geistern"* folgen, nämlich denen, die weniger etwas für sich als für kommende Generationen wollen: denn die „Revolutionäre aus unpersönlichem Interesse" haben „den Glauben und das gute Gewissen der Uneigennützigkeit" (ebd. 454, 295). Es sind für ihn die Sozialisten in dem weiten Sinn, den man damals mit ihnen verband, einschließlich der Kommunisten und Anarchisten: sie wollen entweder einen möglichst starken Staat, „eine Fülle der Staatsgewalt, wie sie nur je der Despotismus gehabt hat," einen „unbedingten Staat", der das Individuum zu einem „zweckmässigen *Organ des Gemeinwesens"* machen will (in diesem Sinn war selbst Platon ein „typischer Socialist"), oder gar keinen Staat, was Anarchisten in ihren Augen berechtigt, bis zum „äussersten Terrorismus" zu schreiten (ebd. 473, 307). Im Sozialismus, „falls er wirklich", so Nietzsche, „die Erhebung der Jahrtausende lang Gedrückten, Niedergehaltenen gegen ihre Unterdrücker ist" (ebd. 446, 289), hat der Staat seinen stärksten Befürworter – und Gegner.

3.3 Verschlingung von Kulturkampf, Demokratismus und Sozialismus

Im ausführlichsten Aphorismus des 8. Hauptstücks, überschrieben *„Religion und Regierung"*, beobachtet Nietzsche, wie sich Kulturkampf, Demokratismus und

Sozialismus miteinander verschlingen. Der Text enthält einen von Nietzsches faszinierendsten Erkundungsgängen zur politischen Philosophie überhaupt. Er will mit ihm ein neues „Blatt im Fabelbuche der Menschheit" aufschlagen, in dem man „allerlei seltsame Historien und vielleicht auch einiges Gute lesen wird"; er erhebt keinen Anspruch auf historische Wahrheit, sondern versucht auf seine Weise, sich in der historischen Situation politisch zu orientieren. Die Demokratie wird hier zum ersten Mal in *Menschliches, Allzumenschliches* explizit genannt (ebd. 472, 302–307).[7]

Nietzsche beobachtet, wie zu seiner Zeit die Religion die Politik teils stabilisiert, teils labilisiert. Beides verdankt sich dem Demokratismus bzw. der Demokratisierung, die damit zwischen Sozialismus und Anarchismus zu stehen kommen – und zu einer ganz neuen Lösung führen könnte. Das Ergebnis, um es vorwegzunehmen, ist: die „vormundschaftliche Regierung", in der die Religion den alten übermächtigen Staat bestärkt hat und die sich durch die „moderne Demokratie" auflöst, weicht einem politischen System, das den Staat auf bloße Funktionen begrenzt, die nicht hoheitlich ausgeübt werden müssen. „Demokratie" wird hier mit „Souveränität des Volkes" identifiziert und im Übrigen wie der alte Staat als „Mysterium" behandelt. Sie ist, so Nietzsche, „die historische Form vom *Verfall des Staates*", nämlich des alten, religiös verbrämten Staates. Das bedeutet nicht auch den Verfall der „Regierung", die im Titel des Aphorismus steht und nun als demokratisch gewählte das Schwergewicht des politischen Systems bildet.

Nietzsches Argumentation verläuft, stark vereinfacht, so: Wie der Staat den übrigen gesellschaftlichen Verhältnissen, so gibt die Religion dem Staat das Vorbild einer autoritativen hierarchischen Ordnung. Darin wird sie vom Staat begrüßt. Denn Religion hilft den Einzelnen, Leiden hinzunehmen, hält auf diese Weise die Menge ruhig. Religion kann bei allem, was Widerstand herausfordert, auf „den Finger Gottes" verweisen und so dazu beitragen, den „inneren bürgerlichen Frieden und die Continuität der Entwickelung" zu wahren. Die Priesterschaft, die die Religion als Lehre zu verbreiten und wachzuhalten hat, bestärkt

---

[7] Shaw 2007 erwartet von Nietzsche eine Antwort auf die Frage, wie in modernen Demokratien ohne Religion ein normativer Konsens und aus ihm eine Legitimierung des Staates entstehen kann, und sucht diese Antwort vor allem in MA I 472. Das scheint mir an Nietzsches Text vorbeizugehen. Nietzsche stellt zwar fest, dass, wenn die Religion „abzusterben beginnt, auch die Grundlage des Staates erschüttert wird", und warnt auch davor, diesen Prozess zu beschleunigen (Shaw 2007, 5, Fn. 13). Sein Ziel ist jedoch nicht, dem Staat eine *neue* Legitimität zu schaffen. Er setzt vielmehr „‚legitim'" warnend in Anführungszeichen und bleibt interessierter Beobachter der „Uebergangskämpfe" (MA I 472, 304), die sich zu seiner Zeit beim Abschied von den religiösen oder pseudoreligiösen Legitimationsversuchen des Staates abspielten.

zudem die „Einheit der Volksempfindung" und „gleiche Meinungen und Ziele für Alle", auch wenn sie dabei „scheinbar und äusserlich ein ganz anderes Interesse" vertritt. Sie arbeitet, ob sie das will oder nicht, daran mit, „Macht ‚legitim'" zu machen. Die Politik („die regierenden Personen und Classen") erkennt darin eine Leistung der Religion für sie („Nutzen, welchen ihnen die Religion gewährt"), betrachtet sie also (zumindest auch) als „Mittel" oder als Funktion für sie. Religion, Staat und Politik sind so aufs engste miteinander verflochten. Sie üben Funktionen füreinander aus (ebd. 472, 302f.).

Solche Zusammenhänge waren der Religionskritik zu Nietzsches Zeit zwar schon weitgehend geläufig, doch nicht in dieser funktionalen Pointierung. Nun hakt aber, so Nietzsche, die religionskritische „Freigeisterei" ein, die inzwischen ihre eigene Autorität gewonnen hat: da nach der Doktrin *„demokratische[r]* Staaten" die Regierung ihrerseits „lediglich eine Function des alleinigen Souverains, des Volkes", ist, wird „eine Benutzung und Ausbeutung der religiösen Triebkräfte und Tröstungen zu staatlichen Zwecken" prekär. Man hat die Religion, zumal wenn sie in unterschiedliche Bekenntnisse gespalten ist, nun „als Privatsache zu behandeln und dem Gewissen und der Gewohnheit jedes Einzelnen zu überantworten". So aber kann sie gerade neu aufblühen, und das kann wiederum Religionsgegner auf den Plan rufen, bis in die Regierenden hinein. Geschieht das, bekommen deren „Maassregeln einen religionsfeindlichen Charakter", der nach Lage der Dinge sogleich wieder religionsfreundliche Parteien provozieren wird, und das Ergebnis wird dann in parteilicher Verteilung ebenso Staatsfeindschaft und Staatfanatismus wie Religionsfeindschaft und Religionsfanatismus sein (ebd. 472, 303).

Derartige Parteienkämpfe reiben schließlich bei allen Beteiligten „das ehrfürchtige und pietätvolle Verhältniss" zum Staat auf und lassen ihn nun in seiner nackten Funktion sehen, darin, „wo er ihnen nützlich oder schädlich werden kann". So „drängen [sie] sich mit allen Mitteln heran, um Einfluss auf ihn zu bekommen". Der Staat mit seiner Verwaltung, der letztlich in einem dauernden ‚Zustand' gesellschaftlicher Ordnung besteht, wird selbst etwas rasch Veränderliches, Flüchtiges („Es fehlt allen Maassregeln, welche von einer Regierung durchgesetzt werden, die Bürgschaft ihrer Dauer"), und so drängt alles „zu einem ganz neuen Entschlusse [...]: zur Abschaffung des Staatsbegriffs, zur Aufhebung des Gegensatzes ‚privat und öffentlich'" – woraus Nietzsche, immer zum Durchdenken äußerster Konsequenzen bereit, die schon genannte Folgerung zieht, die Funktionen des Staates könnten dereinst ebensogut von „Privatgesellschaften" ohne hoheitliche, religiös verbrämte Autorität wahrgenommen werden. Nietzsche wählt dafür den generelleren Begriff einer „organisirenden Gewalt", die zu verschiedenen Zeiten ins Spiel kommen und verschiedene Formen annehmen kann (ebd. 472, 304ff.).

Für Nietzsche scheint das unausweichlich zu sein. Er nennt die „Missachtung, den Verfall und *den Tod des Staates*" geradezu die „Mission" „des demokratischen Staatsbegriffes". Die Aussicht darauf ist für Nietzsche keineswegs „in jedem Betracht eine unglückselige", sondern ihm als Entzauberung des Staates („den letzten Zauber und Aberglauben auf dem Gebiete dieser Empfindungen zu verscheuchen"), nach aktuellen Begriffen seine Funktionalisierung im Gegensatz zu seiner religiösen oder nationalen Auratisierung, durchaus willkommen. Ein paar Jahre später notiert er dazu: „Ich interessire mich *nicht* [...] für den nationalen Staat, als etwas Ephemeres gegenüber der demokratischen Gesamtbewegung" (NL 1884, 26[352]; KSA 11, 242). Er verspürt ausdrücklich „Genuß" an diesem Verfall – eben nicht generell des Staates, sondern des religiös und national auratisierten Staates: „Demokratie ist die *Verfalls-Form* des Staates" in diesem Sinn (NL 1884, 26[434]; KSA 11, 266 f.). Denn trotz der Entzauberung des Staates bleibt die Notwendigkeit der Regierung, die demokratisch den Volkswillen zu beachten hat, und eine solche Regierung könnte von der „Klugheit und dem Eigennutz der Menschen", die „von allen ihren Eigenschaften am besten ausgebildet" sind, am ökonomischsten geleitet werden. Wenn „den Anforderungen dieser Kräfte der Staat nicht mehr entspricht, so wird am wenigsten das Chaos eintreten, sondern eine noch zweckmässigere Erfindung, als der Staat es war, zum Siege über den Staat kommen." Die Funktionalisierung des Staates führt nicht zum Chaos, sie öffnet die Politik für Umorientierungen und Umstrukturierungen also dafür, mit der Zeit zu gehen. Nietzsche hat das in Zeiten höchster Staatsverherrlichung, klar gesehen. Mögen die Neuerungen auch „Angst und Abscheu" erregen, man wird sich hüten, „anmaassend" in eine soziale Evolution einzugreifen, die kein Einzelner beherrschen kann. Man muss und kann, so Nietzsche, im Gegenteil auf die weitere „,Klugheit und den Eigennutz der Menschen'" – Nietzsche wiederholt die Formel selbst, versieht sie beim zweiten Mal jedoch mit Anführungszeichen – „vertrauen" und zusehen, was sich daraus ergibt (MA I 472, 306).

Und wenn dann der Sozialismus, sei es ein nationaler, sei es ein kosmopolitischer, mit „seiner rauhen Stimme" sein „Feldgeschrei ,*so viel Staat wie möglich*'" anstimmt, wird er, wie die Dinge nun einmal liegen, bei andern Parteien auch wieder ein „,*so wenig Staat wie möglich*'" hervorrufen (ebd. 473 307 f.). Die Geschichte scheint seither zwischen beidem zu oszillieren, zuletzt wieder in Fragen der Digitalisierung des gesellschaftlichen Lebens.

4 Nietzsches politische Vision: Das übernationale Europa

Nietzsche führt seine vielfach unterbrochene und wieder neu ansetzende Aphorismen-Kette zum Demokratismus und Sozialismus im Aphorismus Nr. 475 auf eine politische Vision hinaus: seine Vision eines übernationalen Europa, in dem die Juden eine maßgebliche Rolle spielen – ohne es beherrschen zu wollen. Diese Vision hat sich in seinem Denken seit Jahren vorbereitet, insbesondere als er sich von Richard Wagner löste. 1875 notiert er sich „Zukunftsmensch: der *europäische* Mensch" (NL 1875, 5[15]; KSA 8, 44), 1876:

> die Großstaaten verschlingen die Kleinstaaten, der Monstrestaat verschlingt den Großstaat – und der Monstrestaat platzt auseinander, weil ihm endlich der Gurt fehlt, der seinen Leib umspannte: die Feindseligkeit der Nachbarn. Die Zersplitterung in atomistische Staatengebilde ist die fernste noch scheinbare Perspektive der *europäischen* Politik. Kampf der Gesellschaft in sich trägt die Gewöhnung des Krieges fort (NL 1876, 19[60]; KSA 8, 344).

Auch die „Befreiung der Frauen" stellt er bei der Entstehung des *„europäischen* Menschen" durch die „Aufhebung der Nationen" in Rechnung (NL 1876, 19[65]; KSA 8, 345).

> Sodann benutzen alle liberalen Parteien die nationale Abschliessung als einen Umweg, um das sociale Leben freier zu gestalten. Während man grosse Nationalstaaten aufbaut, wird man viele kleinere *Machthaber* und den *Einfluss* einzelner bedrückender Kasten los; dabei versteht es sich von selbst, dass dieselbe Macht, welche jetzt den Kleinstaat zertrümmern muss, einstmals den Grossstaat zertrümmern muss. Ein blindes Vorurtheil ist es dagegen, es seien die Racen und die Verschiedenheit der Abstammung, was jetzt die Nationen zu Grossstaaten umbildet (NL 1876, 18[19]; KSA 8, 318 f.).

Hier hatte Nietzsche zunächst noch eingefügt: „Das einzige Racevolk, die Juden, sind gar nicht von dieser staatenbildenden Tendenz an<ge>griffen – sie haben den Vortheil" (KSA 14, 589). Es ist „die Verschiedenheit der Sprachen", die am meisten verhindert, „das zu sehen was im Grunde vor sich geht – das Verschwinden des Nationalen und die Erzeugung des *europäischen* Menschen" (NL 1876, 19[75]; KSA 8, 348). Es sollte darum „das Ziel aller *Sprachwissenschaft*" sein, „einmal eine *Universalsprache* [zu] finden": „Dann wäre der europäische Universalmensch da" (NL 1876, 17[49]; KSA 8, 305). Die geeignete Herrschaftstechnik zu alldem wäre: „Den Regierungen *freieste* Behandlung anzurathen, nichts zu unterdrücken, vielmehr sich voranstellen in der *geistigen* Befreiung: je geistiger man die Masse macht, um so *geordnetere* Wege sucht sie." Das könnte eine „Revolution" überflüssig machen (NL 1877, 22[12]; KSA 8, 381).

So lässt Nietzsche seine Beobachtungen in Vermutungen und Verheißungen von einiger prognostischer Kraft münden. Nach dem Aphorismus Nr. 475 von *Menschliches, Allzumenschliches* I liegt der „künstliche Nationalismus" in Europa, durch den der Staat aufs neue auratisiert wird, lediglich im „Interesse bestimmter Fürstendynastien" und Handelsgesellschaften, die, wird man ergänzen dürfen, auf Schutzzölle und militärische Sicherung rechnen; sie schüren „*nationale Feindseligkeiten*" und die Bereitschaft zu Kriegen, benutzen „List, Lüge und Gewalt", um den Nationalismus „in Ansehen zu halten". Tatsächlich aber bereite sich eine nie dagewesene „Verschmelzung", „Schwächung" und schließlich „Vernichtung der Nationen" vor, die nicht „von Wenigen über Viele verhängt ist", sondern vielfältige ungewollte Ursachen hat: der Handel und die Industrie, der Bücher- und Briefverkehr, die Gemeinsamkeit aller höheren Cultur, das schnelle Wechseln von Ort und Landschaft, das jetzige Nomadenleben aller Nicht-Landbesitzer" (MA I 475, 309), all das, was man heute unter Stichworten wie Globalisierung, Kommunikativität und Mobilität zusammenfasst. Vor allem aber gehe damit, zum Schaudern aller Nationalisten und deren extremen Ablegern, den Rassisten, die allmähliche Entstehung einer „Mischrasse" einher, eben der Typus „des europäischen Menschen" oder des – für Nietzsche – „*guten Europäers*", der die Grenzen seiner angestammten Kultur sieht und darum auch über sie hinaussieht (ebd.).

Zwei Völker haben nach Nietzsche für *diese* Entwicklung zu seiner Zeit eine besonders starke Ausgangsposition: die Deutschen und die Juden – die Deutschen durch ihre Mittellage in Europa und „ihre alte bewährte Eigenschaft, Dolmetscher und Vermittler der Völker zu sein" (was auch Bismarck, trotz seiner Kriege und seiner politischen Nutzung des deutschen Nationalismus, noch war), die Juden aufgrund ihrer Geschichte, die sie in die Diaspora trieb und zu einem Jahrtausende langen Nomadenleben unter den Völkern zwang. Nietzsche zieht daraus die Folgerung, dass das zu Kriegen und Revolutionen aufgelegte Europa seiner Zeit am ehesten zu einem „guten" Europa werden könnte, wenn es, statt die Juden auszugrenzen, sie integriert.

In *Menschliches, Allzumenschliches* 475 kommt er zunächst nur „beiläufig" auf das „Problem der *Juden*" zu sprechen, vom Problem des Nationalismus aus, und versucht einen ethischen Balanceakt. Er spricht klar an, dass die Juden vor allem Opfer des Sozialneids „innerhalb der nationalen Staaten" geworden seien, sofern „hier überall ihre Thatkräftigkeit und höhere Intelligenz, ihr in langer Leidensschule von Geschlecht zu Geschlecht angehäuftes Geist- und Willenskapital, in einem neid- und hasserweckenden Maasse zum Uebergewicht kommen muss" – sie wurden „Sündenböcke" für Modernisierungsdefizite der nationalen Staaten. Aber, setzt Nietzsche dagegen, unter dem Gesichtspunkt der „Erzeugung einer möglichst kräftigen europäischen Mischrasse [...] ist der Jude als Ingredienz ebensogut brauchbar und erwünscht, als irgend ein anderer nationaler Rest." Dann zitiert er, wohl um zunächst auch nach dieser Seite gerecht zu sein, das antisemitische Klischee von der „widerlichsten Erfindung des Menschengeschlechts überhaupt", dem „jugendlichen Börsen-Juden", um dann wiederum dagegenzusetzen, dass man dem Volk, „welches nicht ohne unser Aller Schuld, die leidvollste Geschichte unter allen Völkern gehabt hat, [...] den edelsten Menschen (Christus), den reinsten Weisen (Spinoza), das mächtigste Buch und das wirkungsvollste Sittengesetz der Welt verdankt" (ebd. 475, 309 f.). Die Juden als Volk könnten den übrigen Völkern Europas nicht nur pragmatisch, sondern auch moralisch überlegen sein, und Europa, das sie oft genug grausam unterdrückt und zum eigenen Vorteil benutzt hat, könnte auch hier am meisten von ihnen lernen.

Zuletzt erinnert Nietzsche daran, dass das Judentum, dem man so oft Willkür, Irrationalität und Obskurantismus im Denken vorgeworfen hat, nicht nur an der europäischen Aufklärung beteiligt war, sondern sie über die „dunkelsten Zeiten des Mittelalters, als sich die asiatische Wolkenschicht schwer über Europa gelagert hatte, [...] unter dem härtesten persönlichen Zwange [...] vertheidigt [...]" hatte. Sie haben an „einer natürlicheren, vernunftgemässeren und jedenfalls unmythischen Erklärung der Welt" festgehalten und so dafür gesorgt, „dass der Ring der Cultur, welcher uns jetzt mit der Aufklärung des griechisch-römischen Alterthums zusammenknüpft, unzerbrochen blieb" (ebd., 309 ff.). In den weiteren Aphorismen, die Nietzsche jenseits allen Anti-, aber auch Philo-Semitismus, den Juden widmen und in denen er ihnen danken wird, nämlich in M 205, JGB 250 und 251, wird Europa das dominierende Thema. Zu den Juden schreibt Nietzsche dort: „Dass die Juden, wenn sie wollten – oder, wenn man sie dazu zwänge, wie es die *Antisemiten* zu wollen scheinen –, jetzt schon das Übergewicht, ja ganz wörtlich die Herrschaft über Europa haben *könnten*, steht fest; dass sie *nicht* darauf hin arbeiten und Pläne machen, ebenfalls" (JGB 251, KSA 5, 194).

Vor den Aphorismen zur „Grossen Politik und ihren Einbussen" und seinem „nochmals gesagt" schiebt Nietzsche noch scheinbar Nebensächliches ein, Bemerkungen zum *„Fleiss im Süden und Norden"* (MA I 478, 312 f.) und zu *„Neid und Trägheit in verschiedener Richtung"* (ebd. 480, 314). Aber auch sie sind dem künftigen guten Europa gewidmet. So könnten kulturelle Unterschiede in der Motivierung zum Fleiß und die unterschiedlichen Ausprägungen der nationalen und sozialistischen Parteien „in den verschiedenen Ländern Europa's" einander im Zug der Völkermischung produktiv ergänzen. Nietzsche bricht hier gar, zum ersten und einzigen Mal in diesem Hauptstück, in einen Appell aus: beide Seiten mögen „als höhere Menschen" leben und „die Thaten der höheren Cultur" tun, um beide gerechtfertigt zu sein (MA I 480, 314). Und dann folgt die abschließende

Warnung vor den „Einbussen" der „grossen Politik" durch massenhafte Menschenopfer.

Literatur

Ansell Pearson, Keith (Hg.) (2013): Nietzsche and Political Thought, London/New Delhi/New York/Sydney.
Knoll, Manuel/Stocker, Barry (Hg.) (2014): Nietzsche as Political Philosopher (Nietzsche Today, Vol. 3), Berlin/Boston.
Lotter, Maria-Sibylla (2008): „So wenig als möglich Staat!" Nietzsches Stellung zu Recht und Politik, in: Nietzsche-Studien 37, 433–445.
Marti, Urs (1993): „Der große Pöbel- und Sklavenaufstand". Nietzsches Auseinandersetzung mit Revolution und Demokratie, Stuttgart/Weimar.
Ottmann, Henning (1999): Philosophie und Politik bei Nietzsche, 2. verbesserte und erweiterte Auflage Monographien und Texte zur Nietzsche-Forschung, Bd. 17, Berlin/New York.
Rupschus, Andreas (2013): Nietzsches Problem mit den Deutschen. Wagners Deutschtum und Nietzsches Philosophie, Monographien und Texte zur Nietzsche-Forschung, Bd. 62, Berlin/Boston.
Shaw, Tamsin (2007): Nietzsche's Political Skepticism, Princeton, NJ.
Schieder, Theodor (1963): Nietzsche und Bismarck, Krefeld.
Stegmaier, Werner (2008): Philosophie der Orientierung, Berlin/New York.
Stegmaier, Werner (2016): Orientierung im Nihilismus – Luhmann meets Nietzsche, Berlin/Boston.
Stegmaier, Werner (2019): Zum zeitlichen Frieden, in: Alfred Hirsch/Pascal Delhom (Hg.): Denkwege des Friedens. Aporien und Perspektiven. Erweiterte Neuausgabe, Freiburg/München, 98–114.

Günter Gödde
Nietzsches Hoffnungen auf ein „höheres Selbst" und eine „höhere Cultur"

Neuntes Hauptstück. Der Mensch mit sich allein
Unter Freunden. Ein Nachspiel.

Der Titel „Der Mensch mit sich allein" im 9. Hauptstück von *Menschliches, Allzumenschliches* I birgt eine Paradoxie in sich, denn jedes Alleinsein ist notwendig an soziale, gesellschaftliche und kulturelle Kontexte gebunden und nur in der Loslösung aus innerpsychischen und zwischenmenschlichen Verstrickungen, in der Befreiung von geistigen Bindungen und ideologischen Abhängigkeiten zu realisieren. Da im Menschen Innen und Außen aufs engste vernetzt sind, ist in den heutigen philosophischen und psychoanalytischen Diskursen viel von einer „vernetzten Seele" die Rede.

Vom Titel her könnte man annehmen, dass es hier in erster Linie um den Umgang mit sich selbst und die Gestaltung von Alleinsein und Einsamkeit gehen würde. Bei genauerer Betrachtung zeigt sich, dass nur wenige Aphorismen auf diesen Fokus ausgerichtet sind. Wie in einem Beitrag des *Nietzsche-Handbuchs* angesprochen, wird auch in diesem Hauptstück „vorwiegend die gesellschaftliche Lebenssituation des Menschen reflektiert"[1] – und zwar in der Verbindung einer selbst- und sozialpsychologischen mit einer kulturtheoretischen Perspektive.

Das 9. Hauptstück von *Menschliches Allzumenschliches* I umfasst insgesamt 196 Aphorismen. Beginnend mit Aph. 483, gibt es zunächst etwa 100 kurze Aphorismen (2–5zeilig), die zumeist nur aus einem Titel und einem Satz bestehen. Ab Aph. 583 werden sie zunehmend länger (von 5 bis 15zeilig) und gehen am Ende in den Aph. 629 bis 638 in umfangreiche Texte (mit 30 und mehr Zeilen) über.

Worum es im 9. Hauptstück genau geht, erschließt sich erst, wenn man es methodisch betrachtet, Reihen von zusammengehörigen Aphorismen zu erfassen, häufig genannte Begriffe und Themen minutiös aufzulisten und Bezüge zu anderen Hauptstücken von *Menschliches Allzumenschliches* I oder zu anderen Werken Nietzsches herzustellen. Als Ausgangspunkt habe ich eine Reihe von Aphorismen ausgewählt, in denen es explizit um den Umgang mit sich selbst und dem Alleinsein geht (1), und von da aus gedankliche Linien gezogen zum Menschen der „höheren Cultur" (2), zu den Entwicklungsstufen der „individuellen Cultur" (3), zu psychologischen Beobachtungen der Selbsttäuschung, Eitelkeit und An-

---
[1] Ries/Kiesow 2000, 102.

maßung (4), zum für den „freien Geist" zentralen Problem von Überzeugungstreue, Verrat und Gerechtigkeit (5), zum Wanderer als Gestalt des freien Geistes (6), zum Gedicht „Unter Freunden. Ein Nachspiel" (7) und zu abschließenden Betrachtungen (8).

Bei der Auswahl dieser Hauptpunkte habe ich mich unter (1) an der Aphorismenreihe von 624 bis 627, unter (2) und (3) an Bezügen zum kulturtheoretischen Hauptstück „*Anzeichen höherer und niederer Cultur*", unter (4) an Bezügen zum psychologischen Hauptstück „*Zur Geschichte der moralischen Empfindungen*", unter (5) an der Aphorismenreihe von 629 bis 637, unter (6) am Aph. 638 und unter (7) am Gedicht „Unter Freunden" orientiert.

1 Vom Umgang mit sich selbst und dem Alleinsein

Eine Reihe von vier aufeinander folgenden Aphorismen, die Aspekte des Umgangs mit sich selbst behandeln, beginnt mit „*Verkehr mit dem höheren Selbst.*–":

> Ein Jeder hat seinen guten Tag, wo er sein höheres Selbst findet; und die wahre Humanität verlangt, Jemanden nur nach diesem Zustande und nicht nach den Werktagen der Unfreiheit und Knechtung zu schätzen. […] Aber die Menschen selber verkehren sehr verschieden mit diesem ihrem höheren Selbst und sind häufig ihre eigenen Schauspieler, insofern sie Das, was sie in jenen Augenblicken sind, später immer wieder nachmachen. Manche leben in Scheu und Demuth vor ihrem Ideale und möchten es verleugnen: sie fürchten ihr höheres Selbst, weil es, wenn es redet, anspruchsvoll redet (MA I 624, 351 f.).

Hinsichtlich dessen, was Nietzsche mit dem „höheren Selbst" meint, kann man auf seine Abhandlung *Schopenhauer als Erzieher* zurückgreifen, in der er von Pindars berühmter Losung „Werde der du bist" ausgeht. Wie soll man aber das eigene Selbst finden? Sich viele Häute abzuziehen, um von der Schale zum Kern vorzudringen bzw. sich anzugraben und in den Schacht seines Wesens hinabzusteigen, hält Nietzsche für Irrwege. Das „Grundgesetz deines eigentlichen Selbst" sei vielmehr mit einer „Stufenleiter" vergleichbar, „auf welcher du bis jetzt zu dir selbst hingeklettert bist, denn dein wahres Wesen liegt nicht tief verborgen in dir, sondern unermesslich hoch über dir oder wenigstens über dem, was du gewöhnlich als dein Ich nimmst" (SE 1, KSA 1, 340 f.). Nietzsche plädiert dafür, „über sich hinaus zu schauen und nach einem irgendwo noch verborgnen höheren Selbst mit allen Kräften zu suchen" (ebd., 385).

Im Aph. 624 von *Menschliches, Allzumenschliches* I nimmt er diesen Faden auf und tritt dafür ein, die erlebten Zugänge zu einem höheren Selbst festzuhalten und in gegenwärtigen Erlebnisakten zu erneuern und auszubauen. Er warnt aber davor, die Erfahrungen mit dem höheren Selbst zum Anlass für Anmaßung und wiederholte Selbstinszenierung zu nehmen, und umgekehrt davor, sie zu verleugnen und der Konfrontation mit ihnen auszuweichen.

Der nachfolgende Aphorismus trägt den Titel „*Einsame Menschen.*–":

> Manche Menschen sind so sehr an das Alleinsein mit sich selber gewöhnt, dass sie sich gar nicht mit Anderen vergleichen, sondern in einer ruhigen, freudigen Stimmung, unter guten Gesprächen mit sich, ja mit Lachen ihr monologisches Leben fortspinnen. Bringt man sie aber dazu, sich mit anderen zu vergleichen, so neigen sie zu einer grübelnden Unterschätzung ihrer selbst: so dass sie gezwungen werden müssen, eine gute, gerechte Meinung über sich erst von Anderen wieder zu lernen [...]. – Man muss also gewissen Menschen ihr Alleinsein gönnen und nicht so albern sein, wie es häufig geschieht, sie desswegen zu bedauern (MA I 625, 352).

Nietzsche bezieht sich hier auf eine spezielle Form von Einsamkeit, die mit einer ruhigen, freudigen Stimmung und guten Selbstgesprächen, ja mit Lachen einhergeht, aber den Wechsel in soziale Situationen und den unvermeidlichen Vergleich mit anderen als Störung des inneren Gleichgewichts erlebt. Zurückgezogenheit als Lebensstil habe seinen Wert und seine Berechtigung und müsse nicht unnötig problematisiert geschweige denn pathologisiert werden. Auch hier lässt sich eine Brücke zu *Schopenhauer als Erzieher* schlagen, wo Nietzsche die Annahme zurückgewiesen hat, dass „in jeder Vereinsamung immer eine geheime Schuld liege" (SE 3, KSA 1, 352). Zudem diene es dem Selbstschutz, den Rückzug in einen abgelegenen Ort, eine Höhle oder Wüste anzutreten.

Solche einsamen Menschen bräuchten Freunde, vor denen sie sich offen und einfach zeigen dürften. Allerdings liegt gerade da das Problem, denn wenn man „Ansichten zu äussern wagt, die als schmählich für Den gelten, welcher sie hegt; da pflegen auch die Freunde und Bekannten ängstlich zu werden" (MA I 619, 350). Die daraus resultierende Isolation müsse man jedoch aushalten, um allein stehen zu lernen und ein philosophisch begründetes Einzelgängertum realisieren zu können.

Der nächste Aphorismus „*Ohne Melodie.*–" ist wiederum auf das Ruhen in sich selbst bezogen:

> Es giebt Menschen, denen ein stätiges Beruhen in sich selbst und ein harmonisches Sichzurecht-legen aller ihrer Fähigkeiten so zu eigen ist, dass ihnen jede zielesetzende Thätigkeit widerstrebt. [...] Alle Bewegung von Aussen her dient nur, dem Kahne sofort wieder sein neues Gleichgewicht auf dem See harmonischen Wohlklangs zu geben. [...] Wie selten trifft man noch auf einen, der so recht friedlich und froh mit sich auch im Gedränge fortleben kann, zu sich redend wie Goethe: ‚das Beste ist die tiefe Stille, in der ich gegen die Welt lebe

und wachse, und gewinne, was sie mir mit Feuer und Schwert nicht nehmen können'
(ebd. 626, 352 f.).

Hier geht es um eine Standortbestimmung in der Polarität von Selbst- und Objektbezogensein. Hin- und hergerissen zwischen Welt- und Selbstbezügen warnt Nietzsche davor, sein Herz an Äußeres (sei es den Staat, die berufliche Karriere, das Geld, die Geselligkeit oder die Wissenschaft) wegzuschenken, statt sich auf sich zu besinnen, bei sich zu bleiben, sein Selbst zu bewahren. Der vierte und letzte Aphorismus der Reihe ist überschrieben mit „*Leben und Erleben. –*":

> Sieht man zu, wie Einzelne mit ihren Erlebnissen – ihren unbedeutenden alltäglichen Erlebnissen – umzugehen wissen, so dass diese zu einem Ackerland werden, das dreimal des Jahres Frucht trägt; während Andere – und wie Viele! – durch den Wogenschlag der aufregendsten Schicksale, der mannigfaltigsten Zeit- und Volksströmungen hindurchgetrieben werden und doch immer leicht, immer obenauf, wie Kork, bleiben: so ist man endlich versucht, die Menschheit in eine Minorität (Minimalität) Solcher einzutheilen, welche aus Wenigem Viel zu machen verstehen: und in eine Majorität Derer, welche aus Vielem Wenig zu machen verstehen; ja man trifft auf jene umgekehrten Hexenmeister, welche, anstatt die Welt aus Nichts, aus der Welt ein Nichts schaffen (ebd. 627, 353).

Aus wenigen Weltbezügen viel zu machen, hat mit Interesse an der Vielfalt und Differenziertheit der zu beobachtenden Phänomene, an Tiefe und Leidenschaft der Erkenntnis und vor allem mit Bildung zu tun. Aus vielen Weltbezügen wenig zu machen, deutet hingegen auf ein Nicht-zur-Ruhe-Kommen, ein Leben äußerlicher Vergnügungen und Zerstreuungen hin, das für die Entfaltung des Selbst wenig Raum lässt.

Die vier Aphorismen zeigen, was ein kluger Umgang mit sich selbst für Nietzsche bedeutet, einen Zugang zu seinem „höheren Selbst" zu finden, bei der Wahrheitssuche bewusst und gezielt zu Perioden der Einsamkeit Zuflucht zu nehmen, bei aller Hingabe an die Welt genügend Abstand zu halten, um seine Seelenruhe und Raum für die geistige Orientierung zu bewahren, und an Bildungsprozessen zu partizipieren.

2 Der Mensch der „höheren Cultur" als Leitbild

Nietzsche bezieht sich nicht nur auf das „höhere Selbst" als Ideal, an dem er sich ausrichtet, sondern auch auf die „höhere Cultur" als Maßstab, an dem er das Verhalten und die Einstellungen anderer Menschen misst und bewertet. Dieser Thematik widmet er sich in mehreren wichtigen Aphorismen des 9. Hauptstücks und schließt dabei an seine Ausführungen im 5. Hauptstück „Anzeichen niederer und höherer Cultur.–" an. Im Aph. 614 spricht er vom Typus des *„vorwegnehmenden"* Menschen, der „einer höheren Cultur entgegenstrebt". Für ihn sei charakteristisch, dass er „reich an Mitfreude ist, überall Freunde gewinnt, alles Wachsende und Werdende liebevoll empfindet, alle Ehren und Erfolge Anderer mitgeniesst und kein Vorrecht, das Wahre allein zu erkennen, in Anspruch nimmt". Ihm stehe der Typus des *„zurückgebliebenen"* Menschen gegenüber, der „voller Misstrauen ist, alles glückliche Gelingen der Mitbewerbenden und Nächsten mit Neid fühlt, gegen abweichende Meinungen gewaltthätig und aufbrausend ist, [was] zeigt, dass er einer früheren Stufe der Cultur zugehört" (ebd. 614, 348).

Im Aph. 632 betrachtet er die Vertreter zurückgebliebener Kulturen als Nachfolger der deutschen Reformation. Wer „in dem Glauben hängen bleibt, in dessen Netz er sich zuerst verfieng, ist [...] gemäss diesem Mangel an Bildung (welche immer Bildbarkeit voraussetzt) hart, unverständig, unbelehrbar, ohne Milde, ein ewiger Verdächtiger, ein Unbedenklicher, der zu allen Mitteln greift, seine Meinung durchzusetzen, weil er gar nicht begreifen kann, dass es andere Meinungen geben müsse" (ebd. 632, 358; s.a. ebd. 237, 199). Im Kontrast dazu stehe die „höhere Cultur" in der Tradition der italienischen Renaissance. Ihr verdanke sie die:

> Befreiung des Gedankens, Missachtung der Autoritäten, Sieg der Bildung über den Dünkel der Abkunft, Begeisterung für die Wissenschaft und die wissenschaftliche Vergangenheit der Menschen, Entfesselung des Individuums, eine Gluth der Wahrhaftigkeit und Abneigung gegen Schein und blosen Effect (ebd.).

Was den Wert und Rang von Menschen der „höheren Cultur" ausmacht, wird auch in anderen Aphorismen des 9. Hauptstücks angesprochen. Wer sich daran gewöhnt hat, von anderen „Nichts zu wollen und ihnen immer zu geben", kann nach Nietzsche als „vornehm" bezeichnet werden (ebd. 497, 320). Die geistige Größe eines Menschen zeige sich darin, dass er „die Richtung angiebt, welcher dann so viele Zuflüsse folgen müssen" (ebd. 521, 324). Menschen, auf die man großen Einfluss habe, müsse man allerdings „ganz freie Züge lassen" (ebd. 576, 335). Es wäre besser, die starken, guten Seiten Anderer wahrzunehmen, „das Werdende und Unvollkommene zu fördern, als es in seiner Unvollkommenheit zu durchschauen und zu verleugnen" (ebd. 587, 337). Man müsse lieben und gütig sein, lernen, um die „zarten Erfindungen liebevoller Menschen" (ebd. 601, 342), verstehen zu können, aber auch „um etwas wirklich Neues" (ein Mensch, ein Buch oder ein Ereignis) aufzunehmen: „Mit diesem Verfahren dringt man nähmlich der neuen Sache bis an ihr Herz, bis an ihren bewegenden Punct: und diess heisst eben sie kennen lernen" (ebd. 621, 350). Es habe einen höheren Wert, Menschen in ihrer Individualität wahrzunehmen und dabei in sich selbst „auf die leise Stimme der verschiedenen Lebenslagen zu hören [...]. So nimmt man erkennenden Antheil am Leben und Wesen Vieler, indem man sich selber nicht als starres, beständiges, Eines Individuum behandelt" (ebd., 618, 349). Anstatt Anspruch darauf zu erheben, im Besitze der Wahrheit zu sein, begnüge man sich mit „jenem freilich milderen und klanglosen Pathos des Wahrheit-Suchens, welches nicht müde wird, umzulernen und neu zu prüfen" (ebd. 633, 359).

Die Unterscheidung zwischen Menschen höherer und „niederer Cultur" korrespondiert mit der Unterscheidung zwischen dem *freien Geist*, der „anders denkt, als man von ihm auf Grund seiner Herkunft, Umgebung, seines Standes und Amtes oder auf Grund der herrschenden Zeitansichten erwartet" (ebd. 225, 189), und dem *gebundenen Geist*, der seine Stellung „nicht aus Gründen, sondern aus Gewöhnung" einnimmt (ebd. 226, 190) und dem „die Kenntnis der vielen Möglichkeiten und Richtungen des Handelns fehlt" (ebd. 228, 192). Der freie Geist habe nicht unbedingt „richtigere Ansichten"; wesentlich sei vielmehr, dass er sich „von dem Herkömmlichen gelöst" hat. „Für gewöhnlich wird er aber doch die Wahrheit oder mindestens den Geist der Wahrheitsforschung auf seiner Seite haben: er fordert Gründe, die Anderen Glauben" (ebd. 225, 190). Hinsichtlich des freien Geistes werden im 9. Hauptstück Formulierungen des 5. Hauptstücks aufgenommen und weitergeführt. So heißt es im Aph. 555: „Es giebt Leute, welche das Leben den Menschen erschweren wollen, aus keinem andern Grunde, als um ihnen hinterdrein ihre Recepte zur Erleichterung des Lebens, zum Beispiel ihr Christenthum, anzubieten" (ebd. 555, 331). Im Aph. 280 hatte Nietzsche ebenfalls von den Begriffen Erleichterung und Erschwerung des Lebens Gebrauch gemacht, aber die umgekehrte Perspektive eingenommen: „Vieles, was auf gewissen Stufen des Menschen Erschwerung des Lebens ist, dient einer höheren Stufe als Erleichterung, weil solche Menschen stärkere Erschwerungen des Lebens kennen gelernt haben" (ebd. 280, 230).

Im Aph. 546 bemängelt Nietzsche die Abhängigkeit von fremden Meinungen und im Aph. 571 das häufige Fehlen eigener Meinungen: „Die erste Meinung, welche uns einfällt, wenn wir plötzlich über eine Sache befragt werden, ist gewöhnlich nicht unsere eigene, sondern nur die landläufige, unserer Kaste, Stellung, Abkunft zugehörige; die eigenen Meinungen schwimmen selten oben auf" (ebd. 571, 334). Dem war im Aph. 286 ein Plädoyer für den grundlegenden Wert der eigenen Meinungen vorausgegangen: „Ich glaube, dass Jeder über jedes Ding, über welches Meinungen möglich sind, eine eigene Meinung haben muss, weil er selber ein eigenes, nur einmaliges Ding ist, das zu allen anderen Dingen eine neue, nie dagewesene Stellung einnimmt" (ebd. 286, 233).

Im Aph. 616 betont Nietzsche, wie wichtig es sei, sich von Zeit zu Zeit von der gegenwärtigen Kultur „in stärkerem Maasse zu entfremden und gleichsam von ihrem Ufer zurück in den Ocean der vergangenen Weltbetrachtungen getrieben zu werden" (ebd. 616, 349). Das erfordert Augenblicke ästhetischer Erfahrung, der Muße, in denen sich der freie Geist aus dem pragmatisch und utilitarisch geregelten Lebensalltag ausklinken kann.[2]

> Das Leben besteht aus seltenen einzelnen Momenten von höchster Bedeutsamkeit und unzählig vielen Intervallen, in denen uns bestenfalls die Schattenbilder jener Momente umschweben. Die Liebe, der Frühling, jede schöne Melodie, das Gebirge, der Mond, das Meer – Alles redet nur einmal ganz zum Herzen: wenn es überhaupt je ganz zu Worte kommt (ebd. 586, 337).

Auch hier lässt sich eine Brücke zu einem auf den freien Geist bezogenen Aphorismus aus dem 5. Hauptstück schlagen: „Auch er kennt die Wochentage der Unfreiheit, der Abhängigkeit, der Dienstbarkeit. Aber von Zeit zu Zeit muss ihm ein Sonntag der Freiheit kommen, sonst wird er das Leben nicht aushalten" (ebd. 291, 235).

3 Entwicklungsstufen der „individuellen Cultur"

Auch in den Aphorismen zu den Lebensaltern, Altersstufen und Generationsbeziehungen kann man Bezüge zwischen dem 5. und dem 9. Hauptstück erkennen. Der Aph. 272 ist mit *„Jahresringe der individuellen Cultur. –"* überschrieben. Darin rekapituliert Nietzsche die Entwicklungsstufen, die im späten 19. Jahrhundert zu absolvieren sind, um den Stand der damaligen geistigen Cultur zu erreichen: Die Menschen:

> beginnen gegenwärtig in die Cultur als religiös bewegte Kinder einzutreten und bringen es vielleicht im zehnten Lebensjahre zur höchsten Lebhaftigkeit dieser Empfindungen, gehen dann in abgeschwächtere Formen (Pantheismus) über, während sie sich der Wissenschaft nähern; kommen über Gott, Unsterblichkeit und dergleichen ganz hinaus, aber verfallen den Zaubern einer metaphysischen Philosophie. Auch diese wird ihnen endlich unglaubwürdig; die Kunst scheint dagegen immer mehr zu gewähren […]. Aber der wissenschaftliche Sinn wird immer gebieterischer und führt den Mann hin zur Naturwissenschaft und Historie und namentlich zu den strengsten Methoden des Erkennens, während der Kunst eine immer mildere und anspruchslosere Bedeutung zufällt. Diess Alles pflegt sich jetzt innerhalb der ersten dreissig Jahre eines Mannes zu ereignen (ebd. 272, 224 f.).

---

[2] Vgl. Gödde/Zirfas 2016.

Im Aph. 292 bekräftigt Nietzsche, dass es für die individuelle Entwicklung sinnvoll sei, eine religiöse Lebensphase erlebt und einen echten Zugang zur Kunst gehabt zu haben:

> Man muss Religion und Kunst wie Mutter und Amme geliebt haben, – sonst kann man nicht weise werden. Aber man muss über sie hinaus sehen, ihnen entwachsen können; bleibt man in ihrem Banne, so versteht man sie nicht. [...] Wenn dein Blick stark genug geworden ist, den Grund in dem dunklen Brunnen deines Wesens und deiner Erkenntnisse zu sehen, so werden dir vielleicht auch in seinem Spiegel die fernen Sternbilder zukünftiger Culturen sichtbar werden (ebd. 292, 236 f.).

Von dieser Warte aus wirken Nietzsches Äußerungen über die damalige Jugendgeneration häufig ernüchtert und enttäuscht: „Die meisten jungen Gebildeten von dreissig Jahren gehen um diese Frühsonnenwende ihres Lebens zurück und sind für neue geistige Wendungen von da an unlustig. Desshalb ist dann gleich wieder zum Heile einer fort und fort wachsenden Cultur eine neue Generation nöthig" (ebd. 272, 224). Einen vergleichbaren Tenor wie dieses Zitat aus dem 5. Hauptstück haben Nietzsches skeptische Kommentare im 9. Hauptstück. Die Jugend sei „unangenehm; denn in ihr ist es nicht möglich oder nicht vernünftig, produktiv zu sein, in irgend einem Sinne" (ebd. 539, 328). Es sei „mit den Menschen wie mit den Kohlenmeilern im Walde. Erst wenn die jungen Menschen ausgeglüht haben und verkohlt sind, gleich jenen, dann werden sie *nützlich*. So lange sie dampfen und rauchen, sind sie vielleicht interessanter, aber unnütz und gar zu häufig unbequem" (ebd. 585, 336 f.). Hinsichtlich des Auftretens junger Leute zeigt sich Nietzsche ambivalent. Einerseits seien sie „anmaassend, denn sie gehen mit Ihresgleichen um, welche alle Nichts sind, aber gerne viel bedeuten" (ebd. 316, 243). Andererseits habe der überlegene Geist „an den Tactlosigkeiten, Anmaassungen, ja Feindseligkeiten ehrgeiziger Jünglinge gegen ihn sein Vergnügen; es sind die Unarten feuriger Pferde, welche noch keinen Reiter getragen haben und doch in Kurzem so stolz sein werden, ihn zu tragen" (ebd. 339, 248). Dann spricht er abschätzig vom „*Lebensalter der Anmaassung*", schlägt am Ende aber einen milderen Ton an: „Aeltere erfahrene Männer lächeln dazu und mit Rührung gedenken sie dieses schönen Lebensalters, in dem man böse über das Geschick ist, so viel zu *sein* und so wenig zu *scheinen*" (ebd. 599, 342). Hier rückt das *Generationsthema* ins Blickfeld. Im Aph. 613 mit dem Titel „*Stimmklang der Lebensalter.* –" heißt es:

> Der Ton, in dem Jünglinge reden, loben, tadeln, dichten, missfällt dem Aeltergewordenen, weil er zu laut ist und zwar zugleich dumpf und undeutlich wie der Ton in einem Gewölbe, [...] denn das Meiste, was Jünglinge denken, ist nicht aus der Fülle ihrer eigenen Natur herausgeströmt, sondern ist Anklang, Nachklang von dem, was in ihrer Nähe gedacht, ge-

redet, gelobt, getadelt worden ist. [...] Der Ton des reiferen Alters ist streng, kurz abgebrochen, mässig laut, aber, wie alles deutlich Articulirte, sehr weit tragend. Das Alter endlich bringt häufig eine gewisse Milde und Nachsicht in den Klang und verzuckert ihn gleichsam: in manchen Fällen freilich versäuert sie ihn auch (ebd. 613, 347).

Eine höhere Kultur setzt ein gewisses Alter, Reife, Bildung, Kritik, Arbeit an sich selbst und an der (sprachlichen) Kultur voraus. Niemand wird als freier Geist geboren, man muss sich erst dazu machen. „Lebt als höhere Menschen und thut immerfort die Thaten der höheren Cultur" (ebd. 480, 314). Dieser Appell sei jedoch nur für eine Minderheit erreichbar, während „der allergrösste Theil aller Gebildeten noch jetzt von einem Denker Ueberzeugungen und Nichts als Ueberzeugungen begehrt [...]. Jene wollen stark fortgerissen werden, um dadurch selber einen Kraftzuwachs zu erlangen" (ebd. 635, 361). Nicht nur die geistig Verführbaren und von fremden Überzeugungen Fortgerissenen, sondern auch die geistigen Verführer selbst grenzt Nietzsche von den freien Geistern ab. Wer „sich als *Genie* benimmt und bezeichnet, also wie ein höheres Wesen drein schaut" und Autorität beansprucht, sei „ein Feind der Wahrheit", wenn er „die Glut der Ueberzeugungen unterhält und Misstrauen gegen den vorsichtigen und bescheidenen Sinn der Wissenschaft weckt" (ebd.).

Hier ergibt sich ein notwendiger Perspektivwechsel zur psychologischen Entlarvung unreiner Motive wie Eitelkeit, Ehrgeiz und Anmaßung sowie Autoritätsgläubigkeit und Suggestibilität, wie im Folgenden an einer Reihe von Aphorismen des 9. Hauptstücks gezeigt wird.

4 Psychologische Beobachtungen zu Selbsttäuschung, Eitelkeit und Anmaßung

Menschliches, Allzumenschliches I und speziell das 2. Hauptstück mit dem Titel „*Zur Geschichte der moralischen Empfindungen*" verschaffte Nietzsche den Durchbruch zu einer „Psychologie", welche als „entlarvend" charakterisiert werden kann und die „Tiefenpsychologie" in wichtigen Punkten vorwegnahm.[3] Diese war von seinem damaligen Freund Paul Rée (1875) inspiriert und steht in der Tradition der französischen Moralisten. Nietzsche war nunmehr davon überzeugt, dass das psychologische Sezieren der Menschheit nicht erspart bleiben könne, da „die Oberflächlichkeit der psychologischen Beobachtungen dem menschlichen

---

3 Vgl. Gödde 1996.

Urtheilen und Schliessen die gefährlichsten Fallstricke gelegt hat und fortwährend von Neuem legt" (ebd. 37, 60).

Das 9. Hauptstück knüpft implizit an das 2. Hauptstück an. Es enthält eine Reihe psychologischer Beobachtungen, die sich der Aufdeckung und Enthüllung menschlicher Selbsttäuschungen widmen. So weist Nietzsche im Aph. 491 darauf hin, dass der Mensch seiner „*Selbstbeobachtung*" nahezu immer eine Verteidigung entgegensetzt:

> Der Mensch ist gegen sich selbst, gegen Auskundschaftung und Belagerung durch sich selber sehr gut vertheidigt, er vermag gewöhnlich nicht mehr von sich, als seine Aussenwerke wahrzunehmen. Die eigentliche Festung ist ihm unzugänglich, selbst unsichtbar, es sei denn, dass Freunde und Feinde die Verräther machen und ihn selber auf geheimem Wege hineinführen (ebd. 491, 318 f.).

Darin kann man eine Vorwegnahme der psychoanalytischen Konzeptionen des „dynamisch Unbewussten" und der „Abwehr" im Sinne von Verleugnung und Verdrängung sehen.

Wenn es im 9. Hauptstück um Phänomene der Eitelkeit und der Anmaßung geht, so lassen sich die Beobachtungen der eigenen Person und die von anderen schwer auseinanderhalten; es scheint, als ob hier äußere und innere Vorgänge im Psychischen eng miteinander verflochten sind und sich wechselseitig bedingen.

Im Aph. 89 findet sich eine grundlegende Definition der „*Eitelkeit*":

> Nur wo Jemandem die gute Meinung der Menschen wichtig ist, abgesehen vom Vortheil oder von seinem Wunsche, Freude zu machen, reden wir von Eitelkeit. In diesem Falle will sich der Mensch selber eine Freude machen, aber auf Unkosten seiner Mitmenschen, indem er diese entweder zu einer falschen Meinung über sich verführt oder es gar auf einen Grad der ‚guten Meinung' absieht, wo diese allen Anderen peinlich werden muss (durch Erregung von Neid). Der Einzelne will gewöhnlich durch die Meinung Anderer die Meinung, die er von sich hat, beglaubigen und vor sich selber bekräftigen (ebd. 89, 88).

Und weiter heisst es:

> Man muss sich also eingestehen, dass die eitelen Menschen nicht sowohl Anderen gefallen wollen, als sich selbst, und dass sie so weit gehen, ihren Vortheil dabei zu vernachlässigen; denn es liegt ihnen oft daran, ihre Mitmenschen ungünstig, feindlich, neidisch, also schädlich gegen sich zu stimmen, nur um die Freude an sich selber, den Selbstgenuss, zu haben (ebd.).

Zwei Aspekte dieses Aphorismus werden im 9. Hauptstück wieder aufgenommen. Im Aph. 545 findet sich eine Anknüpfung unter dem Titel „*Selbstgenuss in der Eitelkeit*": Der Eitle verschmähe „kein Mittel des Selbstbetruges und der Selbstüberlistung. Nicht die Meinung der Anderen, sondern seine Meinung von Deren

Meinung liegt ihm am Herzen" (ebd. 545, 329; s.a. NL 1876, 20[6]; KSA 8, 362). Im Aph. 595 wird der Aspekt *„Durch Missfallen gefallen. –"* weiter ausgeführt:

> Die Menschen, welche lieber auffallen und dabei missfallen wollen, begehren das Selbe wie Die, welche nicht auffallen und gefallen wollen, nur in einem viel höheren Grade und indirect [...]. Sie wollen Einfluss und Macht, und zeigen desshalb ihre Ueberlegenheit, selbst so, dass sie unangenehm empfunden wird; denn sie wissen, dass Der, welcher endlich zur Macht gelangt ist, fast in Allem was er thut und sagt, gefällt, und dass selbst, wo er missfällt, er doch noch zu gefallen scheint (MA I 595, 340; s.a. NL 1876, 20[8]; KSA 8, 362f.).

Im Aph. 549 geht es darum, dass der Eitle eine schlechte Meinung anderer über sich schwer aushalten kann: „Die Verachtung durch Andere ist dem Menschen empfindlicher, als die durch sich selbst" (MA I 549, 330; s.a. NL 1876, 18[32]; KSA 8, 322) Im Aph. 593 wird dem Zusammenspiel von Ehrgeiz und Eitelkeit eine erzieherische Funktion beigemessen:

> So lange Einer noch nicht zum Werkzeug des allgemeinen menschlichen Nutzens geworden ist, mag ihn der Ehrgeiz peinigen; ist jenes Ziel aber erreicht, [...] so mag dann die Eitelkeit kommen; sie wird ihn im Kleinen vermenschlichen, geselliger, erträglicher, nachsichtiger machen, dann, wenn der Ehrgeiz die grobe Arbeit (ihn nützlich zu machen) an ihm vollendet hat (MA I 593, 339).

Ähnlich häufig wie die Eitelkeit wird im 9. Hauptstück die psychische Dynamik der *Anmaßung* analysiert. Beide Phänomene haben mit kompensatorischen Größengefühlen zu tun.

Im Aph. 373 hat Nietzsche seine kritische Sicht der Anmaßung begründet:

> Der Anmaassende, das heisst Der, welcher mehr bedeuten will als er ist *oder gilt*, macht immer eine falsche Berechnung. Zwar hat er den augenblicklichen Erfolg für sich, insofern die Menschen, vor denen er anmaassend ist, ihm gewöhnlich das Maass von Ehre zollen, welches er fordert, aus Angst oder Bequemlichkeit; aber sie nehmen eine schlimme Rache dafür (ebd. 373, 260).

Als größte Anmaßung betrachtet Nietzsche die Forderung, geliebt zu werden (Aph. 523). Auch als „letztes Trostmittel" kann die Anmaßung benutzt werden, wenn man „ein Missgeschick, seinen intellectuellen Mangel, seine Krankheit sich so zurecht legt, dass man hierin sein vorgezeichnetes Schicksal, seine Prüfung oder die geheimnissvolle Strafe für früher Begangenes sieht" (ebd. 590, 338). Weiterhin dient die Anmaßung der Selbstentlastung und Externalisierung (Aph. 607). Vom „Gesichtspuncte der Klugheit" aus sei jeder Form von Unbescheidenheit „sehr zu widerrathen" (ebd. 588, 338). Demnach hat die Eitelkeit ähnlich wie die Anmaßung sowohl eine Innen- als auch eine Außenseite: In ihrem Fall steht der innere Wunsch, sich hervorragend zu fühlen und stolz auf sich zu sein sowie die Mittel des Selbstbetrugs und der Selbstüberlistung, die zur Befriedigung dieses Wunsches dienen, dem nach außen gerichteten Wunsch gegenüber, von den anderen in besonderem Maße beachtet und bewundert zu werden.

Nietzsche betrachtet diese psychologischen Phänomene aus unterschiedlichen Blickwinkeln: überwiegend kritisch-streng analysierend, zuweilen aber auch milde und humorvoll lächelnd: „Wie arm wäre der menschliche Geist ohne die Eitelkeit! So aber gleicht er einem wohlgefüllten und immer neu sich füllenden Waarenmagazin, welches Käufer jeder Art anlockt" (ebd. 79, 84 f.).

5 Überzeugungstreue, Verrat und Gerechtigkeit

Den Höhepunkt des 9. Hauptstücks bilden die Aphorismen 629 bis 637 (MA I, 354–362). Sie gründen ihre Argumentation auf eine kritische Auseinandersetzung mit Wertbegriffen wie Überzeugung, Treue und Verrat sowie Gerechtigkeit, welche die Sphären der Moral und der Erkenntnis gleichermaßen tangieren. Bereits der allererste Satz enthält die dann im Einzelnen entwickelte Programmatik in nuce: „Ueberzeugungen sind gefährlichere Feinde der Wahrheit, als Lügen" (MA I 483, 317).

Für Nietzsche waren die spätadoleszenten Bindungen an Schopenhauer und Wagner „schicksalhaft" und ebenso war es später die *„grosse Loslösung"* von diesen Bindungen, getragen von dem leidenschaftlichen Wunsch nach Selbstbestimmung (ebd. Vorrede, 15). Da er diese Loslösung mit schweren Scham- und Schuldgefühlen erlebt, drängt sich ihm die Frage auf, ob er zu diesem Loyalitätsverrat überhaupt berechtigt sei:

> Weil man Treue geschworen, vielleicht gar einem rein fingirten Wesen, wie einem Gotte, weil man sein Herz hingegeben hat, einem Fürsten, einer Partei, einem Weibe, einem priesterlichen Orden, einem Künstler, einem Denker, im Zustande eines verblendeten Wahnes welcher Entzückung über uns legte und jene Wesen als jeder Verehrung, jedes Opfers würdig erscheinen liess – ist man nun unentrinnbar fest gebunden? [...] Sind wir verpflichtet, unsern Irrtümern treu zu sein, selbst mit der Einsicht, dass wir durch diese Treue an unserem höheren Selbst Schaden stiften? (ebd. 629, 354 f.).

Nietzsches Antwort lautet: „Nein, es giebt kein Gesetz, keine Verpflichtung der Art, wir *müssen* Verräter werden, Untreue üben, unsere Ideale immer wieder preisgeben. Aus einer Periode des Lebens in die andere schreiten wir nicht, ohne diese Schmerzen des Verrates zu machen und auch daran wieder zu leiden" (ebd., 355).

Wenn mit der Metapher des edlen Verräters die Wandlung eines treu gebundenen in einen freien Geist legitimiert wird, so setzt dies voraus, dass der von Kirche, Staat und Familie propagierte Wert der *Treue* einer für konservative Menschen schwer aushaltbaren Relativierung unterzogen wird. Nietzsche gibt dafür vornehmlich zwei Gründe an. Ein Grund ist das tiefe Eindringen in bestimmte Problembereiche, das oft zu einer Erschütterung und Desillusionierung führt: „Personen, welche eine Sache in aller Tiefe erfassen, bleiben ihr selten auf immer treu. Sie haben eben die Tiefe an's Licht gebracht: da giebt es immer viel Schlimmes zu sehen" (ebd. 489, 318). Ein zweiter Grund besteht in der Denkentwicklung von Philosophen. Nietzsche behauptet, dass „es noch keinen Philosophen gegeben hat, welcher auf die Philosophie, die seine Jugend erfand, nicht endlich mit Geringschätzung – mindestens mit Argwohn – herabgesehen hätte –" (ebd. 253, 211).

Im Weiteren wirft Nietzsche die Frage auf: „Warum bewundert man Den, welcher seiner Ueberzeugung treu bleibt, und verachtet Den, welcher sie wechselt?" (ebd.) Seiner Auffassung nach wird der Wert von *Überzeugungen* bei Weitem überschätzt, als ob der eigene „Glauben" auf dem Spiel stünde. Nicht nur, dass das eifernde Eintreten für die eigene Überzeugung allzu häufig in Selbstaufopferung und Gewaltanwendung gegen Andersdenkende einmünde. Fast immer gehe es dabei um Rechthaberei, Dogmatismus und den unberechtigten Anspruch, „in irgend einem Puncte der Erkenntniss im Besitze der unbedingten Wahrheit zu sein" (ebd. 630, 356). Damit lässt Nietzsche die moralkritische Frage nach der Berechtigung eines Loyalitätsverrats hinter sich und widmet sich der erkenntniskritischen Frage nach dem Wahrheitsgehalt von Überzeugungen. Wer noch ernsthaft daran glaube, im Besitz der unbedingten Wahrheit zu sein, habe „ein tiefes *Missbehagen* an allen skeptischen und relativistischen Stellungen zu irgendwelchen Fragen der Erkenntniss" (ebd. 631, 357). Kein Wunder, dass er sich „auf Gnade oder Ungnade" der Definitionsmacht von Autoritätspersonen unterwirft, und wenn er es nicht tut, mit Gewissensbissen reagiert (ebd.).

Nietzsche hält den Glauben, dass es unbedingte Wahrheiten gäbe, für eine Anmaßung und Irreführung mit verhängnisvollen Folgen:

> Wenn doch alle Die, welche so gross von ihrer Ueberzeugung dachten, Opfer aller Art ihr brachten und Ehre, Leib und Leben in ihrem Dienste nicht schonten, nur die Hälfte ihrer Kraft der Untersuchung gewidmet hätten, mit welchem Rechte sie an dieser oder jener Ueberzeugung hiengen, auf welchem Wege sie zu ihr gekommen seien: wie friedfertig sähe die Geschichte der Menschheit aus! Wieviel mehr des Erkannten würde es geben! (ebd. 630, 356 f.).

In mehreren Aphorismen begründet Nietzsche seine Skepsis gegenüber jeglicher Wahrheitserkenntnis: Jeder müsse die „innere Strömung zu benutzen wissen, welche uns zu einer Sache hinzieht und wiederum jene, welche uns nach einer Zeit von der Sache fortzieht" (ebd. 500, 320). Mag er sich „noch so weit mit seiner Erkenntniss ausrecken, sich selber noch so objectiv vorkommen: zuletzt trägt er doch Nichts davon, als seine eigene Biographie" (ebd. 513, 323). Und nicht zuletzt: „Wer tiefer denkt, weiss, dass er immer Unrecht hat, er mag handeln und urtheilen, wie er will" (ebd. 518, 324).

Der Mensch der Überzeugungen sei daher nicht der Mensch wissenschaftlichen Denkens, da ihm die „Tugend der *vorsichtigen Enthaltung*" (ebd.) fehle. Angesichts der Pluralität möglicher Perspektiven und Interpretationen empfiehlt Nietzsche, sich am Maßstab der *Gerechtigkeit* zu orientieren. Eine gerechte Einschätzung muss in erster Linie unvoreingenommen sein, „mit herzlichem Unwillen Allem aus dem Wege [...] gehen, was das Urtheil über die Dinge blendet und verwirrt". Die Gerechtigkeit sei folglich „eine *Gegnerin der Ueberzeugungen*, denn sie will Jedem [...] das Seine geben – und dazu muss sie es rein erkennen; sie stellt daher jedes Ding in das beste Licht und geht um dasselbe mit sorgsamem Auge herum" (ebd. 636, 361).

Gerechtigkeit hat auch mit der Polarität von Leidenschaft und Geist zu tun. Zum Erkennen brauchen wir die Kraft der Leidenschaften, aber das Feuer in uns kann uns allzu leicht zu ungerechten und unreinen Einschätzungen verleiten.

> *Der Geist* ist es, der uns rettet, dass wir nicht ganz verglühen und verkohlen [...]. Vom Feuer erlöst, schreiten wir dann, durch den Geist getrieben von Meinung zu Meinung, durch den Wechsel der Parteien, als *edle Verräther* aller Dinge, die überhaupt verrathen werden können – und dennoch ohne ein Gefühl von Schuld (ebd. 637, 362).

Auf diesem Wege kann man „das Perspektivische in jeder Werthschätzung [und] die *nothwendige* Ungerechtigkeit in jedem Für und Wider begreifen lernen, die Ungerechtigkeit als unablösbar vom Leben, das Leben selbst als *bedingt* durch das Perspektivische und seine Ungerechtigkeit" (ebd. Vorrede, 20). Die „Gerechtigkeit des Erkennens" kann man darin sehen, dass man sich dem Einzelnen intensiv widmet und gleichzeitig die Verzerrungen des eigenen Blickwinkels mit thematisiert.

Mit seiner scharfsinnigen Kritik an Überzeugungen und der Treue zu ihnen, der Rechtfertigung des für die Individuation unumgänglichen Loyalitätsverrats, der grundlegenden Erkenntniskritik und der Orientierung am Maßstab der Gerechtigkeit hat Nietzsche die anvisierte „Apologie des freien Geistes"[4] auch und gerade in den Aph. 629 bis 637 von *Menschliches, Allzumenschliches* I um wesentliche Aspekte bereichert.

---

4 Ries/Kiesow 2000, 102.

6 Der „Wanderer" als Gestalt des freien Geistes

Nietzsches „grosse Loslösung" ging mit einer längeren Krankheitsphase und schweren Symptomen einher, die ihn zu einem bisher „unerprobten *Klima der Seele*, und namentlich zu einer abziehenden Wanderung in die Fremde, in das Fremde, zu einer Neugierde nach aller Art von Fremdem" veranlassten (MA II, Vorrede , 375).

Im Aph. 638, dem letzten Aphorismus von *Menschliches, Allzumenschliches* I, wird der freie Geist explizit als *Wanderer* konzipiert, der von Zeit zu Zeit sein zurückgezogenes Leben verlässt und zu Wanderungen durch fremde Gegenden aufbricht: „Wer nur einigermaassen zur Freiheit der Vernunft gekommen ist, kann sich auf Erden nicht anders fühlen, denn als Wanderer", der für das Geschehen in der Welt und für Begegnungen mit Andersdenkenden offen ist, aber „sein Herz nicht allzufest an alles Einzelne anhängen [will]; es muss in ihm selber etwas Wanderndes sein, das seine Freude an dem Wechsel und der Vergänglichkeit habe" (MA I 638, 363). Der Wanderer symbolisiert „ein werdendes Denken, das feste Überzeugungen und damit eine mögliche Erstarrung verhindern will". In dieser „*Philosophie des Werdens*" liegt bereits in Ansätzen vor, was später „als ‚Kunst der Transfiguration' bekannt geworden ist, nämlich die Bedingung, dass ein Philosoph durch viele Gesundheiten und Philosophien hindurchgegangen sei".[5]

Nietzsche will das Wanderleben nicht einseitig idealisieren und berücksichtigt daher auch seine Schattenseiten. Dennoch gerät er ins Schwärmen über „die wonnevollen Morgen bestimmter Gegenden und Tage, [...] wo ihm [...] lauter gute und helle Dinge zugeworfen werden, die Geschenke aller jener freien Geister, die in Berg, Wald und Einsamkeit zu Hause sind und welche, gleich ihm, in ihrer bald fröhlichen bald nachdenklichen Weise, Wanderer und Philosophen sind" (ebd. 638, 363). An späterer Stelle spricht er von uns „freizügigen Geistern", die „im Gegensatz zu den gebundenen und festverwurzelten Intellecten unser Ideal fast in einem geistigen Nomadenthum sehen" (MA II 211, 469) – ein Begriff, der von Ralph Waldo Emerson stammt.

Am Ende des Aph. 628 begibt sich der Wanderer aufgrund seiner neuen Erfahrungen mit wechselnden Landschaften, klimatischen Bedingungen und Tageszeiten auf die Suche nach einer „*Philosophie des Vormittags*". Hier erscheint Nietzsche selbst als Prototyp des freien Geistes, der in *Menschliches Allzumenschliches* zur Identifikation einlädt. Bleibt noch zu sagen, dass er sich in späteren Werken nicht mehr so stark an die Figur des freien Geistes und die

---

5 Brücker 2019, 7.

Metaphern des Wanderers und Nomaden gebunden fühlt. So lässt er in *Der Wanderer und sein Schatten* die „Lehre der nächsten Dinge" und ihre pragmatische Bewältigung für die Alltagsbewältigung in den Vordergrund treten.

7 Unter Freunden. Ein Nachspiel

Bemerkenswert ist, dass Nietzsche das 9. Hauptstück und damit den I. Teil von *Menschliches, Allzumenschliches* mit Anspielungen und Andeutungen über die *Freundschaft* und sogar in Gedichtform zum Abschluss bringt:

> „Unter Freunden.
> Ein Nachspiel."
>
> 1.
> Schön ist's, mit einander schweigen,
> Schöner, mit einander lachen, –
> Unter seidenem Himmels-Tuche
> Hingelehnt zu Moos und Buche
> Lieblich laut mit Freunden lachen
> Und sich weisse Zähne zeigen.
> Macht' ich's gut, so woll'n wir schweigen;
> Macht, ich's schlimm –, so woll'n wir lachen
> Und es immer schlimmer machen,
> Schlimmer machen, schlimmer lachen,
> Bis wir in die Grube steigen.
> Freunde! Ja! So soll's geschehn? –
> Amen! Und auf Wiedersehn!
>
> 2.
> Kein Entschuld'gen! Kein Verzeihen!
> Gönnt ihr Frohen, Herzens-Freien
> Diesem unvernünft'gen Buche
> Ohr und Herz und Unterkunft!
> Glaubt mir, Freunde, nicht zum Fluche
> Ward mir meine Unvernunft!
> Was *ich* finde, was *ich* suche –,
> Stand das je in einem Buche?
> Ehrt in mir die Narren-Zunft!
> Lernt aus diesem Narrenbuche,
> Wie Vernunft kommt – ‚zur Vernunft'!
> Also, Freunde, soll's geschehn? –
> Amen! Und auf Wiedersehn! (MA I, 365 f.).

Den Hinweis, aus diesem „Narrenbuche" zu lernen, „wie Vernunft kommt – ‚zur Vernunft'", lässt sich als Nietzsches genealogisches Programm in Kurzform verstehen. Und Freundschaft bezöge sich dann auf die diesem Projekt Gewogenen mit der Wunschbotschaft, dem Buch „Ohr und Herz und Unterkunft!" zu geben, sprich sein Projekt kritisch weiterzuführen.

Die Thematisierung der Freundschaft steht zwar an exponierter Stelle, aber nicht vereinzelt in *Menschliches, Allzumenschliches* I, denn bereits in der ersten Vorrede hat Nietzsche sein ausgeprägtes Bedürfnis nach Zugehörigkeit, „blindem" Vertrauen und einem Gleichklang der Seelen mit deutlichen Worten zum Ausdruck gebracht:

> Was ich aber immer wieder am nöthigsten brauchte, zu meiner Kur und Selbst-Wiederherstellung, das war der Glaube, *nicht* dergestalt einzeln zu sein, einzeln zu *sehn*, – ein zauberhafter Argwohn von Verwandtschaft und Gleichheit in Auge und Begierde, ein Ausruhen im Vertrauen der Freundschaft, eine Blindheit zu Zweien ohne Verdacht und Fragezeichen, ein Genuss an Vordergründen, Oberflächen, Nahem, Nächstem, an Allem, was Farbe, Haut und Scheinbarkeit hat (MA I Vorrede, 14).

Des Weiteren gibt es im 9. Hauptstück eine Reihe knapp gehaltener Aphorismen zur Freundschaft wie z. B. „Mitfreude, nicht Mitleiden, macht den Freund." (ebd. 499, 320; s.a. NF 1876, 19[9]; KSA 8, 333) – „Der Mangel an Freunden lässt auf Neid oder Anmaassung schliessen. Mancher verdankt seine Freunde nur dem glücklichen Umstande, dass er keinen Anlass zum Neide hat" (MA I 559, 331). –

> Es ist ein neuer Schritt zum Selbständigwerden, wenn man erst Ansichten zu äussern wagt, die als schmählich für Den gelten, welcher sie hegt; da pflegen auch die Freunde und Bekannten ängstlich zu werden. Auch durch dieses Feuer muss die begabte Natur hindurch; sie gehört sich hinterdrein noch vielmehr selber an (ebd. 619, 350).

Noch aussagekräftiger ist der Aph. 368 mit dem Titel „*Von den Freunden. –*", der – ähnlich wie das Gedicht „*Unter Freunden*" – eine exponierte Stellung, nämlich am Ende des sechsten Hauptstücks „*Der Mensch im Verkehr*" einnimmt:

> Ueberlege nur mit dir selber einmal, wie verschieden die Empfindungen, wie getheilt die Meinungen selbst unter den nächsten Bekannten sind; wie selbst gleiche Meinungen in den Köpfen deiner Freunde eine ganz andere Stellung oder Stärke haben, als in deinem; wie hundertfältig der Anlass kommt zum Missverstehen, zum feindseligen Auseinanderfliehen. Nach alledem wirst du dir sagen: wie unsicher ist der Boden, auf dem alle unsere Bündnisse und Freundschaften ruhen, wie nahe sind kalte Regengüsse oder böse Wetter, wie vereinsamt ist jeder Mensch! [...] fast immer beruhen solche menschliche Beziehungen darauf, dass irgend ein paar Dinge nie gesagt werden, ja dass an sie nie gerührt wird; kommen diese Steinchen aber in's Rollen, so folgt die Freundschaft hinterdrein und zerbricht (ebd. 368, 262 f.).

Diese Sätze korrespondieren mit der im ersten Kapitel erwähnten Stelle, dass es in den Beziehungen zu anderen oft „ein Netz von Missverständnissen" (SE 3, KSA 1, 354) gibt, das dann zum Anlass genommen wird, sich in die Einsamkeit zurückzuziehen. Die existenzielle Bedeutsamkeit von Freundschaften für Nietzsche ist spürbar und unter die Haut gehend. Seit der Umbruchphase der späten 1870er Jahre waren sie zunehmend mit Enttäuschung, Verunsicherung und Vulnerabilität verbunden. Nach der endgültigen Trennung von Richard Wagner war es auch zum Bruch mit alten Freunden wie Erwin Rohde und Carl v. Gersdorff gekommen, was mit einem Auseinanderdriften in geistiger Hinsicht zu tun hatte.

Am Ende des Aph. 376 wirft Nietzsche die Frage nach dem eigenen Anteil am Gelingen oder Misslingen von Freundschaften auf:

> Es ist wahr, wir haben gute Gründe, jeden unserer Bekannten, und seien es die grössten, gering zu achten; aber eben so gute, diese Empfindung gegen uns selber zu kehren. – Und so wollen wir es mit einander aushalten, da wir es ja mit uns aushalten; und vielleicht kommt Jedem auch einmal die freudigere Stunde, wo er sagt:
>
> ‚Freunde, es giebt keine Freunde!' so rief der sterbende Weise;
>
> ‚Feinde, es giebt keinen Feind!' – ruf' ich, der lebende Thor (MA I 376, 262f.).

Jacques Derrida hat zu dem Satz „Freunde, es giebt keine Freunde" ein ganzes Buch mit dem Titel *Politik der Freundschaft* (2000) geschrieben. Kein Zweifel, für Nietzsche war Freundschaft ein ihn ähnlich bewegendes, ja „heißes" Thema wie Einsamkeit. Das Gedicht „Unter Freunden" und der Aphorismus „Von den Freunden" enthalten Andeutungen und Anspielungen, die eine genauere Betrachtung und Interpretation verdienten.

8 Abschließende Betrachtungen

Der Titel „*Der Mensch mit sich allein*" erscheint missverständlich, denn der Inhalt erschöpft sich nicht in Reflexionen über den Umgang mit sich selbst und mit dem Alleinsein. Auch wenn mehrmals der Wert des Individuellen, des Einzelnen und der Einsamkeit (z. B. im Aph. 625) berührt wird, und die „grosse Loslösung" ohne den geistigen Abstand und die schöpferische Ruhe der Einsamkeit undenkbar gewesen wäre, geht Nietzsche im 9. Hauptstück nur am Rande auf die Thematik der Einsamkeit ein. An vielen anderen Stellen seines Werks hat er aber deren grundlegende Bedeutung für das philosophische Denken und als Gegengewicht zur Verstrickung in soziale Beziehungen und gesellschaftliche Konventionen hervorgehoben und letztlich sogar „sieben Einsamkeiten" unterschieden (NL 1883, 16[64]; KSA 10, 521f.; vgl. Stegmaier 2016).

Aus einem anderen Blickwinkel betrachtet kann man ein Paradox darin sehen, dass im mit sich Alleinsein notwendig das oder der Andere als Kultur aufscheint und umgekehrt, dass es immer notwendig ist, sich aus den sozialen Verstrickungen zu lösen und hier wird die Bedeutung von Freunden als Vermittler sichtbar.

Nietzsches Leitbegriffe des „höheren Selbst" und der „höheren Cultur" lassen in einer Zeit der Desorientierung und des Umbruchs ein zweifaches Anliegen erkennen: sowohl dem Individuum als auch der Kultur zu einer als dringend notwendig erachteten Befreiung und Höherentwicklung zu verhelfen. Zu diesem Zweck arbeitet er die Rangunterschiede zwischen höherer und niederer Kultur, vorwegnehmenden und zurückgebliebenen Menschen sowie gebundenen bzw. gläubigen und freien Geistern heraus.

Für die Figur des „freien Geistes" hat er vielfältige Anregungen von den großen Moralisten und insbesondere von Montaigne und dessen religiösem Gegenspieler Pascal, von La Rochefoucauld und Paul Rée aufgenommen. Bei La Rochefoucaud zeichnet sich der kluge Weltmann, der *honnête homme*, durch seine gesellschaftliche Gewandtheit und Diskretion aus. Mit dem freien Geist verbindet ihn ein desillusionierender Blick auf die sozialen Beziehungen und die Moral der Menschen. Beide unterscheiden sich aber darin, dass der freie Geist „sich von jeder Art von Bindung befreit und sich als auserwählte Außenseiterexistenz versteht, die sich keinem sozialen Code, sondern nur noch der unbestechlichen Wahrheitssuche verpflichtet sieht". Demgegenüber erscheint die Wahrheitssuche für den honnête homme nicht als das Entscheidende. Er ist „kein ‚Einzelner', kein Außenseiter. Er bleibt, mit Absicht, ‚gebunden'. [...] Er schwimmt in der Gesellschaft wie der Fisch im Wasser und weiß, sie sich dienstbar zu machen."[6]

Der von Nietzsche in *Menschliches, Allzumenschliches* entworfene Typus des freien Geistes steht der höheren Kultur nahe, hat sich von seinem Glauben an Religion, Metaphysik und Kunst befreit und der „Wissenschaft" zugewandt: Wissenschaft nicht im positivistischen Sinne verstanden, sondern als ein allgemeiner Typus kritischen Untersuchens und speziell als Kritik der herkömmlichen Metaphysik, Religion, Kunst und Moral. Wissenschaft allein würde für Nietzsche zur Erreichung seines individualistischen und zugleich kulturpolitischen Anliegens nicht genügen. Sie bereitet aber durch ihre Methoden und Haltungen den Boden vor, der für die Entfaltung der freien Geister notwendig ist.

Man kann sich abschließend fragen, was den Moralisten Nietzsche dazu bewogen hat, sich im Rahmen einer neuen Psychologie auf menschliche Selbsttäuschungen und illusionäre Selbsterhöhungsversuche wie Eitelkeit und Anma-

---

6 Zimmer 2016, 162.

ßung zu fokussieren und sie als Fehlkompensationen zu entlarven. Eine Antwort ist, dass er damit seiner Programmatik, allen „höheren Schwindel" aufzudecken und den „Idealismus" seiner Frühschriften zu überwinden, gerecht werden wollte (EH, KSA 6, 327). Zudem hatte. die psychologische Aufdeckung niederer Seelenanteile und die damit verbundene Hermeneutik des Verdachts eine kontrastierende und ideologiekritische Funktion. Sie kann im Rahmen einer kulturpolitischen Strategie interpretiert werden, mit der Nietzsche mit der ihm eigenen Leidenschaft das Ziel verfolgte, das „höhere Selbst" und die „höhere Cultur" sich befreiender Geister zu fördern. Wer weiß, wie Vernunft zur „Vernunft" wurde, bekommt eine Ahnung davon, wie er anders denken und handeln kann. Die „Genealogie der Vernunft" führt zur Prospektion des freien Geistes.

Literatur

Brücker, Tobias (2016): Von der Kulturpolitik zur Lebenskunst. Die gute Nachbarschaft mit den „nächsten Dingen" im „Wanderer und sein Schatten", in: Günter Gödde/Nikolaos Loukidelis/Jörg Zirfas (Hg.) (2016): Nietzsche und die Lebenskunst. Ein philosophisch-psychologisches Kompendium, Stuttgart, 165–170.
Derrida, Jacques (2000): Politik der Freundschaft. Frankfurt/M.
Gödde, Günter (1996): Nietzsche und Freud. Übereinstimmungen und Differenzen zwischen „Entlarvungs-" und „Tiefenpsychologie", in: Johann Figl (Hg.): Von Nietzsche zu Freud, Wien, 19–43.
Gödde, Günter/Zirfas, Jörg (2016): Therapeutik und Lebenskunst. Eine psychologisch-philosophische Grundlegung, Gießen.
Ries, Wiebrecht/Kiesow, Karl-Friedrich (2000): Von Menschliches Allzumenschliches bis zur Fröhlichen Wissenschaft, in: Henning Ottmann (Hg.): Nietzsche-Handbuch: Leben, Werk, Wirkung, Stuttgart/Weimar, 91–119.
Stegmaier, Werner (2016): „„… ich habe Einsamkeit nöthig …" Kunst der Kommunikation als Lebenskunst des Einsamen, in: Günter Gödde/Nikolaos Loukidelis/Jörg Zirfas (Hg.): Nietzsche und die Lebenskunst. Ein philosophisch-psychologisches Kompendium, Stuttgart, 315–323.
Zimmer, Robert (2016): Nietzsche und die Tradition der Moralistik, in: Günter Gödde/Nikolaos Loukidelis/Jörg Zirfas (Hg.): Nietzsche und die Lebenskunst. Ein philosophisch-psychologisches Kompendium, Stuttgart, 156–164.

Menschliches Allzumenschliches II
Erste Abtheilung: Vermischte Meinungen und Sprüche

Jean-Claude Wolf
„Kurze Rede, langer Sinn –"
Vermischte Meinungen und Sprüche: Aphorismen 1–169

Inhaltlich bieten die „Vermischten Meinungen und Sprüche" Kritik der „romantischen" Illusionen, der Moral, der Religion, Exkurse zur Kunst und psychologische Beobachtungen im Rahmen dessen, was in *Menschliches Allzumenschliches* die antiromantische Bewegung der Aufklärung als Nietzsches Selbstkritik an seiner ersten Schaffensperiode ausmacht. Doch der Verfasser ist bereits dabei, das Zweckbündnis mit der Aufklärung im Sinne von Voltaire und Paul Rée aufzukündigen, die nüchterne Diagnose der Instinkte des Egoismus und der Eitelkeit in allen Motiven zu nuancieren und aufzulockern. Nietzsche gelangt zur eigenen Stimme und moduliert Perspektiven, literarische Gattungsformen und Tonlagen. Er ist unterwegs zur Höhe seiner überragenden Kunst des Schreibens und beginnt, die damit verbundenen hohen Anforderungen an das Lesen zu reflektieren. Wer hier nicht selbst denkend mitgeht, verfällt leicht dem Verdacht, Nietzsche sei ein zweitrangiger Philosoph, unfähig zu kohärentem Denken. Doch er ist nicht lediglich ein Genie der vielfältigsten Aperçus, sondern vielmehr ein kunstvoller Denker. So sind seine Reflexionen zur Literatur, zum Barockstil, zum *Tristram Shandy* jeweils wie ein zweites literarisches Original neben dem ersten. Er scheint in einen Wettbewerb zu treten mit der subtilen Kunst der Parodie und Satire. Der satirische Roman von Lawrence Sterne erhält eine überraschende Wertschätzung, die wie ein programmatischer Vorblick auf die hochartifiziellen und satirischen Elemente im *Zarathustra* anmutet. Er versucht nicht, fremde Gedanken und Werke zu kompilieren und zu kommentieren, sondern befreit sich und die Leser zur Beweglichkeit, zu gelegentlich tollkühnen Verknüpfungen und zu schroffen Themenwechseln bei zunehmendem Tempo des Stils. Nie zuvor in der klassischen deutschen Philosophie wurden die Rezeptionsbedingungen philosophischer Texte so radikal und provokativ verändert. Die Kurzform der Sentenzen, Maximen und Aphorismen stellt vor besondere Herausforderungen der Lesekunst; das nachlässige Lesen wird geschmäht. Während die Philosophie häufig vor der Kurzform kapituliert, lassen sich Nietzsches Aphorismen zwar meistens inhaltlich

---

JGB 237, KSA 5, 174. – Für Kritik und Anregungen danke ich Frau Prof. Isabelle Wienand. Im Folgenden werden von Nietzsche durchnummerierte Textabschnitte als Aphorismen bezeichnet. Nietzsche unterläuft dieser saloppe Gebrauch des Ausdrucks ‚Aphorismus' in GM Vorrede 2, KSA 5, 248. Es handelt sich dabei jedoch um keine einheitliche Textsorte. Für die literarische Kurzform stehen auch Spruch, Sentenz, Meinungen, Pfeile und Maxime.

gruppieren und einem größeren Zusammenhang seiner Denkbemühungen zuordnen. Doch warum hat er den Text nicht thematisch geordnet redigiert? Eine Antwort lautet, dass das freiere Weiterdenken von Aphorismen die aktive Lesekompetenz fordert und fördert.

1 Einleitung und Übersicht

Versucht Nietzsche im ersten Band von *Menschliches Allzumenschliches* die Fülle seiner Gedanken thematisch zu gruppieren, so ist bereits der Titel der ersten Auflage „Anhang: Vermischte Meinungen und Sprüche" der ersten Abteilung des zweiten Bandes Ausdruck einer entspannten (oder angesichts der Fülle disparater Einfälle resignierten?) Haltung: Nietzsche wird vorübergehend zum Sammler und Bändiger vielfältiger Einfälle; die Zusammenstellung von 408 nummerierten Abschnitten erlaubt nahezu jeden Wechsel des Themas und Stils. Manche Texteinheiten (salopp Aphorismen genannt) entsprechen dem aufklärerischen und skeptischen Gestus des ganzen Buches, der sich gegen sich selbst (gegen überwundene Meinungen) oder gegen die Leserschaft richten kann: das Buch charakterisiert eine neue und zweite Epoche in Nietzsches Denken; manches enthält implizite Selbstkritik am Stil und Geist seiner frühen Schriften. Einige Texte geben Rückblicke und Nachträge; andere könnten programmatisch verstanden werden, als Vorschau auf künftige Denker und Künstler. Enttäuschung bzw. Desillusionierung (VM 1–15, 31, 37, 65, 66; vgl. die Desillusionierung in Bezug auf den „Beweis der Lust" in MA I, 120), bezüglich des Christentums VM 92–97, in Bezug auf Wagner (MA I, 74), und der Ausdruck von Hoffnung (VM 63, 99–103, 114) wechseln sich ab. Hoffnungen beziehen sich auf künftige Kunst und Dichtung. Nietzsche scheint den Tiefpunkt seiner eigenen Diagnose vom „Verschwinden der Kunst" (MA I 222, 186; 272) scheinbar zu überwinden, greift aber aus seiner Enttäuschung über die ‚romantische' Ästhetik Wagners in seiner Kritik an der Gegenwartskunst auf klassizistische Abwehrreflexe zurück (VM 111f. 115, 117, 118, 119). Enttäuschung wird auch auf der existentiellen Ebene als Enttäuschung über Freundschaft thematisiert (MA I 376). Wagners Beitrag zur Musikgeschichte wird mit Distanz und Hochachtung anerkannt.

> *Wie nach der neueren Musik sich die Seele bewegen soll.* – […] man soll *schwimmen*. In der bisherigen älteren Musik musste man […] tanzen […]. Wagner wollte eine andere Art *Bewegung der Seele*, welche […] dem Schwimmen und Schweben verwandt ist. […] Aus einer bequemen Nachahmung solcher Kunst kann eine große Gefahr für die Kunst entstehen (VM 134, 434 f.; vgl. 171; VM 159).

Diese Gefahr wird nicht Wagner bzw. der unendlichen Melodie direkt zugeschrieben, und die Gefahr in der Nachahmung wird nicht als notwendig charakterisiert. Nietzsche hat mit Wagner als Leser gerechnet; seine Kritik ist sachlich, distanziert und zurückhaltend.

Nietzsche leitet das erste Hauptstück des ersten Bandes mit einer resümierenden und komprimierenden Ouvertüre ein (MA I 1), welche die Leitmotive seines Denkens vorwegnimmt: Eine genealogische Anti-Philosophie und die Kritik an einer Variante des Pessimismus, die aus der Enttäuschung des Glaubens an den höchsten Wert des Lebens entsteht und nach dem Schema „Alles oder nichts" glaubt, das Leben nicht bejahen, sondern nur noch zum Schleuderpreis verkaufen zu können. Die Enttäuschung als Melancholie über die verlorene Zeit verweist auch auf die verlorene Geliebte (vgl. MA I 153), das Unwiederbringliche aus der Vergangenheit, der Kindheit, Kunst und Religion usw. (Vgl. MA I 130, 131 und 223).

Wer mit Klarheit verwöhnt wurde, den ekelt es vor dem Verkehr mit den Halbklaren (VM 2). Die Halbklaren sind lichtscheu; sie verdunkeln nicht nur, sie machen, mitunter unter der Maske des Scharfsinns auch noch das Gute madig (VM 7; 27) Schon in der *Ersten Unzeitgemäßen Betrachtung* werden Klarheit der Gedanken und des Stils kritisch untersucht. Den deutschen Denkern und Romantikern von Schleiermacher bis Wagner wird doppelte Unklarheit im Denken und im Stil vorgeworfen. Sie wirken „lächerlich und doch nicht erheiternd". Die romantisch inspirierte Kunsteuphorie der ersten Phase ist der Ernüchterung gewichen, die an der expressiven Kraft der Sprache (VM 105) und der vermeintlichen Unentbehrlichkeit der Kunst für das Leben zu zweifeln wagt (VM 106; 109; vgl. M 61).

2 Moral- und Kulturkritik

Die Fäden des Nachdenkens über Gerechtigkeit (vgl. MA I 636) werden weitergesponnen. Gerechtigkeit kämpft gegen den Hang zum Personifizieren, ohne ihn ausschalten zu können. Wie personifizierend und metaphorisch es auch im Reich der Gedanken zugeht, wird anschaulich und ausführlich geschildert. Hochmut ist zugleich Laster und Ursprung des „intellektuellen Gewissens" (VM 26). VM 33 führt die Kritik an Schopenhauer im Geiste von Paul Rée weiter. Diese Kritik richtet sich gegen Schopenhauers Metaphysik, die den Determinismus lehre und gleichwohl an der ethischen Bedeutsamkeit der Welt festhalten möchte, dieses *„auf den Kopf gestellte Christentum"* (VM 33, 396) Dagegen schreibt Nietzsche: „wir sind im Gefängnis, frei können wir uns nur *träumen*, nicht *machen*" (ebd.). Überzeugungen werden als Folge von Trägheit und als Gefängnis kritisiert. Gipfelt der konsequente Determinismus in der Anerkennung des Fatums, so wird sich weiter die Frage stellen, wie aktiv, frei und energetisch diese Anerkennung sein kann, die über den romantischen Pessimismus hinausführt (MA II Vorrede, 376). Aufmerksames Lesen wird zu jeder scheinbar kategorischen Behauptung eine Antithese oder Nuancierungen finden. Dient hier die Anerkennung des Fatums der Elimination einer moralischen Metaphysik, welche Schuld und Sünde als Bestandteil einer Realität festschreiben möchte, so werden die Aufgaben der Selbstüberwindung und Kultur in einen neuen Kontext von nicht-moralischer, schöpferischer Freiheit gestellt. In diesem Sinn geht Nietzsche über Rée hinaus.

Anklagen und loben lassen sich nicht vom „Hintergedanken" einer Sanktion lösen, sogar wenn man sein Schicksal, sich selbst anklagt „*Strafen und belohnen*" (VM 78, 409). Da wäre die Intention einer Selbstbestrafung im Spiel! Auch die positive Sanktion beim Sich-Freuen enthalten Hintergedanken: Loben, einen Verantwortlichen (letztlich Gott) finden. Dieser Abschnitt kritisiert einen Grundirrtum des affektiven Lebens, den Sündenbock-Mechanismus im weitesten Sinne, in dem ich sogar mich selbst (in Buße, Gewissensbissen u. a.) strafen möchte. Der Hintergedanken an Strafe und Rache wird zugleich diagnostisch als Irrtum durchschaut, als ob man den Hintergedanken zeitweilig hintergehen oder austricksen könnte.

Es ist eine offene Frage, wie eine solche kritische Diagnose möglich ist, da es sich ja um einen universellen Mechanismus der zurechnenden Einstellungen zu handeln scheint. Er wird hier eher als ein Stück Alltagspsychologie vorgeführt, nicht so sehr als das Resultat einer kulturellen Deformation. Es wird implizit angenommen, etwas lasse sich zwar (als möglicherweise unbegründeter, unvernünftiger Hintergedanken oder Mechanismus der Affekte) durchschauen, ohne dass sich der kritische Diagnostiker ganz vom Schein befreien könne. Im religionsskeptischen Horizont Nietzsches fehlt die Möglichkeit des Rekurses auf Gottes Gnade und Mitwirkung zur praktischen Überwindung des Grolls und Straf-Furors der Blutrache, und die Christentum-Skepsis scheint insofern plausibel, als gerade das Christentum als historische und kulturelle Realität keinen empirisch nachweisbaren befreienden Effekt von der Schuldkultur zu haben scheint, sondern – zumindest nach der kritischen Außenwahrnehmung zu schließen – die Kultur der Schuldzuweisungen und des Ressentiments (des ohnmächtigen Übelnehmens) verstärkt. Das Gedankenexperiment einer „*Welt ohne Sündengefühle*" (ebd. 42, 399) führt zu einer insgesamt positiven, hedonistischen Bilanz.

Das später so genannte Helfersyndrom wird von Nietzsche der Sache nach diagnostiziert (vgl. MA I 321); es besagt, dass der Helfer sich (unbewusst) selbst hilft, vielleicht teilweise oder indirekt, solange andere leiden und Hilfe brauchen. Der Helfer (wie der Mitleidige) vergrößert eher das eigene Selbstwertgefühl als das seiner Schüler, Abhängigen und Schutzbefohlenen (vgl. VM 61, 405). In einer Fortsetzung der Schopenhauer-Kritik („*Mitfreude*", VM 62, 405; vgl. MA I 321, 499,

614; M 80) geht es um eine Asymmetrie zwischen Mitleid und Mitfreude, die Schopenhauer zugunsten des Mitleids akzentuierte. Spinoza, Nietzsche, Eduard von Hartmann und Albert Schweitzer (um nur einige Namen zu nennen) heben den höheren Kulturwert der Mitfreude hervor.

Zu den neuen Themen der zweiten Phase gehört eine subversive Moralkritik, oft verknüpft mit der Kritik am Glauben an die Moral, Glauben in den Wissenschaften und religiösem Glauben. Sie kann an konventionelle Formen der Moral- und Religionskritik anschließen „*Geheucheltes Mitleiden*" (VM 59, 404) soll über das Gefühl der Feindseligkeit hinweghelfen, führt aber zur Zunahme desselben. – Gläubige und Ungläubige werden diskreditiert. Die (Selbst-)Lüge ergibt sich aus der öffentlichen Darstellung, die eine Dialektik der Aufrichtigkeit entwickelt „*Schauspielerei und Ehrlichkeit der Ungläubigen*" (VM 98). Indem man in den Augen anderer ehrlich sein will, hält man sich zuletzt selber für ehrlich. Die gleichen Gründe, welche die Bibel zum „Weltbuch, zum Jedermanns-Freund" machen, könnten wissenschaftliche Werke zum Misserfolg verdammen. „*für ein rein erkennendes Wesen wäre die Erkenntniss gleichgültig*" (ebd. 98, 418). Tautologisch gesprochen: Es gibt kein Interesse an interesseloser Erkenntnis. Wichtigkeit und wertende Prioritäten lassen sich nur aus unseren Wünschen und Emotionen her bestimmen. Der Unterschied zwischen Glauben in der Wissenschaft und in der Religion ist ein quantitativer und gradueller. Aphorismus 98 kritisiert auch die Apologie des Christentums. Der Dialog zwischen Wissenschaftler und Gläubigem eignet sich als Anlass zur Selbstkritik eines Christentums ohne Apologie, ohne die traditionelle Parteilichkeit der Selbstreklame, Kritikfurcht und den verbissenen Biblizismus. In die Dialektik der Aufrichtigkeit fügt sich die von Böse und Gut (ebd. 90). Die Wissenschaft exemplifiziert die Maxime in „*Das Gute und das gute Gewissen*" [...] Das gute Gewissen hat als Vorstufe das böse Gewissen" (ebd., 412f.). Dass aus Bösem Gutes wird, betrifft alle Innovation als Verstoß gegen Gewohnheit und Sitte. Die metaphysische Verklärung der Anfänge und ‚Ursprünge' wird dekonstruiert; zwischen Böse und Gut findet eine heimliche Alchemie statt.

Die konventionelle Moralkritik wird durch diese Genealogien radikalisiert und führt dazu, die Moral von aussen zu betrachten, die nicht-moralischen Motive der konventionellen Moral zu beleuchten. „*Es ist thöricht, Unrecht zu thun*" (ebd. 52, 402). Die Subversion besteht nicht in rabiater Leugnung oder gar Abschaffung der konventionellen Moral en bloc, sondern in einer Umdeutung, einer Funktionalisierung derselben gegen ihr traditionelles Selbstverständnis. So wird das Sokratische Paradox, dass Unrechttun (moralisch) schlimmer sei als Unrechtleiden, raffiniert abgewandelt: das gilt auch aus der Perspektive der Klugheit, also nicht aus moralischen, sondern aus Klugheits-Gründen, denn Unrechttun ist riskant und potentiell unheilvoll. Unrechttun verschafft, wenn

Gewissensbisse eintreten, Unlust, und man bewaffnet die ganze Gesellschaft gegen sich und isoliert sich. Schlimmer ist es, vom Verzeihen anderer abhängig zu sein als selber verzeihen zu müssen. Verzeihen ist seliger als um Verzeihung bitten. Unmoral ist oft unnötig anstrengend, insbesondere der Aufwand, begangenes Unrecht zu vertuschen (vgl. MA I 54, 73 f.), wo gegen das Lügen angeführt wird, es sei unklug, weil unbequem. Damit erscheint Moral (oder der moralische Schein der Tugend) nicht als nobel, sondern als opportun. Auch das ist ein Aspekt der Rehabilitierung des Scheins. Der moderne Sophist Nietzsche spielt viele möglichen Paradoxien durch, um die Moral zu entmythologisieren. Moral wird mit nicht-moralischen Gründen verteidigt! (Vgl. WS 174, 627) Ein Bestandteil seiner Moralkritik besteht in der Beobachtung, dass es (vielleicht nur?) außermoralische Gründe gibt, moralisch zu sein: die eigene Lust, Kontrolle, Reputation etc.

Einige Aphorismen führen die Moralkritik des ersten Teils weiter (VM 33–35, 51–57, 60–63, 67–68, 71–73, 78, 87, 89–91). Sie nehmen neue Anläufe, bleiben aber im Schleuderkurs des schnellen Themenwechsels relativ knapp. Vertraute Gedanken, teilweise inspiriert und bestätigt durch Paul Rée wie die „rücksichtslose" Kritik an der Illusion des freien Willens sowie der Eitelkeit als *pièce de résistance* der Selbsterkenntnis (VM 38; 46; 50; 80; vgl. MA I 74) und des Mitleids (VM 62; 67; 68), werden mit einer gewissen Distanzierung von der Schule des grenzenlosen Misstrauens als Schwarzseherei bis zum Selbsthass gesteigert (VM 80; vgl. NL 1876/77, KSA 8, 418, 428), mit der Kritik der Strafe (VM 78), des Ressentiments aus Ohnmacht (VM 53; 55; 60), aber auch des Lobs über problematische und vieldeutige Praktiken (VM 24, 87) werden variiert.

Die Moralkritik wird von einer Zeit- und Kulturkritik flankiert (VM 47; 116), auch als Fortsetzung der Kritik am Verlust der Muße, der Arbeitsmoral als moderner Sklaverei (vgl. MA I 282–286; 439; 457). Ein Leitmotiv ist die Umwertung und Neubewertung von Irrtümern. Der Irrtum wird nicht nur als kontingent, sondern sogar als konstitutiv für das Leben verstanden „*Fortschritt der Freigeisterei*" (VM 4, 328). Der freie Geist geht weiter als Voltaire, der betonte, der Irrtum habe auch seinen Verdienst. Der Irrtum erweist sich nicht nur als etwas, was gelegentlich oder zufällig Wert hat, sondern als Grundbedingung des Lebens. Leben ohne Irrtum (Lüge, Schein, Illusion) ist nicht möglich. Bereits in Goethes Werk, etwa in den „Maximen und Reflexionen", häufen sich die Aperçus über die Unvermeidbarkeit, Ubiquität, konstitutive Notwendigkeit und Fruchtbarkeit mancher Irrtümer. Den Phantasten wird allerdings der Kampf angesagt (VM 6).

Gegensätze überbrücken, ohne sie aufzuheben oder zu leugnen: Das erlaubt eine Agonistik ohne umfassenden Konsens, „agreement in disagreement", Differenzverträglichkeit. Diese hohe Auffassung von der Liebe in „*Liebe und Zweiheit*" (ebd. 75, 408) unterscheidet sich von schwärmerischer Verliebtheit, die hauptsächlich von (positiven) Projektionen, totaler Vereinigung, Übereinstimmung und Affinität getrieben werde, solange sie nicht ins Extrem der grenzenlosen Enttäuschung umschlägt. Auch im Universum der Organismen, in dem es wahrscheinlich mehr Irrtümer als Wahrheiten gibt, gibt es Prozesse der Korrektur und Revision von Irrtümern. Das kann im Prozess der Liebe und Freundschaft idealiter stattfinden, sofern sich Liebe gegen die Wahrnehmung und Entdeckung von Gegensätzen zwischen den Liebenden bewährt, an ihnen nicht zerschellt, sondern sie überbrückt. Paradoxerweise besteht das Ideal in einer Koordination von Begierde und Realitätsprinzip. Zugleich wird hier ein steiles Ideal von Liebe angedeutet, dass die instinktive Vorliebe für Übereinstimmung und Gleichgestimmtheit, die Aversion gegen Meinungsunterschiede und Interessenkonflikte utopisch überflügelt und als schönes Bild der Liebe in Anerkennung der Alterität kompensiert. Wäre Liebe ohne Herrschaft und Illusionen über die Verschiedenheit des Geliebten ein Gegenbild zum Willen zur Macht?

Auch wenn es schwierig ist, einen Abschnitt einzuordnen oder zuzuordnen, so ist doch das Verhältnis zum Irrtum ein Leitmotiv, das wiederholt anklingt (VM 76; 84; 88; 227) und auch der Kritik an Moral und Christentum zugrunde liegt. Irrtum wird bekämpft, aber auch als Bedingung des Lebens angesprochen. Wie Farben oder Oberflächen bildet sie den Schein, und im Schein. „Am farbigen Abglanz haben wir das Leben."[1] Auch in seinen späteren Werken wird Nietzsche auf die Farben des Lebens zurückkommen. Sie sind nicht akzidentell oder sekundäre Eigenschaften, sondern sie stehen für den Wandel, ja sogar für die größten Veränderungen (vgl. FW 152, KSA 3, 495).

3 Kunst

Eine andere Blickrichtung, die oft mit der retrospektiven verschränkt ist, führt in die Zukunft. Vorausschauend ist von den Dichtern der Zukunft die Rede (VM 99; 114, 115). Der „Tod" des Autors wird postuliert: „das Werk" muss für sich selbst sprechen, der „Autor" hat den Mund zu halten" (ebd. 140, 436). Das Pathos der Selbstdistanz wäre erreicht, wenn der kurze Text als Resultat eines langen Nachdenkens und Maske eines Verschweigens und Verbergens zum eigenen Denken im produktiven Lesen herausfordert. Nicht über den Autor und seine (verborgenen) Absichten soll gegrübelt werden; die Leserin soll über sich selbst nachdenken. Sie soll nicht den Autor als Narren schelten, sondern in ihm die Narrenzunft ehren und aus diesem Narrenbuch lernen, (vgl. Das Schlussgedicht „*Unter Freunden. Ein Nachspiel*" MA I 366). Die Zurücknahme des Autors liest sich

---

[1] Goethe, Faust II, v. 4727.

wie die Antizipation einer Auffassung von denkender Literatur oder literarischer Philosophie, in der wie in Nietzsches Lyrik Stimmen zum Ausdruck kommen, und nicht oder nur gelegentlich der auktoriale Schriftsteller, der bereits geäußerte Gedanken variiert und kommentiert und eine Rezeptionshaltung, das kompetente Lesen seiner Texte, vorschreibt. Derart könnte man vorausblickend lesen und in einem „work in progress" blättern, das unterwegs ist zu hybriden Textsorten und zur Diversifikation der Perspektiven (VM 17), Stimmen und Figuren wie in Totengesprächen, dem „Wanderer und seinem Schatten", dem „tolle[n] Mensch[en]" (FW 125, KSA 3, 480 ff.), Zarathustra und Dionysos. Ist der Autor ein Wesen, das überwunden werden muss, so sind alle seine Texte Werke des Übergangs. Den sprachlichen Mitteln, den Begriffen und Bildern ist auch ihre Grenze, ihr Scheitern eingezeichnet. Eine Deutung der Aphoristik Nietzsches als Scheitern an einem tief inkohärenten systematischen Projekt – der Bändigung des Erkenntnistriebes – findet man bei Edmund Heller.[2] Das ist eine dezidierte, konsequent ausgeführte These, welche den Charakter des Misserfolges hervorhebt oder die Frage aufwirft, was Echtes, von unechtem Scheitern unterscheidet.[3] Die Bewertung der Kurzformen bleibt ambivalent: Einige Sprüche lassen sich als gelungene Pointen, andere als Regressionen und Verkürzungen seines Denkens deuten.

Es gibt ein wesentliches Scheitern am systematischen Werk, das in der Sache, im Werden bzw. im ontologischen Individualismus und Pluralismus verankert ist. Es verhält sich indirekt Proportional zu den Triumphen von Schein-Systemen. Den EINEN Weltgeist oder Weltwillen gibt es nicht! Hier öffnet sich ein Graben zwischen metaphysischen Monisten wie Parmenides, Plotin, Spinoza, Hegel, Schopenhauer und Eduard von Hartmann auf der einen, und Julius Bahnsen und Nietzsche auf der anderen Seite. DAS Bild des Lebens ist für Dichter und Philosophen nicht zu haben (VM 19). Es geht bei den im Titel angekündigten Meinungen nicht notwendigerweise um (aktuelle) Meinungen des Autors. Es könnten auch Meinungen sein, die er überwunden hat (MA II Vorrede, 369). Dass alles, auch eigene Meinungen im Fluss sind, wird allerdings begrenzt durch gewisse Grundoptionen oder affektive Haltungen, die sich wie die Wirkungen der Eitelkeit oder Scham als überraschend hartnäckig und irreführend erweisen (VM 64). Die Überwindung entspricht spezifischer gesprochen einer „*antiromantischen* Selbstbehandlung" (MA II, Vorrede, 371).

Desillusionierung wird zur Daueraufgabe, inklusive der Distanzierung von der Illusion, es gebe Leben ohne Irrtum und Illusionen. Alte Irrtümer werden

---

[2] Vgl. Heller 1989.
[3] Vgl. Jaspers 1932, Band III. Jaspers erhebt das echte Scheitern zu einer Chiffre der Transzendenz (in Nietzsches Sprache der Selbstüberwindung des Menschen).

durch neue verdrängt oder relativiert. Der Autor ist Arzt und Patient in einer Person, er hat in seinen „Wanderbücher[n]" wieder zu SEINER Aufgabe gefunden. Er übt sich in einem Pessimismus der Stärke, hat das Verlangen nach einem großen Feind (ebd., 376). Diese Selbstbeschreibung erschwert die Zuordnung einzelner Texte zu Absichten oder Meinungen Nietzsches oder gar zu einem eindeutigen, vereinheitlichenden Willen, zu einem homogenen Werk. Überdies spielt der Autor mit dem Reiz des Persönlichen, besonders virtuos in seinen nachträglichen Werk- und Lebensbeschreibungen in den diversen Vorreden, in *Ecce homo* und den anderen Spätschriften. Und er kann als Autorenstimme und Leser eigener Schriften darüber spekulieren, welchen Stimmungen, Talenten und Defiziten des kranken oder genesenden, leidenden oder heiteren Nietzsche das Sentenzen schreiben entspringt.[4] Der schreibende Nietzsche wird zur Figur und Stimme seiner Schriften, zu „Nietzsche", wie er sich selbst konstruiert.

„*Vom Barockstile.*" (VM 144) schlägt eine zurückhaltende Rehabilitierung des Barockstils als des zweitbesten Stils nach der Klassik vor, der nicht nur als typologischer Stilbegriff verwendet und dem reineren und größeren Stil untergeordnet wird, sondern auch als immer wiederkehrendes Epochenetikett für Spätzeiten; er steht für Verständigung durch rhetorische und dramatische Mittel. Dieser Gedanke mag für die Literatur-, Musik- und Kunstgeschichte anregend sein, doch werden damit Barock und Romantik für alle Kunstformen fast bis zur Unkenntlichkeit vermischt. Der Abschnitt verrät nicht nur den tentativen Gedankengang, der kein Beweisziel zu haben scheint, sondern auch die Tatsache, dass die Künste etwas illustrieren mögen, dass es aber nicht so sehr um die Kunst der Kunstwerke als vielmehr um Kunst im weiteren Sinne als verschönernde, selbstüberwindende Energie geht (ebd. 174, 453f.). Auch das Hässlich-Erhabene wird im Zusammenhang mit dem Barockstil erwähnt (VM 144, 438). Im *Zarathustra* ist der hässlichste Mensch für die erhabenste und kühnste Tat: den Mord an Gott, verantwortlich (Z IV, KSA 4, 327–332).

Futuristische Perspektiven eröffnen „*Die Muse als Penthesilea*" (VM 100, 420), mit dem für Nietzsche wichtigen offenen Ausgang von Tragödie oder Parodie, und die Hommage an *Tristram Shandy* und dessen Autor Lawrence Sterne als den freisten Schriftsteller und den großen Meister der Zweideutigkeit in „*Der freieste Schriftsteller*" (ebd. 113, 424ff.). Dass Freiheit in Zweideutigkeit bestehen kann, wirft ein Licht auf die quasi ästhetischen und pädagogischen Visionen von Aufklärung als Befreiung durch kompetentes Lesen und Schreiben. Die Vieldeutigkeit

---

4 Zum Wortfeld vgl. den Artikel Aphorismus in: *Nietzsche-Wörterbuch*. Hrsg. von der Forschungsgruppe Nijmegen unter Leitung von Paul van Tongeren, Gerd Schank und Hermann Siemens, Berlin, New York 2004, 76–81.

des literarischen Textes erhebt die kompetente Leserin zur Mit-Autorin. Die Hommage an Laurence Sterne ist ein aus dem Zusammenhang herausragender Text, für sich ein gelungenes ästhetisches Gebilde, in dem Nietzsche alle Register seiner Nuance-Kunst zieht. Er lobt dessen „unendliche Melodie", in der bekanntlich Grundton und Ende nicht definitiv auszumachen sind; Sterne sei der große Meister der Zweideutigkeit, die auch seine Bewunderer wie Diderot noch in ein zweideutiges Verhältnis zu ihm versetze. Selbst eine gewisse ironische Distanz zu Sentenzen wird hier eingebaut: „seine Sentenzen enthalten zugleich eine Ironie auf alles Sententiöse" (ebd., 425). In Sternes Roman kommt es zum ironischen und einseitigen Pakt mit dem Leser; dem folgt ein neckischer und didaktischer Streit mit der „schönen Leserin"[5] Spott für die „systematischen Vernünftler" (Kapitel 19), Hohn auf die konventionellen Erwartungen der Leserinnen von „spannenden" Abenteuerromanen, die vorsätzlich enttäuscht werden, gewürzt durch eine hinterlistige Einbeziehung des Kritikus (II, Kapitel 2), wie sie im postmodernen Roman (z. B. *Hoppe* von Felicitas Hoppe) praktiziert wird. Zur Vermischung als Stilprinzip gehören auch die Sprünge vom Konkreten zum Abstrakten. Auf der Ebene des Konkreten finden sich die vielfältigen Genesen und Funktionen von körperlichen Behinderungen (Lichtenbergs Buckel!), die, wie Eigennamen oder Ticks, zum Kristallisationspunkt von Idiosynkrasien werden, so wie eine Definition und zweideutige Apologie der Nase und vieles mehr – reicher Stoff für Aphoristiker wie Lichtenberg und Nietzsche! Auf der Ebene der Abstraktion liegt die Apotheose des Zufalls, die eine Orientierung an Gesetzmäßigkeiten und Verallgemeinerungen (,das Sententiöse') in den Schatten stellt. Es handelt sich nicht um einen Thesen-Roman, der die These aufstellt, alles sei Zufall, sondern um eine Technik der Erzählung, für die Nebensachen und Kleinigkeiten gleiches Gewicht haben wie Hauptereignisse, res gestae. Der Zufall schließt Notwendigkeit, das Fatum, nicht aus „*Nachträgliche Schwangerschaft*" (ebd. 63, 405), doch Sterne beherrscht die Darstellung der Welt, sofern sie sich auf dichte Beschreibungen, komplexe Erzählungen und eine Auflistung von Randbedingungen des Geschehens einlässt. Auch die sich wandelnde Gestimmtheit trägt dazu bei, das, was in der Wahrnehmung auffällt, in der Erinnerung hängen bleibt und in der Erzählung vorkommt.

In Sternes Roman liegt das Credo und die Ausführung einer selbstironischen Genie-Ästhetik, dass Kunst nicht nach vorgegebenen Regeln verfährt, sondern ihre Regeln selbst hervorbringt. Der Legende vom Originalgenie stellt Nietzsche das „Raub-Genie" gegenüber; das kreative Plagiat. Ein geniales lebenslängliches

---

[5] Vgl. Sterne 1759–1767, I, Kapitel 4 und 18, Schluss, 20 etc.

legales Plagiat an allem Guten – da häuft sich ein Reichtum auf, der selber wieder Verehrung und Scheu erzeugt „*Das Raub-Genie*" (ebd. 110, 423).

Die Kunst im weitesten Sinne, in dem sich der Schaffende selber erschafft (vgl. VM 102), geschieht nicht durch eine Readymade-Existenz des Autors, der oft genug die Kontrolle verliert und hinter dem Wust der Ereignisse und der Obsession der Figuren verschwindet, sondern durch die Entfesselung des Erzählens selbst, das nicht an Logik und Chronologie gebunden ist und auch alle Anforderungen an den Aufbau und die Struktur eines epischen Romans missachtet. Der Erzähler und Protagonist Tristram ist schon längst am Werk, bevor er im Roman geboren wurde, doch er ist nicht identisch mit dem Autor außerhalb des Textes. Es ist die im Erzählen fingierte Präexistenz eines verborgenen Erzählers, der (wie der präexistente Christus) schon immer dabei war, als die Welt erschaffen wurde. Sterne literarisiert Theologie; Nietzsche schöpft aus Literatur sein neues Denken. Die Anregung zu einer Ausweitung ästhetischer Konzepte zu einer ‚Umwertung aller Werte', einer Zerstörung von Werten, um neue Werte zu schaffen, ist im literarischen Kunstwerk vorweggenommen und zugleich humoristisch sublimiert; im Medium einer Narrenkritik, in der sich Tristram darüber wundert, wie sehr man sich selber zum Narren halten kann. Die Thematik der Illusionen, der unmöglichen Selbsterkenntnis und Selbstschätzung kulminiert in der Narrenliteratur im Porträt des hartnäckigsten Narren, jenem, der sich für keinen hält und lieber über die Torheiten der anderen lacht als über seine eigenen. Zugleich liegt das Tragische und Komische so nahe wie im Weinen der Mutter, im Grabspruch Yoricks, in den Schnurren des um seine Männlichkeit gebrachten Onkel Tobys und in den Marotten seines vom Krieg invaliden Dieners Korporal Trim. Zum besseren Verständnis der Konversationen von Toby und Trim braucht es ein Glossar zu den Termini der militärischen Befestigungen.

Es gibt eine Zeitlosigkeit von Autoren wie Nietzsche und Sterne, die weniger in ihren Thesen und Argumenten als vielmehr in den literarischen Qualitäten ihrer Stile begründet ist. Im literarischen Text wird vieles möglich, was Begriffe und Argumente nicht können. Sternes Literatur verhilft wie die Psychoanalyse dem Verdrängten zur Sprache und umspielt die ernsten Themen mit Schalk und Selbstdistanz.

Kunst wird weniger als kognitives oder metaphysisches Projekt gewürdigt, sondern vielmehr als spielerische Freude am Unsinn (vgl. MA I 151; 153f; 213), als Lust an der zweckfreien Digression oder am Nützlichen als „*Umweg zum Schönen*" (VM 101, 420).

> Der *Reiz* mancher Schriften z. B. des Tristram Shandy beruht unter anderem darauf, dass der angeerbten und angezogenen Scheu, manche Dinge nicht zu sehen, sich nicht einzugestehen, in ihnen widerstrebt wird, dass also mit einer gewissen 'Keuschheit der Seele' ein

schelmisches Spiel getrieben wird. Dächte man sich diese Scheu nicht mehr angeerbt, so würde jener Reiz verschwinden. Insofern ist der Werth der vorzüglichsten Schriften sehr abhängig von der ziemlich veränderlichen Constitution des inneren Menschen; die Stärkung des einen, die Schwächung des anderen Gefühls lässt diesen und jenen Schriftsteller ersten Ranges langweilig werden: wie uns z. B. die spanische Ehre und Devotion in den Dramatikern, das Mittelalterlich-Symbolische bei Dante mitunter unerträglich ist und ihren Vertretern in unserem Gefühle Schaden thut (NL 1877, 23 [42]; KSA 8, 419).

Sternes Roman dient als Vorbild und Ansporn zur Überwindung von Kunst als verkappter Religion (vgl. MA I 281), als Medium der Selbsterschaffung, anstelle der bloßen Erschaffung eines (geschlossenen) Werks (VM 102), als Balance-Akt zwischen ererbter oder neuer Empfindsamkeit, moderner Unsicherheit und Satire. Auch wird eine tentative Schreibweise möglich: Gedanken werden beim Schreiben weiterentwickelt oder konterkariert. *„Schreiben und Siegen-Wollen. –"* (VM 152). Dieser Abschnitt unterscheidet ein superiores Schreiben, in dem sich der Schreibende selbst überwindet und ein inferiores Schreiben, in dem der Lesende besiegt werden soll. Dabei zählt nicht nur die Leistung, sondern schon der Wille zur Selbstüberwindung (Vgl. VM 166). Warum ist das Motiv der Selbstüberwindung so wichtig? Ist es nicht ein letztlich asketisches und destruktives Motiv? Nietzsche versucht hier das Motiv der Selbstüberwindung im Schreiben nichtasketisch, sondern als Steigerung, Stilisierung und Bändigung zu deuten, und zwar im Dienst einer höheren Qualität des Schreibens, nicht zur manischen Aufblähung des Autors. Das inferiore Schreiben dagegen verkleinert und zerstört die Freiheit des Lesens. Damit vereinbar ist nicht nur das Verschwinden des Autors hinter dem Werk (vgl. VM 140; 156), sondern auch die Disziplin, ohne Absicht auf ein Publikum primär für sich selbst zu schreiben. *„Sibi scribere. –"* (VM 167). Sich selbst schreiben, nähert sich dem Paradox eines an sich selbst adressierten Briefs an. Als Maxime erinnert es an den Stil Montaignes. Zur Freude am Geschriebenen im Alter (vgl. MA I, 209). Nietzsches Sorge, keine Leser zu finden, wird durch ein narzisstisches Motiv beschwichtigt. Allerdings wird dadurch das radikale Problem der Mitteilung nicht gelöst, gibt es doch auch Verständigungsprobleme zwischen dem früheren und späteren Selbst einer Person, etwa in der Deutung und Auseinandersetzung Nietzsches mit früheren Werken. Zum Motiv der Selbstüberwindung in der Kunst passt auch die Überwindung der Furcht durch das Lachen und die Auszeichnung des Komischen gegenüber dem Tragischen (Vgl. MA I 169, 157 f.).

Die Adressaten oder das Publikum des Schreibens stehen nicht fest, ebenso wenig wie das zu erreichende Ziel und Ende; das Verhältnis zu den Kunstwerken wird zufällig oder beliebig: die Kunst des Erzählers wird verkannt.

Der Dichter muss keinen so bestimmten Begriff seines Publikums in der Seele haben wie der Maler eine bestimmte Entfernung vom Bilde, wenn es richtig beschaut werden soll, und eine bestimmte Sehschärfe der Beschauer verlangt. Die neueren Dichtungen werden nur teilweise von uns genossen, jeder pflückt sich, was ihm schmeckt; wir stehen nicht in dem notwendigen Verhältnisse zu diesen Kunstwerken. Die Dichter selber sind unsicher und haben bald diesen bald jenen Zuhörer im Auge; sie glauben selber nicht daran, dass man ihre ganze Intention fasst und suchen durch Einzelheiten oder durch den Stoff zu gefallen. Wie jetzt alles, was ein Erzähler gut macht, beim heutigen Publikum verloren geht: welches nur den Stoff der Erzählung will [was Schiller das stoffliche Interesse nannte, J.C.W.] und interessiert fortgerissen überwältigt sein möchte: durch das Faktum, welches die Kriminalakten z. B. am besten enthalten, nicht durch die Kunst des Erzählers (NL 1876, 19[18]; KSA 8, 351 f.).

4 Kompetentes Lesen

Die fehlende Anordnung der Abschnitte erlaubt eine sprunghafte, aber keine nachlässige Lektüre! In zwei Aphorismen wird das schlampige Lesen kritisiert (VM 130; 137), sogar ein Misstrauen gegen die eigene Kraft wird thematisiert (VM 139). Sie bilden eine Mitte und Achse der vermischten Textmassen und lenken die Aufmerksamkeit auf besondere Anforderungen des kompetenten Lesens. Es wird sich immer wieder bewähren, nicht nur darauf zu achten, was Nietzsche schreibt, sondern wie er schreibt und für wen (ebd. 138; 167). Zuvor wird die Kürze der Darstellung behandelt (VM 127–129; 168; 219). Überdies wird mit Erzählformen experimentiert; die Faszination der Idiosynkrasien wird geweckt: In „*Im Spiegel der Natur. –*" (ebd. 49, 401) deutet der Autor in dichterischer Sprache vielleicht seine Idiosynkrasien an. Es geht um so etwas wie Erfahrungen von Naturzeichen, aber auch um eine gewisse Distanzierung von der Empfindsamkeit – durch Über-Empfindlichkeit.[6] Der Text mündet in einen Gedankenstrich. „*Der Dichter als Wegweiser für die Zukunft –*" (ebd. 99, 419 f.) knüpft nochmals an das Ideal einer harmonischen Balance zwischen Wissen und Dichtung, die vereint „an dem schönen Menschenbilde *fortdichten*" (ebd. Vgl. MA I 251; 276 und 281). Das Ideal muss jedoch nirgends erreicht sein, funktioniert es doch als Kompensation von Mängeln, welche die Wahrnehmung schärfen (vgl. VM 86). Dem sind Sequenzen von Aphorismen entgegengesetzt, welche die Feindschaft von Künstlerinnen und Wissenschaft in den Vordergrund rücken (VM 28–33). Der Faszination des Persönlichen (oft auch Weiblichen) wird die Strenge des Unpersönlichen gegenübergestellt. In „*Aus der innersten Erfahrung des Denkens* [...] Nichts wird dem Menschen schwerer, als eine Sache unpersönlich zu fassen", wird das Problem

---

6 Vgl. Sylvia Bovenschen 2002. Damit verbunden ist das Lob der Nuance. Zur Grundlosigkeit der Gründe vgl. M 538. Zu den Idiosynkrasien des „unfreien Willens'" (FW 380, KSA 3, 633.)

anschaulich gemacht, indem soziomorphe Redeweisen über die Welt der Gedanken angeführt werden (VM 26, 389).

Es genügt nicht, Nietzsches Gedanken zu resümieren; seine Stile fordern auch eine Kunst des Lesens, welche auf die Machart der Texte achtet. Einige Aphorismen (die diesen Namen auch verdienen) haben die Kürze von Sprüchen und Sentenzen, andere sind längere Stücke. VM bietet zahlreiche disparate Gedanken, die sich weder inhaltlich noch stilistisch auf einen gemeinsamen Nenner bringen lassen. Mit den Kurzformen der Aphorismen und Sentenzen im engeren Sinne häufen sich auch die Reflexionen über die Schreibweise und Komposition, sog. Meta-Aphorismen wie z. B. „*Nicht zu nahe.* –" (ebd. 120, 429).

Nietzsche beschäftigt sich häufig mit den im weitesten Sinne pädagogischen Fragen der Mitteilung und der Darstellung. Es gibt auch eine Reizüberflutung durch Tiefsinn oder pathetisch deklamierte Weisheiten, deshalb braucht es das Mittelmäßige, etwa die zahlreichen Übergänge und Redundanzen in einer Abhandlung, oder die zahlreichen Ablenkungen, Unterbrechungen und Digressionen in der Anordnung und thematischen Gruppierung von Texten und Aphorismen. Damit werden einigen Aphorismen und Exkursionen diese Funktionen der Auflockerung und Unterhaltung zugewiesen. Es wird zwischendurch entschieden auf Tiefengrabungen oder Höchstleistungen verzichtet, es tritt jene Entspannung ein, die auch mit ruhenden und ruminierenden Kühen verglichen wird, etwa in: „*Dreiviertelskraft.* –" (ebd. 107, 422). Verlangsamtes Lesen ist einem verlangsamten Stoffwechsel zu vergleichen. Das Mittelmäßige verbindet, gibt der Leserin auch das angenehme Gefühl, nicht dümmer als der Autor zu sein; das Exzellente ist schroff, fordert und polarisiert. Mittelmäßigkeit wird vom *Commonsense* als klar und verständlich gelobt. Das Lob der Besten seiner Zeit ist jedoch zwiespältig (VM 103) Aus diesen Gedanken entsteht auch der performative Widerspruch in Nietzsches Schreiben: Der Wille zur fortschreitenden Verdeutlichung in der Chronologie seiner Werke wird vom Willen, nur für Wenige und zu Wenigen und Zukünftigen zu sprechen, konterkariert.

Die literarische Kurzform gibt keine Lizenz zum raschen oder gar flüchtigen Lesen. Sentenzen und Gedichte bilden „Sprüche und Zwischenspiele" (JGB, KSA 5, 85) zur Auflockerung eines Denkens, das sich zu sehr auf Meinungen und Bekenntnisse fixiert und nicht die eigenen Meinungen wechselt und dabei gleichsam wie jemand, der seine Kleider nicht wechselt, die geistige Hygiene vernachlässigt (vgl. WS 346).

Kurze Gedankengänge, Abschnitte aus Sentenzen, kurze Essays und der abrupte Wechsel von Themen erfordern ein wachsames und geistig bewegliches Lesen und ein geduldiges Ruminieren. Nietzsche ringt immer wieder um thematische Ordnungen, wie aus dem Nachlass hervorgeht (vgl. NL 1876, 19[72] und 19[86]; KSA 8, 347 und 350). Bei den Themen kommen auch Maximen vor, was offenlässt, ob es sich nur um die geplanten „Zwischenspiele" aus Maximen oder um eine Reflexion über Maximen handeln soll. (Zur Problematik der Sentenzen vgl. NL 1876/1877, 20 [3]; KSA 8, 361, NL 1876/1877, 23 [132] und 23 [137]; KSA 8, 450 ff.). Nietzsche mahnt zum langsamen Lesen, zur Haltung des Philologen, der er eine fünfte *Unzeitgemäße Betrachtung* mit dem Titel „*Wir Philologen*" widmen wollte. „Philologie ist die Kunst, in einer Zeit, welche zu viel liest, lesen zu lernen und zu lehren. Allein der Philologe liest langsam und denkt über sechs Zeilen eine halbe Stunde nach. Nicht sein Resultat, sondern diese seine Gewöhnung ist sein Verdienst" (NL 1876, 19[1]; KSA 8, 332).

Die Unmöglichkeit des Projekts einer „buchstäblichen" Wiederherstellung eines Stillstands kommt vielleicht in der seltsamen Wortwahl „Beruhigungssucht" (vgl. das folgende Zitat) zum Ausdruck. „Wiederherstellung der Ruhe und Stille für das Reich des Intellektes, Beseitigung des modernen Lärms. Eine Beruhigungssucht und Vertiefung muss über die Menschen kommen, wie es nie eine gab, wenn sie erst einmal der modernen Hatz müde geworden sind" (NL 1876, 17[46]; KSA 8, 304). Der beschleunigte soziale Wandel wird konstatiert und auf die moderne Medientechnologie von Zeitung und Telegraph bezogen (vgl. NL 1876, 19[89]; KSA 8, 352). Die Medienkritik im letzten Drittel des 19. Jahrhunderts ließe sich als ein Plädoyer für das vertiefte Lesen gedruckter Texte versus das rasche Blättern und Konsultieren von Internetseiten aktualisieren. Von der Lesekompetenz wird das Äußerste gefordert: „Ziel: einen Leser so elastisch zu stimmen, dass er sich auf die Fussspitzen stellt" (NL 1876, 16[13]; KSA 8, 293).

Literatur

Bovenschen, Sylvia (2001): Über-Empfindlichkeit. Spielformen der Idiosynkrasie, Frankfurt.
Heller, Edmund (1989): Nietzsches Scheitern am Werk, Freiburg.
Jaspers, Karl (1932): Philosophie, Band III, Berlin.
Rée, Paul (2004): Gesammelte Werke. Herausgegeben eingeleitet und erläutert von Hubert Treiber Berlin/New York.
Sterne, Laurence (1759–1767): The Life and Opinion of Tristram Shandy, Gentleman, 9 Bände, London.
Paul van Tongeren/Gerd Schank/Hermann Siemens (Hg.) (2004): Nietzsche-Wörterbuch. Herausgegeben von der Forschungsgruppe Nijmegen, Berlin, New York, Artikel Aphorismus, 76–81.

Andrea Orsucci
Nietzsches ‚Kosmopolitismus des Geistes': die Philosophie vor den Herausforderungen eines Übergangszeitalters

Vermischte Meinungen und Sprüche: Aphorismen 170 – 408

In diesem Beitrag wird versucht zu zeigen, dass Nietzsche sich im zweiten Band von *Menschliches, Allzumenschliches* besonders intensiv mit den tiefgreifenden historischen Transformationen, die das Europa seiner Zeit erschütterten, auseinandersetzt. In einer Zeit des Übergangs muss sich der Philosoph, so Nietzsche, von den Ketten des „Systems" befreien, die Untersuchungen der Ethnologen berücksichtigen und sich mit dem „unreinen Denken" vertraut machen. Dem neuen „freien Geist", der diese Richtung einschlägt, wird es gelingen, sich das „geistige Nomadentum" des alten Griechenland zu eigen zu machen.

1 Globalisierungsprozesse in den letzten Jahrzehnten des 19. Jahrhunderts

In der Wirtschafts- und Sozialgeschichte wird die ‚reduktive Sichtweise', wonach der Begriff der Globalisierung nur für Prozesse und Ereignisse herangezogen werden könne, die sich erst nach 1945 in großem Umfang entfaltet haben, seit langem in Frage gestellt. So wird heute beispielsweise anerkannt, dass der Erste Weltkrieg auch bereits die Folge globaler Transformationen war, die sich seit den 70er und 80er Jahren des 19. Jahrhunderts manifestiert hatten.

Mobilität des Kapitals, immer intensiverer Handelsaustausch und hohes wirtschaftliches Entwicklungsniveau; drastische Senkung der Transportkosten, neue internationale Finanzinstitutionen, stabile Wechselkurse und Ausbau der Eisenbahnnetze; internationale telegraphische Verbindungen und massive Migrationen – diese eng miteinander verbundenen Vorgänge bewirkten in den letzten Jahrzehnten des 19. Jahrhunderts eine extrem schnelle Integration des gesamten Erdballs, so dass das Produktions- und Handelswachstum nach 1870 zur Umwandlung der ganzen Welt in eine kompakte wirtschaftliche Einheit führte[1].

---

[1] Ashworth 1975, 219 ff.; Hobsbawm 1990, 109 ff.; Clark 1997, Kapitel 1 (Globalisierung und Fragmentierung) und 2 (Die Paradoxien der Vorkriegswelt).

In *Menschliches, Allzumenschliches* präsentiert sich Nietzsche als ein Autor, der in einer Zeit großer Unsicherheit und Verwirrung die Zeichen und Symptome ermitteln und entschlüsseln will, die wirtschaftlich wie kulturell den Zusammenbruch der bestehenden Ordnung und somit den Übergang zu einer völlig neuen historischen Ära verursachten, die im immensen Reichtum ihrer Entwicklungsmöglichkeiten noch schwer zu begreifen war, die es jedoch zu berücksichtigen galt.

Der Zweck vieler seiner Überlegungen besteht darin, die neuen und unerwarteten Möglichkeiten aufzuzeigen, die sich für das Handeln der Menschen in der Epoche der Instabilität und des Umbruchs eröffnen. Das „Glück unseres Zeitalters" (VM 179, 458) besteht, so Nietzsche, gerade darin, die Unordnung und das ‚Babel der Sprachen' der Zeit zu akzeptieren. Die Umbrüche sind unter diesem Gesichtspunkt ein echter ‚Segen', den man als solchen verstehen muss: „In Hinsicht auf die *Zukunft* erschliesst sich uns zum ersten Male in der Geschichte der ungeheure Weitblick menschlich-ökumenischer, die ganze bewohnte Erde umspannender Ziele [...]: die Menschheit kann von nun an durchaus mit sich anfangen, was sie will" (ebd. 457).

Wenn der Übergang zum einen überraschende Perspektiven eröffnet und überwältigende Zukunftsszenarien sichtbar macht, revolutioniert er zum anderen auch die Vergangenheit; so können aus ihrer Tiefe Anstöße und Impulse gewonnen werden, die auch für die Gegenwart wertvoll sein können. Das „Glück der Zeit", das gerade im Chaos und Durcheinander verwurzelt ist, manifestiert sich auch darin: „In Hinsicht auf die *Vergangenheit* geniessen wir alle Culturen und deren Hervorbringungen [...]: während frühere Culturen nur sich selber zu geniessen vermochten und nicht über sich hinaussahen, vielmehr wie von einer weiter oder enger gewölbten Glocke überspannt waren" (ebd.).

Die im Aphorismus 179 der „Vermischten Meinungen und Sprüche" enthaltenen Hinweise auf die gewaltigen und maßgeblichen Prozesse, die Wirtschaftsverhältnisse und Lebensformen auf dem ganzen Planeten verändern, nehmen Themen vorweg, die in „Der Wanderer und sein Schatten" dann ausführlich diskutiert werden. Tatsächlich beschreibt Nietzsche, besonders in diesem letzten Teil des Werks, die unaufhaltsamen und „gewaltsamen" Vorgänge der „Demokratisierung Europa's", die in der „*Zeit der Cyklopenbauten*" stattfinden (WS 275, 671). Der sich entfaltende, neue geschichtliche Kontext, der sowohl die Kultur als auch die wirtschaftlichen, politischen und sozialen Verhältnisse betrifft, unterscheidet sich grundlegend von dem der jüngsten Vergangenheit: „Die Presse, die Maschine, die Eisenbahn, der Telegraph sind Prämissen, deren tausendjährige Conclusion noch Niemand zu ziehen gewagt hat" (ebd. 278, 674).

2 Eine Zeit gewaltiger Erdbeben

In der Unsicherheit und Verwirrung der Gegenwart, d. h. „im grossen Welttreiben, in Sachen der Politik, bei allem Plötzlichen und Drängenden" (ebd. 277, 673), verlieren nationale Traditionen und Kulturen – wie Nietzsche mehrmals feststellt – immer mehr an Bedeutung. Die Identität des Zukunftsmenschen wird nicht mehr durch nationale Bindungen und Barrieren bestimmt: „Es ist ein hoher Zustand der Menschheit möglich, wo das Europa der Völker eine dunkle Vergessenheit ist" (ebd. 125, 608).

Seit 1875, dem Jahr, in dem *Menschliches, Allzumenschliches* Gestalt anzunehmen begann, vernachlässigte Nietzsche keineswegs die Dringlichkeit einer intensiven Auseinandersetzung mit den verschiedenen Aspekten dieses großen Übergangsprozesses, der die wirtschaftlichen und sozialen Beziehungen von Grund auf erschütterte:

> Der Handel und die Industrie, der Bücher- und Briefverkehr, die Gemeinsamkeit aller höheren Cultur, das schnelle Wechseln von Ort und Landschaft, das jetzige Nomadenleben aller Nicht-Landbesitzer, – diese Umstände bringen nothwendig eine Schwächung und zuletzt eine Vernichtung der Nationen, mindestens der europäischen, mit sich" (MA I 475, 309).

Mit vielen plötzlichen Umwälzungen, die die traditionelle Physiognomie der „verschiedenen Völker des altgewordenen Europa" (VM 324, 512) unkenntlich machen, befasst sich Nietzsche – wie schon erwähnt – in verschiedenen Aphorismen von „Vermischte Meinungen und Sprüche" ausführlich. Zuweilen unterstreichen seine Analysen dabei das wachsende Macht der Öffentlichkeit, die Meinungen der Individuen systematisch zu gestalten und sich in eine Art schrecklichen Moloch zu verwandeln, der eine rücksichtslose Herrschaft über private Ansichten, individuelle Handlungsweisen und Denkarten ausübt. Werte und Überzeugungen zeigten tatsächlich einen zunehmend standardisierten und unpersönlichen Charakter: „Die meisten Menschen sind Nichts und gelten Nichts, bis sie sich in allgemeine Überzeugungen und öffentliche Meinungen eingekleidet haben, nach der Schneider-Philosophie: Kleider machen Leute" (ebd. 325, 514).

Bemühungen, die öffentliche Meinung systematisch zu kontrollieren und sie zunehmend der politischen Macht unterzuordnen, veränderten auch die Funktion der Presse grundlegend. Sie wird nun das entscheidende Schlachtfeld für politische und soziale Konflikte. Bestrebungen von Zeitungen und Zeitschriften, Weltanschauungen zu prägen und ihnen eine Richtung zu geben, werden täglich massiver und aufdringlicher:

> welche Bedeutung kann man [...] der Presse zugestehen, wie sie jetzt ist, mit ihrem täglichen Aufwand von Lunge, um zu schreien, zu übertäuben, zu erregen, zu erschrecken – ist sie mehr als der *permanente blinde Lärm*, der die Ohren und Sinne nach einer falschen Richtung ablenkt? (ebd. 321, 511).

Bei der Erwähnung all dieser politischen und sozialen Transformationen, die einen drastischen Bruch mit der jüngsten Vergangenheit darstellen, weist Nietzsche auch auf die Tendenz hin, die Naturwissenschaft zu einer auf die öffentliche Meinung einwirkenden ethischen Macht zu machen: Gerade in England, einem in vieler Hinsicht gegenüber anderen Nationen weit fortgeschrittenen Land, würden Weltanschauungen, Ideale und exemplarische Verhaltensweisen – im Gegensatz zu den vorherigen Jahrzehnten – zunehmend in exzellenten „naturwissenschaftlichen Lehrbüchern für die niederen Volksschichten" zusammengefasst und verbreitet (ebd. 18, 460). Dieser unerwartete Einfluss der Wissenschaft auf die öffentliche Meinung – ein bisher unbekanntes Phänomen – sei auch ein Hinweis auf das Neue, das sich zunehmend formiere.

All diese Überlegungen müssen berücksichtigt werden, um zu verstehen, warum Nietzsche die Übergangsperiode sowohl in den Briefen als auch im dritten Buch von *Also sprach Zarathustra* als ein heftiges und schreckliches „Erdbeben" definiert, das ein scheinbar festes und keineswegs bröckliges Gebiet erschüttert und zerstört: „Was übrigens ‚den Staat' betrifft: so weiß ich, was ich weiß. Mag man mich zu den ‚Anarchisten' rechnen, wenn man mir übel will: aber gewiß ist, daß ich europäische Anarchien und Erdbeben in ungeheurem Umfange *voraussehe*" (KSB 6, 355 f.).

Der bevorstehende Übergang, ein gewaltiges „Erdbeben", wird 1884 auch von Zarathustra angekündigt:

> Oh meine Brüder, es ist nicht über lange, da werden neue Völker entspringen und *neue Quellen* hinab in neue Tiefen rauschen. Das Erdbeben nämlich – das verschüttet viel Brunnen, das schafft viel Verschmachten: das hebt auch innre Kräfte und Heimlichkeiten an's Licht. Das Erdbeben macht neue Quellen offenbar. Im Erdbeben alter Völker brechen neue Quellen aus" (Z III, KSA 4, 265).

Vor allem als Philosoph der Krise, als Denker, der die Zeichen der geschichtlichen Umwandlungen entschlüsseln will, die den Weg für europäische „Anarchien", Zusammenbrüche und Katastrophen in „ungeheurem Umfange" ebnen, wird Nietzsche einen großen Einfluss auf die intellektuellen Debatten der ersten beiden Jahrzehnte des 20. Jahrhunderts haben. Ähnliches gilt für Søren Kierkegaard, dessen Texte ab 1900 große Verbreitung fanden. Doch, wie Ernst Troeltsch 1922 feststellte, blieb Kierkegaards Denken „ohne Wirkung auf die Historie", während in der gleichen Zeit – vor und nach dem Ersten Weltkrieg – „die Historie unter dem sehr viel stärkeren Einfluß Nietzsches" stand. In seinen Schriften voller kulturgeschichtlicher Hinweise sei zwar noch „die historische und geschichtsphilosophische Luft des deutschen Idealismus und der Romantik" zu spüren; und Nietzsches enge Bindung an die Geschichte wird von den Autoren und Lektüren, die die Ausbildung des Philosophen am meisten beeinflussten, nicht in Frage gestellt: „Der zufällig aufgegriffene Schopenhauer ist in vieler Hinsicht sein Schicksal geworden, aber Schopenhauers grundsätzlich antihistorischer Geist ist ihm in Wahrheit immer fern geblieben."

Betrachtet man die um 1910 vorherrschenden Tendenzen in wichtigen Bereichen der Geisteswissenschaften wie der klassischen Philologie und der Kunstgeschichte, so erkennt man nach Troeltsch, dass der Einfluss Nietzsches „auf die Temperatur des allgemeinen historischen Fühlens und Denkens" außerordentlich groß war. Seine Wirkung zeige „vor allem die Erschütterung der Wertmaßstäbe und der historischen Konventionen, die Ersetzung alles Rationalismus und Kritizismus durch intuitiv und souverän gesetzte Maßstäbe des Gefühls", und zugleich „ein steigendes Mißtrauen gegen die fachmäßig gelehrte Historie, Kritik und Philologie".[2]

3 Eine neue intellektuelle Flexibilität und die Herausforderungen der Übergangszeit

Im Zeitalter der „Erdbeben'", in der Phase des Übergangs und des Zusammenbruchs der herkömmlichen politischen und sozialen Gleichgewichte, wird alles unberechenbar und kompliziert. Deshalb sei es notwendig, sich gegen den „Cultus des Genius'" und auf die Seite jenes „Cultus der Cultur" zu stellen, der „auch dem Stofflichen, Geringen, Niedrigen, Verkannten, Schwachen, Unvollkommenen, Einseitigen, Halben, Unwahren, Scheinenden, ja dem Bösen und Furchtbaren, eine verständissvolle Würdigung und das Zugeständnis, *dass diess Alles nöthig sei*, zu schenken weiss" (VM 186, 461). Dieser neue „Cultus der Cultur" müsse gefördert werden. Das erfordere auch, dass wir aus der Festung unserer Ideale und granitischen Gewissheiten ausbrechen und die positiven Aspekte, die in allem, was unvollkommen, unvollendet und widersprüchlich bleibt, zu finden sind, nicht verachten: „Alles Abweisen und Negiren zeigt einen Mangel an Fruchtbarkeit an: im Grunde, wenn wir nur gutes Ackerland wären, dürften wir Nichts unbenützt umkommen lassen und in jedem Dinge, Ereignisse und Menschen willkommenen Dünger, Regen oder Sonnenschein sehen" (ebd. 332, 515).

---

[2] Troeltsch 2008, 773 und 759 ff.

Diese schlichte und ‚entzauberte' Sichtweise, die sich als „Nüchternheit aus Mässigung" präsentiert (ebd. 326, 514), wird von Nietzsche auch im Aphorismus 300 der „Vermischten Meinungen und Sprüche" vorgestellt: (*„Inwiefern auch im Guten das Halbe mehr sein kann als das Ganze.–"*) (ebd., 300, 501). Diese letzte Reflexion ergibt sich ihrerseits aus einer Seite des *Handorakel und Kunst der Weltklugheit* von Baltasar Gracián (Aphorismus 170), in der ein Grundsatz von Hesiod wiederaufgegriffen wird. Will der „Kult der Kultur" den Orientierungssinn und die Geschicklichkeit im Handeln erhöhen, muss er eine neue intellektuelle Elastizität fördern, um die noch ungewissen Zeichen des sich vollziehenden Wandels zu erkennen und zu verstehen. Es ist unentbehrlich, sich mit einer Denkweise vertraut zu machen, die von der Sehnsucht nach dem „System" und somit vom „*Irrthum der Philosophen*" weit entfernt ist (VM 201). In einer Zeit des Übergangs, in der Traditionen, Werte, Institutionen zerbröckeln und sich aufzulösen scheinen, ist die größte Gefahr vielleicht, dem systematischen Charakter der philosophischen Reflexion verpflichtet zu bleiben: „Der Philosoph glaubt, der Werth seiner Philosophie liege im Ganzen, im Bau: die Nachwelt findet ihn im Stein, mit dem er baute und mit dem, von da an, noch oft und besser gebaut wird: also darin, dass jener Bau zerstört werden kann und *doch noch* als Material Werth hat" (ebd. 201, 466).

Der „Cultus der Cultur", der gefördert und unterstützt werden muss, um die schädlichen Illusionen des „Cultus des Genius" fernzuhalten, präsentiert sich als scharfe und entschlossene Opposition gegen die „Philosophen-Wuth der Verallgemeinerung" (ebd. 5, 382) und die „zauberisch[e] Kraft der Täuschung", die „jene glänzenden Lufterscheinungen, die man ‚philosophische Systeme' nennt", umgibt (ebd. 31, 393).

4 Grundlegende Umbrüche im Bereich der wissenschaftlichen Forschung

Die Ablehnung systematischer Reflexionen steht in engem Zusammenhang mit dem Misstrauen gegenüber der herkömmlichen Aufteilung des Wissens in völlig getrennte Untersuchungsgebiete. Selbst die unüberwindlichen Barrieren, die traditionell die Natur- und Geisteswissenschaften trennten, sind durch die Gewalt der „Erdbeben" niedergerissen worden. In den letzten Jahren habe das Wissen „zum ersten Male" die „alten Mauern" zwischen „Natur und Geist, Mensch und Thier, Moral und Physik" vollständig „zerbrochen" (ebd. 185, 461). Was Nietzsche hier behauptet, geht mit Überlegungen in den Aphorismen 248 und 257 einher. Im ersten wird noch einmal eine Phase außergewöhnlicher, seismischer Erschütterungen, in der die herkömmlichen Bezugspunkte und überlieferten Weltbilder keinen Wert mehr haben, beschrieben:

> Unsere Zeit macht den Eindruck eines Interim-Zustandes; die alten Weltbetrachtungen, die alten Culturen sind noch theilweise vorhanden, die neuen noch nicht sicher [...] und daher ohne Geschlossenheit und Consequenz. Es sieht aus, als ob Alles chaotisch würde, das Alte verloren gienge, das neue nichts tauge und immer schwächlicher werde (MA I 248, 206).

Das Einbrechen des Neuen, das sowohl Ideologien als auch soziale und politische Verhältnisse auf das Heftigste erschüttert („Wir schwanken, aber es ist nöthig, dadurch nicht ängstlich zu werden" MA I 248, 206), stiftet auch in den Wissenschaften Verwirrung. Ein nicht zu unterschätzendes Zeichen für das ungestüme Fortschreiten der Zeit, das überall Unsicherheit und Unordnung hervorruft, ist die Infragestellung der Grundprinzipien in vielen wissenschaftlichen Disziplinen. Die Krise der Grundlagen macht ihrerseits auch die wechselseitigen Beziehungen zwischen verschiedenen Forschungsbereichen besonders kompliziert: „jetzt [...] leben wir noch im Jugendzeitalter der Wissenschaft [...]. Fast in allen Wissenschaften ist die Grundeinsicht entweder erst in jüngster Zeit gefunden oder wird noch gesucht" (MA I 257, 212). Diese Erwägungen, die sowohl in *Menschliches, Allzumenschliches* I 257 als auch in „Vermischte Meinungen und Sprüche" 185 zu finden sind, machen die Distanz, welche Nietzsche von den akademischen Philosophien seiner Zeit trennt, sehr deutlich. Zur gleichen Zeit strebten sowohl Wilhelm Dilthey als auch die neukantischen Philosophen danach, die letzten und höchsten Kriterien zu definieren, um das Feld des Wissens zu teilen und zu ordnen (Natur- und Geisteswissenschaften, nomothetische und idiographische Forschungsmethoden usw.). Die Fachphilosophie konzentrierte sich dabei auf das Problem der Definitionen und Grundlagen und vermochte – anders als Nietzsche – nicht zu erkennen, dass in entscheidenden Bereichen der wissenschaftlichen Forschung – sowohl in der Biologie nach Darwin als auch in der Physik und in der Sinnesphysiologie nach Helmholtz – eine Reihe von kontinuierlichen Revolutionen und eine radikale Infragestellung von bisher als absolut zuverlässig geltenden Grundprinzipien stattfanden: Denn der gewaltige Wissenszuwachs, der auch die Wechselbeziehungen zwischen den Disziplinen nicht unberührt lassen konnte, vereitelt jeden Versuch, letztgültige Prinzipien zu formulieren, nach denen es möglich sein soll, eine feste Hierarchie der Wissenschaften aufzubauen – was Nietzsche durchaus nicht entgeht.

5 Die Stufenleiter der Kultur

Um sich im Zeitalter von „Erdbeben" zu orientieren, muss man eine bestimmte Denkweise fördern, die Nietzsche auch als „Kosmopolitismus des Geistes" (VM 204, 466) und als „geistiges Nomadenthum" (ebd. 211, 469) bezeichnet.

Mehrfach wird in *Menschliches, Allzumenschliches* postuliert: „um Geschichte zu verstehen [müsse man, A.O.] die lebendigen Ueberreste geschichtlicher Epochen aufsuchen" (ebd. 223, 477). Die „freizügigen Geister" der Zukunft, die „im Gegensatz zu den gebundenen und festgewurzelten Intellecten" zu einem „geistigen Nomadenthum" neigen (ebd. 211, 469) und weit über die Grenzen der europäischen Tradition hinausstreben, sollten wissen, dass man „reisen müsse [...] zu sogenannten wilden und halbwilden Völkerschaften [...] dorthin wo der Mensch das Kleid Europa's [...] noch nicht angezogen hat" und wo „ältere Culturstufen" gedeihen oder fortbestehen (ebd. 223, 477). Nur die Bekanntschaft mit Sitten und Religionen, mit Formen des Zusammenlebens und Denkweisen, die von denen der modernen Europäer abweichen, vermöge die Emanzipation aus einer sonst kritiklos hingenommenen Überlieferung zu fördern: („Unsere Aufgabe, alles Angeerbte Herkömmliche Unbewußt-Gewordene zu *inventarisieren* und zu *revidieren*". NL 1879, 41 [65]; KSA 8, 593).

Der „Weg zur geistigen Freiheit", der für den „Freigeist" verschiedene „Stufen der Erziehung" einschließe, führe auch zu einer Vertiefung in die „Völker-geschichte", d.h. in die ethnologischen Studien (NL 1876, 17 [21]; KSA 8, 300). Nur dadurch sei ein Befreiungsprozess, eine Loslösung vom eigenen Herkommen möglich: „Der Vorzug unserer Cultur ist die *Vergleichung*. Wir bringen die verschiedensten Erzeugnisse älterer Culturen zusammen und schätzen ab; *dies* gut zu machen ist unsere Aufgabe" (NL 1877, 23 [85]; KSA 8, 433f.). In einer Zeit von Krisen und grundlegenden Umwälzungen sollte man nicht die Vergänglichkeit und Relativität von Traditionen und Kulturen vergessen. Aus diesem Grund ist es gerade der „Freigeist", der sich dafür einsetzen muss, vertiefte Kenntnisse im Bereich der Ethnologie zu erlangen.

Im Jahre 1875 hatte Nietzsche die Werke von Edward B. Tylor und John Lubbock, repräsentative Vertreter der damaligen Ethnologie, sorgfältig studiert und daraus Anregungen und Hinweise gewonnen, die für seine Untersuchungen sehr relevant waren. Für Tylor und Lubbock sind die Kulturen verschiedener Völker und ethnischer Gruppen, die in entfernten geografischen Gebieten verstreut sind, Teil eines einzigen Entwicklungsprozesses, der die Menschheit als Ganzes betrifft. Aus ethnologischer Sicht repräsentieren verschiedene Ethnien und Rassen in ihren Sitten und Gebräuchen „Culturstufen" und Einzelteile einer „fortlaufenden

Reihe", die die gesamte „Stufenleiter der Civilisation" ausmacht.³ Davon ausgehend wird die Ethnologie zu jener „Culturwissenschaft", die die äußeren Rassenmerkmale völlig außer Acht lässt, da sie keinerlei Einfluss auf die „Stufenleiter der menschlichen Entwicklung" haben:

> Für den gegenwärtigen Zweck ist es wünschenswerth, Betrachtungen über erbliche Varietäten und Rassen des Menschen auszuschliessen, und die Menschheit als von Natur homogen, wenn auch auf verschiedenen Stufen der Civilisation stehend, zu betrachten. Die Einzelheiten der Untersuchung werden [...] zeigen, dass man Culturstadien vergleichen kann, auch ohne zu berücksichtigen, wie weit Menschen, welche [...] nach denselben Sitten leben oder dieselben Mythen glauben, in ihrer körperlichen Gestaltung, in der Farbe der Haut und des Haares verschieden sein können.⁴

Diesen Ansatz unterstützt 1871 auch Charles Darwin: „Wer Mr. Tylor's und Sir J. Lubbock's interessante Werke aufmerksam liest, wird kaum umhin können, einen tiefen Eindruck von der grossen Aehnlichkeit zwischen den Menschen aller Rassen in ihren Geschmäcken, Dispositionen und Gewohnheiten zu erhalten."⁵ Die Sichtweise der Ethnologen, die über „Kulturstadien" debattieren und den Begriff „Rasse" aus ihren Untersuchungen verbannen, wird von Nietzsche übernommen, wie bereits der Aphorismus 223 aus „Vermischte Meinungen und Sprüche" zeigt.

Auch in einer weiteren Reflexion im Aphorismus 323 desselben Werkes wird bezüglich einer *„Wendung zum Undeutschen"* die Terminologie der Ethnologen aufgegriffen und jetzt liegt der Schwerpunkt genau auf ihren Bemühungen, die in Begriffen wie „Rasse" oder „Volkstum" enthaltenen Implikationen zu vermeiden:

> *Gut deutsch sein heisst sich entdeutschen.* – Das, worin man die nationalen Unterschiede findet, ist viel mehr, als man bis jetzt eingesehen hat, nur der Unterschied verschiedener *Culturstufen* und zum geringsten Theile etwas Bleibendes [...]. Deshalb ist alles Argumentiren aus dem National-Charakter so wenig verpflichtend für Den, welcher an der *Umschaffung* der Ueberzeugungen, das heisst an der Cultur arbeitet (VM 323, 511).

In der Tat ist die zähe Verteidigung der nationalen Eigenart und die Verherrlichung der Volkstraditionen – wie der Betrachter beim Durchblick durch das Prisma des Begriffs der „Culturstufen" deutlich sehen kann – das Kennzeichen einer geschichtlichen Realität, in der Seneszenz und Erstarrung massiv vorhanden sind:

---

3 Lubbock 1875, 217 und 133 f.; Tylor1871, Bd. 1, 239
4 Tylor 1873, Bd. 1, 7
5 Darwin 1871, Bd. 1, 205.

> Wenn nämlich ein Volk vorwärts geht und wächst, so sprengt es jedesmal den Gürtel, der ihm bis dahin sein *nationales* Ansehen gab: bleibt es bestehen, verkümmert es, so schliesst sich ein neuer Gürtel um seine Seele; die immer härter werdende Kruste baut gleichsam ein Gefängniss herum, dessen Mauern immer wachsen. Hat ein Volk also sehr viel Festes, so ist diess ein Beweis, dass es versteinern will, und ganz und gar *Monument* werden möchte: wie es von einem bestimmten Zeitpuncte an das Aegypterthum war (ebd., 512).

Um den Grund für Nietzsches Interesse an der Übernahme der von den Ethnologen vorgeschlagenen Geschichtsauffassung noch besser zu verstehen, ist eine Vorstufe zu diesem Aphorismus heranzuziehen: „Was man Nationale Unterschiede nennt, sind gewöhnl‹ich› verschiedene Culturstufen, auf welchen das eine Volk früher, das andere später steht. Hauptsatz" (KSA 14, 180).

Der „Freigeist", der „das *historische Philosophiren*" und „die Tugend der Bescheidung" (MA I 2, 25) als Leitsterne hat, vermag sofort zu erkennen, dass die Kompaktheit und Einzigartigkeit einer Epoche nur Schein ist: „Es leben zu gleicher Zeit Menschen der verschiedensten Culturstufen selbst in den hochentwickelten Nationen neben einander fort" (NL 1876/77, 23 [100]; KSA 8, 439). Dieser „Universalmensch" der Zukunft wird fähig sein, die Relativität der Dinge zu erkennen, die „ganze Stufenleiter" der Kultur zu durchlaufen und somit die verschlungenen Wege zu verfolgen, auf denen sich das Fortschreiten des Menschen in der Geschichte abgespielt hat: „Der gut befähigte Mensch erlebt […] mehrenmal den Zustand der *Unreife*, der perfecten Blüthe, der Überreife: diese ganze Stufenleiter macht er vielleicht erst einmal als religiöser, dann wieder als künstlerischer und endlich wissenschaftlicher Mensch durch" (NL 1876/77, 23 [145]; KSA 8, 455 f.). Lust auf den „Honig […] der Erkenntniss" (MA I 292, 237), Vorurteilslosigkeit, intellektuelle Geschmeidigkeit und Bereitschaft, die eigenen Beurteilungsmaßstäbe in Frage zu stellen, sind die Grundeigenschaften des „freien Geistes", aber auch Zeichen von Nietzsches Denkweise in der zweiten Hälfte der 1870er Jahre. So übernimmt der Philosoph, wenn er auf die Begriffe „Stufenleiter" und „Culturstufen" zurückgreift, eine historische Sichtweise, die seiner philosophischen Ausbildung völlig fremd ist, da sie aus dem französischen Positivismus stammt. Wenn Ethnologen wie Tylor und Lubbock von „Stufen der Civilisation" sprechen, beziehen sie sich für ihre Untersuchungen grundlegend auf die Philosophie von August Comte. Die Idee einer einzigen aufsteigenden „Stufenleiter", die sich aus der großen Vielfalt von Kulturen, Bräuchen und Kulten in verschiedenen geografischen Gebieten zusammensetzt, wurde von August Comte entwickelt. Tatsächlich wird in seinem *Cours de philosophie positive* (1830–1842) „die notwendige Einheit und Unveränderlichkeit der grundlegenden Konstitution des Menschen" unmissverständlich behauptet. Die in diesem Werk entwickelte „Vergleichsmethode" (*méthode comparative*) besteht bekanntlich:

in einem rationalen Vergleich zwischen den verschiedenen koexistierenden Zuständen der menschlichen Gesellschaft auf verschiedenen Teilen der Erdoberfläche [...]. Obwohl der grundlegende Fortschritt der Menschheit notwendigerweise einzigartig ist [...], ist es dennoch unbestreitbar, dass [...] sehr große Volksgruppen, die sehr unterschiedlich unter ihnen sind, nur [...] geringere Grade (*degrés*) dieser Entwicklung erreichen konnten.

Es muss daher anerkannt werden, dass Bräuche, Umgangsformen und Denkweisen, die die Vergangenheit „der zivilisiertesten Nationen ausmachen, heute trotz der unvermeidlichen sekundären Unterschiede im Wesentlichen in den heutigen, in verschiedenen Teilen der Welt verstreuten Völkern zu finden sind". Eine nach diesen Kriterien durchgeführte Untersuchung, „der historische Vergleich der verschiedenen aufeinanderfolgenden Zustände der Menschheit", kann nach Comte nur „das Prinzip [....] der notwendigen und konstanten Identität der grundlegenden Entwicklung der Menschheit" bestätigen. Philosophen, Anthropologen und Soziologen werden daher am Ende ihrer Untersuchungen „die unwiderstehliche Suprematie der gemeinsamen Art der menschlichen Natur inmitten jeder Vielfalt von Klima und Rasse" erkennen.[6]

6 Die griechischen Götter und die Schuldgefühle der Menschen

Im zweiten Buch von *Menschliches, Allzumenschliches* sind die Aphorismen 218–222, die einige bedeutende Aspekte der griechischen Kulturgeschichte behandeln, von großer Bedeutung. Diese Aspekte sind aus zwei Gründen bemerkenswert:
1) sowohl für den Wert und die Folgerichtigkeit der auf diesen Seiten ausgeführten Überlegungen, die Legenden und Gemeinplätze des akademischen Klassizismus in Frage stellen 2) als auch für den Ursprung der vorgeschlagenen Thesen, die sich direkt aus dem ergeben, was im *Gottesdienst der Griechen*, einem Universitätskurs, den Nietzsche im Wintersemester 1875–1876 in Basel gehalten hatte, geschrieben wurde. Die hier geschilderten Griechen sind Menschen, die sehr wohl wissen, wie man sich in einer Zeit des Übergangs zu verhalten hat: Von ihnen können die modernen „Freigeister" lernen, sich von dem Ballast zu befreien, der die Unbefangenheit im Handeln beeinträchtigt und es schwierig macht, mit der Unsicherheit und der Komplexität der Gegenwart zurechtzukommen.

---

6 Comte 1908, tome 5, Leçon 52, 18 und 232–236.

Im Aphorismus 218 „*Die Griechen als Dolmetscher.-*" weist Nietzsche darauf hin, dass Hellas keineswegs die Heimat des Humanismus ist, das Ursprungsland von Idealen und Werten, die in lichterfüllten und glänzenden Epochen, wie dem Zeitalter der italienischen Renaissance, wieder auftauchen. Die Größe der Griechen bestehe nicht so sehr in den erzielten Ergebnissen (in Bezug auf Kunst, Politik, Philosophie und Wissenschaft), sondern in der Stärke, mit der sie dem „Menschlichen, Allzumenschlichen" verbunden bleiben und unsere Mängel und Beschränkungen nicht verachten oder dämonisieren. Darin liegt ihre überraschende Schlagkraft in den unterschiedlichsten Kontexten: „Wenn wir von den Griechen reden, reden wir unwillkürlich zugleich von Heute und Gestern: ihre allbekannte Geschichte ist ein blanker Spiegel, der immer Etwas wiederstrahlt, das nicht im Spiegel selbst ist" (VM 218, 471). Für Nietzsche ist die griechische Welt, ausgestattet mit ihrem einzigartigen Reichtum an geschichtlichen Erfahrungen, keineswegs auf abstrakte Idealmodelle und Kanons ästhetischer Perfektion reduzierbar: „Wie kann man die Alten nur *human* finden!" (NL 1875, 5 [72]; KSA 8, 60). Im Aphorismus 218 der „Vermischten Meinungen und Sprüche" wird noch einmal behauptet: „So erleichtern die Griechen dem modernen Menschen das Mittheilen von mancherlei schwer Mittheilbarem und Bedenklichem" (VM 218, 471).

In Nietzsches Darstellung ist Hellas das Ursprungsland von Menschen, denen eine rücksichtslose Tyrannei von Normen und Werten (im Bereich der Kunst, Religion, Moral) fremd ist. Ihre Lebensweisheit wird ihm zu einem besonders anregenden Beispiel für den freien Geist, der darüber nachzudenken beginnt, weshalb:

> die Griechen allen ihren Leidenschaften und bösen Naturhängen von Zeit zu Zeit gleichsam Feste gaben und sogar eine Art Festordnung ihres Allzumenschlichen von Staatswegen einrichteten: es ist das eigentlich Heidnische ihrer Welt, vom Christenthume aus nie begriffen (ebd. 220, 473).

Den Griechen wieder Gehör zu schenken, bedeutet, sich von den Ansprüchen der „Philosophie des Opferthiers" (ebd. 89, 412) und von den Illusionen zu befreien, die immer wieder von dem *gute[n] Gewissen* (ebd. 90, 412) erzeugt werden. Tatsächlich sind es die Hellenen selbst, die sich als die Interpreten und guten Freunde präsentieren, die uns vorschlagen, keine Absperrungen gegen unsere Leidenschaften und unsere Selbstsucht zu errichten:

> Sie nahmen jenes Allzumenschliche als unvermeidlich und zogen vor, statt es zu beschimpfen, ihm eine Art Recht zweiten Ranges durch Einordnung in die Bräuche der Gesellschaft und des Cultus' zu geben: ja, alles, was im Menschen *Macht* hat, nannten sie göttlich und schrieben es an die Wände ihres Himmels. Sie leugnen den Naturtrieb, der in

den schlimmen Eigenschaften sich ausdrückt, nicht ab, sondern ordnen ihn ein und beschränken ihn auf bestimmte Culte und Tage (ebd. 220, 473).

Anders ausgedrückt, sieht die griechische Religion keinen Bruch zwischen dem „Menschlichen" und dem „Göttlichen". Ihr Zweck – und das hatte Nietzsche bereits in einer wichtigen Notiz von 1875 dargelegt –, ist nämlich, die dunkelsten und widersprüchlichsten Seiten der menschlichen Natur zu ‚beschützen' und zu ‚erlösen':

> Die Lust am *Rausche*, die Lust am *Listigen*, an der *Rache*, am Neide, an der *Schmähung*, an der *Unzüchtigkeit* – alles das wurde von den Griechen *anerkannt*, als menschlich, und darauf hin eingeordnet in das Gebäude der Gesellschaft und Sitte [...]. Die Natur, wie sie sich zeigt, wird nicht weggeleugnet, sondern nur *eingeordnet*, auf bestimmte Culte und Tage beschränkt. Dies ist die Wurzel aller Freisinnigkeit des Alterthums; man suchte für die Naturkräfte eine mässige Entladung, nicht eine Vernichtung und Verneinung (NL 1875, 5 [146]; KSA 8, 78 f.).

Diese Betrachtung – die Rettung der griechischen Religion, die im Gegensatz zum Christentum darauf abzielte, den Menschen das Gefühl der Schuld für ihre Unreinheiten zu nehmen –, blieb dann ein ständiges Element in Nietzsches Denken. Einige Jahre später kam er in *Zur Genealogie der Moral* auf das Thema zurück und zeigte dort, dass sich die Menschen auf griechischem Boden nicht schuldig fühlten, auch wenn sie sich den Leidenschaften und sinnlichen Impulsen hingaben, da sie ihr Handeln von Gott beglaubigt sahen, womit die Verantwortung einem Gott zugerechnet wurde. „Thorheit, *nicht* Sünde! [...] Es muss ihn wohl ein *Gott* bethört haben". Die Religion in Griechenland erfüllte daher die Funktion, den Menschen nicht mit Schuld zu belasten, sondern ihn von dem Gefühl der Sünde zu befreien: „Dergestalt dienten damals die Götter dazu, den Menschen bis zu einem gewissen Grade auch im Schlimmen zu rechtfertigen, sie dienten als Ursachen des Bösen – damals nahmen sie nicht die Strafe auf sich, sondern, wie es *vornehmer* ist, die Schuld..." (GM II 23, KSA 5, 334 f.).

In der antiken Kultur, die die Götter erfindet, um zu verhindern, dass die Menschen die Konsequenzen ihrer Fehler und Sünden ertragen müssen, dient die Religion letztlich dazu, das Gefühl der Fröhlichkeit zu verstärken. Im Altertum hatten die Griechen jenen „Tempel der Freude" errichtet, den das Christentum in der Folgezeit vollständig zerstörte: „Die Menschen der alten Welt wussten sich besser zu *freuen*: wir, uns *weniger zu betrüben*; jene machten immerfort neue Anlässe, sich wohl zu fühlen und Feste zu feiern, ausfindig, mit allem ihrem Reichthum von Scharfsinn und Nachdenken" (VM 187, 462).

7 Das „unreine Denken": Die klassische Welt als ‚Spiegel' der Moderne.

Ein zentrales Thema von *Menschliches, Allzumenschliches* ist die Anerkennung der Bedeutung der „Unreinheit des Denkens", das sich stets von „Irrthümern", Begierden und auf Selbsterhaltungstriebe bezogenen „Werthschätzungen" (MA I 32, 51 f.) leiten lässt: „Die Erkenntniss kann als Motive nur Lust und Unlust, Nutzen und Schaden bestehen lassen [...] Das ganze menschliche Leben ist tief in die Unwahrheit eingesenkt" (MA I 34, 54; vergl. ebd., 31–34, 51–55).

Der „Freigeist" bekämpft das *unreine[n] Denken[]* nicht (MA I 292, 236), da er dessen Notwendigkeit für die Existenz der Menschen erkennt und schätzt:

> das Unlogische [...] steckt so fest in den Leidenschaften, in der Sprache, in der Kunst, in der Religion und überhaupt in Allem, was dem Leben Werth verleiht, dass man es nicht herausziehen kann, ohne damit diese schönen Dinge heillos zu beschädigen [...]. Auch der vernünftigste Mensch bedarf von Zeit zu Zeit wieder der Natur, das heisst seiner *unlogischen Grundstellung zu allen Dingen*" (MA I 31, 51).

Daher weiß der „Freigeist", dass gerade die Unreinheit vieler Vorurteile und Illusionen in der Historie der Menschheit eine wichtige Rolle gespielt hat:

> Missachte es nicht, noch religiös gewesen zu sein; ergründe es völlig, wie du noch einen ächten Zugang zur Kunst gehabt hast. Kannst du nicht gerade mit Hülfe dieser Erfahrungen ungeheuren Wegstrecken der früheren Menschheit verständnisvoller nachgehen? Sind nicht gerade auf dem Boden [...] des unreinen Denkens [...] viele der herrlichsten Früchte älterer Cultur aufgewachsen? (ebd. 292, 236).

Die Griechen, diese „Freigeister" der Antike, betrachteten die Mängel und Unreinheiten ihrer Vergangenheit überhaupt nicht mit Verachtung und Unmut: „Man gönnte dem Bösen und Bedenklichen, dem Thierisch-Rückständigen ebenso wie dem Barbaren, Vor-Griechen, und Asiaten, welcher im Grunde des griechischen Wesens noch lebte, eine mässige Entladung und strebte nicht nach seiner völligen Vernichtung" (VM 220, 473). Um einen harten Preis hätten die Griechen – mit Beharrlichkeit und unermesslicher Anstrengung – jene verzauberte Welt gebaut, in der Harmonie und Gleichgewicht herrschten und die für Europa im Laufe der Jahrhunderte der unbestrittene Höhepunkt und das unerreichbare Ideal bleiben sollte. So sind die „berühmte griechische Helle, Durchsichtigkeit, Einfachheit und Ordnung, [...] das Krystallhaft-Natürliche" der klassischen Kultur lediglich ein oberflächlicher Anschein; dahinter verbirgt sich laut Nietzsche eine schwere Arbeit des Erlernens und der Selbstdisziplinierung: „Die Schlichtheit, die Geschmeidigkeit, die Nüchternheit sind der [griechischen] Volksanlage *angerungen*, nicht mitgegeben". Die griechische Antike war nicht das Ergebnis einer spontanen Schöpfung, einer natürlichen Entfaltung außergewöhnlicher Kräfte und Fähigkeiten. Sie entstand vielmehr aus dem zähen Bemühen, Widersprüche und Gegensätze zu überwinden, um Disharmonien und Missverhältnisse einzudämmen: „die Gefahr eines Rückfalles in's Asiatische schwebte immer über den Griechen, und wirklich kam es von Zeit zu Zeit über sie wie ein dunkler überschwemmender Strom mystischer Regungen, elementarer Wildheit und Finsterniss". Die besondere Stärke der Griechen ist ihre Neigung, sich intensiv mit den „Fremden" auseinanderzusetzen und von ihnen zu lernen. Dies ist in Nietzsches Bildsprache ihre Befähigung, ‚einzutauchen' und vom Festland fern zu ‚schwimmen' – sie sind nicht zufällig „gute Schwimmer und Taucher" (ebd. 219, 471 f.) – und sich dann von dem, was aus anderen Kulturen und anderen Völkern kommt, mit denen sie in Berührung kommen, überwältigen zu lassen: „Die Formen aus der Fremde entlehnen, nicht schaffen, aber zum schönsten Schein umbilden – das ist griechisch" (ebd. 221, 474).

Die Absenz von Starrheit ist bei den Hellenen auch in anderen Bereichen zu beobachten: Die Bereitschaft, sich von den Fremden infizieren zu lassen, veranlasst sie zugleich zur Akzeptanz ihrer Zwiespältigkeit und Unvollkommenheit. Ihre Genialität besteht in ihrer „Lust am Wirklichen, Wirkenden Jeder Art" und in ihrer „umfänglichste[n] Rücksicht auf die Wirklichkeit alles Menschlichen" (ebd. 220, 473 f.). Die „guten Schwimmer", die sich ohne Hemmungen und Ängste in einem heimtückischen und instabilen Element wie dem Meer bewegen, werden an anderer Stelle – wiederum mit einem sehr prägnanten Bild – als „freudige Dilettanten" bezeichnet, die andere besonders geschickt nachahmen und ihre eigenen Talente und Fertigkeiten erwerben:

> Die Griechen als das einzige *geniale* Volk der Weltgeschichte; auch als Lernende sind sie dies [...]. Die Constitution der Polis ist eine phönizische Erfindung: selbst dies haben die Hellenen nachgemacht. Sie haben lange Zeit wie freudige Dilettanten an allem herum gelernt; wie auch die Aphrodite phönizisch ist. Sie leugnen auch gar nicht das Eingewanderte und Nicht-Ursprüngliche ab (NL 1875, 5 [65]; KSA 8, 59).

Diese „freudigen Dilettanten", die nicht dazu neigen, die Herrlichkeit ihrer Abstammung zu preisen, sind in der Einzigartigkeit ihres Verhaltens gerade durch jene Mischung von Rassen und Stämmen geprägt, aus denen sie hervorgegangen sind:

> *Urbevölkerung* griechischen Bodens: mongolischer Abkunft mit Baum- und Schlangenkult. Die Künste mit einem semitischen Streifen verbrämt. Hier und da Thrakier. Die Griechen haben alle diese Bestandtheile in ihr Blut aufgenommen, auch alle Götter und Mythen mit

> [...] Was sind ‚Rassengriechen'? Genügt es nicht anzunehmen, daß Italiker mit thrakischen und semitischen Elementen gepaart *Griechen* geworden sind? (NL 1875, 5 [198]; KSA 8, 96).

Das klassische Griechenland, das Land der „guten Schwimmer", erweist sich letztendlich als erstaunlich modern, da es – all diese Überlegungen zusammengenommen – von Spannungen, Konflikten und Problemen durchzogen und erschüttert wird, die sich nicht allzu sehr von denen unterscheiden, die nach 1870 in Europa auf einer ganz anderen Skala auftraten. Gerade die „freudigen Dilettanten" erkannten die Herausforderungen der die Modernität prägenden Vorgänge und Phänomene zuerst: zunehmende Kontakte zwischen unterschiedlichen Völkern und Kulturen, plötzliche Entkräftung der Traditionen, bevorstehendes Aussterben eines Menschentyps, für den: „Die Gebundenheit der Ansichten, durch Gewöhnung zum Instinct geworden" (MA I 228, 192), eine heilige Verpflichtung war.

Die von Nietzsche wiederentdeckten Griechen dienen ihm als Vorbild für den „Freigeist" der Zukunft, der nicht danach strebt, „für alle Lebenslagen und Ereignisse *eine* Haltung des Gemüthes, *eine* Gattung von Ansichten zu erwerben", da er „sich selber nicht als starres, beständiges, Eines Individuum behandelt" (ebd. 618, 349).

Literatur

Ashworth, W., A (1975): Short History of the International Economy since 1850, 3. Ed., London.
Clark, I. (1997): Globalization and Fragmentation. International Relations in the Twentieth Century, Oxford.
Comte, August (1908): Cours de philosophie positive, Paris (erste Ausgabe 1830–1842).
Darwin, Charles (1871): Die Abstammung des Menschen und die geschlechtliche Zuchtwahl, 2 Bände, Stuttgart (erste Ausgabe in englischer Sprache 1871).
Gracián, Baltazar (1977): Hand-Orakel und Kunst der Weltklugheit, übersetzt von A. Schopenhauer, Stuttgart.
Hobsbawm, Eric (1990): Nations and Nationalism since 1870: Programme, Myth, Reality, Cambridge.
Lubbock, John (1875): Die Entstehung der Civilisation und der Urzustand des Menschengeschlechts, Costeoble, Jena (erste Ausgabe in englischer Sprache 1870).
Troeltsch, Ernst (2008): Der Historismus und seine Probleme, Bd. 1: Das logische Problem der Geschichtsphilosophie in Kritische Gesamtausgabe, Berlin u. New York, Bd. 16.2 (erste Ausgabe 1922).
Tylor, Edward B. (1873): Die Anfänge der Cultur. Untersuchungen über die Entwicklung der Mythologie, Philosophie, Religion, Kunst und Sitte, 2 Bde., Leipzig (erste Ausgabe in englischer Sprache 1871).

Menschliches Allzumenschliches II
Zweite Abtheilung: Der Wanderer und sein Schatten

Volker Gerhardt
Ein Gespräch Nietzsches mit sich selbst
Der Wanderer und sein Schatten: Aphorismen 1–169

Die 2. Abteilung des 2. Bandes von *Menschliches, Allzumenschliches* enthält 350 Aphorismen in einer kurzen Rahmenhandlung, in der sich ein Wanderer mit seinem Schatten unterredet. Auch wenn die Aphorismen sachlich davon nichts erkennen lassen, soll der Leser annehmen, sie seien Teil des Gesprächs, das der Wanderer im Lauf eines Tages führt. Die erste Hälfte dieser Aphorismen wird im Folgenden einer kritischen Deutung unterzogen.

1 Ein unscheinbarer Rahmen

Wenn man sich seit über vierzig Jahren mit den Texten Nietzsches befasst und dabei vornehmlich systematische Fragen im Vordergrund stehen, ist es ein Glück, einen Text, den man immer wieder in Überlegungen zur *Macht*, zur *Moral*, zum *Recht*, zu den Problemen des *Geistes*, der *Glaubens* und der *Wahrheit* oder zum beglückenden *Lob des Sokrates* herangezogen hat, wie ein neues Buch zu lesen. Nicht Nachschlagen und einzelne Stellen deuten, sondern den ganzen Text wie ein bislang unbekanntes Werk Wort für Wort und Seite für Seite lesen! Das gelingt tatsächlich ohne den geringsten Anflug von Überdruss oder Ermüdung. Die Lektüre regt an, als würde man Neuland betreten und als entdecke man erst jetzt den philosophischen Gewinn der literarischen Pointe, die im Brückenschlag zwischen Vorspann und Abspann liegt.

Ohne Überschrift steht am Anfang ein Dialog zwischen dem Wanderer und seinem Schatten, der, kaum begonnen, nach zwei Seiten abbricht, und im Folgenden auch nicht aufgenommen wird. Erst nach dem letzten Aphorismus wird das Gespräch, erneut ohne Überschrift, so weitergeführt, als habe es das ganze Buch hindurch stattgefunden, und müsse nun, mit dem Sonnenuntergang, zu einem von außen aufgenötigtem Ende finden.

Am Ende besteht Einvernehmen, dass sich der Wanderer, vermutlich als Sprecher der in der Zwischenzeit vorgetragenen 350 Aphorismen, an die mit dem Schatten getroffene Vereinbarung gehalten habe, nur darüber zu sprechen, „*worüber*" sie gesprochen haben, nicht aber „*wie*" ihr Gespräch verlaufen ist. Doch schon macht die untergehende Sonne der weiteren Unterredung ein Ende. Das Schwinden des Lichts lässt den Schatten schwächer werden. Dann verliert er sich ganz. Der Wanderer fragt hilflos: „Was soll ich tun?" Der Schatten kann ihm nur noch raten, unter die dunklen Fichten zu treten und von dort auf die Berge zu blicken, deren Gipfel für kurze Zeit im Sonnenlicht erglühen. Doch den Wanderer kann das nicht trösten. Er fragt hilflos, ja, verzweifelt: „ – Wo bist du? Wo bist du?" (WS, 704). Er hat mit dem Licht auch seinen Schatten verloren und mit dem Schatten sich selbst. Also muss das Gespräch zu Ende gehen und das Buch ist abgeschlossen.

Diese harmlos-verspielte, wenn auch ratlos endende Rahmenhandlung gibt der Aphorismensammlung ihren Titel: Das jäh einsetzende Gespräch des Wanderers mit seinem Schatten sollen wir als die *dramatische* Eröffnung eines *Selbstgesprächs* lesen, dessen Inhalt das Buch im Ganzen füllt. Und am Ende steht der durch die kosmisch vorgegebenen irdischen Umstände erzwungene *tragische Abbruch*. Alles, was im Buch zu finden ist, soll als Inhalt eines Dialogs, den der *Wanderer* mit *seinem Schatten* führt, verstanden werden. In der Rahmenhandlung erfahren wir, *wie* es begonnen hat und *wie* es beendet worden ist; und die dazwischenstehenden Aphorismen sollen als das begriffen werden, *worüber* die beiden gesprochen haben.

Den Schatten (wohlgemerkt: eine immer nur flüchtig auftretende Trübung des Lichts auf einem beleuchteten Hintergrund) soll offenbar das in wörtlicher Rede lediglich am Anfang und am Ende vernehmbare *alter ego* des Wanderers sein. Es hat ihn auf dem ganzen Weg bei allen Einsichten und in allen Äußerungen begleitet. Mit diesem *seinem* Schatten, der ihm, so lange es hell ist, auf dem Fuße folgt, ist der Wanderer, „wie Ich und Mich ständig im Gespräche".[1] Der Schatten ist an jeder Einsicht beteiligt, die auf dem Weg gewonnen worden ist. Alle 350 Aphorismen sollen als Ertrag des *Selbstgesprächs* verstanden werden. Auch wenn die einzelnen Abschnitte sich wie Teile eines Monologs lesen, versteht sie der Autor dennoch als Protokoll einer unablässigen Kontroverse mit sich selbst. Einen Hinweis darauf, dass der Schatten nicht nur Hörer, sondern auch Gesprächsteilnehmer ist, lässt sich nur in den überaus zahlreichen *Gedankenstrichen* vermuten, auf die, wie zu erwarten, Ergänzungen, weiterführende Erwägung und zuweilen auch Bedenken und Einwände folgen.

Auch wenn es nirgendwo gesagt wird: Der Titel und die Rahmenhandlung lassen nicht daran zweifeln, dass sich Nietzsche hier als der „gute Autor" vorstellt, dem das Glück widerfährt, dass ihm jemand bei der Verfertigung seiner Gedanken hilft. Denn im ersten Buch von *Menschliches, Allzumenschliches* lesen wir:

---

[1] „Ich und Mich sind immer zu eifrig *im Gespräche:* wie wäre es auszuhalten, wenn es nicht einen Freund gäbe?" (Z I, KSA 4, 71).

„Ein guter Autor, der wirklich Herz für seine Sache hat, wünscht, dass Jemand komme und ihn selber dadurch vernichte, dass er dieselbe Sache deutlicher darstelle und die in ihr enthaltenen Fragen ohne Rest beantworte" (MA I, 57, 76). Dieser Wunsch erfüllt er sich nun im Gespräch mit dem Schatten. Und dass sich ein Schatten für die Rolle des *alter ego* eignet, kann man aus der Erläuterung schließen, die Nietzsche in *Menschliches, Allzumenschliches* I, 57 gibt: „Ist es nicht deutlich, dass der Mensch [...] *Etwas von sich*, einen Gedanken, ein Verlangen, ein Erzeugniss mehr liebt, als *Etwas Anderes von sich*, dass er also sein Wesen *zertheilt* und dem einen Theil den anderen zum Opfer bringt?" (ebd.).

Im Wanderer ist das „Erzeugniss", dem er seine Zuneigung schenkt, der *Schatten*, der ihm in den Aphorismen offenbar so nahe ist, dass es oft nur ein Gedankenstrich ist, der sie trennt. Die „Zertheilung" ist zum inneren Moment des Autorenbewusstsein gemacht, hinter dem eine (zumindest) *duale Rollenkonzeption* steht, die ihren Ausdruck in einer virtuosen Selbstreflexion findet, die wir somit nicht als *monologisch*, sondern als *dialektisch* zu verstehen haben.

Gewiss wäre es ein Fehlschluss, anzunehmen, die Form des dialogischen Verfahrens sei bei Nietzsche singulär. Die zitierten Passagen erlauben nur zu sagen, dass alles, was er als Mutmaßung oder Einsicht äußert, *dialogisch* verfasst ist. Denn alles in ihm stellt er selbst in Frage, und so ist alles auf einen Widerspruch berechnet, der jederzeit schon in ihm selbst angelegt ist. Das ist ein subtil gesteigerter Perspektivismus, der den Autor selbst zum bewegten Prisma des sich antithetisch entfaltenden Denkens macht. Und der Gegensatz entsteht nicht erst in der Konfrontation unterschiedlicher sozialer Rollenträger, sondern gehört bereits zur Selbstbewegung des, wie Nietzsche später über den Menschen sagen wird, *„noch nicht festgestellten Thier[s]"* (JGB 62, KSA 5, 81).

Das kunstvolle Gespräch zwischen dem Wanderer und seinem Schatten, der als verlässlicher Begleiter bis dahin stets geschwiegen hat, ist meisterlich: Zunächst ist der Wanderer nur überrascht, dass sein Schatten als der ihm in jeder Bewegung folgende Begleiter überhaupt sprechen kann. Dabei nimmt der Wanderer wie selbstverständlich an, der Schatten könne ihm nur nach dem Munde reden. Doch nach wenigen Worten erkennt er die Eigenständigkeit des bislang so schweigsamen, aber plötzlich sprechenden Begleiters und erfasst augenblicklich das Glück, in seinem Schatten nicht nur den ihm beharrlich folgenden farblosen Widerpart, sondern zugleich ein kritisches Gegenüber zu haben, so dass er sich auf der Stelle für seine Geringschätzung des Schattens entschuldigt:

> Ich merke erst, wie unartig ich gegen dich bin, mein geliebter Schatten: ich habe mit keinem Worte gesagt, wie sehr ich mich *freue*, dich zu hören und nicht blos zu sehen. Du wirst es wissen, ich liebe den Schatten, wie ich das Licht liebe. Damit es Schönheit des Gesichts,

Deutlichkeit der Rede, Güte und Festigkeit des Charakters gebe, ist der Schatten so nötig wie das Licht (WS, 538).

„Geliebter Schatten" – dieses Geständnis des einsamen Wanderers ist keine Redensart, die der Beschwichtigung dient. Die überschwängliche Anrede zeigt auch die Dankbarkeit für die Steigerung des sinnlichen Eindrucks: Zum Sehen gesellt sich das Hören. Der äußere Begleiter vermag den Wanderer auch in seinen Gedanken zu verstehen. Und es zeigt sich, dass im Licht nicht nur Schatten entstehen. Es macht vielmehr auch Aufklärung, Erkenntnis und Einsichten möglich, die sich mitteilen lassen. Die Sprache durchbricht den bloßen Schein und macht wechselseitiges Verstehen möglich, das eine Nähe erzeugt, die sogar als Liebe empfunden werden kann. Der später so zentrale Wunsch Nietzsches, der „*gute Nachbarn der nächsten Dinge*" (WS 16, 551) zu werden, wird hier vorbereitet. Denn welches äußere „Ding" ist einem Menschen an einem sonnigen Tag im Freien näher als sein Schatten?

Diese Frage lässt sich nicht stellen, ohne wenigstens an die Rolle des Schattens in der romantischen Literatur zu erinnern, etwa an Peter Schlemihls Schatten in Chamissos *Wundersame Geschichte*.[2] Auch die persischen, ägyptischen und griechischen Mythen sind voller Schattengestalten als Begleiter im Leben wie im Tod. Und wenn das dialogisch-dialektische Moment eines dem Einzelnen innig zugehörenden, sprechenden Schatten hervorgehoben wird, darf der Hinweis auf Platon nicht fehlen, der ja nicht nur die künstlich erzeugten Schatten an der Wand im *Höhlengleichnis* beschreibt, sondern die von seinen Zeitgenossen als *Schatten* verstandene *Seele* zum ständig gegenwärtigen Gesprächspartner ihres Selbst erklärt: Denken als das *Gespräch der Seele mit sich selbst*. Platon ist es auch, der im Liniengleichnis[3] aus der dialogischen Verfassung des Selbstbewusstseins seine dialektische Konzeption aller Erkenntnis macht.

2 Nachbarschaft mit den nächsten Dingen

„Es giebt", so heißt es im 5. Aphorismus von „Der Wanderer und sein Schatten", „eine erheuchelte Missachtung aller Dinge, welche thatsächlich die Menschen am wichtigsten nehmen, *aller nächsten Dinge*" (ebd. 5, 541). Zu diesen von der Philosophie angeblich nicht gewürdigten „nächsten Dingen" rechnet Nietzsche,

---

[2] Albert von Chamisso, Peter Schlemihls wundersame Geschichte (1813), ist nur ein Beispiel für viele, die sich durch zahlreiche Schattenphantasien in den Werken Jean Pauls, E.T.A. Hoffmanns oder Eduard Mörikes vermehren ließen.
[3] Platon, Politeia, 517a – c.

„zum Beispiel Essen, Wohnen, Sich-Kleiden, Verkehren" und beklagt, dass man sie nicht zum Gegenstand des „stätigen unbefangenen und allgemeinen Nachdenkens und Umbildens macht". Darin liegt für ihn eine frivole Herabwürdigung alles dessen, was dem Menschen tatsächlich wichtig ist. Schaden nehme dadurch vor allem die noch „unerfahrene Jugend", die sich schon deshalb für die naheliegenden Dinge zu interessieren habe, weil sie es lernen müsse, angemessen mit ihnen umzugehen. Und wenn es erst einmal gelungen sei, die Jugend von den elementaren Lebensfragen abzulenken, haben die „Priester und Lehrer" (und „die sublime Herrschsucht der Idealisten") leichtes Spiel, die Aufmerksamkeit der Menschen auf Überirdisches zu richten (ebd. 6, 542).

Das allen Menschen Naheliegende nicht aus den Schulen, den Wissenschaften und der Philosophie herauszuhalten, ist eine Forderung Nietzsches, die sein ganzes Werk durchzieht. Sie ist grundlegend, von größter systematischer und historischer Bedeutung und hat, wenn man auf die Entwicklung der Wissenschaften im 20. Jhdt. sieht, offenkundig auch Folgen gehabt. In der Philosophie haben sich Pragmatismus, Phänomenologie, Lebensphilosophie und Existenzialismus Anregungen durch Nietzsche geben lassen. Psychologie und Soziologie, auf die er sich bereits stützen konnte, haben in ihrer weiteren Entwicklung wesentlich von ihm gelernt.

Will man, dass die Aufmerksamkeit für die „nächsten Dinge" auch weiter eine Zukunft hat, muss man freilich auf ein historisches Missverständnis aufmerksam machen, das Nietzsches Denken von Anfang an belastet: Er hält seit den Aphorismen von MA in allen folgenden Werkphasen an der Überzeugung fest, dass sich die Philosophie vor ihm vom Irdischen und Menschlichen abgewandt habe und sich vornehmlich nach himmlischen Vorgaben richte. Unter den großen Gestalten der Philosophie nimmt Nietzsche so gut wie niemanden von diesem Vorwurf aus; Ausnahmen gibt es für ihn lediglich auf den Nebenwegen des Denkens in der europäischen Essayistik bei Montaigne und seinen Nachfolgern, sowie bei den großen Dichtern, unter denen Nietzsche immer wieder den Namen Goethes nennt.

Doch es ist schwer zu verstehen, wie es zu seiner pauschalen Abwertung der Tradition des Philosophierens unter ständiger Anklage Platons kommt. Hätte Nietzsche seine Kenntnisse aus zweiter Hand, wäre er zwar nicht entschuldigt, aber man hätte eine Erklärung. Doch er kannte die Dialoge im Original und hat Vorlesungen auch über Platon gehalten. Wie konnte ihm entgehen, dass gerade hier, wenn auch im Problemhorizont der Antike, von den „nächsten Dingen" ausgegangen wird? Der Alltag ist nicht nur in den zahllosen Beispielen Ausgangspunkt: Tugenden wie Tapferkeit, Besonnenheit, Gerechtigkeit, auch Frömmigkeit, Wahrhaftigkeit oder Liebe werden mit Bezug auf einzelne Fälle und überdies im exemplarischen Streit der Meinungen erörtert. Platon zieht dazu keine „Schatten" heran, sondern lässt Personen zur Sprache kommen, die im

Athen seiner Gegenwart Rang und Namen hatten. Er illustriert das dialektische Werden des jeweiligen Selbst im ausdrücklichen Umgang mit seinesgleichen[4] und liefert dazu auch eine begriffliche Rekonstruktion im Übergang von der *sinnlichen Empfindung*, dem *überzeugten Meinen*, dem *begrifflichen Erfassen* und dem *Verstehen im erschlossenen Ganzen*.[5] Schließlich wird in der dramatischen Schilderung der letzten Stunden des Sokrates jedem im Leben Verbleibenden die Möglichkeit geboten, sich ein Urteil über seine eigene Todeserwartung zu bilden und die eigenen Schlüsse für das eigene Sterben zu ziehen.[6]

In der *Geburt der Tragödie* hatte Nietzsche noch mit höchster Auszeichnung vom „göttlichen Plato" gesprochen.[7] Davon ist später keine Rede mehr; es sei denn, man gibt dem frühen Lob nachträglich die böse Pointe, Platon habe sich selbst für einen Gott gehalten, der nur über Göttliches reden könne. Doch die Wahrheit ist, dass sich Nietzsche dem verbreiteten Missverständnis anschließt, Platon wende sich mit seiner „Ideenlehre" von den Niederungen des Daseins ab und ziehe es vor, über Irreales zu sprechen. Dieser Deutung liegt das Missverständnis zugrunde, die „Ideen" suchten Überirdisches zu erfassen. Die Texte Platons aber lassen keinen Zweifel daran zu, dass er mit „Ideen" von Begriffen mit allgemeiner Geltung spricht; „Ideen" sind sinnlich fundiert, verständig organisiert und beanspruchen eine denkbar umfassende Bedeutung, wie sie bereits in Begriffen wie *physis* oder *thesis* zum Ausdruck kommt und natürlich auch der Rede von „Gott" oder „Unsterblichkeit" zugrunde liegt.

Auch Nietzsche kommt ohne solche „Ideen" nicht aus, wenn er von „Kunst", „Kultur", „Geschichte", „Leben" oder vom „Menschen" spricht! Überdiese hätte er wissen müssen, dass Platon sich gar nicht erst mit Existenzbehauptungen über die Götter abgibt. Das Göttliche ist das „Ganze" oder das „Eine", von dem man unter den Bedingungen der sinnlichen und begrifflichen Vielfalt der Dinge allemal sprechen kann, sofern es möglich ist, überhaupt von „Natur" oder „Kosmos" zu sprechen. Aus platonischer Sicht gäbe es daher gar keinen Sinn, von einem gegenständlichen „Dasein Gottes" oder gar von einem „Tod" zu sprechen.

Doch Nietzsche verschließt sich diesem von Platon explizierten und praktizierten Verständnis des Begriffs der Idee. Stattdessen schließt er sich nach Art der Materialisten und Naturalisten seines Jahrhunderts einer empiristischen Deutung an und bleibt damit leider auch unter dem Niveau, das Philosophie und Theologie seiner Zeit auf neue Weise vorgegeben haben. Die Protagonisten dieser kritischen Wende, Kant und Schleiermacher, haben sich von Platon anleiten lassen.

---

4 Platon, Alkibiades I, 127e – 131c.
5 Platon, Politeia, 517a – c.
6 Platon, Phaidon, 115a – 118a.
7 GT, 5, Vorw. An Richard Wagner, 24.

Es ist unwahrscheinlich, dass Nietzsche zu seinem Urteil über Platon aus Unkenntnis oder gar aus Unvermögen gehandelt hat. Alles spricht vielmehr dafür, dass er mit seiner Darstellung dem seit GT verfolgten Ziel einer *Erneuerung der Kultur* treu bleibt. Bereits 1872 wollte er der „Wirbel und Wendepunkt" der Geschichte sein.[8] Nach der definitiven Trennung von Wagner rückt Nietzsche den Erneuerungsimpuls mit der *Morgenröthe* und der *Fröhlichen Wissenschaft* wieder in den Titel seiner Schriften; er unterstreicht ihn in den Reden *Zarathustras* mit einem originären künstlerischen Anspruch. Doch auch der Titel von *Menschliches, Allzumenschliches* ist programmatisch zu verstehen. Der sich nunmehr Voltaire zum Vorbild nehmende Aufklärer Friedrich Nietzsche (MA I 26,) wendet sich nun wie der Candide des Voltaire von den Himmelskörpern ab, um allein auf der Erde, im Garten des Menschlichen zu seiner Bestimmung zu finden. Deshalb ist die Forderung des Wanderers, sich den bislang „verachteten nächsten Dingen" zuzuwenden für das ganze Aphorismenbuch zentral.

3 Sokrates ist mir so nah

Nietzsches Platon Auslegung als strategisch motiviert anzusehen, dürfte auch einem Kritiker nicht leichtfallen. Allerdings muss jeder, der Nietzsche schätzt, Wert darauflegen, dass der Autor in seinem Werk große Linien verfolgt und in allen seinen Werken am Ziel einer *Erneuerung der Kultur* festhält. Um das zu können, sind Entscheidungen unvermeidlich, insbesondere dann, wenn man Ambivalenzen zu schätzen weiß. Das ist bei Nietzsche in seinem Verhältnis zu Sokrates der Fall. Im „Wanderer" wird Sokrates auf bezwingende Weise ausgezeichnet, obgleich Nietzsche sein literarisches Schaffen mit einer boshaften Karikatur dieses Weisen begonnen hatte (GT 12) und gegen Ende seines produktiven Lebens, in der *Götzen-Dämmerung*, erneut vernichtend über Sokrates spricht.[9]

Dass Nietzsche im „Wanderer" so positiv über Sokrates urteilt, kann als Ausdruck des verdeckten Zwiegespräch zwischen dem Wanderer und seinem Schatten gewertet werden, dürfte aber vornehmlich an der um Ausgleich und Verständigung bemühten Grundstimmung in *Menschliches, Allzumenschliches* liegen, die insbesondere in der Berufung auf die Aufklärung durch Petrarca,

---

[8] Diese Formel hat Wagner irrtümlich auf sich bezogen, weil er selbstverständlich davon ausging, der junge Nietzsche habe sich selbst als „Vorkämpfer" der vom Dichterkomponisten betriebenen kulturellen Erneuerung verstanden. Für Nietzsche aber kam als Erneuerer nur ein Philosoph in Frage, der in Verbindung mit den musisch-tragischen Künsten die epochale Wende bringen könne. Also sprach er von sich selbst als dem „Wirbel und Wendepunkt" der Kultur.
[9] „Das Problem des Sokrates." (GD, KSA 6, 67–73).

Erasmus und Voltaire zum Ausdruck kommt (MA I 26). Es kann aber auch damit zusammenhängen, dass bei dieser Zentralfigur in Platons Werk schlechtergings nicht übersehen werden kann, wie sehr gerade sie stets und in allem von „den nächsten Dingen" ausgeht. Das wird beiläufig bereits in der *Geburt der Tragödie* anerkannt (GT 13, KSA 1).

Dass hier tatsächlich ein zentraler Punkt der Nietzsche-Deutung berührt wird, zeigt ein erst im Nachlass aufgefundenes persönliches Geständnis, das von unschätzbarem Wert für das Verständnis des Autors und seiner Werke ist. Die Notiz lautet: „*Socrates*, um es nur zu bekennen, steht mir so nahe, dass ich fast immer einen Kampf mit ihm kämpfe" (NL 1875, 6 [3]; KSA 8, 97).

Ein aufmerksamer Leser der *Geburt der Tragödie* hätte schon 1872 vermuten können, dass es sich bei dem jungen Nietzsche genauso verhält, wie er es sich drei Jahre später selbst eingesteht: Denn hier wird Sokrates als der „erste und oberste *Sophist*" beschimpft (GT 13; KSA 1, 88), der persönlichen Anteil am Niedergang der Tragödie hat, weil er dem Euripides beim Dichten geholfen haben soll. Er habe eine „gänzlich abnorme Natur", sei eine „wahre Monstrosität per defectum" und sei die „fragwürdigte Erscheinung des Altertums". Zur Erklärung wird ihm eine „Superfötation" seiner „logischen Natur" unterstellt (ebd., 90). Der Kampf, den Nietzsche schon hier gegen die „ungeheure Bedenklichkeit" des Sokrates kämpft, ist an Bosheit nicht zu überbieten.

Als Student im zweiten Semester (und auch durch die Bewunderung für Sokrates zur Philosophie gekommen) hatte ich nach der Lektüre dieser Passage Mühe, überhaupt weiterzulesen. Ich tat es widerwillig und stieß bereits zwei Abschnitte später auf das – wiederrum maßlose – *Lob dieses Sokrates*, in dem sich alles, was ihm soeben noch als Verbrechen an der griechischen Kultur vorgehalten worden war, ins Gegenteil verkehrt. Nun in GT 15 gereicht ihm die naturwidrige Doppelträchtigkeit seines Hirns zur Ehre und er wird als „theoretischer Mensch" schlechthin stilisiert. Und als solcher hat er ein „unendliches Genügen am Vorhandenen, wie der Künstler"! Soeben war ihm noch vorgeworfen worden, er habe keinen Sinn für die Musik und sei zwangsläufig zum Widersacher der Kunst geworden. Nun wird er dem Künstler gleichgestellt und das auch dadurch, dass er den Sinn für das „Vorhandene" – und damit ja wohl auch für die „nächsten Dinge" – hat.

Das aber ist nicht alles: Sokrates, eben noch „despotischer Logiker", wird als „Mystagoge der Wissenschaft" zum singulären Garanten einer Hoffnung auf Zukunft! Er allein ist es, der mit seiner unbeirrbaren Zuversicht, die er sogar noch im Sterben bewahrt, in der Lage ist, den „Pesthauch" des Pessimismus abzuwehren und der so die Menschheit vor dem selbstgewählten Untergang bewahren kann. Nur er, Sokrates, ist fähig, die „grausenhafte Ethik des Völker[selbst]mordes aus Mitleid" abzuwehren. Und folglich, so Nietzsche, haben wir in Sokrates „einen

Wendepunkt und Wirbel der Weltgeschichte" anzuerkennen (GT 15, KSA 1, 100). Hier wird, mit leichter Umstellung, die Formel gebraucht, die Nietzsche im Vorwort an Richard Wagner wieder aufnimmt und auf sich selbst bezieht. So „nahe" ist ihm Sokrates, dass er sich mit ihm identifiziert.

Eine weniger überspannte Identifikation mit Sokrates finden wir im Aphorismus 86 des Wanderers. Hier sind die Extreme in der Bewertung des Sokrates abgestreift, und es kommt zu einer wohltemperierten Beurteilung der humanen Größe des antiken Weisen. An ihn zu erinnern und sich sein Leben und Denken zu vergegenwärtigen, wird zu einer eindringlichen Empfehlung des Wanderers an seine Zeitgenossen. Alles, was Nietzsche in dem kurzen Aphorismus über Sokrates sagt, ist Zeugnis einer genauen Kenntnis der Überlieferung, und es zeugt, nebenbei bemerkt, auch von einer Hochschätzung des Autors, der uns von alledem berichtet – nämlich Platon. Wenn Nietzsche hier sagt, man habe, um sich „sittlich-vernünftig zu fördern", lieber die „Memorabilien des Sokrates [...] als die Bibel" zur Hand nehmen, mögen vorrangig die unter diesem Titel bekannten *Memorabilien* des Xenophon gemeint sein; hätte Nietzsche aber *nur* an sie gedacht, hätte er es gewiss nicht unterlassen, dies ausdrücklich zu machen. Hinzukommt, dass er bei seinem Lob des Sokrates eine Parallele zum „Stifter des Christentums" auszieht, die für ihn bis in die Aufzeichnungen zum *Antichrist* von Bedeutung bleibt. Denn Christus ist für ihn der einzige Christ, den er von seinem abschätzigen Urteil über das Christentum ausnimmt.[10] Und auch der für dieses Urteil wichtige Vergleich, in dem Sokrates eine „fröhliche Art des Ernstes" und eine *„Weisheit voller Schelmenstreiche"* zugutegehalten werden, kommt er ohne die uns durch Platon vermittelten Eindrücke von Sokrates nicht aus (WS 86, 591).

Ein weiteres eindrucksvolles Lob des Sokrates findet sich unter dem Titel *Göttliche Missionäre* im Aphorismus 72. Hier wird hervorgehoben, wie „schlicht und unpriesterlich" sich Sokrates auf Gott zu beziehen vermag, ohne dabei auf ein eigenständiges Denken zu verzichten. Das veranlasst Nietzsche zu einer weitreichenden Schlussfolgerung, die nicht nur in ihrer generösen Anerkennung eines selbstbewussten menschlichen Umgangs mit der „religiösen Aufgabe", sondern auch durch ihre positiven Bewertung von „Frömmigkeit" und „Freiheit" bemerkenswert ist: „Jenes Auf-die-Probe-Stellen des Gottes [durch Sokrates, V.G.] ist einer der feinsten Compromisse zwischen Frömmigkeit und Freiheit des Geistes, welche je erdacht worden sind" (ebd. 72, 584 f.).

„Erdacht" hat es Sokrates und anerkennend, ja, bewundernd berichtet, wird es von Platon,[11] wie Nietzsche besser weiß als seine Interpreten. Auch dass er hier

---

10 Dazu sehr kundig: Meier 2019.
11 Platon, Apologie 30a-33b.

in der Lage ist, einen „Compromiss" zu loben, ist, wie sich im Folgenden zeigen wird, keine Nebensächlichkeit. Man ist geneigt anzunehmen, dass sich im unterstellten fiktiven Gespräch zwischen dem Wanderer und seinem Schatten, die Extreme von Nietzsches Urteilen zuweilen abschleifen, so dass die Urteile auch in ihrer Geltung dem Menschlich, Allzumenschlichen näherkommen.

4 Das „Princip des Gleichgewichts"

Die Leistung des *Kompromisses* steht im Hintergrund des aus meiner Sicht auffälligsten Lehrstücks im Aphorismenbuch des Wanderers. Die Art, in der Nietzsche hier das Problem der *Entstehung des Rechts* behandelt, weicht von seiner üblichen auf Gegensatz und Kampf gegründeten Erklärungsform ab. Darin könnte man eine Bestätigung dafür sehen, dass der, in sich selbst schon nach Ausgleich suchende fiktive Dialog zwischen dem Wanderer und seinem Schatten, sich gut in den Zusammenhang, der ohnehin um Aufklärung und Ausgleich bemühten Reflexionen von *Menschliches, Allzumenschliches* fügt. Auch die in der These von der grundlegenden Funktion des *Gleichgewichts* im *Ursprung* und für die *Entwicklung des Rechts* zum Ausdruck kommende *pragmatische Nüchternheit* passt zur *Gelassenheit*, mit der Nietzsche hier über soziale und politische Gegensätze urteilt. Das gilt sogar für die wesentlich auf das Recht gegründete Regierungsform der *Demokratie*.

Es wäre verfehlt, aus den in der zweiten Hälfte der siebziger Jahre gehäuften Erwähnungen der *Demokratie* auch nur den Schimmer einer Sympathie Nietzsches für diese Staatsform herauszulesen. Wohl aber sieht er die Demokratie mit analytischer Distanz und zählt ihre Schwächen auf, vor denen gerade auch die Anwälte der Demokratie ihre Augen nicht verschließen sollten: So konstatiert er den historischen Tatbestand, dass Demokratien den verbindlichen Zusammenhang eines in den alten Regierungsformen entwickelten Staates zerstören. Und dieses Urteil beschränkt er nicht auf das Schicksal der Demokratie in Athen; er bezieht es ausdrücklich auch auf die „moderne Demokratie" (MA I, 472, 306). Dabei erkennt er an, dass die Demokratie in der Lage ist, die Monarchie und andere Formen überkommener Herrschaft *gewaltlos* abzuschaffen, meint allerdings, dass dann nur noch eine „Null" übrigbleibe (ebd. 281, 676). Das Verhängnis dieser „Null" veranschaulicht er sich wenig später durch die Vermutung, dass die Demokratie nur ein „verbessertes und auf die Spitze getriebenes Christentum" sei (NL 1880, 3[98]; KSA 9, 73).

Dennoch ist sein Urteil nicht ohne einen zeitgeschichtlichen Realismus, der insbesondere aus den späten Äußerungen im Wanderer spricht. So heißt es:

> Die Demokratisirung Europa's ist unaufhaltsam: wer sich dagegen stemmt, gebraucht doch eben die Mittel dazu, welche erst der demokratische Gedanke Jedermann in die Hand gab, und macht diese Mittel selber handlicher und wirksamer: und die grundsätzlichsten Gegner der *Demokratie* (ich meine die Umsturzgeister) scheinen nur desshalb da zu sein, um durch die Angst, welche sie erregen, die verschiedenen Parteien immer schneller auf der demokratischen Bahn vorwärts zu treiben (WS 275, 671).

Der Scharfsinn solcher Diagnosen ist beträchtlich. Er spricht auch aus dem kurz darauffolgenden Aphorismus mit dem ironischen Titel: „*Sieg der Demokratie. –*":

> Es versuchen jetzt alle politischen Mächte, die Angst vor dem Socialismus auszubeuten, um sich zu stärken. Aber auf die Dauer hat doch allein die *Demokratie* den Vortheil davon: denn *alle* Parteien sind jetzt genöthigt, dem 'Volke' zu schmeicheln und ihm Erleichterungen und Freiheiten aller Art zu geben, wodurch es endlich omnipotent wird (ebd. 292, 683 f.).

Die „Omnipotenz" des Volkes wäre das Ende der Politik. Und so könnte man Hoffnung daraus schöpfen, dass Nietzsche als Wanderer das *Recht* zum Thema macht und es bereits *in sich selbst* mit einem Ausgleich konkurrierender Kräfte verbindet. Das geschieht gleich zu Beginn des „Wanderers" unter dem Titel „*Princip des Gleichgewichts. –*" (ebd. 22, 555).

Anders als den Begriff der Demokratie verwendet Nietzsche den politisch nicht einschlägigen Terminus des *Gleichgewichts* durchweg positiv. Er kommt schon früh in seinen Briefen, Notizen und Schriften vor, um physikalische Relationen, ein wünschenswertes Verhältnis von Seelenkräften oder auch von Glück und Tugend anschaulich zu machen. Es gibt auch die Rede vom „Gleichgewicht der Egoismen", das auf den gehäuften – und dann politisch nicht unerheblichen – Gebrauch des Begriffs in *Menschliches, Allzumenschliches* vorbereitet. In MA I bleibt es aber durchweg bei der alltäglichen Verwendung etwa für das „Gleichgewicht" in der Freundschaft (MA I, 305, 341) oder auf dem „See harmonischen Wohlklangs" (ebd. 626, 353).

Und dann folgt unvermittelt im „Wanderer" – ohne Ankündigung in den Notizen – der Aphorismus 22 unter dem Titel „*Princip des Gleichgewichts*":

> *Gleichgewicht* ist also ein sehr wichtiger Begriff für die älteste Rechts- und Morallehre; *Gleichgewicht* ist die Basis der Gerechtigkeit. [...] Wenn diese in roheren Zeiten sagt 'Auge um Auge, Zahn um Zahn', so setzt sie das erreichte Gleichgewicht voraus und will es vermöge dieser Vergeltung erhalten (WS 22, 556).

Das klingt unscheinbar, ist aber von weitreichender Bedeutung. Denn wer mit Blick auf gesellschaftliche Konflikte eine Lösung nach dem Gleichgewichtsprinzip für möglich hält, setzt erstens auf die regelnde Kraft von Beratungen, die in für verbindlich angesehene Vereinbarungen münden – ganz gleich wie lange sie gelten. Und zweitens – wird ein die beteiligten Parteien umfassender Handlungsrahmen vorausgesetzt, der drittens, sobald es darum gehen soll, Recht zu begründen, ein immer auch durch Normen zusammengehaltenes gesellschaftliches Ganzes unterstellt. Es ist unschwer zu sehen, dass diese drei Momente: Beratung und Vereinbarung unter der Bedingung stets auch individuell anerkannter Normen in der Regierungsform der Demokratie zu einer integralen Wirksamkeit gelangen.

Auf sie zu kommen, erfordert Gedankenschritte, die bei Nietzsche leider nicht benannt sind. Die Vereinbarungen setzten Verhandlungen – auch zwischen Starken und Schwachen – voraus, die im Fall eines echten Gleichgewichts Kompromisse einschließen. Und ein beide Seiten umschließender Handlungsrahmen kann auf Dauer nicht nur gedacht werden; vielmehr verlangt er nach auf längere Sicht berechneten Regelungen: Das sind Abmachungen, Kontrollen und mögliche Schiedsgerichte, die über Vertragsverletzungen zu entscheiden haben und auch Strafen verhängen können.

Unabhängig von der institutionellen Kompetenz richterlicher Klärung, muss es also auch eine Sphäre verbindlicher Verhaltensnormen geben, auf die man sich wechselseitig berufen kann. Hier wird ein Raum normativer Geltung unterstellt, der nicht bloß rechtlich verfasst und geschützt werden muss. In ihm müssen auch die jeweils verantwortlich tätigen Individuen angesprochen werden können. Also gibt es mit dem Recht auch einen moralisch verpflichtenden Zusammenhang, von dem bei Nietzsche ebenfalls keine Rede ist – den er aber voraussetzen muss, wenn die Rede vom Prinzip des Gleichgewichts politisches Gewicht haben soll.

Die Vagheit könnte erklären, warum sich die Formel in den nachfolgenden Werken verliert. In Verbindung mit ihr hätte sich über den „Sieg der Demokratie" ganz anders sprechen lassen, als dies in WS 292 geschieht. Zwar kommt das Gleichgewicht weiterhin als Ausdruck für eine Gemütslage im Inneren eines Menschen vor. In der *Fröhlichen Wissenschaft*, in *Jenseits von Gut und Böse* und in einer stattlichen Reihe von Notizen, ist das Gleichgewicht ganz auf die Anzeige eines Ausgleichs der Seelenvermögen zurückgenommen. Aber es bleibt bis in die Zeit des Zusammenbruchs präsent. Auf seiner letzten Postkarte aus Turin an Jacob Burckhardt in Basel im Januar 1889 heißt es mit überschwänglichem Bezug auf die nächsten und die fernsten Dinge: „Nun sind Sie – bist du – unser grosser grösster Lehrer: denn ich, zusammen mit Ariadne, habe nur das goldne *Gleichgewicht* aller Dinge zu sein, wir haben in jedem Stücke Solche, die über uns sind... Dionysos" (KSB 8, 574).

5 Phänomenologie der Moral

Dass Gleichgewicht ein *Maß* braucht, um überhaupt verstanden zu werden, das wird von Nietzsche in seinem antiplatonischen Furor nicht beachtet. Bedauerlich ist darüber hinaus, dass er auch die ausdrücklich nicht theologisch verstandenen *Ideen der praktischen Vernunft,* auf die Kant die ethische Selbstbestimmung der Individuen gründet, nicht gelten lässt. Er glaubt bereits als Psychologe alles über die Moral sagen zu können, was über sie zu sagen ist. Doch auch das geschieht, wie die wenigen Bemerkungen im Wanderer zeigen, nicht ohne *eigenen moralischen Anspruch* Nietzsches, der Platon und Kant gar nicht so fern steht und überdies eine *Maßgabe* erkennen lässt, die Nietzsche strenggenommen dazu bringen müsste, zu einer begrifflichen Bewertung überzugehen, die sich allein mit den Mitteln der Psychologie nicht bewältigen lässt. Denn sobald es ihm um einen Bezug auf *alle Menschen* oder um Entscheidungsspielräume von Personen geht, so dass er die Vernunftbegriffe in ihrem konkreten Handlungskontext belassen kann, vermag er von dem sprechen, was in der Tradition des Denkens „Menschheit" oder „Freiheit" genannt wird!

Nehmen wir nur die einzige ergiebige moralpsychologischen Aussage, die sich in den Aphorismen des Wanderers findet: Da scheint sich der Autor jeder moralischen Anteilnahme zu enthalten, wenn er betont, der Betrachter habe die moralischen Phänomene für sich zu betrachten, um sie „seciren" zu können – obgleich natürlich gilt, denn wer immer „seciren will, muss tödten". Das könnte ein grundsätzlicher Einwand gegen das von Nietzsche praktizierte Sezieren sein.

Doch Nietzsche lässt diesen von ihm selbst gemachten Einwand nicht gelten, weil er von der Voraussetzung ausgeht, dass eine Untersuchung am toten Objekt, letztlich „allen" (!) [Menschen] diene, „damit besser gewusst, besser geurtheilt, besser gelebt werde"! Um das zu erreichen, müsse eben nicht „alle Welt secire[n]"! (WS 19, 553). Gemeint sind auch hier „alle" Menschen, von denen nicht verlangt werden könne, dass sie dasselbe tun, was Nietzsche für sich in Anspruch nimmt: nämlich das Sezieren. Hier reiche vielmehr die exemplarische Leistung dessen, der im Interesse aller die Moral wie ein Anatom bis in ihre Bestandteile auseinanderlegt.

Unterstellt man, wie Nietzsche es offenbar tut, dass beim Sezieren überhaupt etwas von dem übrig bleibt, worum es in der Moral geht, und gesteht man ihm zu, dass er mit dem Sezieren strenggenommen nur einen spektakulären Ausdruck für das genaue Zusehen und das möglichst unbeteiligte Analysieren der ermittelten Bestandteile des moralischen Handelns meint, kann man sehr wohl verstehen, wovon er spricht: Er möchte als ein distanzierter Beobachter alles dessen angesehen werden, was die Menschen als Moral verstehen – und er erwartet nicht, dass „alle Welt" dasselbe tut.

Hier ist es nun überaus aufschlussreich, dass Nietzsche mit einem weiteren möglichen Einwand anderer rechnet, nämlich: Die auf diese Weise gewonnenen Erkenntnisse könnten keine erheblichen Aussagen über die Moral erbringen, weil sie nur von einem Einzelnen gewonnen sind. Die Bedingung der *Geltung auch für andere*, womöglich sogar für *alle*, sei nicht erfüllt.

Diesem Monitum entzieht sich Nietzsche durch den Hinweis, die Analyse moralischer Phänomene könne durchaus von wenigen vorgenommen werden, weil sie im Ergebnis *allen* zugutekomme, die damit die Chance haben, nicht nur ihr *Wissen zu erweitern* und ihr *Urteil zu schärfen*, sondern auch *besser zu leben*. Diese Auskunft wird man schwerlich als befriedigend ansehen können, es sei denn, man legt dem von Nietzsche verwendeten Begriff für den das Sezieren durchführenden Anatomen eine wesentlich erweiterte Bedeutung zu. Und eben das geschieht bei Nietzsche, indem er den Begriff des „Moralisten" für sich in Anspruch nimmt!

Schon die Selbstbezeichnung als „Moralist" ist bemerkenswert. Der Begriff wurde schon zur Zeit Nietzsches vornehmlich zur Bezeichnung von Autoren verwendet, denen wir in der Tradition von Montaigne, La Rochefoucault oder Gracian, eine Gesellschaftskritik mit paradigmatischen Einsichten in das menschliche Verhalten verdanken. Ihre Wirkung erzielen sie durch ihre pointierten Analysen sozialer und moralischer Ansprüche, die jedem Leser deutlich machen wie oberflächlich, gedankenlos und verlogen das menschliche Tun sein kann und wie groß insbesondere das jeweilige Ausmaß an Selbsttäuschung ist. Darin liegt der eminente Beitrag der Moralisten zu Aufklärung – doch er liegt nicht zuletzt auch darin, dass sie als Analytiker mit dem Anspruch auf Wahrheit und Ernsthaftigkeit gegen die Unaufrichtigkeit und Inkonsequenz ihrer Zeitgenossen auftreten.

In die Reihe dieser Moralisten also stellt sich Nietzsche hier – wie überhaupt in allen Büchern von *Menschliches, Allzumenschliches* (MA I, 26). Dabei es ist wichtig zu betonen, dass er die Moralisten nicht nur als literarischer Vorläufer begreift, sondern auch die von ihnen vertretenen Ansprüche übernimmt: Er geht an seine Sezierübungen mit eigenen ethischen Erwartung heran – obgleich er das Gegenteil zu sagen scheint, wenn er betont, dass der „Moralist" selbst kein „Musterbild" des moralischen Handelns abgeben müsse und nicht mit einem „Prediger der Moral" verwechselt werden dürfe (WS 19, 553). Nietzsche spielt mit diesem Verständnis, schon wenn er den Aphorismus mit *Immoralisten* überschreibt. Er scheint es zu genießen, für einen unbeteiligten Anatom der Moral gehalten zu werden, den der Gegenstand seiner Analyse nur im Zustand eines Toten interessiert.

Doch das Gegenteil ist der Fall: Er versteht sein analytisches Geschäft ausdrücklich im Interesse des Lebens – wie sich in seiner Entgegnung auf den selbst gemachten Einwand mangelnder Allgemeinheit seiner Analyse zeigt: Denn die analytische Leistung, die sich Nietzsche als „Moralist" zuschreibt, steht für ihn unter der Erwartung, dass sie *allen* Menschen einen Vorteil bringt! Damit unterstellt er, dass seine Analysen *exemplarisch* sind! Sie sollen ein Lehrstück für jeden Menschen sein und damit der Besserung des menschlichen Lebens im Ganzen dienen. Dass damit auch eine moralische Besserung gemeint ist, ergibt sich aus der aufsteigenden Reihe von *besser wissen, besser urteilen* und *besser leben*. Hier darf man bei dem an der antiken Literatur geschulten Autor unterstellen, dass er die Moral in der Tradition der klassischen *Tugendlehren* versteht, die am Ideal des „guten Lebens" orientiert sind. Und dass Nietzsche damit in der Moderne kein Einzelfall ist, liesse sich daran illustrieren, dass auch Kant die abschließende Darstellung seiner kritischen Ethik unter dem Titel einer „Tugendlehre" vorlegt.

Was Nietzsche in diesem Geist im gesamten Werk zusammenträgt, ist von unschätzbarem Wert für die Beurteilung alles dessen, was in einer Gesellschaft an moralischem Verhalten vorkommt oder vorgetäuscht wird. Dass die Beobachtungen niemals bloß auf eine rein äußere Beschreibung bezogen sein können, sondern dass dem Betrachter in seiner Binnenperspektive die eigenen Neigungen und Antriebe gegenwärtig sein müssen – darüber braucht man Nietzsche nicht zu belehren. Sein eigenes Erleben ist der Vergrößerungsspiegel, der ihm den Blick auf die Motivlage der Mitmenschen ermöglicht.

Das vielleicht überraschende Ergebnis der Betrachtung des Aphorismus 19 ist, dass Nietzsche selbst der Moral innerlich gar nicht so fernsteht, wie er immer wieder glauben machen möchte. Auch was er in WS 44 über den utilitaristischen Kern moralischer Erwägungen vorträgt oder in der treffenden Bemerkung über die moralische Einstellung gegenüber den Tieren, in Abhängigkeit von der Nähe, die wir ihnen gegenüber empfinden (WS 57), sind Beispiele für Nietzsches scharfsinnige Phänomenologie der Moral und nicht für deren radikale Verwerfung. Und lesen wir die kurze Andeutung in WS 45, in der empfohlen wird, wie man sich von der aus Schwäche stammende Mitleids-Moral befreien kann, stoßen wir auf die beiden Begriffe, auf der die späte Moral-Konzeption von *Jenseits* beruht, nämlich „*Selbstbeherrschung*" und „*Selbstüberwindung*" (ebd., 574). Bei diesen Termini lässt er später nicht den geringsten Zweifel, dass er sie als die Maximen des „freien Geistes" auf sich selbst bezieht. Doch schon im „Wanderer" 87 wird ein „Feind der guten Europäer[]" zum „Feind der freien Geister" erklärt[12] (ebd. 87, 592).

---

12 Hier hegt Nietzsche überdies die Hoffnung, dass eines Tages den „Freien Alles frei stehe". In der Vorrede von 1886 hebt er rückblickend (§§ 3 u. 4) hervor, dass *Menschliches, Allzumenschliches* aus der Perspektive des „freien Geistes" verfasst ist.

Offen bleibt, ob Nietzsche hier oder in seiner Berufung auf den wohltätigen Effekt seiner moralischen Sezierkunst das Wissen, Urteilen und Leben aller Menschen erkennt, und wie nahe er, trotz aller Kritik der klassischen Tradition der Ethik bleibt. Doch das er mit dem „freien Geist" (von dem ja auch im „Wanderer" die Rede ist), einem Menschen nicht mehr und nicht weniger als *Freiheit* zugesteht, kann nicht in Zweifel gezogen werden. Und diese Freiheit „giebt" es auch, solange es den Anspruch gibt, ein „freier Geist" zu sein. –

Nach diese mit systematischem Anspruch auf Textdetails gestützten Betrachtung, kann die Durchsicht der restlichen Hälfte der Aphorismen des Wanderers durch zwei kurze, dennoch unverzichtbare Hinweise abgeschlossen werden.

6 Der gute Europäer

In der jüngeren Nietzsche-Interpretation hat die erstmal im Aphorismus 87 verwendete Formel vom „guten Europäer" besondere Aufmerksamkeit gefunden. Einhellige Überzeugung ist, dass Nietzsche diesen Ausdruck nicht allein auf andere, sondern auch auf sich selbst bezieht. Diese Auffassung ist gut begründet; und es ist nach so vielen Jahrzehnten der Inanspruchnahme seines Denkens durch nationalistische Interpreten, deren Missverständnisse bis heute nachwirken, auch sehr verständlich. Nimmt man zur Kenntnis, wie Nietzsche den „guten Europäer" einführt, versteht man auch sogleich, warum er nicht in den Verdacht geraten möchte, er spreche nur über sich selbst. Mit Blick auf sein ganzes Werk muss dies aber nicht in Abrede stehen.

„Gut europäisch gesinnt", so sagt er hier, heiße *„gut und immer besser scheiben* lernen". Und nach einer Klage über die Deutschen, die „das schlecht-Schreiben als nationales Vorrecht" behandeln, folgt das Postulat:

> Besser schreiben aber heisst zugleich auch besser denken; immer Mittheilenswertheres erfinden und es wirklich mittheilen können; übersetzbar werden für die Sprachen der Nachbarn; zugänglich sich dem Verständnisse jener Ausländer machen, welche unsere Sprache lernen; dahin wirken, dass alles Gute Gemeingut werde und den Freien Alles frei stehe; endlich, jenen jetzt noch so fernen Zustand der Dinge *vorbereiten*, wo den *guten Europäern* [Kursivierung, V.G.] ihre grosse Aufgabe in die Hände fällt: die Leitung und Ueberwachung der gesammten Erdcultur (WS 87, 592).

Dass Nietzsche dem „guten Europäer" auch gleich ein imperiales globales Ziel vor Augen stellt, ist dem kolonialen Zeitgeist geschuldet. Wir rechnen es seiner Beschreibung nicht zu, wenn wir den Begriff auf ihn selbst anwenden. Denn vorrangig ist, die Kritik am schlechten Stil der Deutschen, die Bemühung, sich den

Nachbarn wie auch den Fremden verständlich zu machen, und die gegenseitige Übersetzbarkeit zu verbessern. Und wer sich darum *nicht* bemüht, ja, wer

> das Gegentheil predigt, sich *nicht* um das gut-Schreiben und gut-Lesen zu kümmern [...], der zeigt in der That den Völkern einen Weg, wie sie immer noch mehr *national* werden können: er vermehrt die Krankheit dieses Jahrhunderts und ist ein Feind der *guten* Europäer, [Kursivierung, V.G.] ein Feind der freien Geister (ebd., 593).

7 Die Schule der Dichter

Mit dem Postulat des „guten Europäers" leitet Nietzsche zu einer Art Stilschule über, die deutschen Autoren die Möglichkeit eröffnen soll, sich im Umgang mit den in ihrer Sprache schreibenden Dichtern, selbst um einen guten Stil zu bemühen. Nietzsche gibt dabei nur eine Anleitung zum Selbststudium, auf das er durch exemplarisches Lob und paradigmatische Kritik der Autoren Einfluss nimmt. Er ist weit davon entfernt, alle in seinem Land gerühmten Dichter als gutes Beispiel vorzustellen. Im Gegenteil: Er hat nicht wenig auszusetzen und erteilt schlechte Noten. Selbst Schiller, der ihm in Schulpforta als größter Repräsentant deutscher Sprache nahegebracht worden war und dem er noch in seinen ersten Schriften bewundernd folgt, wird wegen seiner historischen und philosophischen Schriften scharf gerügt (WS 123). Herder wird in seinem Spürsinn, seiner intellektuellen Unruhe und seiner Begeisterungsfähigkeit als „Vorkoster aller geistigen Genüsse" gelobt, aber als nicht wirklich produktiv aus der Reihe der Klassiker ausgeschlossen (ebd. 118, 603). Auch im Urteil über Klopstock und Wieland (WS 107) werden Einschränkungen gemacht; Lessing hingegen findet Anerkennung – auch weil er bei den Franzosen „fleissig in die Schule gegangen" ist. Nur seine „unangenehme Ton-Manier, in ihrer Mischung von Zankteufelei und Biederkeit" wird gerügt (ebd. 103, 597 f.).

Mit Jean Paul geht Nietzsche rücksichtslos ins Gericht. Zwar werden ihm „allerlei Kunstgriffe", auch „Ernst", „Gefühl" und „Witz" zugestanden; doch die helfen ihm wenig, weil er über keinen „Geschmack" verfügt. „Im Ganzen", so Nietzsche abschließend, „war er das bunte starkriechende Unkraut, welches über Nacht auf den zarten Fruchtfeldern Schiller's und Goethe's aufschoss; er war ein bequemer guter Mensch und doch ein Verhängniss – ein Verhängniss im Schlafrock" (ebd. 87, 586 f.). Auch wenn man Jean Paul liebt, versteht man, was Nietzsche sagen will, erst recht, wenn man ihm zugesteht, dass er nach der Regel *„Schreibt einfach und nützlich"* (WS 106) zu urteilen sucht.

Ohne jeden Tadel bleibt nur ein Dichter, den Nietzsche auch als Denker ohne Einschränkung schätzt. Das ist Goethe, der vielfach Erwähnung findet und vom dem es u. a. heißt:

> Goethe [...] gehört in eine höhere Gattung von Litteraturen, als 'National-Litteraturen' sind: desshalb steht er auch zu seiner *Nation* weder im Verhältniss des Lebens, noch des Neuseins, noch des Veraltens. Nur für Wenige hat er gelebt und lebt er noch: für die Meisten ist er Nichts, als eine Fanfare der Eitelkeit, welche man von Zeit zu Zeit über die deutsche Gränze hinüberbläst. Goethe, nicht nur ein guter und grosser Mensch, sondern eine *Cultur* (ebd. 125, 607).

Wenig später spricht Nietzsche über die „Klassiker", und es ist klar, dass er weiterhin von Goethe spricht:

> *Classiker* sind nicht Anpflanzer von intellectuellen und litterarischen Tugenden, sondern Vollender und höchste Lichtspitzen derselben, welche über den Völkern stehen bleiben, wenn diese selber zu Grunde gehen: denn sie sind leichter, freier, reiner als sie. Es ist ein hoher Zustand der Menschheit möglich, wo das Europa der Völker eine dunkle Vergessenheit ist, wo Europa aber noch in dreissig sehr alten, nie veralteten Büchern *lebt:* in den Classikern (ebd.)

Die tiefen Einsichten in Werk und Leben Goethes haben auch ein philosophisches Gewicht, weil sie es Nietzsche erlauben, einmal ohne anti-metaphysischen Vorbehalt vom „Guten" und von der „Menschheit" zu sprechen. Und in literarischer Perspektive ist für uns heute tröstlich, dass es auch Zeitgenossen und Nachfahren gibt, die er zu schätzen weiß:

> Wenn man von Goethe's Schriften absieht und namentlich von Goethe's Unterhaltungen mit Eckermann, dem besten deutschen Buche, das es giebt: was bleibt eigentlich von der deutschen Prosa-Litteratur übrig, das es verdiente, wieder und wieder gelesen zu werden? *Lichtenberg's* Aphorismen, das erste Buch von Jung-Stilling's Lebensgeschichte, Adalbert Stifter's Nachsommer und Gottfried Keller's Leute von Seldwyla, – und damit wird es einstweilen am Ende sein (ebd. 109, 599).

Kein Zweifel, dass Nietzsche einige große Talente und deren Werke übersieht. Und natürlich kann er nicht wissen, was die Dichter nach ihm schreiben. Dass darunter nicht wenige sind, die vom ihm gelernt haben, das sollte nicht unerwähnt bleiben.

Literatur

Meier, Heinrich (2019): Nietzsches Vermächtnis. Ecce Homo und Der Antichrist, München.
Platon (1974): Werke in 8 Bänden, griechisch/deutsch in der Übers. v. F. Schleichermacher, (Hg.): G. Eigler, Darmstadt.

Eike Brock
Eingespannt zwischen Lust und Leid. Nietzsches Suche nach dem Glück

Der Wanderer und sein Schatten: Aphorismen 170–350

Nietzsches zunächst als eigenständiges Werk, später dann als Teil von *Menschliches, Allzumenschliches* publizierter „Der Wanderer und sein Schatten" ist ein in der Nietzsche-Forschung chronisch unterschätzter Text. Bei genauerem Hinsehen erweist er sich jedoch als lesenswert in mehrfacher Hinsicht. Zum einen handelt es sich um ein sehr persönliches philosophisches Werk, das vor dem Hintergrund einer schweren gesundheitlichen Krise verfasst wurde. „Der Wanderer und sein Schatten" ist so gesehen ein imposantes Dokument der Selbstbehauptung und ein herausragendes Beispiel für das, was Nietzsche unter Gesundheit versteht – die Überwindung von Krankheit und Widerständen. Zum anderen liegt unter der Oberfläche der Eingemeindung in *Menschliches, Allzumenschliches* eine beharrliche Eigenständigkeit, die es freizulegen gilt. Der folgende Beitrag beleuchtet die Aphorismen 170–350 von „Der Wanderer und sein Schatten" unter besonderer Berücksichtigung dieser beiden Punkte.

1 Einleitung

Auf den folgenden Seiten befasse ich mich mit Nietzsches 1879 verfasstem und noch im Dezember desselben Jahres erstmals publiziertem Buch „Der Wanderer und sein Schatten". Einige Jahre später (1886) erscheint das Werk erneut, diesmal jedoch nicht mehr als eigenständige Arbeit, sondern jetzt firmiert es gemeinsam mit den „Vermischten Meinungen und Sprüche[n]" als *Menschliches, Allzumenschliches* II. Die Eingliederung der „Vermischten Meinungen" in die philosophische Welt von *Menschliches Allzumenschliches* funktioniert relativ reibungslos. Im Falle des „Wanderers" geht die Rechnung allerdings nicht ohne Weiteres auf, insofern die im Vorwort zur Neuausgabe gleichsam für organisch erklärte Anbindung an *Menschliches, Allzumenschliches* (vgl. MA 2 Vorr. 2, 371) dazu verführt, über die besonderen Akzentsetzungen und die neu entwickelten philosophischen Gedanken des jüngeren Werkes hinwegzulesen. Zwar liegt der „Wanderer" nicht nur zeitlich, sondern in weiten Teilen auch thematisch sehr nahe bei seinem Vorgänger. Allerdings setzt der ironischerweise durch Nietzsches Veröffentlichungstaktik buchstäblich in den Schatten gestellte „Wanderer" durchaus eigene inhaltliche Schwerpunkte und schlägt mitunter auch in stilistischer Hinsicht eine andere, nämlich leichtere, insgesamt – jedenfalls für Nietzsches Verhältnisse – milde und bisweilen gar beschwingte Richtung ein. Der Lockerheit des Stils korrespondiert die Freiheit der Form: Im Unterschied zu *Menschliches, Allzumenschliches* I verzichtet der „Wanderer" auf eine Unterteilung der Aphorismen in Kapitel und damit auf eine thematische (Vor-)Sortierung. Auch die Rahmung des Werkes durch den Dialog eines Wanderers mit seinem Schatten verleiht dem Ganzen etwas Spielerisches und gegenüber dem Rest von *Menschliches, Allzumenschliches* Einzigartiges.

Wohl befördern die Leichtigkeit des Tons und die größere formale Freiheit des Buches die Lesefreude; die Arbeit des philosophischen Kommentators wird dadurch allerdings erschwert. Eine Möglichkeit, dieser Schwierigkeit zu begegnen, besteht darin, auf eigene Faust einzelne Aphorismen übergeordneten Themen zuzuordnen. Dieses Verfahren läuft also kurzgesagt darauf hinaus, eigene Kapitel in das kapitellose Werk einzuführen. Tatsächlich gibt es bereits eine Reihe solcher Versuche (vgl. Brücker 2019, 33) und auch Nietzsche selbst hat kurz erwogen, den „Wanderer" in Kapitel einzuteilen. Zwar werde ich mich ebenfalls darum bemühen, Ordnung in die Gedankenwelt des „Wanderes" zu bringen, indem ich eine thematische Sortierung vornehme. Im Unterschied zu den vorangegangen Ordnungsversuchen knüpfe ich bei meiner Gliederung jedoch nicht an die Kapiteleinteilung von *Menschliches, Allzumenschliches* I an, denn das würde wiederum dazu verleiten, im „Wanderer" bloß einen Appendix seines Vorgängers zu sehen. Wenn ich mich im Folgenden also daran mache, einen roten Faden durch das Gedankengestrüpp der Aphorismen 170 bis 350 des „Wanderes" zu spinnen, dann liegt mein Hauptaugenmerk darauf, die Besonderheit des Buches in Abgrenzung von, aber auch in Kontinuität mit *Menschliches, Allzumenschliches* I herauszuarbeiten. Dass dabei eine Reihe von Aphorismen keine Berücksichtigung findet, liegt in der Natur der Sache, d.h. es ist der Preis, der aufgrund der Schwerpunktsetzung notgedrungen zu entrichten ist.

Eine Philosophie, die den Anspruch erhebt, Wissenschaft und damit unbestechlich zu sein, bemüht sich um ein Maximum an Objektivität. Um diesem Ziel möglichst nahe zu kommen, scheint es geboten, dass der philosophierende Verfasser eines Werkes hinter dasselbe zurücktritt. Besonders prominent formuliert Immanuel Kant dieses Rücktritts-Gebot, wenn er Francis Bacons Satz: „De nobis ipsis silemus" („Von uns selbst schweigen wir") der zweiten Auflage der *Kritik der reinen Vernunft* voranstellt. Anders als Kant hält Nietzsche nicht viel von einer solchen vornehmen philosophischen Zurückhaltung, ja er bezweifelt sogar ihren Sinn, da er bestreitet, dass die durch den Rücktritt alles Persönlichen bezweckte Objektivität in der Philosophie überhaupt möglich ist. Für Nietzsche offenbart sich in jeder Philosophie ihr jeweiliger Urheber. Jede Philosophie ist demnach ein persönliches Bekenntnis und dabei zugleich ein Produkt oder Resultat einer spezifischen Lebens- und Schreibsituation. (Vgl. JGB 6; WS 286)¹ Darüber, ob Nietzsches These sich auch auf Kants Erkenntniskritik anwenden lässt, die sich bekanntlich ausdrücklich daran versucht, mittels einer *transzendentalen* Rolle rückwärts zu den vorpersönlichen (‚reinen') Bedingungen von Erkenntnis durchzustoßen, lässt sich streiten. „Der Wanderer und sein Schatten" kann dagegen als buchgewordene Bestätigung von Nietzsches These gelten. Die besonders enge Verknüpfung zwischen Philosophie und Biografie, die bei Nietzsche Biopathografie ist, ist das eigentliche Kennzeichen des „Wanderers". Es empfiehlt sich von daher, zunächst diesen Zusammenhang deutlicher herauszuarbeiten, um sodann tiefer in das Werk selbst einzusteigen.

2 Hinführung oder Philosophie und Biopathografie: die Besonderheit von „Der Wanderer und sein Schatten"

2.1 Die Vermengung von Bibliothekarischem und Apothekarischem

Am 20./21. August 1881 greift Nietzsche zur Feder, um Franz Overbeck in einem Brief mit „Bitten über Bitten" zu überschütten. Nietzsche hält seinen Freund ziemlich auf Trab, wenn er ihn mit einer Reihe von Bücherwünschen zuerst zum Buchhändler und danach, zwecks „Vervollständigung [s]einer Privatapotheke", auch noch in die Apotheke schickt (vgl. KSB 6, 116–118). Dass Bücher- und Arzneiwünsche in direkter ‚Briefnachbarschaft' zur Sprache kommen, ist bei Nietzsche keine Seltenheit. Es ist darum der Mühe wert, einen Augenblick lang über diese besondere Wunschmelange nachzudenken. Für Rüdiger Görner kommt darin zum Ausdruck, dass „sich Nietzsche trotz aller Maßlosigkeit seines eigenen Anspruchs auch auf Dosierungen verstand"². Das ist sicher richtig, und zwar sowohl in formaler wie auch in materialer Hinsicht. Spätestens seit *Menschliches Allzumenschliches* wandelt Nietzsche als Schriftsteller nämlich auf den Pfaden des

---

1 Auf die Bedeutung einer jeweiligen Schreibsituation für eine entsprechende Philosophie macht mit besonderer Dringlichkeit Brücker 2019 aufmerksam. Tatsächlich kann die Wichtigkeit der individuellen Schreibsituation für eine jeweilige Philosophie mustergültig am „Wanderer" nachvollzogen werden.
   Für kluge Anregungen und wichtige Hinweise für den vorliegenden Text (v. a. zum damaligen Diätetik- und Gesundheitsdiskurs) danke ich Tobias Brücker herzlich.
2 Görner 2000, 17.

Arztes Paracelsus, indem er dessen medizinische Einsicht, der zufolge, die Dosis das Gift macht, auf das Feld der Literatur überträgt. Jemand, der, wie die griechischen und römischen Klassiker, dauerhaft gelesen werden wolle, müsse sich um einen „*Stil der Unsterblichkeit*" (WS 144, 613) bemühen. Die Kultivierung eines solchen auf Dauerhaftigkeit angelegten Stils sei nun aber gerade nicht durch Aufwendung bombastischer Mittel zu erreichen, sondern viel eher mittels relativ schlichter Verfahren: Nietzsche spricht bildhaft vom „Einkochen" oder „Einsalzen" von Gedanken (ebd.). Von Anbiederungen an eine zeitweilig vorherrschende Mode des Geschmacks oder, um in Nietzsches kulinarischem Sprachbild zu bleiben, von allzu reichlicher stilistischer Würzung, rät der zur Philosophie konvertierte Altphilologe also dringend ab. Anstelle dessen empfiehlt er Maßhaltung. Stilmittel, aber auch Inhalte müssen in bekömmlicher Dosis verabreicht werden. Wohlabgewogenheit ist das von Nietzsche ausgegebene Ideal – und im Zweifel ist weniger mehr, denn „[d]as Letzte, was ein guter Autor bekommt, ist Fülle; wer sie mitbringt, wird nie ein guter Autor werden. Die edelsten Rennpferde sind mager, bis sie von ihren Siegen *ausruhen* dürfen." (Ebd., 141, 613; vgl. auch WS 117, WS 148, WS 340 und VM 117) Gute Stilisten wissen folglich an sich zu halten. Ihr Ausdruck ist leicht, oft wirkt er spielerisch, doch ist diese schwebende Eleganz die Frucht strenger Disziplin. (Auch ein lockerer Stil, wie er im „Wanderer" streckenweise vorherrscht, ist darum also alles andere als sorglos.) Die stilprägenden Autoren tanzen demnach gleichsam in Ketten (vgl. WS 140, 612).

Wenn Görner Nietzsche als einen Meister der Dosierung preist, denkt er aber nicht nur an den großen Stilisten und Sprachartisten, der Nietzsche ohne Zweifel ist, sondern er hat außerdem einen Philosophen im Sinn, der sich selbst als „Arzt der Kultur"[3] (NL 30[8], KSA 7, 733) begreift. Görner steht folglich auch der Kulturkritiker Nietzsche vor Augen, der gegen die Décadence und den Pessimismus seines Zeitalters anschreibt. Er denkt an einen Philosophen, der sich deswegen für einen besonders guten Arzt der Kultur hält, weil er deren Krankheit nicht nur vom äußeren Standpunkt des Beobachters her kennt, sondern auch aus der Innenperspektive: Nietzsche hat die Décadence am eigenen Leib erfahren, er hat sie, wie er schreibt, regelrecht durchbuchstabiert (vgl. EH weise 1, KSA 6, 265). Das Zusammentreffen von Bücher- und Arzneiwunsch besagt für Görner daher, „[d]ass er [Nietzsche EB] zuweilen medikamentös dachte und sein Denken als Mittel gegen

---

3 Nietzsche ist wohlgemerkt kein Arzt im strengen bzw. schulmedizinischen Sinne. Er verwendet diese Formel so gesehen ziemlich sorglos. Allerdings sieht er sich als philosophischer Spezialist für Krankheits- und Gesundheitsfragen, die er auch auf das Feld der Kultur überträgt. Einerseits versteht er sich als quasi klinischer Diagnostiker und zum anderen als ‚Therapeut', der seine Mittel vor allem aus dem Bereich moderner Diätetik und der antiken Philosophie der Lebenskunst bezieht. Das alles wird im „Wanderer" deutlich.

die Kulturkrankheit der ‚Décadence' einsetzte, die er dazu zwingen wollte, sich von ihm ärztlich behandeln zu lassen"⁴. Auch dieser Einschätzung ist zuzustimmen, nur ist mit dem Verweis auf seine schriftstellerische Dosierungsexpertise und sein kulturphilosophisches Therapieprogramm noch nicht alles Relevante über die Verbindung von Bibliothekarischem und Apothekarischem bei Nietzsche gesagt. Beachtung verdient in diesem Zusammenhang auch, dass Nietzsche in einer äußerst heiklen Phase seines Lebens beschließt, sein gesundheitliches Schicksal in die eigenen Hände zu nehmen (vgl. ebd. 2, 266). Bedacht werden muss darum nicht nur Nietzsche als Arzt der Kultur, sondern genauso Nietzsche als sein eigener Arzt (und folgerichtig auch Nietzsche als sein eigener Patient).⁵

2.2 Zwischen kulturphilosophischen Ambitionen und selbsttherapeutischen Versuchen

Wirklich ist Nietzsches Lebensgeschichte in weiten Teilen eine Krankheits- und Leidensgeschichte. Vor diesem Hintergrund versteht man leicht, dass er sich als Philosoph aus der Krankheit in die Gesundheit hineinzudenken sucht. Sowohl als Arzt der Kultur wie auch als sein eigener Arzt denkt er über Krankheit und Krankhaftes immer um der Gesundheit willen nach. Auf diese Weise gelingt es ihm auch, seiner eigenen Krankheitsgeschichte, und zwar selbst noch deren dramatischten Episoden, etwas Positives abzugewinnen.⁶ So versteht er sich nicht bloß als jemand, der es zu Wege bringt, trotz chronischer Leiden zu arbeiten, sondern er erklärt seine prekäre physiologische Konstitution sogar zur Conditio sine qua non seines Schaffens. Etwas, das auf den ersten Blick aussieht – und sich vermutlich auch so angefühlt haben wird – wie ein Verhängnis, verwandelt sich so beim zweiten Hinsehen in eine glückliche Fügung. Diesen Zusammenhang stellt Nietzsche nicht nur in den Vorreden zur zweiten Ausgabe von *Menschliches, Allzumenschliches* heraus, sondern auch im *Ecce homo* (1888), der sich ähnlich wie

---

4 Görner 2000, 17.
5 Nietzsches Entschluss, sich selbst zu kurieren, weist auf ein gehöriges Maß Verzweiflung hin, denn es konnte ihm kein Arzt helfen, seine Leiden dauerhaft zu mildern. Das erregt wiederum Nietzsches Misstrauen gegenüber der herkömmlichen Medizin und den Ärzten und führt dazu, dass Nietzsche alternative Wege zur Gesundheit sucht (vgl. Anm. 3).
6 Die Krankheit, schreibt Nietzsche, habe ihn davor bewahrt, sich infolge einer „Gesammt-Abirrung [s]eines Instinkts" (EH MA 3, KSA 6, 324) immer weiter von sich selbst zu entfremden. Nur so sei er schließlich wieder zu sich selbst gekommen. So wird die Krankheit in Nietzsches Deutung zur Medizin, wenn auch zu einer bitteren, durch deren Applikation der Kranke sich selbst geschenkt wird, was ein Akt der Genesung ist.

der „Wanderer" stark mit Fragen der Gesundheit und Krankheit auseinandersetzt. Auch im späten *Ecce homo* denkt Nietzsche wieder über die Zusammenhänge von Ernährung, Klima und Gesundheit sowie von Landschaft und Stimmung nach. Doch man sollte sich von diesen thematischen Überschneidungen nicht in die Irre führen lassen. Es gibt wichtige Unterschiede zwischen den Werken, die vor allem mit der jeweiligen Kontextualisierung der Fragen rund um Krankheit und Gesundheit zu tun haben. Vor allem greift Nietzsche im *Ecce homo* viel weiter aus als in „Der Wanderer und sein Schatten", wenn er sein gesundheitliches Schicksal mit dem der Kultur verknüpft. Im Kern laufen Nietzsches entsprechende Bemühungen im *Ecce homo* darauf hinaus, seinen eigenen hochsensiblen psycho-physischen Zustand als ein Glück für ihn und die kranke Kultur zu deuten. Nur weil ihn nämlich sein Kranksein mit jenem „*Doppelblick* [des Kranken und des Gesunden für Krankhaftes und Gesundes EB] in die Welt" ausgestattet habe, „welchen alle grossen Erkenntnisse haben" (EH MA 6, KSA 6, 328), sei er in der Lage, die Umwertung aller Werte in Angriff zu nehmen (vgl. ebd., weise 1, 266). In der Umwertung aller Werte erblickt Nietzsche aber das ultimative Heilmittel einer insbesondere nach dem Tod Gottes mit dem Nihilismus ringenden Kultur. So ist es in Nietzsches Interpretation ausgerechnet das Unheil der Krankheit, durch das er zum Heilsbringer der Kultur wird, indem er ihr das Heilmittel seiner Philosophie bringt. Was Nietzsche hier betreibt, ist nicht nur eine Art Selbsttherapie durch kognitive Bedeutungsumschreibung (er verwandelt das „Verhängnis" seiner Krankheit in das „Glück s]eines Lebens" (ebd., 264), d.i. seine einzigartige Befähigung), sondern seine diätetischen, lebenskünstlerischen und im weitesten Sinne medizinphilosophischen Ausführungen bewegen sich zugleich im größeren Rahmen seiner Kulturphilosophie, die zwar nicht ausschließlich, aber doch in erheblichem Maße Kulturpolitik ist.[7] Das ist in „Der Wanderer und sein Schatten" anders. Zwar stoßen Leserinnen und Leser auch hier auf Aphorismen, die sich mit der Frage nach dem Fortschritt bzw. der Vision eines möglichen Fortschritts der Kultur befassen. Und auch der für die Kulturpolitik von *Menschliches, Allzumenschliches* I wichtige Gedanke, dass sich dieser Forstschritt wesentlich daran ablesen lasse, wie es die zukünftige Kultur mit der Religion halten wird (vgl. WS

---

[7] Unter Kulturpolitik verstehe ich mit Brücker 2019 den Versuch, die Kultur nicht nur zu analysieren und zu kritisieren, sondern Wege zu weisen, wie sie sich tatsächlich auch verändern lässt. Nietzsches Kulturpolitik setzt formelhaft formuliert auf Wachstum (vgl. NL 1885, KSA 12, 2[128], 127 und ebd., 10[5], 456) statt Siechtum. In *Menschliches, Allzumenschliches* I ist Nietzsches „kulturpolitische Vision" besonders deutlich: „Freigeister regieren über die Wissenschaften und bestimmen die Ziele der Kultur" (Brücker 2019, 156 mit Blick auf MA I 282). In *Ecce homo* kürt sich Nietzsche als Umwerter der Werte selbst zur absoluten Entscheidungsinstanz der kulturellen Entwicklung.

182), taucht im „Wanderer" wieder auf. Im Zentrum des Werkes steht jedoch nicht das Schicksal der Kultur oder der Gesellschaft, sondern das Leben des oder der Einzelnen. Bemerkenswert ist übrigens, dass die Abschnitte des „Wanderers", die vom kulturellen Forstschritt handeln, abgesehen von den eher skeptischen Aphorismen WS 186 und WS 221, ein hoffnungsvoller Ton durchzieht – so im Falle von WS 183, WS 185, WS 189 und WS 190[8]. Gut möglich, dass dieser zuversichtliche Ton daher rührt, dass Nietzsche befürchtet, ein mögliches Schwarzmalen der Zukunft könnte auf sein Denken abfärben: „‚Dunkel-Zeiten' nennt man solche in Norwegen, da die Sonne den ganzen Tag unter dem Horizonte bleibt: die Temperatur fällt dabei fortwährend langsam. – Ein schönes Gleichniss für alle Denker, welchen die Sonne der Menschheits-Zukunft zeitweilig verschwunden ist." (WS 191, 638).

Zum individuellen Leben gehört selbstverständlich auch der Umgang des Einzelnen mit anderen Menschen. Nietzsche trägt dem im „Wanderer" ausführlich Rechnung, wenn er eine ganze Reihe von Aphorismen dem menschlichen Zusammenleben widmet (vgl. WS 236, WS 241, WS 250, WS 253–261). Zumeist geht es dabei aber nicht um große, in die Zukunft weisende Gesellschaftsentwürfe, sondern eher um Klugheitsregeln für den alltäglichen Gebrauch, wobei einige davon exklusiv für Denker geschrieben sind (WS 236, WS 241, WS 243). Nietzsche erweist sich in diesem Kontext als scharfsichtiger Beobachter und feinsinniger Psychologe. Obschon der „Wanderer" seinen Blick immer wieder in die Zukunft schweifen lässt und dabei Szenarien in einen für ihn utopischen Himmel malt, die nicht nur damaligen Leserinnen und Lesern moralisch sauer aufstoßen mussten,[9]

---

[8] WS 190 gibt zu bedenken, dass das Vertrauen in die Zukunft selbst eine kulturfördernde Maßnahme ist, denn „Nichts ist den Seelen und Leibern der Menschen förderlicher, als diess Vertrauen" (ebd., 637). Freilich ist nicht das bloße Vorhandensein einer Zukunftsperspektive automatisch auch schon zukunftsfördernd, sondern es zählt der Geist, welcher der jeweiligen Vision zugrundeliegt. Neben der Hoffnung bringt Nietzsche auch die Stärke als Kriterium ins Spiel: „*Classisch und romantisch.* – Sowohl die classisch als auch die romantisch gesinnten Geister [...] tragen sich mit einer Vision der Zukunft: aber die ersteren aus einer *Stärke* ihrer Zeit heraus, die letzteren aus deren *Schwäche*" (WS 217, 652).
[9] So entwirft Nietzsche z. B. in WS 185 das Szenario einer höheren Kultur, die als solche nicht mehr „unter der religiösen Beleuchtung" steht und deswegen im Stande sei, Abstand von dem Gedanken zu nehmen, dass ein natürlicher Tod etwas Gutes sei. In Wirklichkeit handele es sich beim sogenannten natürlichen Tod um etwas durch und durch Unvernünftiges: „Der natürliche Tod ist der [...] eigentlich *unvernünftige* Tod, bei dem die erbärmliche Substanz der Schale darüber bestimmt, wie lange der Kern bestehen soll oder nicht [...]. Der natürliche Tod ist der Selbstmord der Natur, das heisst, die Vernichtung des vernünftigen Wesens durch das unvernünftige, welches an das erstere gebunden ist" (WS 185, 632 f.). Auf der Basis dieses Gedankens empfiehlt Nietzsche schließlich „[d]ie weisheitsvolle Anordnung und Verfügung des Todes", welche zwar in eine „jetzt

ist er unbedingt auch ein Buch des Hier und Jetzt. Das Werk ist eine philosophische Würdigung und Durchdringung des Alltags um des Alltags willen. Auch das unterscheidet den „Wanderer" von anderen Werken Nietzsches wie namentlich dem *Ecce homo*, in denen eine philosophische Betrachtung des Alltags zwar durchaus stattfindet. Ihr mangelt es jedoch an Eigengewicht und Selbstständigkeit. Wie gesagt, im *Ecce homo* schreibt ein Philosoph, der sich zum philosophischen Schicksal erklärt, während man es im „Wanderer" mit einem Autor zu tun hat, der versucht, sein Schicksal philosophisch in den Griff zu bekommen. In der wertschätzenden Hinwendung zum Alltag (vgl. v. a. WS 16) und der Konzentration auf den Einzelnen liegt denn auch der entscheidende Unterschied zum weiter ausgreifenden Buch *Menschliches, Allzumenschliches* I. Während dort der Freigeist als Retter der Kultur beschworen wird, also der (positive) Einfluss des (vitalen) Teils auf das (morbide) Ganze im Vordergrund steht, richtet Nietzsche den Blick im „Wanderer" auf das sich um sich selbst sorgende Individuum:

> Nietzsche wandte sich in der kurzen Zeit zwischen *Menschliches* (erschienen am 14. April 1878) und dem *Wanderer* (erschienen Ende Dezember 1879) von der freigeistigen Kulturpolitik zum individuellen Alltag. Ging es in *Menschliches* noch um die Erhöhung einer ganzen Kultur durch philosophische Freigeister, so geht es im *Wanderer* um das Wohlergehen des Einzelnen im alltäglichen Leben.[10]

Es geht angesichts eines Gesundheitszustandes, den Nietzsche als „Thierquälerei und Vorhölle" (KSB 5, 440) beschreibt, zugespitzt gesagt, um die Rettung eines lebenswerten Maßes individuellen Wohlergehens eines bestimmten Einzelnen durch die bewusste Gestaltung seines persönlichen Alltags. Der „Wanderer" ist gleichsam das philosophische Begleitbuch zu Nietzsches lebenspraktischem Versuch, sich selbst zu kurieren.

3 Wanderschaft in *Menschliches Allzumenschliches* I und in „Der Wanderer und sein Schatten"

Bei dieser selbstverantworteten Kur spielt das bereits durch den Titel ins Zentrum der Aufmerksamkeit gerückte Wandern eine Schlüsselrolle. Mit Wandern ist hier

---

ganz unfassbar und unmoralisch klingende Moral der Zukunft gehöre, in deren Morgenröthe zu blicken [jedoch] ein unbeschreibliches Glück sein muss" (ebd., 633).
10 Brücker 2019, 152.

freilich mehr gemeint als bloß eine vitalitätsfördernde Bewegung in der Natur; wandern, d.h. außerdem die ortserprobende Suche nach einer für Nietzsche heilsamen Atmosphäre, wobei insbesondere die klimatischen Verhältnisse berücksichtigt werden müssen. Nach der Bewilligung von Nietzsches Entlassungsgesuch vom 02.05.1879 im Juni desselben Jahres wird aus dem Professor endgültig ein Wandervogel. Sein Leben wird zu einer Wanderschaft zwischen bestimmten Orten, an denen sich aufzuhalten, ihm zu bestimmten Jahreszeiten (im Sommer in Sils-Maria, im Winter an der Riviera Italiens oder Frankreichs) guttut. Man kann dieses vagabundierende Leben wiederum als Verhängnis und Glück bezeichnen. Ein Verhängnis ist es, insofern Nietzsche sich zu solchem beständigen Ortswechsel aus gesundheitlichen Gründen gezwungen sieht. Wurzeln schlagen ist ihm nicht vergönnt. Er ist heimatlos. Um ein Glück hingegen handelt es sich insofern, als sich die ‚saisonale Verpflanzung' positiv auf Nietzsches Gesundheitszustand auswirkt, womit eine Steigerung seiner Kreativität und Produktivität verbunden ist. Diese Erfahrung hat Nietzsche im „Wanderer" verarbeitet und dabei mit seinem individuellen Erleben[11] – „Inzwischen habe ich *meine* Art Natur *gefunden*, so daß ich erst merke, was ich seit Jahren *entbehrt* habe, wie arm ich auch darin war" (KSB 5, 426) – (doch wieder) eine kulturpolitische Vision verknüpft, deren Realisation alle Menschen zu Wanderern machen würde. Für den einzelnen Menschen dürfte Nietzsches Therapievorschlag, dem der spannende Gedanke einer zu entwickelnden „medicinische[n] Geographie" (WS 188, 634) zugrunde liegt, durchaus wertvoll sein:

Geistige und leibliche Verpflanzung als Heilmittel. – Die verschiedenen Culturen sind verschiedene geistige Klimata, von denen ein jedes diesem oder jenem Organismus vornehmlich schädlich oder heilsam ist. Die *Historie* im Ganzen, als das Wissen um die verschiedenen Culturen, ist die Heilmittellehre, nicht aber die Wissenschaft der Heilkunst selber. Der Arzt ist erst recht noch nöthig, der sich dieser *Heilmittellehre* bedient, um Jeden in sein ihm gerade erspriessliches Klima zu senden – zeitweilig oder auf immer. In der Gegenwart leben, innerhalb einer einzigen Cultur, genügt nicht als allgemeines Recept, dabei würden zu viele höchst nützliche Arten von Menschen aussterben, die in ihr nicht gesund athmen können. Mit der Historie muss man ihnen Luft machen und sie zu erhalten suchen; auch die Menschen zurückgebliebener Culturen haben ihren Werth.– Dieser Cur der Geister steht zur Seite, dass die Menschheit in leiblicher Beziehung darnach streben muss, durch eine medicinische Geographie dahinterzukommen, zu welchen Entartungen und Krankheiten jede Gegend der Erde Anlass giebt, und umgekehrt welche Heilfactoren sie bietet: und dann müssen allmählich Völker, Familien und Einzelne so lange und so anhaltend verpflanzt werden, bis

---

[11] Nietzsche erfährt den wohltuenden Einfluss von Ort und Klima allerdings auch insofern nicht im luftleeren Raum, als damals entsprechende wissenschaftliche und populärwissenschaftliche Werke zum Thema Gesundheit und Diätetik regelrecht boomten. Er denkt und empfindet also auch im Fluidum des Zeitgeistes.

man über die angeerbten physischen Gebrechen Herr geworden ist. Die ganze Erde wird endlich eine Summe von Gesundheits-Stationen sein (Ebd., 634 f.).

Die „ganze Erde [...] als eine Summe von Gesundheits-Stationen" (ebd.): Das, was Nietzsche in diesem Aphorismus in eine unbestimmte Zukunft verlegt (die Kulturpolitik ist präsent, wird aber durch unbestimmte Verschiebung gleichsam ausgesetzt), ist im kleineren mitteleuropäischen Rahmen genau das, was er fortan für sich selbst zu realisieren versucht, und zwar im doppelten klimatologischen Gesundheitssinn, den der Aphorismus aufwirft: Wenn eine bestimmte geistige Atmosphäre einem bestimmten Individuum in geistiger Hinsicht abträglich ist, so wie Wagners Bayreuth dem sich zum freien Geist mausernden Nietzsche, gilt es, sie genauso zu fliehen wie eine klimatische Umgebung, die sich verderblich auf den Leib auswirkt.

Der Wanderer verlässt mit dem Altbekannten auch das Festgefahrene; er setzt sich neuen Erfahrungen aus, wodurch sich ihm neue Perspektiven eröffnen. Wandern ist in diesem Sinne für Nietzsche ein psychohygienischer Akt, ein Abbruch und Aufbruch, den er sich in seiner neuen Rolle als sein eigener Arzt und Patient in Personalunion selbst verordnet:

> Gleich wie ein Arzt seinen Kranken in eine völlig fremde Umgebung stellt, damit er seinem ganzen ‚Bisher', seinen Sorgen, Freunden, Briefen, Pflichten, Dummheiten und Gedächtnismartern entrückt wird und Hände und Sinne nach neuer Nahrung, neuer Sonne, neuer Zukunft ausstrecken lernt, so zwang ich mich, als Arzt und Kranker in Einer Person, zu einem umgekehrten unerprobten *Klima der Seele*, und namentlich zu einer abziehenden Wanderung in die Fremde, in *das* Fremde, zu einer Neugierde nach aller Art von Fremden... Ein langes Herumziehn, Suchen, Wechseln folgte hieraus, ein Widerwille gegen alles Festbleiben, gegen jedes plumpe Bejahen und Verneinen; ebenfalls eine Diätetik und Zucht, welche es dem Geiste so leicht als möglich machen wollte, weit zu laufen, hoch zu fliegen, vor Allem immer wieder fort zu fliegen. Thatsächlich ein Minimum von Leben, eine Loskettung von allen gröberen Begehrlichkeiten, eine Unabhängigkeit inmitten aller Art äusserer Ungunst, sammt dem Stolze, leben zu *können* unter dieser Ungunst; [...] – das Alles ergab zuletzt eine grosse geistige Erstarkung, eine wachsende Lust und Fülle der Gesundheit (MA II Vorrede 5, 375).

Wanderschaft wird Lebensform; der Wanderer wird Lebenskünstler und das, wie gleich noch deutlich werden wird, nicht zuletzt dadurch, dass er sich auf die Weisheitslehren der antiken Philosophie besinnt.

Endlich erweist sich das Wandererleben auch in philosophischer Hinsicht als passgenau, denn, so hält Nietzsche im letzten Aphorismus des ersten Teils von *Menschliches, Allzumenschliches* fest:

> Wer nur einigermaassen zur Freiheit der Vernunft gekommen ist, kann sich auf Erden nicht anders fühlen, denn als Wanderer, – wenn auch nicht als Reisender *nach* einem letzten Ziele: denn dieses gibt es nicht. Wohl aber will er zusehen und die Augen dafür offen haben, was Alles in der Welt eigentlich vorgeht; deshalb darf er sein Herz nicht allzufest an alles Einzelne hängen; es muss in ihm selber etwas Wanderndes sein, das seine Freude an dem Wechsel und der Vergänglichkeit habe (MA 1 638, 362f.).

Die Eingemeindung des „Wanderers" in *Menschliches, Allzumenschliches* ist, wie gesagt, nicht unproblematisch. Dieser Aphorismus jedoch, der nicht nur den ersten Band beschließt, sondern auch noch „Der Wanderer" heißt, bildet eine schöne Überleitung zu „Der Wanderer und sein Schatten". Er kann als eine Art Scharnier zwischen den Büchern fungieren, wenn man beachtet, wie die grundsätzliche, alle Lebensbereiche und insbesondere das Denken betreffende Wanderschaft des Freigeistes auf Erden, desjenigen also, der „zur Freiheit der Vernunft gekommen ist" (ebd.), die buchstäbliche Wanderschaft (gemeint sind Streifzüge in der Natur) des Wanderes in „Der Wanderer und sein Schatten" vorbereitet: In *Menschliches, Allzumenschliches* I plädiert Nietzsche mit Vehemenz für ein aufgeklärtes, wissenschaftliches Weltbild, wobei ihm unter ‚Wissenschaft' zumal „the careful, dispassionate quest for knowledge, the possibilty of seeing the world as it really is, without wishful thinking or the need for imputing meaning to it"[12], vorschwebt. Während die Philosophie sozusagen von Amts wegen die „Frage nach dem Nutzen der Erkenntniss" aufwerfe und dabei „unbewusst" darauf aus sei, „der Erkenntniss überhaupt den *höchsten* Nutzen zuzuschreiben", womit sie sich zum einen selbst adele und zum anderen ihrem heimlich gehegten Wunsch entspreche, genau wie die Kunst, „dem Leben und Handeln möglichste Tiefe und Bedeutung zu geben", suchen die wissenschaftlichen Einzelgebiete „Erkenntnis und Nichts weiter, – was dabei auch herauskomme" (MA I 6, 28). Nietzsche hält die Philosophie also von vorhinein für befangen: „[D]ie Erkenntniss für das Leben *soll* so groß als möglich erscheinen" (ebd.), weil man das, was es zu entdecken gibt, für maximal groß und erhaben hält bzw. halten *will*. Es ist „der Gesichtspunct des *Glücks*", der die Philosophie korrumpiert und, so Nietzsche, „die Blutadern der wissenschaftlichen Forschung" (ebd. 7, 28) seit Sokrates unterbindet. Nietzsche sieht jedoch eine Trendwende bzw. er will selbst maßgeblich daran mit-

---

[12] Abbey 2020, 6. Abbey (ebd., 6f.) zeichnet mit Verweis auf MA I 8, MAI 266 und MA I 270 überzeugend nach, dass Nietzsches „invocation of science should not be conflated with unadultarated praise for the natural sciences". Die verbreitete Rede von einer positivistischen Mittelphase in Nietzsches Werk ist darum mit Vorsicht zu genießen. Eher ist es Nietzsche um Aufklärung zu tun und hierzu können und sollen nicht nur die Naturwissenschaften ihren Beitrag leisten, sondern ebenso gut auch andere Wissenschaften wie die historische Wissenschaft, die Philologie, die Philosophie usw.

wirken, dass anstelle der mächtigen Bauten philosophischer Systeme, die auf dem Sand „beglückende[r] und blendende[r] Irrtümer" stünden, die „kleinen unscheinbaren Wahrheiten, welche mit strenger Methode gefunden wurden" (ebd. 3, 25), geschätzt werden. Nietzsche geht davon aus, dass der lange Weg zu einer höheren Kultur gerade über die kurzen Schritte der ‚kleinen' Wahrheiten führt, indem diese die vermeintlich großen Wahrheiten als Irrtümer entlarven werden. Das auszuhalten und sich an „das mühsam Errungene, Gewisse, Dauernde und deshalb für jede weiter Erkenntnis noch Folgenreiche" zu halten, „ist männlich und zeigt Tapferkeit, Schlichtheit und Enthaltsamkeit an" (ebd.). All dies sind Tugenden der freien Geister, denen Nietzsche *Menschliches, Allzumenschliches* I widmet. Von ihnen erhofft er sich über kurz oder lang eine Transformation der Kultur. Das ist seine kulturpolitische Vision im ersten Teil von *Menschliches, Allzumenschliches:*

> Allmählich wird nicht nur der Einzelne, sondern die gesammte Menschheit zu dieser Männlichkeit emporgehoben werden, wenn sie sich endlich an die höhere Schätzung der haltbaren, dauerhaften Erkenntnisse gewöhnt und allen Glauben an Inspiration und wundergleiche Mittheilung von Wahrheiten verloren hat (Ebd., 25f.).

Beseelt von einem solchen wissenschaftlichen Geist nimmt *Menschliches, Allzumenschliches* I also alle Ideale aufs Korn, denen sich Menschen zu verschreiben pflegen und die sie wahlweise in den Himmel heben oder für den Himmel selbst halten. Im Brennglas von Nietzsches genealogischem Philosophieren (in *Menschliches, Allzumenschliches* spricht Nietzsche noch von „historische[m] Philosophiren (MA I 2, 25) erscheinen sie jedoch in einem ganz anderen Licht. Sie wirken jetzt nicht mehr erhaben, sondern profan – kurz: Sie erweisen sich als menschlich, allzumenschlich. Metaphysik, Moral, Religion, ja sogar die von Nietzsche so sehr geliebte Kunst werden nicht nur genealogisch, sondern unter Zuhilfenahme möglichst vieler wissenschaftlicher Perspektiven dekonstruiert, d. h. Nietzsche klopft ab, was von uns selbst zu halten ist, wenn wir uns vor dem Hintergrund dessen betrachten, was sich „bei der gegenwärtigen Höhe der einzelnen Wissenschaften" (ebd. 1, 24) über uns und die Welt, in der wir leben, lernen lässt.[13] Im Rahmen einer Art antimetaphysischen Entgiftungsprogramms macht er sich daran, „Religion, Kunst und Moral in ihrer Entstehung so [zu] beschr[eiben], dass man sie vollständig sich erklären kann, ohne zur Annahme *metaphysischer Eingriffe* am Beginn und im Verlaufe der Bahn seine Zuflucht zu nehmen" (ebd. 10, 30). Zu diesem Zweck begibt sich Nietzsche auf historische Spuren- und psychologische Motivsuche. Der Mensch wird nicht mehr „als eine aeterna veritatis,

---

[13] Vgl. Schacht 2012, 102.

als ein Gleichbleibendes in allem Strudel, als ein sicheres Maass der Dinge" (ebd. 2, 24) betrachtet und die Seele landet auf dem „psychologischen Secirtisch" (ebd., 37, 59). Nietzsche unternimmt von hier aus Neuinterpretationen menschlichen Verhaltens, Wertens und Zusammenlebens. Dabei stößt er zwangsläufig – seine eigenen philosophischen Prämissen und sein eigener freigeistiger Ansatz wollen es so – auf ein Experimentierfeld vor, denn seine Interpretationen können nicht mehr die gleiche Verbindlichkeit für sich beanspruchen wie ehedem metaphysische Glaubenssätze. Sie müssen vielmehr selbst immer wieder der Kritik ausgesetzt werden, müssen vor demselben kritischen Geist bestehen und denselben Kriterien der Kritik gewachsen sein, mit denen Nietzsche den alten Idealen zu Leibe rückt. Philosophische Betriebsblindheit gestattet er sich nicht, weswegen es nur konsequent ist, dass Nietzsche später auch seinen in *Menschliches, Allzumenschliches* neu entdeckten naturalistischen Blick, seine anti-wagnerianische Wissenschaftsbegeisterung und den mit ihr verbundenen, scheinbar unbedingten Willen zur Wahrheit hinterfragt und unter Metaphysikverdacht stellt (vgl. GM III 24; KSA 5, 400 f.). In Anlehnung an den oben zitierten Aphorismus „Der Wanderer" lässt sich also festhalten: Seit *Menschliches, Allzumenschliches* kann sich Nietzsche als Philosoph nicht anders fühlen denn als Wanderer. Das muss aber nicht das Schlechteste sein, denn wandernd gibt es Vieles zu entdecken. *Menschliches, Allzumenschliches* (I & II) ist ein Buch der Wanderschaft, weil es zum einen den Aufbruch markiert, der ein integraler Bestandteil jeder Wanderung ist. Der Wanderer nimmt Abschied – nicht zuletzt von den „metaphysisch-künstlerischen Ansichten" seines Frühwerks, die er jetzt für zwar „angenehm, aber unhaltbar" (NL 1876 23[159]; KSA 8, 463) erklärt. *Menschliches, Allzumenschliches* (I & II) ist aber auch deswegen ein Wanderschaftsbuch, weil es einen ersten Streckenabschnitt jener philosophischen Wanderung markiert, die Nietzsches Werk spätestens seit ebendiesem Aufbruch ist. In keinem anderen seiner Bücher – mit Ausnahme vielleicht des *Zarathustra* – lässt Nietzsche aber so sehr an seinen tatsächlichen Wanderungen Anteil haben wie in „Der Wanderer und sein Schatten", jenem „Geschwätz unterwegs" (NL 1879 41[72]; KSA 8, 594).

Als ein Bekenntnis zur Wanderschaft lässt sich auch Nietzsches Auseinandersetzung mit dem seinerzeit aufblühenden Massen-Tourismus im Engandin lesen. Nietzsche beharrt darauf, ein Wanderer zu sein – unter keinen Umständen möchte er für einen Touristen gehalten werden[14]: „Vergnügungs-Reisende. – Sie steigen wie Thiere den Berg hinauf, dumm und schwitzend; man hatte ihnen zu

---

14 Diesen Eindruck erweckt jedenfalls der Text. Nietzsche war zu Zeiten des „Wanderers" (zumal bei schlechter Gesundheit und schwachem Augenlicht) wohl eher ein Spaziergänger als ein Wanderer.

sagen vergessen, dass es unterwegs *schöne Aussichten* gebe" (WS 202, 641). Touristen sind also in gewisser Weise kurzsichtige Wesen. Sie spulen ein bestimmtes, für ihren Aufenthalt im Vorhinein ausgearbeitetes Programm ab, absolvieren mehr oder weniger stumpf ihr Pensum und verlieren dabei das Nächste, ihre neue Umgebung, aus den Augen – oder bekommen sie erst gar nicht in den Blick. Ein Wanderer dagegen betrachtet den Weg als Ziel. Aus diesem Grund ist er offen für neue Eindrücke. Er nimmt sich Zeit, lässt den Blick schweifen. Der Wanderer schaut relativ unvoreingenommen in die Welt. Überhaupt ist er mit allen Sinnen in ihr präsent; er saugt die ihn umgebende Atmosphäre in sich auf. So macht ein Wanderer wirkliche, persönliche Erfahrungen; er erfährt die Natur und erfährt sich in der Natur selbst neu. Der touristische Blick ist derweil auf ganz bestimmte, touristisch erschlossene und in Reiseführern angepriesene, beschriebene und gleichsam durcherklärte Phänomene eingerastet. Seine Wahrnehmungsmöglichkeiten sind somit von Anfang an korrumpiert: „Ich hasse jene angeblichen Naturschönheiten", schreibt Nietzsche, „welche im Grunde nur durch das Wissen [...] etwas bedeuten, an sich aber dem schönheitsdurstigen Sinne dürftig bleiben"; als Beispiel solcher Dürftigkeit nennt er „die Ansicht des Montblanc von Genf aus". Man wisse, dass der Montblanc der höchste Berg sei und dieses Wissen sorge dafür, dass man „die näheren Berge", die „alle schöner und ausdrucksvoller" seien, links liegen lasse. Auf diese Weise beraube man sich aber selbst der Freude, die einem potentiell hätte beschert werden können: „Das Auge widerspricht dabei dem Wissen: wie soll es sich im Widersprechen wahrhaft freuen können" (ebd. 201, 641). Natürlich sieht auch ein Auge, das nicht solcherart vom Wissen getrübt ist, auf einer Wanderung nicht nur Schönes, Ergötzliches und Erfreuliches. Ein Sonderfall ist das Erhabene. Das Erhabene, das man beim Wandern angesichts *„der grossen Natur"* erfahren kann, erzeugt im Menschen, der sich in solchen Augenblicken sehr klein vorkommt, durchaus auch Unbehagen. Am schlimmsten ist es, wenn sich der Verdacht regt, die Natur verhalte sich uns gegenüber vollkommen indifferent: „Die Neutralität der grossen Natur (in Berg, Meer, Wald und Wüste) gefällt, aber nur eine kurze Zeit: nachher werden wir ungeduldig. „Wollen denn diese Dinge gar nichts zu uns sagen? Sind wir für sie nicht da?" (WS 205, 642). Es entsteht das Gefühl eines crimen laesae majestatis humanae. Die hier geschilderte Erfahrung, die Majestätsbeleidigung (crimen laesae majestatis), die sich das Geschöpf, das es gewohnt ist, sich für die Krone der Schöpfung zu halten, im Angesicht der wahrhaft majestätischen Natur gefallen lassen muss, ist allerdings eine Lektion in Demut – und als solche ist sie wie geschaffen für Wanderer und freie Geister bzw. für all jene, die zu sich selbst unterwegs sind.

4 „Antik werden!" Nietzsches Revitalisierung der antiken Philosophie der Lebenskunst

4.1 Die Verwobenheit von Leid und Lust. Nietzsches Kampf gegen den Pessimismus der Hungerleider

Die Philosophie des „Wanderers" steht im Zeichen der Biopathografie. Hält man sich dies vor Augen, wird auch verständlich, inwiefern man es hier mit einer Schattenphilosophie zu tun hat: Im „Wanderer" philosophiert jemand, über dessen Leben die Krankheit als ein Schatten liegt, dem bereits die Düsternis des antizipierten Todes beigemischt ist. Bemerkenswert ist, dass der Tod und die Vergänglichkeit gerade auch in jenen Abschnitten des Buches zugegen sind, die das Leben – vermittelt über ein Lob der Schönheit und Liebe (WS 271) oder das Glück des Augenblicks (WS 308) – besonders preisen. Ein Sonderfall ist in diesem Zusammenhang, wie sich gleich zeigen wird, WS 295, ein Aphorismus, der mit einer heroisch-bukolischen Naturidylle aufwartet, die durch eine eigentümliche Zurückdrängung des Todes glänzt. Die Präsenz des Todes im „Wanderer" liegt aus biografischen Gründen auf der Hand. Nietzsche ist jetzt im gleichen Alter wie sein Vater, als der einem Gehirnleiden erlag. Tatsächlich fürchtet der Sohn schon seit Langem, ein ähnliches Schicksal wie sein Vater zu erleiden. Er rechnet mit dem Schlimmsten, und das eher früher als später. Bereits im Januar 1876 schreibt er an Gersdorff: „Mein Vater starb mit 36 Jahr an Gehirnentzündung, es ist möglich, dass es bei mir noch schneller geht" (KSB 5, 132). So gesehen ist Nietzsche also schon überfällig. Hinzukommt, dass es ihm de facto erbärmlich schlecht geht. In Briefen schildert er Augenblicke der Todesangst, aber auch der Todessehnsucht. Leid und Tod stehen indes auch in den Briefen neben Glück und Schönheit, die Last in direkter Verbindung zur Lust. Kurz nach Erscheinen des „Wanderers", im Januar 1880, berichtet Nietzsche dem Arzt Dr. Eiser von seinen psychophysischen, aber auch philosophischen Grenzerfahrungen der letzten Zeit:

> Meine Existenz ist eine *fürchterliche Last:* ich hätte sie längst von mir abgeworfen, wenn ich nicht die lehrreichsten Proben und Experimente auf geistig-sittlichem Gebiete gerade in diesem Zustande des Leidens und der fast absoluten Entsagung machte – diese erkenntnißdurstige Freudigkeit bringt mich auf Höhen, wo ich über alle Marter und alle Hoffnungslosigkeit siege. Im Ganzen bin ich glücklicher als je in meinem Leben: und doch! Beständiger Schmerz [...] wüthende Anfälle (der letzte nöthigte mich 3 Tage und Nächte lang zu erbrechen, ich dürstete nach dem Tode) (KSB 6, 3).

Nietzsche stellt also für sich selbst einen integralen Zusammenhang zwischen dem Schmerz, der Qual und der Entsagung des Leibes auf der einen und der geistigen Freude an der Erkenntnis auf der anderen Seite ein und derselben Medaille her. Das Leid und die Entbehrung vertiefen die Erkenntnis. Der Durst nach Erkenntnis, versichert Nietzsche, überwiegt den Todesdurst. Fürs Erste triumphiert jedenfalls die Freude gegenüber dem Leid, denn die Lust der Erkenntnis bricht sich Bahn im Werk. Leid und Entbehrung führen gerade nicht zum Tod des Autors, sondern vielmehr zur Geburt neuer Werke, deren Handschrift sich wesentlich der intrikaten Lebens- und Schreibsituation verdankt, der sie entstammen. Der Reiz der „Vermischten Meinungen" und des „Wanderers" könnte darin liegen, mutmaßt Nietzsche, „dass hier ein Leidender und Entbehrender redet, wie als ob er *nicht* ein Leidender und Entbehrender sei" (MA II Vorr. 5, 374). Hier spricht jemand, „der sich die Aufgabe gestellt hat, das Leben *wider* den Schmerz zu verteidigen und alle Schlüsse abzuknicken, welche aus Schmerz, Enttäuschung, Ueberdruss, Vereinsamung und andrem Moorgrunde gleich giftigen Schwämmen aufzuwachsen pflegen" (ebd.). Eigentlich, so könnte man meinen, hätte Nietzsche allen Grund, dem Pessimismus zu verfallen und vielleicht sogar einen philosophischen Pessimismus nach dem Vorbild seines ‚Erziehers' Schopenhauer zu entwickeln. Das tut er aber nicht, denn gerade als Leidender entdeckt Nietzsche, dass die Gründe unserer Urteile oft weit weniger rational sind, als wir glauben. Vor allem anderen sind sie psychosomatischer Natur. Die zentrale Erkenntnis, die ihm Leid und Schmerz gewähren, ist, dass Leid und Schmerz mächtige Philosophen sind bzw. heimliche Strippenzieher philosophischer Gedanken und Systeme. Leid- und schmerzgetriebene Philosophien sind jedoch von vornherein parteiisch. Sie wenden sich gegen das Leben. Ihre Urteile erweisen sich bei genauerem Hinsehen als Vorverurteilungen. Man darf ihnen nicht trauen. Nietzsche beschließt darum, nicht auf sie hereinzufallen:

> […] damals war es so, wo ich mir den Satz abgewann: „ein Leidender hat auf Pessimismus *noch kein Recht!*", damals führte ich mit mir einen langwierig-geduldigen Feldzug gegen den unwissenschaftlichen Grundhang jedes romantischen Pessimismus, einzelne persönliche Erfahrungen zu allgemeinen Urteilen, ja Welt-Verurteilungen aufzubauschen, auszudeuten […] (Ebd., 374 f.).

Leibliches Befinden (Wohl oder Wehe) und geistige Urteile sind untrennbar miteinander verwoben. Philosophie und Physiologie sollten daher zusammen betrachtet werden. Nietzsches Überlegungen zur Diätetik, die sich praktisch in konkret von ihm in Angriff genommenen Ernährungs- und Gymnastikplänen niederschlagen (vgl. KSB 5, 352; NL 1879, 41[75]; KSA 8, 594), sind daher auch philosophisch relevant. Jemand, der an seinem leiblichen Wohl arbeitet, wirkt im Zuge dessen auf sein geistiges Urteil ein. Im „Wanderer" fügt Nietzsche dieser Einsicht noch eine Prise zeitgenössischer Vererbungslehre hinzu und entwirft auf dieser Grundlage eine kurze materialistische Geschichte des philosophischen und künstlerischen Pessimismus:

> *Abkunft der ‚Pessimisten'.* – Ein Bissen guter Nahrung entscheidet oft, ob wir mit hohlem Auge oder hoffnungsreich in die Zukunft schauen: diess reicht in's Höchste und Geistigste hinauf. Die Unzufriedenheit und Welt-Schwärzerei ist dem gegenwärtigen Geschlechte von den ehemaligen Hungerleidern her vererbt. Auch unsern Künstlern und Dichtern merkt man häufig an, wenn sie selber auch noch so üppig leben, dass sie von keiner guten Herkunft sind, dass sie von unterdrückt lebenden und schlecht genährten Vorfahren Mancherlei in's Blut und Gehirn mitbekommen haben, was als Gegenstand und gewählte Farbe in ihrem Werke wieder sichtbar wird (WS 184, 631f.).

Der weltverurteilende Pessimismus ist eine Philosophie der Hungerleider. Anders steht es dagegen mit der Dichtung und Philosophie der Griechen, auf die sich Nietzsche bereits in seiner Tragödienschrift auf der Suche nach einem „Pessimismus der *Stärke*" (GT Vorr 1; KSA 1, 12) besonnen hat. Ein Pessimismus der Stärke zeichnet sich dadurch aus, allem Leid zum Trotz nicht darauf zu verfallen, den Stab der Verneinung über die Welt zu brechen. Der Pessimismus der Stärke ist kein Nihilismus. Er ist vielmehr von Grund auf affirmativ gestimmt, weil er „das Harte, Schauerliche, Böse, Problematische des Daseins aus Wohlsein, aus überströmender Gesundheit, aus *Fülle* [und eben nicht aus dem Mangel, der kennzeichnend für den Hunger ist EB] des Daseins" (ebd.) ins Auge fasst. Die Kultur der Griechen, schreibt Nietzsche nun im „Wanderer", „ist die der Vermögenden [...]: sie lebten ein paar Jahrhunderte hindurch *besser* als wir (in jedem Sinne besser, namentlich viel einfacher in Speise und Trank): da wurden endlich die Gehirne so voll und fein zugleich, da floss das Blut so rasch hindurch, einem freudigen hellen Weine gleich, dass das Gute und Beste bei ihnen nicht mehr düster, verzückt und gewaltsam, sondern schön und sonnenhaft heraustrat" (WS 184, 632). Nietzsches „Wanderer"-Philosophie ist alles andere als eine Philosophie des selbstbeschwichtigenden Wegsehens. Sie weiß um die Schattenseite des Daseins; nur will sie deswegen doch nicht „düster, verzückt und gewaltsam, sondern" – nach griechischem Vorbild – „schön und sonnenhaft sein" (ebd.). Und wirklich, gerade wenn Nietzsche über Schönheit und Glück nachdenkt, bemüht er sich darum, den Gegenständen seines Nachdenkens auch performativ, d. h. schreibend gerecht zu werden: Aphorismen wie „Et in Arcadia Ego" (WS 295) und „Am Mittag" (WS 308) sind im Grunde schriftstellerische Versionen philosophischer Landschaftsmalerei. Man kann sie durchaus als schön bezeichnen. Die ‚Sonnenhaftigkeit' von „Am Mittag" ist allerdings melancholisch gebrochen:

> Wem ein thätiger und stürmereicher Morgen des Lebens beschieden war, dessen Seele überfällt um den Mittag des Lebens eine seltsame Ruhesucht, die Monden und Jahre lang dauern kann. Es wird still um ihn, die Stimmen klingen fern und ferner; die Sonne scheint

steil auf ihn herab. Auf einer verborgenen Waldwiese sieht er den grossen Pan schlafend; alle Dinge der Natur sind mit ihm eingeschlafen, einen Ausdruck von Ewigkeit im Gesichte – so dünkt es ihm. Er will Nichts, er sorgt sich um Nichts, sein Herz steht still, nur sein Auge lebt, – es ist ein Tod mit wachen Augen. Vieles sieht da der Mensch, was er nie sah, und soweit er sieht, ist Alles in ein Lichtnetz eingesponnen und gleichsam darin begraben. Er fühlt sich glücklich dabei, aber es ist ein schweres, schweres Glück (WS 308, 690).

Dass über dieser philosophischen Landschaftsskizze eine gewisse Düsternis liegt, wird man kaum bestreiten können: Da ist die Rede vom „Tod mit wachen Augen", davon, dass alles zwar lichtdurchflutet und irgendwie ‚sonnenhaft' ist, doch scheint die Welt hier in Sonnenhaftigkeit ertränkt; sie ist „in einem Lichtnetz" wie „begraben". Der Mittag, das ist *High noon*, die Zeit der kürzesten Schatten, wenn die Sonne „steil" auf [uns] herabschaut" (ebd.). Es ist die Augenblickszeit scheinbar ewiger Gegenwart. In der antiken Philosophie ist die Erfahrung des Augenblicks mit dem Glück purer Präsenz verbunden: Nichts stört den Augenblick und nichts stört im Augenblick. Weder spielt die Vergangenheit eine Rolle – sie wirft jetzt keinen Schatten auf unser gegenwärtiges Leben, noch kommt unserem Glücksempfinden die Sorge um die Zukunft in die Quere – auch sie ist im Augenblick suspendiert. Was zählt, ist allein die erfüllte Gegenwart. Das Augenblicksglück ist – vor allem gemäß stoischer Lehre – von geradezu kosmischer Qualität. Es ist in ihm „die Totalität des Kosmos enthalten"[15]. Auch in Nietzsches Augenblicksvision, deren Bezug auf die Antike durch die Einführung Pans deutlich genug ist, geht es um das Glück und zwar um das Glück der Erkenntnis. Die Abwesenheit der verschleiernden Schatten, die Durchflutung, man könnte auch sagen: die Ausleuchtung der Welt mit Licht, das alles deutet darauf hin, dass Nietzsche den Mittag als Sinnbild für die Zeit privilegierter Erkenntnis nimmt. Das Mittagsglück ist Erkenntnisglück. Das Erkenntnisglück ist die Erfahrung von Luzidität: „Vieles sieht da der Mensch, was er nie sah […]. Er fühlt sich glücklich dabei […]" (WS 308, 690). Dieses Glück ist jedoch nicht vollkommen, denn bei aller Lichtdominanz hat sich heimlich ein Schatten in die Mittagsszene eingeschlichen. Und dieser Schatten ist nicht klein und unbedeutend, sondern es ist der gravitätische Schatten des Todes, dessen prägende Kraft sich vor allem darin äußert, dass er das Augenblicksglück trübt. Es handelt sich nicht um ein leichtes, tänzerisches und beschwingtes Empfinden, sondern, wie Nietzsche durch die Emphase der Wiederholung hervorhebt, um ein „schweres, schweres Glück" (ebd.). Aber Nietzsche trübt in seinem Mittags-Aphorismus nicht nur die ‚Sonnenhaftigkeit' der Szene, indem er sie vermittels der melancholischen Schwere mit Düsternis infiltriert – er stört darüber hinaus auch die Ruhe des Augenblicks

---

15 Vgl. Hadot 2005, 168f.

durch die Erzeugung einer gefährlichen Spannung. Dies geschieht durch die Einführung Pans. Pan schläft. Er könnte jedoch jeder Zeit erwachen, und wenn das geschieht, insbesondere wenn Pan in seiner Ruhe gestört wird, wütet er fürchterlich. Er verbreitet dann Panik. Der aufgeschreckte Pan ist seinerseits schrecklich. In Nietzsches Aphorismus wird Pans Ruhe zwar nicht angetastet, aber Pan selbst stört die Ruhe der Szene, indem er mit „wachen Augen" (WS 308, 690) schläft. Ein friedlicher Schlaf ist das nicht. In Pans Gesicht meint der Beobachter einen Ausdruck der Ewigkeit wahrzunehmen; er bringt die Ewigkeit indes nicht primär mit dem erfüllten Augenblick in Verbindung, sondern mit dem Tod: „ein[em] Tod mit wachen Augen" (ebd.). Das Glück und die Ewigkeit gehen am Ende doch nicht zusammen, scheinen diese Augen zu verraten. Die Ewigkeit erwartet uns nicht im Leben, sondern erst im Grab. Bis dahin vergeht jedoch noch einige Zeit und mit ihr geht auch der Mittag vorbei, woraufhin „das *Leben*" den ruhesüchtigen Mittagsschwärmer „wieder an sich" reißt, „das Leben mit blinden Augen [...]. Und so kommt der Abend herauf, stürmereicher und thatenvoller als selbst der Morgen war" (ebd.). Der Mittag war die Ruhe vor dem Sturm. Jetzt hat die Unruhe wieder Besitz vom Menschen ergriffen. Es ist die panische Unruhe vor dem Ende. Der Mittag war nur eine Atempause.

Die Vergänglichkeit des Glücks betont Nietzsche auch in einem weiteren Aphorismus des „Wanderers", in dem ebenfalls ein Betrachter auftaucht. Dieses Mal geht es um die Liebe:

> *Gross und vergänglich* – Was den Betrachtenden zu Thränen rührt, das ist der schwärmerische Glückes-Blick, mit dem eine schöne junge Frau ihren Gatten ansieht. Man empfindet alle Herbst-Wehmuth dabei, über die Grösse sowohl, als über die Vergänglichkeit des menschlichen Glückes (WS 271, 670).

Die Tränen des Betrachters sind nicht allein Tränen der Trauer bzw. des Unglücks über die begrenzte Lebensdauer des Glücks (und implizit auch der Jugend und Schönheit). Sie sind mehr noch Ausdruck eines besonders intensiven Empfindens, das seine Intensität der Vergänglichkeit von etwas Großem bzw. Großartigem verdankt, das gerade darum so groß erscheint, weil es nicht ewig währt. Der melancholisch-wehmütige Herbstblick ist bittersüß und kraftvoll. Nicht nur der „schwärmerische Glückes-Blick" (ebd.) der Liebenden zeugt von Glück, sondern auch der tränenreiche Blick des Betrachters; zugleich ist er jedoch voller Trauer. In ihm liegt die Erkenntnis beschlossen, dass erst die Vergänglichkeit das Glück auf eine wahrhaft glückshafte Höhe hebt. Das aber ist eine grundlegende Weisheitslektion für Wesen, die um ihre eigene Sterblichkeit wissen.

4.2 Epikurs Schatten

Wenn sich Nietzsche im „Wanderer" auf die Griechen besinnt, dann denkt er dabei zuallererst an Epikur. Das ist in mehrfacher Hinsicht konsequent: Zuerst ist Epikur nämlich ein Philosoph der Genügsamkeit. Misst man Nietzsches entbehrungsreichen, streng rationierten und genauestens auf die schwächliche Konstitution seines Magens zugeschnittenen Speiseplan (vgl. z. B. KSB 5, 80) am Maßstab des asketischen Denkers, so sieht er nicht mehr ganz so karg aus: *„Der Philosoph der Ueppigkeit.* – Ein Gärtchen, Feigen, kleine Käse und dazu drei oder vier gute Freunde, – das war die Ueppigkeit Epikur's" (WS 192, 638). Auch die zunächst dürftigen Verkaufszahlen von Nietzsches Werken wären im Licht dieser epikureischen Üppigkeit leichter zu verschmerzen, solange sich wenigstens eine Handvoll treuer Leserinnen und Freunde fände. Des Weiteren ist Nietzsches Orientierung an Epikur deswegen schlüssig, weil der griechische Weise ein philosophisches Programm verfolgt, das, obwohl es wie die hellenistische Philosophie überhaupt auf das Glück (*eudaimonia*) zielt – was Nietzsche im ersten Hauptstück von *Menschliches, Allzumenschliches* wie gesehen (Kap. 3), noch für fatal erklärte –, doch sehr gut mit dem aufklärerischen, freigeistigen Ansatz von *Menschliches, Allzumenschliches* zusammenpasst. Beide Philosophen gehen davon aus, dass die Menschen sich bei ihrem Streben nach Glück (Epikur) bzw. während ihrer persönlichen und kulturellen (Höher-) Entwicklung (Nietzsche) selbst im Weg stehen. Sie tun das, indem sie, wie Epikur kritisiert, auf mythische statt auf rationale Erklärungen bspw. von Naturphänomenen setzen oder, was Nietzsche ein Dorn im Auge ist, ihr Heil nach wie vor bei Religion und Metaphysik suchen, obwohl deren Versprechen und Lehren angesichts der Erkenntnisse der modernen Natur- und Kulturwissenschaften zunehmend unglaubwürdig scheinen. Epikur weist also, ganz nach dem Geschmack des aufklärerischen Nietzsche, „unnatürliche, dramatische und exaltierte Naturdeutungen zugunsten von natürlichen, einfachen und gesetzmäßigen Erklärungsmodellen" zurück und legt dabei eine den modernen Naturwissenschaften „vergleichbare sachliche Nüchternheit"[16] an den Tag. Das imponiert Nietzsche. Und es ist ihm ein Fingerzeig, wie sich das Streben nach Glück und der Wille zur Aufklärung im freigeistigen Sinne philosophisch dann doch miteinander verbinden lassen. Für Epikur lassen sich Glück und Aufklärung nicht nur irgendwie, z. B. in Form eines Kompromisses, auf einen gemeinsamen Nenner bringen, sondern sie bilden sogar ein Paar. Das Unglück der Menschen rührt seines Erachtens vor allem daher, dass sie falschen Vorstellungen anhängen, die unstillbare Bedürfnisse in ihnen auslösen oder unbegründete

---

[16] Horn 1998, 92f.

Ängste nähren. So führt etwa die weit verbreitete Einschätzung des Todes als eines Übels dazu, dass die Menschen in ständiger Angst leben. Das ist für Epikur umso bedauerlicher, als diese Angst, wie er meint, auf einem Irrtum beruht. Irrtümer können jedoch ausgeräumt werden, wobei sich idealerweise auch die mit ihnen verbundenen falschen Erwartungen und Ängste auflösen. So gesehen kann man also durchaus davon sprechen, dass auch Epikur ein Ideal des freien Geistes vertritt, wobei bei ihm der freie zugleich der glückliche Geist ist, insofern er sich von Irrtümern und Ängsten befreit weiß. Und genau darin, in der Freiheit von Schmerz und Furcht und dem damit einkehrenden Frieden der Seele (*ataraxia*), liegt laut Epikur das Glück. Die Befreiung des Geistes von Irrtümern ist eine der wesentlichen Aufgaben und Kompetenzen der Philosophie. Sie klärt auf, indem sie analysiert, kritisiert und argumentiert. Im Falle der Todesfurcht argumentiert Epikur, auf dem Boden seiner an Demokrit orientierten materialistischen Naturphilosophie, wie folgt: Alles Gute und Üble beruht darauf, dass wir es (als gut oder übel) empfinden. Der Tod ist jedoch der Verlust der Empfindung. Das bedeutet, dass mit dem Tod die Basis des Guten und Üblen verschwindet. Ergo kann der Tod kein Übel sein. Von dieser Erkenntnis verspricht sich der Philosoph die lebenspraktische Folge, dass der Tod zukünftig aus dem Leben herausgehalten werde. Das vermeintlich schrecklichste aller Übel, erklärt Epikur in seinem berühmten *Brief an Menoikeus*, sollte uns nichts angehen, weil er uns ja, wie genaueres Nachdenken beweist, gar nicht betrifft. Solange wir sind (existieren), so Epikur, ist der Tod nicht und wenn er ist bzw. eintritt, sind (existieren) wir nicht mehr. Die Zurückweisung des Todes aus dem Leben ist eine entscheidende Weichenstellung für das Erlebnis des erfüllten Augenblicks als Gipfelpunkt des Glücks. Dieses Glück hat Nietzsche in „Et in Arcadia Ego", einer weiteren philosophischen Landschaftsmalerei, skizziert. Dass er dabei zugleich Epikur ein Denkmal setzt, ist ein deutliches Zeichen dafür, dass er ihn als philosophischen Wegbereiter eines solchen Glücks anerkennt. Als den „Erfinder einer heroisch-idyllischen Art zu philosophieren" hebt Nietzsche Epikur in den eminenten Rang „eine[s] der grössten Menschen" (WS 295, 687). Heroisch ist Epikurs Philosophie für Nietzsche, weil sie unseren allzu menschlichen Irrtümern entschlossen den Kampf ansagt, ohne sich dabei selbst zu schonen. Denn es ist nicht so, als ginge ein Bekenntnis zu Epikurs Philosophie ohne Verluste ab. Die epikureische Befreiung des Geistes von quälenden Ängsten geht mit der Entlarvung trostspendender Überzeugungen als bloße Illusionen einher. Zwar öffnet Epikurs Philosophie das menschliche Auge für die Schönheit der ‚phänomenalen' Welt – die ‚noumenale' Welt taucht sie dabei jedoch in ein trübes Grau. Die zauberhafte Gartenwelt, könnte man sagen, liegt bei Epikur inmitten eines entzauberten Kosmos. Hier ist – wie bei Demokrit – nicht einmal die kleinste Spur von göttlicher Vorsehung zu finden. Statt eines göttlichen Regiments gelten im epikureischen Kosmos die Gesetze bloßer Mechanik. Wohl gibt es hier, in der Welt durch den leeren Raum fallender Atome, Vielheit und Bewegung, aber all das findet zufällig statt. Einen ultimativen Zweck, ein Ziel alles Geschehens sucht man vergebens. Wenngleich Epikur nicht die Existenz der Götter leugnet, so bestreitet er doch, dass hinter allem, was geschieht, ein göttlicher Plan steht. Nicht nur haben die Götter mit den Menschen nichts Besonderes vor, sie interessieren sich nicht einmal für sie, denn Epikurs Götter leben in selbstgenügsamer Glückseligkeit. Vor diesen Göttern muss sich kein Mensch mehr fürchten. Das ist ein Gewinn (an Leichtigkeit), der aber mit dem Verlust metaphysisch induzierter Bedeutungsschwere des menschlichen Lebens einhergeht. Die Verabschiedung der Transzendenz ermöglicht allerdings die Konzentration auf die Immanenz. Und genau das zeichnet die nietzscheanisch-epikureische Idylle in „Et Arcadia Ego" aus. Anders als in „Am Mittag" ist das frühabendliche Glück in Nietzsches Arkadien nicht schwer. Es ist nicht belastet durch das drückende Gewicht der Vergänglichkeit, die durch den Tod in den Augen des schlafenden und dennoch bedrohlichen Pan in WS 308 allgegenwärtig ist. Zwar fehlt der Tod auch in WS 295 nicht. Seine Präsenz erschöpft sich aber in einer Andeutung, die in der Kombination des Namens des Aphorismus: „Et in Arcadia Ego" mit dem Verweis auf den französischen Maler Nicolas Poussin besteht, der in zwei gleichnamigen Bildern (1627/8, 1638/9). „Die arkadischen Hirten" oder eben „Et in Arcadia Ego", des Todes und der Vergänglichkeit des menschlichen Lebens (selbst an einem paradiesischen Ort wie Arkadien) gedenkt.[17] Doch auch die Aufschlüsselung dieser Andeutung sorgt nicht etwa dafür, dass der Tod als dechiffrierte Größe eine besondere Prägekraft entfalten könnte. Eher ist das Gegenteil der Fall. In Poussins erstem Bild tritt der Tod sehr deutlich in Form eines Totenschädels in Erscheinung, der auf einem Sarkophag liegt, den die Inschrift „Et in arcadia ego" ziert. Erregt, möglicherweise gar bestürzt, deutet ein Hirte mit dem Finger auf die Inschrift, während ihm ein anderer Hirte und eine besorgt dreinblickend Frau über die Schulter schauen. Im Vordergrund des Bilds vergießt ein Flussgott ohne erkennbaren Grund Wasser. Es ist, als wollte er veranschaulichen, dass die Zeit nie stillsteht, dass also auch die Lebenszeit jedes Einzelnen der Dreiergruppe unerbittlich verrinnt, derweil sie auf den Tod in Form des Schädels, des Sarkophags und der Inschrift stoßen. Selbst das Andenken des Todes kostet Lebenszeit. Nun ist der Totenschädel im zweiten Bild zwar verschwunden, und statt eines wasserverschüttenden Flussgottes, der die Hirten

---

17 Nietzsche verweist durch den Titel und die Gestalt seines Aphorismus als literarische Idylle auf Poussins Arkadien-Bilder. Im Aphorismus selbst sind die Bilder, wie ich oben zeigen möchte, zwar hintergründig oder implizit dadurch präsent, dass Nietzsche bewusst ein anderes Bild entwirft; explizit geht es aber nicht mehr um die Bilder, sondern um Poussins Empfindung: „heroisch und zugleich idyllisch" (WS 295, 686 f.).

keines Blickes würdigt, tritt eine anmutige Frau ins Bild, die einem Hirten huldvoll die Hand auf die Schulter legt. Die Anwesenheit des Todes ist gleichwohl dank eines Grabmals, über das sich dieses Mal drei Hirten beugen, um sich in ruhiger Konzentration mit der nämlichen Inschrift zu befassen, noch immer deutlich genug. Der Umgang mit dem Tod ist in beiden Bildern ein anderer: aufgeregt im ersten, abgeklärt im zweiten Bild. Für Poussin scheint das der entscheidende Unterschied zu sein: der jeweilige Modus der Ars moriendi. In Nietzsches Bild bzw. Text geht es indes nicht um Todeskontemplation, denn der Tod beherrscht die Szene gerade nicht. Nietzsche bringt ihn via Andeutung überhaupt nur ins Spiel, um zu zeigen, dass er darin keine Rolle spielt. Mit dem Tod verhält es sich in „Et Arcadia Ego" in gewisser Weise wie bei Epikur: Die Zeit der heroischen Idylle ist nicht die Zeit des Todes, sondern der Lebenden. Die heroische Idylle ist auch nicht das Terrain des Todes. Es ist das Feld des Lebens. So findet der Tod keinen Eingang in Nietzsches Arkadien. Es ist ihm benommen, das Glück des Augenblicks zu stören. Für den Moment ist, „im Schleier des Sonnenduftes schwimmend, – "Alles gross, still und hell", die Welt ist durch und durch ‚sonnenhaft', eine „reine scharfe Lichtwelt (die gar nichts Sehnendes, Erwartendes, Vor- und Zurückblickendes hatte)" (WS 295, 686). „[G]ross, still und hell" (ebd.) – der Aphorismus „Die guten Drei" (WS 322) weckt den Verdacht, Nietzsche könnte in „Et in Arcadia Ego" mit „Ego" in der Tat vor allem sich selbst und zwar: sich selbst als einen Denker gemeint haben. Die Trias der Adjektive in WS 295 entspricht der Trias der Substantive, der „guten Drei": „Ruhe, Grösse und Sonnenlicht" (WS 332, 697), mit denen Nietzsche das Denkerglück beschreibt:

> Ruhe, Grösse, Sonnenlicht, – diese drei umfassen Alles, was ein Denker wünscht und auch von sich fordert: seine Hoffnungen und Pflichten, seine Ansprüche im Intellectuellen und Moralischen, sogar in der täglichen Lebensweise und selbst im Landschaftlichen seines Wohnsitzes. Ihnen entsprechen einmal erhebende Gedanken, sodann beruhigende, drittens aufhellende, – viertens aber Gedanken, welche an allen drei Eigenschaften Antheil haben, in denen alles Irdische zur Verklärung kommt: es ist das Reich, wo die grosse Dreifaltigkeit der Freude herrscht (Ebd.).

5 Zum Schluss: Ein „Wahlspruch für Einzelne" und Alle

Um die Freude geht es auch im Abschlussaphorismus des „Wanderers" „Die goldene Loosung" (WS 350). Nietzsche erklärt sie an dieser privilegierten Stelle des Textes: als letztes Wort vor dem Rahmendialog, zum ultimativen Ziel des Lebens und setzt damit ein Ausrufezeichen hinter den lebenskünstlerischen und das heißt zugleich lebenspraktischen Tenor des Buches. In der Tat lässt sich an diesem Aphorismus noch einmal beispielhaft aufzeigen, wie Nietzsche im „Wanderer" einen Umschwung von der Kulturpolitik zur Lebenskunst vollführt. Ein Umschwung ist allerdings kein Bruch. Stattdessen bleibt Nietzsche auch am Ende des „Wanderers" noch im Schwung des ersten Teils von *Menschliches, Allzumenschliches*, wenn er über die Menschheitsentwicklung im Horizont von Aufklärung und Emanzipation nachdenkt und im Zuge dessen vor allem auf die Bedeutung moralischer, religiöser und metaphysischer Vorstellungen abhebt:

> Dem Menschen sind viele Ketten angelegt worden, damit er es verlerne, sich wie ein Thier zu gebärden: und wirklich, er ist milder, geistiger, freudiger, besonnener geworden, als alle Thiere sind. Nun aber leidet er noch daran, dass er so lange seine Ketten trug, dass es ihm so lange an reiner Luft und freier Bewegung fehlte: – diese Ketten aber sind, ich wiederhole es immer und immer wieder, jene schweren und sinnvollen Irrthümer der moralischen, der religiösen, der metaphysischen Vorstellungen. Erst wenn auch die Ketten-Krankheit überwunden ist, ist das erste grosse Ziel ganz erreicht: die Abtrennung des Menschen von den Thieren (WS 350, 702).

Soweit hätte dieser Text, abgesehen von einer kleinen, aber feinen Einflechtung, auch *Menschlich, Allzumenschliches* I entstammen können. Die Abwendung von jedem moralischen, religiösen und metaphysischen Idealismus ist ja gerade der heiße Kern des dort entfalteten freigeistigen Programmes. Darüber hinaus lädt Nietzsches metaphorisches Kettenrasseln („Dem Menschen sind viele Ketten angelegt worden") dazu ein, sich einen gebundenen, einen in Ketten geschlagenen Geist vorzustellen und diesem wiederum einen freien, von seinen Ketten befreiten Geist gegenüber zu stellen. Allem Anschein nach führt der Weg des „Wanderers" auf den letzten Metern also wieder auf den von *Menschliches, Allzumenschliches* I bereiteten Pfad zurück. Mit der Bemerkung, es habe dem Menschen „so lange an reiner Luft und freier Bewegung" (ebd.) gefehlt, knüpft Nietzsche allerdings an den zeitgenössischen Gesundheits- und Diätetikdiskurs an und das ist eben typisch für den „Wanderer", nicht aber für *Menschliches, Allzumenschliches* I. So ist der Abschlussaphorismus des „Wanderers" ein Paradebeispiel dafür, wie sich das Buch zwar einerseits durchaus in das ab 1886 zweibändige Projekt *Menschliches Allzumenschliches* einfügt, wie es andererseits jedoch jeder schlichten Assimilation widerstrebt. Bei aller Kontinuität und unter der Oberfläche von Ähnlichkeiten und Überschneidungen bewahrt „Der Wanderer und sein Schatten" philosophische Eigenständigkeit. Auf dieser Eigenständigkeit zu beharren, bedeutet derweil keineswegs, dass es nicht gewinnbringend wäre, den „Wanderer" als Komplementärschrift zum ersten Teil von *Menschliches, Allzumenschliches* zu lesen. Im Gegenteil, es ermöglicht eine solche produktive, ergänzende Lektüre überhaupt erst. Dazu ist indes genaues Hinsehen angezeigt. Bei raschem Lesen des „Wanderers" drohen die Unterschiede zu *Menschliches, Allzumenschliches* I unter den Tisch zu fallen. „Die goldene Loosung" ist auch in diesem Zusammenhang mustergültig, denn der im Hinweis auf das gesundheitsfördernde Potential von freier Bewegung in der Natur beschlossene Schwenk vom makroskopischen Blick auf die Menschheit hin zur mikroskopischen Betrachtung der Lebensweise des einzelnen Menschen kann leicht übersehen werden, da er sich nahtlos in das von Nietzsche gezeichnete Bild einer lange Zeit in Gefangenschaft lebenden Menschheit fügt: eine Situation, in der es gerade an freier Bewegung bei klarer Luft fehlt. Nun sind reine Luft und freie Bewegung nicht nur wesentliche Eckpfeiler von Diätetik überhaupt, sondern auch von Nietzsches selbstverordnetem speziellem Gesundheitsprogramm seiner Engadiner-Tage. Die Richtung, die der Aphorismus einschlägt, geht also schrittweise vom Großen ins Kleine, und zwar von der Menschheit zum einzelnen Menschen und endlich zu einem bestimmten Individuum, nämlich zum Autor des Textes Friedrich Nietzsche. Freilich schreibt Nietzsche den Text nicht (nur) für sich selbst, sondern für jeden Einzelnen und jede Einzelne, der oder die nach der Überwindung der „*Ketten-Krankheit*" das eigene Leben in die eigenen Hände nehmen möchte, „[so]dass er um der Freudigkeit willen lebe und um keines weiteren Zieles willen" (ebd.). Die beste Arznei wider die „*Ketten-Krankheit*" möchte wohl in der Lektüre von *Menschliches, Allzumenschliches* I bestehen. Und das richtige Rezept für die postidealistische „*Erleichterung des Lebens*" (ebd.): die Freude, die nach der Überwindung der Kettenkrankheit winkt, dürfte die aneignende Lektüre des „Wanderers" sein. In „Der Wanderer und sein Schatten" widmet sich der durch seine Krankheit ganz auf sich selbst zurückgeworfene Nietzsche also primär dem Glück des Individuums und formuliert einen entsprechenden „Wahlspruch für Einzelne". Er lautet: „*Frieden für mich und ein Wohlgefallen an allen nächsten Dingen*" (Ebd.). Dieser Wahlspruch ist eine Adaption der hoffnungsfrohen biblischen Worte, die der Erzengel Gabriel anlässlich der Geburt Jesu Christi spricht: „Ehre sei Gott in der Höhe und Frieden auf Erden und den Menschen ein Wohlgefallen aneinander." (Lk 2,14) Nietzsches Umwandlung des Bibelwortes legt zum einen die Vermutung nahe, dass er der biblischen Vision einer befriedeten Welt durchaus etwas abgewinnen kann, solange nur Gott aus dem Spiel bleibt. Darüber hinaus zeigt die Umwandlung aber ein weiteres Mal, wie es Nietzsche auch im „Wanderer" drängt, vom Einzelnen wieder zurück zur Kultur zu kommen. Selbst in dem Augenblick, als er einen „Wahlspruch für Einzelne" (WS 350, 702) formuliert, hat er schon wieder den gegenwärtigen Zustand und die mögliche Zukunft der Kultur im Sinn. Diese Zukunft hängt indes maßgeblich von Einzelnen ab, stellt doch „Die goldene Loosung" in Aussicht, dass eine Kultur, in der sich die Einzelnen wie Wanderer an den nächsten Dingen statt an metaphysischen Spekulationen und am Schwelgen in idealistischen Gefilden erfreuen (vgl. WS 16), dereinst einmal der biblischen

Friedensvision näher kommen könnte, als es das Christentum vermochte. Vorerst sei das jedoch nicht abzusehen, denn „[i]mmer noch ist es *die Zeit der Einzelnen*" (WS 350, 702).

Insgesamt kann festgestellt werden, dass Nietzsche im „Wanderer" eine Wende von der hochfliegenden Kulturpolitik zum Einzelnen und zu dessen relativ bescheidenem Glück vollzieht. Festgehalten werden sollte aber auch, dass er währenddessen seine Vision einer höheren Kultur nie ganz aus den Augen verliert. Er schiebt sie bloß in eine unbestimmte Zukunft hinaus. Der Einzelne spielt dabei eine wichtige Rolle. Teilweise wird er von Nietzsche auch im „Wanderer" kulturpolitisch vereinnahmt, indem er ihn zum kulturellen Kapital erklärt. Diese Vereinnahmung des Einzelnen für das Gedeihen der Kultur ist zugleich eine Anverwandlung Epikurs durch Nietzsche. Epikur empfiehlt bekanntlich, man solle sich um seines Glückes willen von der politischen Sphäre fernhalten und sich anstelle dessen lieber in den privaten Bereich philosophischer Selbstsorge, in das Gartenglück zurückziehen. „Lebe im Verborgenen" lautet die entsprechende Weisung bzw., wenn man so will, Epikurs ‚goldene Losung'. Nietzsche hingegen, der, während er den „Wanderer" verfasst, mehr oder weniger im Verborgenen lebt, will sich mit dem Rückzug in die Gartenidylle – eine Idee, die Nietzsche eine Weile lang ernst beschäftigt (vgl. KSB 5, 427) – scheinbar doch nicht ein für alle Male abfinden:

> Die Vergrabenen. – Wir ziehen uns in's Verborgene zurück: aber nicht aus irgend einem persönlichen Missmuthe, als ob uns die politischen und socialen Verhältnisse der Gegenwart nicht genugthäten, sondern weil wir durch unsere Zurückziehung Kräfte sparen und sammeln wollen, welche *später* einmal der Cultur ganz noth thun werden, je mehr diese Gegenwart *diese* Gegenwart ist und als solche ihre Aufgabe erfüllt. Wir bilden ein Capital und suchen es sicher zu stellen: aber, wie in ganz gefährlichen Zeiten, dadurch dass wir es *vergraben* (WS 229, 657).

Sich zu vergraben, bedeutet folglich weder, sich buchstäblich zu begraben noch der Gesellschaft für immer den Rücken zu kehren. Manchmal jedoch, und dafür spricht „Der Wanderer und sein Schatten", tut es mindestens für eine gewisse Weile not, sei es, um zu genesen oder, was in Nietzsches Fall zur Rekonvaleszenz selbst gehört, um zu schreiben. Wenn der „Wanderer" auch nicht wirklich in einem epikureischen Garten entstanden ist, d.h. an einem Ort, an dem „[l]ernbegierige Freunde, die sich zusammen ein Wissen aneignen wollen" (WS 180, 629), gemeinsam philosophieren, so doch immerhin in einem Umfeld, das für Nietzsche zur schöpferischen Enklave wird inmitten einer alle Lebenskeime und individuelle Regungen abtötenden „*Maschinen-Cultur*" (WS 220, vgl. WS 218), einem beschleunigten (vgl. WS 278 und MA I 282) und „*arbeitsamen* Zeitalter", das uns die Erlaubnis verwehrt, „die besten Stunden und Vormittage der Kunst zu geben, und wenn diese Kunst selbst die grösste und würdigste wäre" (WS 170, 623). Im von persönlichen Krisen und ambivalenten Gefühlszuständen geprägten Jahr 1879 setzt Nietzsche in der Höhenluft des Engadins – soweit es seine Gesundheit zulässt – dagegen alles daran, „in dem reinen Element der morgendlichen Stille" zu leben und „sich an die erwartenden, unverbrauchten, krafterfüllten Morgen-Seelen der Zuschauer und Zuhörer" (ebd., 624) zu wenden. Das Ergebnis liegt vor. Es ist der lange zu Unrecht unterschätzte „Wanderer und sein Schatten". Man sollte ihn am besten morgens lesen.

Literatur

Abbey, Ruth (2020): Nietzsche's Human, All Too Human. A Critical Introduction and Guide (Edinburgh Critical Guides to Nietzsche), Edinburgh.
Brücker, Tobias (2019): Auf dem Weg zur Philosophie. Friedrich Nietzsche schreibt „Der Wanderer und sein Schatten" (Zur Genealogie des Schreibens, Bd. 24), Paderborn.
Görner, Rüdiger (2000): Nietzsches Kunst. Annährung an einen Denkartisten, Frankfurt/M.
Hadot, Pierre (^{2}2005): Philosophie als Lebensform. Antike und moderne Exerzitien der Weisheit, Frankfurt/M
Horn, Cristoph (1998): Antike Lebenskunst. Glück und Moral von Sokrates bis zu den Neuplatonikern, München.
Schacht, Richard (2012): Nietzsche: Human, All Too Human, in: Robert Pippin (Hg.): Introductions to Nietzsche, Cambridge, S. 91–111.

Auswahlbibliographie

Abbey, Ruth (2000): Nietzsche's Middle Period, Oxford/New York.
Abbey, Ruth (2020): Nietzsche's Human, All Too Human. A Critical Introduction and Guide (Edinburgh Critical Guides to Nietzsche), Edinburgh.
Acharya, Vinod (2015): Science, Culture and Philosophy: The Relation between Human, All Too Human and Nietzsche's Early Thought, in: Comparative and Continental Philosophy 7/1, S. 18–28.
Brücker, Tobias (2016): Von der Kulturpolitik zur Lebenskunst. Die gute Nachbarschaft mit den „nächsten Dingen" im „Wanderer und sein Schatten", in: Günter Gödde/Nikolaos Loukidelis/Jörg Zirfas (Hg.): Nietzsche und die Lebenskunst. Ein philosophisch-psychologisches Kompendium, Stuttgart, S. 165–170.
Brücker, Tobias (2019): Auf dem Weg zur Philosophie. Friedrich Nietzsche schreibt „Der Wanderer und sein Schatten" (Zur Genealogie des Schreibens, Bd. 24), Paderborn.
Claesges, Ulrich (1999): Der maskierte Gedanke. Nietzsches Aphorismenreihe „Von den ersten und letzten Dingen". Text und Rekonstruktion (Nietzsche in der Diskussion), Würzburg.
Cohen, Jonathan R. (2010): Science, Culture and Free Spirits. A Study of Nietzsche's Human, All-too-Human, New York.
Corduwener, Pepjin (2013): Between Libertarianism and Authoritarianism. Friedrich Nietzsche's Concept of Democracy in Human, All Too Human, in: Studies in Social and Political Thought 22, S. 64–77.
Daigle, Christine (2015): The Ethical Idea of the Free Spirit in Human, All Too Human, in: Rebecca Bamford (Hrsg.): Nietzsche's Free Spirit Philosophy, Lanham, MD, S. 33–48.
Dellinger, Jakob (2015): „Du solltest das Perspektivische in jeder Wertschätzung begreifen lernen". Zum Problem des Perspektivischen in der Vorrede zu Menschliches, Allzumenschliches I, in: Nietzsche-Studien 44, S. 340–379.
D'Iorio, Paolo (2016): Nietzsche's Journey to Sorrento. Genesis of the Philosophy of the Free Spirit, Chicago.
Elgat, Guy (2015): Nietzche's Critique of Pure Altruism – Developing an Argument from Human, All Too Human, in: Inquiry 58/3, S. 308–326.
Fortier, Jeremy (2016): Nietzsche's Political Engagements. On the Relationship between Philosophy and Politics in The Wanderer and His Shadow, in: The Review of Politics 78/2, S. 201–225.
Franco, Paul (2011): Nietzsche's Enlightenment. The Free Spirit Trilogy of the Middle Period, Chicago.
Garrard, Graeme (2008): Nietzsche For and Against the Enlightenment, in: The Review of Politics 70/4, S. 595–608.
Georg, Jutta: „Der freie Geist wandert…", in Nietzscheforschung Band 25, 79–99.
Glatzeder, Britta (2000): Perspektiven der Wünschbarkeit. Nietzsches frühe Metaphysikkritik, Berlin.
Heller, Peter (1972): „Von den ersten und letzten Dingen". Studien und Kommentar zu einer Aphorismenreihe von Friedrich Nietzsche (Monographien und Texte zur Nietzsche-Forschung, Bd. 1), Berlin/New York.
Keith, Ansell-Pearson (2018): Nietzsche's Search for Philosophy. On the Middle Writings, London.

Kremer-Marietti, Angèle (1998): Menschliches-Allzumenschliches: Nietzsches Positivismus?, in: Nietzsche Studien 26, S. 260–275.
Lampert, Laurence (2017): What a Philosopher Is. Becoming Nietzsche, Chicago, S. 127–204.
Morrison, Iain (2003): Nietzsche's Genealogy of Morality in the Human All Too Human Series, in: Britisch Journal fort he History of Philosophy 11, S. 657–672.
Navratil, Michael (2017): „Einige Sprossen zurück". Metaphysikkritik, Perspektivismus und die Gültigkeit der Perspektiven in Nietzsches Menschliches, Allzumenschliches, in: Nietzsche Studien 46, S. 58–81.
Reginster, Bernard (2000): Nietzsche on Selflessness and the Value of Altruism, in: History of Philosophy Quarterly 17/2, S. 177–200.
Ries, Wiebrecht/Kiesow, Karl-Friedrich (2000): Von Menschliches Allzumenschliches bis zur Fröhlichen Wissenschaft, in: Henning Ottmann (Hrsg.): Nietzsche-Handbuch. Leben, Werk, Wirkung, Stuttgart/Weimar, S. 91–119.
Safranski, Rüdiger (2000): Nietzsche. Biographie seines Denkens, Frankfurt/M, S. 155–204.
Schacht, Richard (2012): Nietzsche: Human, All Too Human, in: Robert Pippin (Hrsg.): Introductions to Nietzsche, Cambridge, S. 91–111.
Ure, Michael (2008): Nietzsche's Therapy. Self Cultivation in the Middle Works, Lanham, MD.
Wolf, Jean-Claude (2006), Zarathustras Schatten. Studien zu Nietzsche, Fribourg, S. 61–90.
Young, Julian (2010): Friedrich Nietzsche. A Philosophical Biography, New York, S. 241–295.

Sachregister

Abenteuer 16, 27, 90, 130
Abschied 20, 36, 177, 273
Affekt 13, 67, 70, 74, 76, 210
Agon 134, 136
agonal 134–136
Alleinsein 19, 185–187, 202 f.
Altertum, Alterthum 39, 77 f., 182, 235, 248
Anmaßung 93, 135, 186 f., 193–195, 197, 204
Anschein 127, 133, 148, 150, 236, 284
Antike 11, 13, 89 f., 94 f., 103, 106 f., 136, 145, 161, 170, 235–237, 245, 249, 255, 264, 270, 275, 278, 294
Antithese 31, 83, 210
Aphorismus 27–43, 67, 84, 91, 94, 96, 100 f., 127, 131, 133–136, 138 f., 141, 145, 149, 155, 159, 175–177, 180 f., 187 f., 191, 194, 199, 202, 207, 211, 215, 224, 228, 231 f., 234, 241, 244, 249, 251, 254–256, 270 f., 273, 275, 278 f., 282–285, 295
Arznei 285
Arzt 22, 72, 215, 264 f., 269 f., 275
Askese 3, 65 f., 74–76, 79–81, 85, 87
Ästhetik 32, 90, 96, 98, 100, 208, 216
ästhetisch 1, 32, 38, 45, 82, 91, 94 f., 108, 143, 191, 215–217, 234, 293 f.
aufklärerisch 1, 38, 73, 208, 280
Aufklärung 38–40, 66, 81, 94, 171, 182, 207, 215, 244, 247, 250, 254, 271, 280, 284
Autor 18, 22, 97, 105 f., 162 f., 213–215, 217–220, 224, 227, 242 f., 247–249, 253–255, 257, 264, 268, 276, 285, 293

Bedeutung 2, 9, 13–15, 18 f., 21, 75, 77, 91, 99 f., 109, 123, 127, 134–136, 154, 191, 202 f., 225 f., 233, 236, 245 f., 249, 251, 254, 263, 271, 284
Bedürfnis, Bedürfniss 27, 67 f., 72–74, 83, 85, 87, 105, 109, 151, 165, 172, 201, 280
Befreiung 4, 9, 27, 29 f., 39, 41 f., 71, 74, 83, 90, 142, 151, 155, 171, 180, 185, 189, 203, 215, 281, 295

Befriedigung 62, 105, 109, 196
Begriff 13, 18, 28 f., 31 f., 41, 57, 68 f., 71 f., 78 f., 83, 85 f., 96, 107, 123, 128, 130, 132, 134, 143 f., 164, 168, 171, 173, 175, 178 f., 185, 190, 199, 214, 217, 219, 223, 231 f., 234, 242, 246, 251, 254–256
begrifflich 69, 83, 246, 253
Bejahung 23 f., 155
Besitz 27, 83 f., 90 f., 127, 149, 175, 190, 197, 279
bewusst 37, 68, 82, 84, 86, 97 f., 128, 131, 148, 166, 171, 188, 268, 282
Bewusstsein 1, 16, 24, 31, 34 f., 39, 70, 72, 74, 78, 81, 93–95, 97, 105 f., 108, 138, 165, 293
Blut 19, 54, 60, 67, 237, 277
Buch 2–4, 9 f., 19, 65, 89, 108, 132, 153, 157, 162 f., 182, 189, 200–202, 208, 226, 233, 241 f., 258, 261 f., 268, 273, 275, 284, 295
Bücher 3, 21, 28, 43, 85, 106, 181, 225, 254, 258, 263 f., 271, 273, 295

Chaos 37, 96, 179, 224
Chemie 31 f., 45, 82, 143 f.
Christentum 1, 39 f., 65–67, 69–71, 76–79, 83, 85, 130, 208–211, 213, 235, 249 f., 286
christlich 20 f., 65 f., 69–75, 77–79, 81, 84–87
Cultur 31, 35, 37 f., 41, 46, 51, 55 f., 91, 93, 106, 111, 113–115, 117–124, 143, 164 f., 167, 169 f., 172, 181 f., 185 f., 188–193, 203 f., 224 f., 227–231, 236, 258, 269, 286

Dämon 77, 155
Dasein 1, 23, 25, 37, 41, 46, 65, 67, 77, 85, 93, 98–101, 109, 130 f., 145, 154, 246, 277
Décadence 17, 79, 148, 264 f.
décadent 98, 146
Demokratie 158 f., 173–177, 179, 250–252

Diätetik 263f., 269f., 276, 285
diätetisch 266
Dichter 34, 39, 41, 57, 63, 91, 96, 100–102, 133, 213f., 219, 245, 257f., 277, 295
dionysisch 23, 25, 36, 155, 161

Ehe 17, 22, 33, 42, 96, 145, 147–155, 210, 264, 267, 271, 273, 275, 282
Ehrgeiz 99, 103, 171, 193, 195
Einsamkeit 15, 24, 32, 43, 143, 185, 187f., 199, 202
Eitelkeit 60, 76, 102–104, 132f., 137, 142, 144, 185, 193–196, 203, 207, 212, 214, 258
Empfindung 2, 10, 31–33, 45–48, 56, 64f., 67f., 71–73, 82f., 102, 121, 137f., 143f., 149, 151, 169, 179, 186, 191, 193, 201f., 246, 281f.
Entartung 117, 148, 269
Enttäuschung 13, 131, 138, 149, 158, 202, 208f., 213, 276
epikureisch 280–282, 286
Epoche 30, 40, 208, 224, 230, 232, 234
Erfahrung 22, 27, 35, 83, 86, 90, 102, 108, 121, 144–146, 148, 187, 191, 199, 219, 234, 236, 269f., 274, 276, 278
Erkenntnis 4, 18, 29, 63, 68, 74, 81, 84–86, 97, 100, 107f., 122, 124, 136, 138, 143, 154, 188, 196–198, 211, 232, 236, 244, 263, 271f., 276, 278f., 281
Erlösung 18, 65, 72f., 172
Erscheinung 29, 75, 97, 248, 282
Erzieher 139, 147f., 186f., 276
Erziehung 145, 147f., 151f., 165, 230
Essayist 46
Europa 128, 145, 157f., 160f., 163–165, 168, 174, 180–182, 223–225, 230, 236, 238, 251, 258, 295
europäisch 23, 39, 107, 158f., 169, 180–182, 225f., 230, 245, 256, 294
Ewigkeit 155f., 278f.
Existenz, existentiell 23–25, 49, 74, 84, 93, 99, 109, 142, 152, 208, 217, 236, 275, 282
Experiment 24, 147, 275
Experimental-Philosophie 29

Fatum 4, 18, 209f., 216
Feind 12, 18, 23, 54, 73, 76, 83, 147, 193f., 196, 202, 215, 255, 257
Fortschritt 30f., 37–40, 93, 148, 165, 212, 233, 266
Frau 135, 141–147, 149–151, 153–156, 174, 180, 207, 279, 282f.
freier Geist 9, 15, 21, 24, 63, 93, 124, 154, 162, 193, 256
Freigeist 4, 9, 25, 30f., 37f., 41, 82f., 111, 117–121, 125, 139, 153f., 230, 232f., 236, 238, 266, 268, 271
Freiheit 15, 17, 27, 30, 37, 39, 42f., 48–50, 62f., 68, 72, 91, 94f., 104, 137, 142f., 146, 161, 163, 171, 174f., 191, 199, 210, 215, 218, 230, 249, 251, 253, 256, 262, 271, 281
Freude 38, 43, 60, 92, 134, 194, 199, 217f., 235, 271, 274, 276, 283, 285
Freund 2, 14, 81, 96, 98, 132, 137–139, 149, 151, 153, 185–187, 189, 193f., 200–203, 211, 213, 234, 242, 263, 270, 280, 286
Freundschaft 67, 127, 131, 138f., 149–151, 155, 200–202, 208, 213, 251
Frieden 160, 169, 177, 281, 285
Fürst 129, 159, 161, 166, 196

Gattung 69, 87, 97, 144, 171, 238, 258
Geburt 3, 10, 19, 21, 30f., 33, 35f., 83, 91f., 96, 122, 154f., 159, 246, 248, 276, 285
Gefühl 2, 16, 20, 23, 37f., 40f., 53f., 59, 63, 70, 74f., 78, 104, 107, 152, 175, 198, 211, 218, 220, 227, 235, 257, 274
Gegner 39, 66, 76, 84, 134, 137, 158, 176, 251
Gemüth 27, 101, 141, 238
Genealogie 3, 10, 47, 50–52, 59, 66, 69–71, 80, 115, 118, 122, 128, 140, 154, 159, 163, 204, 207, 211, 235, 295
Genesung 2, 16, 18f., 22–24, 265
Genius 100, 119f., 122, 228
Gerechtigkeit 3, 40, 57f., 67, 72, 74, 87, 157, 166f., 186, 196, 198, 209, 245, 251
Geschichte 1, 10, 15, 23, 28f., 31, 34, 36, 41, 45, 48, 64, 91, 173, 179, 181f., 186, 193, 197, 224, 227, 230, 232, 234, 244, 246f., 277, 294

Gesellschaft 3, 10, 14, 25, 32, 46, 53f., 62, 91, 107f., 127, 129, 131–133, 135f., 143, 154, 164–166, 171, 173, 176, 180, 203, 212, 233–235, 255, 267, 286, 295
gesellschaftlich 10, 127, 131–138, 140, 167, 170, 176–179, 185, 202f., 251f.
Gesundheit 2, 14, 16, 21–25, 104, 199, 261, 265f., 269f., 273, 277, 284, 287
Gewalt 15, 39, 57, 95, 154, 167, 178, 181, 228
Gewohnheit 9, 12, 34, 60f., 75, 143, 148, 154, 178, 211, 231
Glaube 1, 12, 23, 29–31, 34f., 48, 56, 61, 67f., 73, 77, 79f., 82, 84f., 100, 116f., 120, 145f., 150, 165, 168, 174, 176, 189f., 197, 201, 203, 211, 219, 231, 255, 272, 276, 293
Gleichgewicht 138, 187, 227, 236, 250–253
Glück 9, 21, 54, 60, 82, 108, 146, 153, 171, 175, 224, 241–243, 251, 261, 266, 268f., 271, 275, 277–283, 285f.
Gnade 70–72, 79, 197, 210
Gott 12, 15, 31, 57, 62, 67f., 70–75, 77f., 116, 120, 155, 177, 191, 196, 210, 215, 235, 246, 249, 266, 285
göttlich 68–70, 72, 74, 76, 79, 131, 234f., 246, 249, 281f., 293
Grammatik 97
Grausamkeit 21, 75f., 82f., 101
Griechen 39f., 96, 101, 138, 158, 161, 168, 233–238, 277, 280
Güte 70, 73, 77f., 117, 151, 153, 244

Handlung 47f., 58, 60, 62, 68, 72–74, 76, 94, 125, 133, 138, 149f.
heilig 48, 60, 66, 72, 75–79, 81, 85, 238
Heiliger 78–80
Herkunft 10, 32, 117, 134, 146f., 190, 277
Herz 71, 78, 100, 176, 188f., 191, 195f., 199–201, 243, 271, 278
Historie 28, 56, 90, 96, 123, 177, 191, 226f., 236, 269
historische Philosophie 27f., 41, 45, 112
höhere Kultur 193, 203, 267, 272, 286
höheres Selbst 185f.
Horizont 12, 162, 173, 175, 210, 267, 284

Ideal 13, 22, 36, 57, 64f., 72f., 79f., 82, 87, 125, 130, 137, 155, 166f., 175, 186, 188, 196, 199, 213, 219, 226f., 234, 236, 255, 264, 272f., 281
Idealismus 2, 16, 204, 227, 284
Idee 72, 101, 168, 172, 232, 246, 253, 286
Idiosynkrasie 216, 219
Illusion 62, 120f., 130, 132, 207, 212–214, 217, 228, 234, 236, 281
Immoralisten 80, 254
individuell 86, 123, 135, 150, 185, 191f., 202, 225, 252, 263, 267–269, 286
Individuum 54f., 59, 61, 86, 119, 147, 176, 189f., 203, 238, 268, 270, 285
Inspiration 95, 101, 144, 272
Instinkt 146, 161, 207, 265
instinktiv 34, 213
Intellekt, Intellect 23, 50, 78, 117–119, 152, 199, 221, 230
Interpretation 85, 123, 156, 158, 198, 202, 256, 266, 273, 295
Irrtum, Irrthum 30, 36, 41, 49, 73, 79, 81, 103, 138, 147, 151, 167, 210, 212–214, 228, 281

Jesuiten 129f., 140
jesuitisch 129f.
Jesuitismus 129f., 132
Juden 157, 180–182

Kind 18, 50, 52, 55, 59–63, 111–113, 115f., 118, 120, 122–124, 141f., 145–147, 151–154, 156, 191
Kirche 77, 129, 160f., 172, 197
Klassiker, Classiker 2, 93, 163, 257f., 264
Klima 22, 199, 233, 266, 269f.
Klugheit 52, 128, 142, 149, 156, 179, 195, 211
Kraft 16, 39, 53, 59f., 68, 77, 82, 95, 97, 103, 105, 108, 144, 146, 150, 166, 176, 181, 197f., 209, 219, 228, 251, 278
Krankheit 14, 21–24, 48, 65, 68, 71f., 107, 132, 195, 257, 261, 264–266, 269, 275, 284f.
Krieg 23f., 83, 157, 159f., 167–170, 176, 180f., 217
Krieger 69

Krise 1, 9, 169, 226, 229f., 261, 287
Kritik 1–4, 12f., 19, 27f., 36, 66f., 70, 74, 80, 82, 95, 103, 130, 164, 171, 193, 198, 203, 207–213, 227, 247, 256f., 262, 273
Kultur 4, 10, 29f., 32, 35, 37–40, 89, 91, 93–96, 98f., 103, 105–109, 130, 132, 135, 161, 164–166, 169, 175, 181, 189f., 193, 203, 210, 224f., 228, 230, 232, 235–238, 246–248, 264–268, 272, 277, 285f.
kulturell 1, 69, 81, 86, 91, 94, 99, 105, 165, 182, 185, 210, 224, 247, 266f., 280, 286
Kulturkritik 90, 92, 109, 209, 212, 264
Kulturpolitik 266, 268, 270, 284, 286
Kunst 1, 3f., 10, 13f., 20f., 24, 32, 40f., 46, 67, 81, 89–91, 94–97, 100–102, 107–109, 123, 128f., 169, 191f., 199, 203, 207–209, 213, 215–221, 228, 234, 236, 246, 248, 271f., 286f.
Künste 38, 41, 93–95, 107–109, 215, 237, 247
Künstler 2f., 23, 34, 79, 81, 89, 91, 94–96, 98–105, 108, 196, 208, 248, 277, 296
künstlerisch 1, 3f., 11, 90f., 94f., 98, 100f., 104f., 108f., 232, 247, 273, 277
Künstlerseele 89, 100

Lachen 81, 153, 187, 200, 218
Leben 1f., 4f., 10–14, 16f., 19, 21f., 24f., 30, 34, 41f., 46, 53–56, 60, 65–68, 73, 76, 78, 81, 86f., 89–91, 96, 98, 100–102, 106, 108, 124, 129–131, 139, 141, 143, 146f., 149–154, 161, 170f., 175, 179f., 182, 186–188, 190–192, 196–199, 209f., 212–214, 229, 231f., 236, 244, 246f., 249, 254–256, 258, 263, 265–272, 275–279, 281–283, 285, 287
Lebenskunst 21, 264, 275, 284, 294f.
lebenskünstlerisch 266, 283
Lehre 40, 58, 62, 67, 71, 79, 86, 105, 109, 153, 173, 177, 200, 209, 221, 245, 252, 278, 280
Leid 132, 141, 246, 252, 261, 275–277
leiden 22, 24, 54, 56, 65, 67, 71f., 77, 149, 153, 164, 170f., 177, 196, 210, 265, 275
Leidenschaft 55, 100, 102, 142, 159f., 173, 176, 188, 198, 204, 234–236

leidenschaftlich 25, 101, 144, 171, 196
Lesen 19, 29, 92, 94, 123, 129, 177, 207, 210, 213–215, 218–221, 241f., 255, 257, 273, 284, 287
Licht 27, 35, 40, 63, 84, 87, 93, 100, 105, 109, 167, 197f., 215, 226, 241–244, 272, 278, 280, 293
Liebe 14f., 20, 63, 68f., 72f., 85, 143, 149f., 153, 156, 189, 191, 195, 212f., 217, 243–245, 249, 275, 279, 286
literarisch 3, 29, 80, 85, 89f., 93, 97, 137, 155, 159, 207, 214, 216f., 220, 241, 247, 254, 258, 282
Literaten 96, 98
Literatur 25, 43, 64, 87, 89f., 92–94, 96–98, 100, 105–107, 109, 125, 140, 156, 183, 204, 207, 214f., 217, 221, 238, 244, 255, 259, 264, 287, 293, 295
Lob 129, 212, 219f., 241, 246, 248f., 257, 275
loben 144, 192, 210, 250
Logik 11, 29f., 33–36, 40, 84, 95f., 134, 217, 248
Loslösung 2, 9, 14–16, 19, 23–25, 62, 83, 185, 196, 199, 202, 230, 294
Lust 22, 60–62, 77, 101, 108f., 122, 208, 212, 217, 232, 235–237, 261, 270, 275f.

Macht 1, 12, 17, 20, 51, 53f., 56, 60, 62, 65, 68, 73, 75, 82, 97, 102, 121, 128f., 137, 141, 145, 149, 154, 157, 160f., 165, 167–169, 171–175, 178, 180, 195, 200f., 213, 219, 224–226, 229, 232–235, 241, 243–245, 251, 263f., 272, 274f., 294
Mann 52, 80, 114, 123, 141, 143–146, 148–151, 174, 191, 293
Maske 80, 85, 94–96, 99, 103, 209, 213, 295
Mathematik 33, 84
Meisterschaft 16, 90, 92–95, 103–105
Mensch 2–5, 10f., 14, 17, 20, 22, 24, 28f., 31f., 34f., 37–39, 41–43, 47–54, 56, 58, 60, 62, 65, 68–78, 80f., 86f., 91, 100, 102, 107–109, 113, 115, 124, 127, 130f., 133, 135–139, 141–143, 145, 147f., 152, 163–168, 170–172, 176, 179–182, 185–195, 197f., 201–203, 214f., 218f., 221,

224f., 227f., 230–236, 243–246, 248, 252f., 255–258, 267, 269, 272, 274, 278–282, 284f.
Menschheit   24, 33, 35, 50, 63, 76, 81f., 91, 115, 120, 125, 148, 165–167, 171, 177, 188, 193, 197, 224f., 230f., 233, 236, 248, 253, 258, 267, 269, 272, 285, 294
Metaphorik   4, 13, 16, 81
metaphorisch   25, 105, 209, 284
Metaphysik   1–4, 11, 16, 27, 30, 33, 35, 38, 40f., 43, 49, 58, 66, 75, 80–83, 158, 164, 203, 209f., 272, 280, 295
Mitleid   48, 70f., 135, 201, 211f., 248, 255
Mittag   17f., 277–279, 282
Moderne   11, 23, 37–40, 47, 56, 89, 91, 93–98, 103, 105–109, 139f., 148, 161, 177, 212, 218, 221, 230, 233f., 236, 250, 255, 264, 280
Moral   1–4, 10, 13, 17, 32, 45, 48–52, 54, 58–62, 69–71, 74f., 79f., 83, 85, 118, 128, 130, 159f., 165f., 170, 196, 203, 207, 209, 211–213, 228, 234f., 241, 253–255, 268, 272, 294f.
moralisch   2, 10, 31f., 45–48, 56, 58, 63–65, 69, 72–76, 81f., 86, 128, 130f., 137, 140, 143f., 148, 166f., 171, 182, 186, 193, 210–212, 252–256, 267, 283f., 293
Moralisten   2, 10, 128, 132, 193, 203, 254
Moralkritik   3, 70, 211f.
Musik   1, 20, 83, 96, 208, 215, 248
Mutter   146f., 151f., 192, 217

Narr   106, 200, 213, 217
Natur   9, 13, 16, 20, 28, 34, 41f., 45, 48–50, 53, 55, 57, 65, 68f., 75, 77, 80, 120, 122, 125, 147, 151, 155, 171, 192, 201, 219, 228f., 231, 233, 235f., 246, 248, 262, 267, 269, 271, 274, 276, 278, 280, 285
Naturwissenschaft   11, 28, 84, 112, 123, 142, 191, 226, 271, 280
Nihilismus   1, 87, 266, 277, 293, 295
nihilistisch   79, 84

Opfer   59, 167–169, 181, 196f., 243
Organ   57, 173, 176
organisieren   166
Organismus   269

Parteien   160, 167, 175, 178–180, 182, 198, 251f.
Pathos der Distanz   134, 136
Perspektive   1f., 12, 16–19, 21–23, 27, 29–31, 33, 35, 38, 67, 73, 85, 87, 90f., 148, 150, 165, 180, 185, 190, 198, 207, 211, 214f., 224, 255, 258, 270, 272, 293, 295
perspektivisch   10, 12f., 16–18, 24, 77, 86, 101, 198
Perspektivismus   2, 9, 74, 85–87, 243
Pessimismus   3, 9, 14, 16, 19–24, 31, 83, 209f., 215, 248, 264, 275–277
Pflugschar   9f., 132, 147, 149, 152
Phantasie   34, 61, 72–74, 96, 101, 108, 149
Philologe   28, 52, 92, 172, 221
Philologie   28, 90, 97, 161, 221, 227, 271
Philosophie   1, 3f., 14, 27–31, 36, 41–43, 45, 66, 82, 89–92, 96–99, 101, 123, 127, 138, 142, 157f., 160, 171, 177, 191, 197, 199, 207, 209, 214, 223, 225, 228f., 232, 234, 244–246, 248, 262–264, 266, 270f., 275–278, 280f., 293–296
Physiologie   11, 28, 84, 276
Poesie   38, 40f., 94f.
Politik   58, 143, 145, 157–159, 162–168, 171f., 175, 177–180, 182f., 202, 225, 234, 251
politisch   38, 81, 157–167, 169–172, 174f., 177, 180f., 224–227, 229, 250–252, 286, 293, 296
Priester   54, 68, 245
Princip des Gleichgewichts   250f.
Prosa   11, 22, 96, 108, 258
Psychoanalyse   135, 138, 217, 294
Psychologie   12, 20, 73, 136, 140, 142, 163, 193, 203, 245, 253
psychologisch   2, 10f., 20, 36, 46, 65f., 69, 72–76, 80, 82, 128, 130–132, 135f., 185f., 193f., 196, 204, 207, 272f., 294

Rache   20, 76, 143, 169, 195, 210, 235
Rangordnung   3, 10, 17–19, 24f., 134–136
Rasse   37, 51f., 170, 230f., 233, 237
Realität   25, 57, 77, 90, 101f., 158, 210, 231
Redlichkeit   17, 75, 87, 130, 172
Reformation   38f., 189
Regierung   173, 176–180

Religion   1, 3f., 10, 32, 40f., 47, 54, 65–71, 74, 77–81, 83, 85, 90, 113, 118, 160f., 165, 176–178, 192, 203, 207, 209, 211, 218, 230, 234–236, 266, 272, 280
Renaissance   39, 129, 189, 234
Ressentiment   42, 51f., 69, 74, 210, 212
Revolution   38, 94, 171, 180f., 229
Rhetorik   136
rhetorisch   31, 92, 104, 215
Rhythmus, Rhythmik   104–106, 141
Romantik   13, 16, 19f., 40, 215, 227
romantisch   1, 9, 19f., 23f., 35, 83, 207–210, 244, 267, 276

Schatten   3, 10, 19, 27, 34, 41f., 47, 102, 104f., 143, 148, 200, 214, 216, 220, 224, 239, 241–245, 247, 250, 261–263, 266, 268, 271, 273, 275, 278, 280, 284–287, 293, 296
Schätzung   5, 28, 108, 149, 272
Schauspiel   134, 136f., 186
Schein   13, 53, 63, 83, 95, 100–102, 127, 133, 147, 150, 182, 189, 192, 210, 212–214, 228, 232, 237, 244, 251, 279f.
Schicksal   4, 15, 39, 79, 165, 188, 195, 210, 227, 250, 265–268, 275
Schmerz   21, 24, 56, 61, 72, 82, 87, 153, 196, 275f., 281
Schönheit   32, 108, 243, 275, 277, 279, 281
Schriftsteller   2f., 21, 89, 91–93, 96, 98–108, 214f., 218, 263
Schriftstellerei   90
schriftstellerisch   89f., 93f., 105, 265, 277
Seele   4, 12, 17, 20, 22f., 33, 35, 42, 45, 50–52, 63, 69, 71, 75, 77, 85–87, 89, 91f., 99f., 104, 113, 128, 134, 153, 185, 199, 201, 208, 219, 232, 244, 267, 270, 273, 277, 281, 287
Selbst   3, 10, 12f., 16, 20, 22, 24f., 33, 35f., 42, 46f., 51, 62, 65, 67, 70, 72, 74–77, 79f., 82f., 87, 92, 94, 96–104, 107, 128, 131, 134, 138, 142, 144–146, 148–150, 153f., 156, 159–162, 165–171, 174, 176, 178–180, 185–188, 190, 193–196, 198f., 201–204, 207f., 210f., 213, 215–218, 228, 232, 234, 237, 241–244, 246–251, 253–257, 262–268, 270–275, 279–283, 285–287
Selbstgespräch   11, 13, 15, 24, 187, 242
Selbstüberwindung   129, 210, 214, 218, 255
Sentenz   3, 10, 21, 46, 66, 128f., 131, 140, 143, 162, 207, 215f., 220f.
Sieg   15, 30, 100, 169, 179, 189, 218, 251f., 264, 275
Sinn   20, 29, 31, 34, 36, 38–40, 52, 69, 73, 76f., 80, 86, 89, 92, 98, 100, 102, 108, 120, 127f., 130, 142f., 145–148, 151, 157, 161, 164–166, 169–171, 173, 176, 179, 191–194, 203, 207, 210, 215, 217, 220, 226, 246, 248, 262, 264, 266, 270, 274, 277, 280, 285, 293
sinnlich   11, 32, 77, 81, 235, 244, 246
Sitte   5, 38, 42, 49, 58, 60f., 118, 121, 148, 151, 164, 211, 230f., 235
sittlich   58, 72, 249, 275
Sklave   51f., 69
Sklavenmoral   69
Sozialismus   157, 160, 163, 166, 172, 176f., 179f.
Spiegel   1, 65, 72, 90f., 128, 137, 192, 219, 234, 236
Sprache   4, 27, 29, 33f., 84f., 93, 97f., 104, 106f., 123, 148, 162, 180, 209, 214, 217, 219, 224, 236, 244f., 256f., 263
Staat   2f., 157–161, 164, 168–170, 172–174, 176–181, 188, 197, 226, 250
Stil   3, 38, 93–96, 104f., 207–209, 215, 217f., 220, 256f., 262, 264
Sünde   71, 74, 79, 210, 235
System   67, 177, 214, 223, 228, 272, 276

Täuschung   13f., 24, 101, 133f., 137f., 228
Temperament   4, 30, 41f., 119
Tod   9, 68, 72, 108, 147, 179, 213, 244, 246, 266f., 275f., 278f., 281–283
Tradition   4, 45, 58, 89, 117, 121, 129, 189, 193, 225, 228, 230, 238, 245, 253–256, 295
tragisch   3, 9f., 13, 21, 23–25, 55, 67, 217f., 242, 247
Tragödie   3, 10, 19, 21, 31, 33, 35f., 41, 83, 91f., 96, 122, 132, 147, 155, 215, 246, 248

Sachregister

Traum 29f., 33–35, 40
Treue 149, 196–198, 280
Tugend 16f., 28, 45, 47, 56, 61, 75, 84, 87, 145f., 148, 198, 212, 232, 245, 251, 258, 272

Übergang 214, 223f., 226–228, 233, 246
Überwindung 13f., 18, 22–24, 30, 80, 210, 214, 218, 261, 285
Überzeugung 1, 32f., 48, 59, 68, 74, 81f., 84, 87, 161, 193, 196–199, 209, 225, 245, 256, 281
Umsturz 168, 171, 176
Unbewusste 31, 82, 102, 133, 140, 194, 294
unreines Denken 29, 40
Unreinheit 30, 40, 102, 235f.
Unschuld 62f., 101
unschuldig 67, 144
Unsterblichkeit 191, 246, 264
Untergang 51, 71, 165, 248
Ursprung 2f., 10, 33, 35, 37, 46f., 57, 60, 65–68, 72, 74, 107, 128, 137f., 147, 149, 209, 233, 250
Urteil 2, 30, 40, 56, 76, 82–84, 96, 123f., 128f., 132, 136, 142, 155, 161, 194, 198, 246f., 249f., 254–257, 276

Vater 141, 146f., 151–153, 173, 275
Verantwortung 76, 105, 147, 165, 168, 235
verheiratet, verheirathet 154f.
Verkehr 37, 75, 127, 131, 133, 135–137, 144, 150, 154, 173, 186, 201, 209, 245
Vernunft 1, 11, 13, 71, 73, 89f., 151, 174, 199f., 204, 253, 262, 271
Verrat 13, 134, 186, 196, 279
Verräter 36, 196f.
Verstand 27, 59, 101, 129, 141–143, 149, 152, 263
verstanden 9, 56, 76, 89, 98, 103, 135, 141f., 154, 203, 208, 212, 242, 244, 247, 253, 293
Verstellung 137
Volk 37, 52, 59, 99, 121, 153, 164, 168f., 173f., 177f., 182, 232, 237, 241, 251, 293
Vorstellung 28f., 32, 34, 37, 45, 56, 67, 69, 71, 73, 75, 77, 79, 82, 85, 103, 143, 154, 280, 284

Wahrheit 4, 28, 32, 34, 46, 56, 66–68, 72f., 79–82, 84, 87, 100f., 112, 122, 132, 143, 146, 153, 155, 177, 190, 193, 196f., 213, 227, 241, 246, 254, 272f., 295
Wanderer 3, 10, 19, 27, 34, 41–43, 63, 104f., 143, 148, 186, 199f., 214, 220, 224, 239, 241–244, 247, 249–251, 253, 255f., 261–264, 266–271, 273–277, 279f., 283–287
wandern 24, 81, 268–270, 274
Weib, Weiblein 141–144, 146, 148, 150, 153–156, 196
Weisheit 16, 66, 77, 125, 128, 144, 152, 220, 249
Werthschätzung 12, 16f., 198, 236
Wille 1, 9, 13, 15f., 19, 22f., 29, 34, 36, 62, 76f., 82, 85, 87, 95, 124, 171, 174, 213, 215, 218, 220, 265, 268, 273, 280, 285f., 294
Willensfreiheit 10, 74
Wissenschaft 1, 3f., 10f., 18, 27f., 31, 39, 41, 47, 50, 60, 62f., 66f., 73, 78, 81, 85, 92, 108f., 111–113, 121–123, 125, 143, 145, 155, 166f., 188f., 191, 193, 203, 211, 213, 219, 226, 229, 234, 245, 247f., 252, 262, 266, 269, 271f., 295
wohlwollende Verstellung 127, 133f., 138
Wunsch 15, 154, 194–196, 243f., 271

Zauber 63, 78, 83, 179, 191
Zeichen 16, 23, 32, 70, 74, 81f., 96f., 108, 134, 142, 147, 168, 224, 226, 228f., 232, 275, 281
Zeit 1, 4, 11, 13, 16, 19, 21, 23, 33, 35–38, 47, 55, 60, 66, 68, 70, 84, 87, 89, 91, 93f., 96, 98, 103, 108f., 127–129, 131f., 135, 137, 139, 141, 148, 150, 152, 155, 157–160, 163f., 171, 173, 175, 177–179, 181f., 188, 190f., 198f., 203, 209, 212, 220f., 223–226, 228–230, 232–234, 236f., 242, 246, 251f., 254, 258, 267f., 273–275, 278f., 282f., 285f., 294
Zwang 61, 69, 131, 164, 170f., 175, 181f., 270
Zweck 21f., 69, 86, 134, 145, 161f., 166f., 178, 203, 224, 231, 235, 263, 272, 282

Autorinnen und Autoren

Paul Bishop: Seit 2013 William Jacks Chair of Modern Languages in der SMLC, University of Glasgow. Veröffentlichungen unter anderem zu Goethe, Schiller, Thomas Mann, C.G. Jung, Ludwig Klages und Friedrich Nietzsche. Zuletzt erschienen: Ludwig Klages and the Philosophy of Life: A Vitalist (2018) und German Political Thought and the Discourse of Platonism: Finding the Way out of the Cave (2019).

Eike Brock: lehrt und forscht am Philosophischen Institut für Philosophie I der Ruhr-Universität Bochum zu ethisch-ästhetischen Fragen. Zahlreiche Veröffentlichungen vor allem zu Nietzsche (u. a. Nietzsche und der Nihilismus 2015), zuletzt erschienen: (als Mitherausgeber zusammen mit M.-S. Lotter) Besser geht's nur in der Komödie. Cavell über die moralischen Register von Literatur und Film (2019) (als Mitherausgeber zusammen mit J. Georg) „– ein Leser, wie ich ihn verdiene". Nietzsche-Lektüren in der deutschen Philosophie und Soziologie 2019, (als Mitherausgeber zusammen mit T. Lerchner) Denken des Horrors, Horror des Denkens. Unheimliches, Erschreckendes und Monströses aus Philosophischer Perspektive (2019). Aktuelle Projekte: Philosophie als Therapie bei Nietzsche, Kierkegaard und Cavell, und: Philosophie des Horrors. Versuch einer philosophischen Monsterkunde.

Jutta Georg: Dozentin, zahlreiche Monographien zu Nietzsche, Herausgeberin wissenschaftlicher Sammelbände, Aufsätze zu Nietzsche, Montaigne, Simmel, Freud, Camus, neuere französische Philosophie u. a. Zuletzt erschienen „Hat man mich verstanden?" Nietzsche: Philosophieren in Metaphern (2018); (als Mitherausgeberin zusammen mit E. Brock) „– ein Leser, wie ich ihn verdiene". Nietzsche-Lektüren in der deutschen Philosophie und Soziologie (2019); Übermensch und ewige Wiederkehr Nietzsches Chiffren der Transformation (2020, im Erscheinen). Verfasserin der Opernlibretti von *Zelda* und *SymPosion* von Susan Oswell.

Volker Gerhardt: Seniorprofessor an der Humboldt-Universität. Er leitet die Akademie-Ausgaben der Werke Kants und ist Vorsitzender der Kommission zur Edition der KGW Nietzsches. Seine jüngeren Monographien sind: Öffentlichkeit. Die politische Form des Bewusstseins (2012); Der Sinn des Sinns. Versuch über das Göttliche (2014); Licht und Schatten der Öffentlichkeit. Voraussetzungen und Folgen der digitalen Innovation (2014); Glauben und Wissen. Ein notwendiger Zusammenhang (2016). 2018 erschien in zweiter Auflage: Selbstbestimmung.

Das Prinzip der Individualität. 2019 erschien: Humanität. Über den Geist der Menschheit.

Günter Gödde: Psychologischer Psychotherapeut in eigener Praxis, Dozent, Supervisor, Lehrtherapeut und Ausbildungsleiter in der Psychotherapeutenausbildung an der Psychologischen Hochschule Berlin und an der Berliner Akademie für Psychotherapie. Wichtigste Veröffentlichungen: Traditionslinien des Unbewußten. Schopenhauer, Nietzsche, Freud (2009); Therapeutik und Lebenskunst (mit J. Zirfas, 2016); Mitherausgeber: Das Unbewusste, Bde. I-III (2005 – 06); Nietzsche und die Lebenskunst (2016), Kritische Lebenskunst (2018). Zahlreiche Aufsätze zur psychodynamischen Psychotherapie, zur Geschichte und Kulturtheorie der Psychoanalyse, zur Konzeption des Unbewussten, zum Verhältnis von Psychoanalyse und Philosophie sowie von Therapeutik und Lebenskunst.

Dagmar Kiesel: Privatdozentin am Institut für Philosophie der FAU Erlangen-Nürnberg, Leitung der Sparte Antike am Arbeitsbereich Philosophie der Antiken und Arabischen Welt. Veröffentlichungen: Selbstaufhebung der Person in *Also sprach Zarathustra* IV (2015), Aufsätze zu Nietzsche u. a. in den Nietzsche-Studien, Nietzscheforschung und dem Philosophischen Jahrbuch. Mitherausgeberin der Reihe Erlanger Philosophie-Kolloquium Orient und Okzident.

Martin Liebscher: Principal Research Associate am German Department und Health Humanities Centre des University College London, Herausgeber der unveröffentlichten Schriften C.G. Jungs im Rahmen der Philemon Foundation. Wichtigste Veröffentlichungen: Thinking the Unconscious: Nineteenth Century German Thought [with A. Nicholls] 2010; Libido und Wille zur Macht: C.G. Jungs Auseinandersetzung mit Nietzsche (2011); Analytical Psychology in Exile: The Correspondence between C.G. Jung & Erich Neumann (2015) sowie die Herausgabe der ETH Vorlesungen Jungs von 1933 bis 1941 (ab 2019). Zahlreiche Publikationen zur Philosophie Nietzsches und im Bereich der Psychologiegeschichte.

Andrea Orsucci: Professor für Geschichte der Philosophie an der Universität Cagliari (Sardinien, Italien). Wichtigste Veröffentlichungen: Dalla biologia cellulare alle scienze dello spirito (1993); Orient-Okzident. Nietzsches Versuch einer Loslösung vom europäischen Weltbilde (1996); Introduzione alla lettura della ‚Genealogia della morale' (2001); Mondo classico e civiltà europea (2011).

Renate Reschke, emeritierte Professorin für die Geschichte des ästhetischen Denkens an der Humboldt Universität. *Veröffentlichungen:* Denkumbrüche mit Nietzsche. Zur anspornenden Verachtung der Zeit (2000); Schweigen unter schwarzen Zypressen und „Morgenröten". Friedrich Nietzsche über Lebenskunststrategien, in: Günter Gödde u. a. (Hg.), Nietzsche und die Lebenskunst (2016); Was interessiert Dichter die Wahrheit? Zum Aphorismus 84 der *Fröhlichen Wissenschaft* in seinen Kontexten, in: Katharina Grätz, Sebastian Kaufmann (Hg.); Nietzsche zwischen Philosophie und Literatur (2016); Mitherausgeberin (zusammen mit Jutta Georg): Nietzsche und Wagner. Perspektiven ihrer Auseinandersetzung (2016). Herausgeberin: Nietzscheforschung, Jahrbuch der Nietzsche-Gesellschaft von 1994 – 2018.

Richard Schacht: Emeritus Professor of Philosophy and Jubilee Professor of Liberal Arts and Sciences at the University of Illinois. He has written extensively on Nietzsche and other figures and developments in the post-Kantian interpretive tradition. His books include Nietzsche; Making Sense of Nietzsche; Finding an Ending: Reflections on Wagner's Ring (with Philip Kitcher); and The Norton Anthology of Western Philosophy After Kant: The Interpretive Tradition.

Michael Skowron: 1987 Promotion in Heidelberg mit einer Dissertation in Philosophie zu „Nietzsche und Heidegger". Seit 1988 Lehraufträge an mehreren Universitäten in Süd-Korea, zuletzt an der Kyungpook National University in Daegu, wo 2006 auch eine Aufsatzsammlung mit dem Titel „Nietzsche – Buddha – Zarathustra. Eine West-Ost Konfiguration", erschien. Zahlreiche Veröffentlichungen in den Nietzsche-Studien, der Nietzscheforschung, The Journal of Korean Nietzsche-Society und anderen Zeitschriften und Büchern.

Werner Stegmaier: emeritierter Professor für Philosophie an der Universität Greifswald. Wichtigste Veröffentlichungen: Substanz. Grundbegriff der Metaphysik (1977); Philosophie der Fluktuanz. Dilthey und Nietzsche (1992); Nietzsches Genealogie der Moral. Werkinterpretation (1994); Lévinas zur Einführung (2002); Philosophie der Orientierung (2008; gekürzte und überarbeitete englische Fassung: What is Orientation? A Philosophical Investigation, 2019); Nietzsche zur Einführung (2011); Nietzsches Befreiung der Philosophie. Kontextuelle Interpretation des V. Buchs der *Fröhlichen Wissenschaft* (2012); Orientierung im Nihilismus – Luhmann meets Nietzsche (2016); Europa im Geisterkrieg. Studien zu Nietzsche (2018).

Vivetta Vivarelli: Professorin für deutsche Literatur an der Universität Florenz. Wichtigste Veröffentlichungen: Nietzsche und die Masken des freien Geistes: Montaigne, Pascal und Sterne (2009); Nietzsche, la nascita della tragedia (neu übersetzt, eigeleitet und erläutert, mit einer Auswahl von Texten und Briefen (2011); Nietzsche e gli ebrei. Eine Anthologie (2014); Greek audience, performance an effect of the different literary genres in Nietzsche's Philologia (2018); Der Bildner des Übermenschen und der dithyrambische Künstler: Michelangelo und Wagner in Also sprach Zarathustra, in: Nietzsche-Studien Band 47.

Jean-Claude Wolf: emeritierter Professor für Ethik und politische Philosophie an der Universität Freiburg. Wichtigste Veröffentlichungen: Zarathustras Schatten 2004; (Hg.): Eduard von Hartmann. Zeitgenosse und Gegenspieler Nietzsches 2006; (Hg.): John Stuart Mill: Autobiographie (2011). Forschungsprojekte: Kierkegaards Erbauliche Reden, Mystik der Neuzeit. Philosophie des Gebets (2020).

www.ingramcontent.com/pod-product-compliance
Lightning Source LLC
Chambersburg PA
CBHW071813230426
43670CB00013B/2442